大唐王朝

王朝风云

DATANG WANGCHAO

李楠——编著

历史度尽劫波
文明生生不息

中国文史出版社

图书在版编目（CIP）数据

大唐王朝 / 李楠编著 . -- 北京 : 中国文史出版社，2021.1

（王朝风云；8）

ISBN 978-7-5205-2269-4

Ⅰ . ①大… Ⅱ . ①李… Ⅲ . ①中国历史—唐代—通俗读物 Ⅳ . ① K242.09

中国版本图书馆 CIP 数据核字 (2020) 第 174221 号

责任编辑：詹红旗　戴小璇

出版发行：中国文史出版社
社　　址：北京市海淀区西八里庄 69 号院　邮编：100142
电　　话 : 010- 81136606　81136602　81136603(发行部)
传　　真 : 010-81136655
印　　装：廊坊市海涛印刷有限公司
经　　销：全国新华书店
开　　本：1/16
印　　张：22
字　　数：338 千字
版　　次：2021 年 3 月北京第 1 版
印　　次：2021 年 3 月第 1 次印刷
定　　价：66.00 元

“凤凰台上凤凰游，凤去台空江自流。吴宫花草埋幽径，晋代衣冠成古丘。”李白一首《登金陵凤凰台》，可生动反映中国历代王朝的没落与沧桑。

中国是一个拥有 5000 年悠久历史的文明古国，王朝众多，更迭频繁。其间上演过无数令人感慨的悲喜剧，也创造了举世瞩目的中华文明。

这套《王朝风云》丛书,旨在全景展现中华民族从原始社会、奴隶社会到封建社会的历史跨越，以真实丰富的史料，鲜活生动的叙述，让一个个风格迥异的王朝如戏剧般轮番登场，上演从夏商周到晚清近代历史的荣光与波折。使读者从王朝演变的故事中深刻地体味历史的魅力，领悟中华文明博大精深的文化内涵。

丛书着重讲历史脉络，以历代政权更迭及政治、军事斗争为主，努力把中国历史中最精彩、最生动的内容奉献给广大读者。同时，为增强系统性，一定程度地反映历朝历代的掌故、习俗、科技、文化等内容。

《王朝风云》丛书共 15 部，此为第八部《大唐王朝》，主要讲的是自 617 年李渊起兵反隋建立唐朝至 907 年朱全忠受禅称帝，共 291 年间中国历史上发生的那些丰富多彩的故事。

唐朝是中国封建社会中统一时间最长、国力最强盛的朝代之一。618 年由李渊建立，定都长安（今西安）。并且设有东都洛阳、北都太原等陪都。627 年，李世民登基后开创了“贞观之治”，唐高宗以后，武则天以周代唐，史称武周，705 年神龙革命后恢复大唐国号。唐玄宗李隆基即位后，政治清明，经济雄厚，军事强盛，四夷宾服，万邦来朝，开创了全盛的“开元盛世”。安史之乱后，国力日趋衰败。907 年朱温篡唐，唐朝灭亡，从此中国进入了五代十国时期。唐朝共历 275 年（包括武周是 290 年），20 位皇帝。

唐朝是我国历史上极为引人注目的朝代。它的前期，社会安定，经济繁荣，文化昌盛，名人辈出，到处歌舞升平，是我国封建社会的鼎盛时期。唐朝中后期，“开元盛世”的繁荣之后，这个已经拥有近两个世纪历史的王朝逐渐走向了衰败。唐晚时期，朝中乌烟瘴气，宦官专权、朋党之争愈演愈烈。皇帝没有实权，常常受制于宦官，宦官可以随意处置皇帝。于是出现了文宗抑郁而死、敬宗被杀害、昭宗被囚禁等一幕幕悲剧，藩镇割据、宦官专权、朋党之争，由此而引发了一系列的社会危机。政治的腐败，经济的不景气，贪官污吏的盘剥，再加上连年的自然灾害，人民终于不堪重负，掀起了一场由黄巢、王仙芝领导的农民大起义，加速了唐王朝的最后灭亡。

唐朝也是当时世界上最发达的国家之一。唐朝声誉远及海外，与南亚、西亚和欧洲国家均有往来。唐朝以后海外多称中国人为“唐人”。唐朝文化兼容并蓄，接纳各个民族与宗教，进行交流融合，成为了开放的国际文化。唐诗、科技、文化艺术极其繁盛，具有多元化的特点。

唐朝，是一个意气风发、朝气蓬勃的时代。唐朝帝王虽有暴君和软弱无能之君，却并没有一个真正的昏君和庸君。唐朝士人虽也不乏附庸风雅之辈，但却很少无病呻吟和伤春悲秋，多了一股气吞山河的豪气和遍寻四海的勇气。

了解历史，反思历史，是为了更好地借鉴历史、把握未来。

目录

第一编　大唐风云

第一章　李渊开国建大唐

一、出身世族骨法奇，早期戎马败突厥 …………………… 2
二、反暴隋太原起兵，建大唐开国称帝 …………………… 3
三、扫除群雄归一统，被逼禅位居大安 …………………… 5
四、百废待兴施政纲，初唐制度粗成型 …………………… 7

第二章　太宗贤明开盛世

一、济世安民身非凡，四方征战立奇功 …………………… 10
二、太子之位摇欲坠，兄弟联合抗秦王 …………………… 11
三、明争暗斗下黑手，玄武兵变定尘埃 …………………… 14
四、偃武修文多措举，贞观之治创盛世 …………………… 18
五、英明神武唐太宗，废立太子两为难 …………………… 21
六、晚年自满恶直言，妄食灵丹不治亡 …………………… 28

第三章 李唐复辟二十载

一、龙虎斗李治得利，前朝安后宫遗患 …… 30
二、神龙革命复帝位，重蹈覆辙韦后乱 …… 32
三、两次登基似傀儡，内禅退位太上皇 …… 37

第四章 千古一帝女皇梦

一、媚娘削发感业寺，后宫内斗迎转机 …… 42
二、再入宫连施毒计，登后位“二圣临朝” …… 44
三、固权位连废三子，除宗室诛杀异己 …… 46
四、女皇登基治国本，酷吏政治固皇权 …… 48
五、还政李唐解心结，魂断上阳无字碑 …… 50

第五章 励精图治开元世

一、临危不乱君王风，政变夺权登大宝 …… 52
二、锐意改革疾民苦，忆昔开元全盛日 …… 53
三、三千宠爱集一身，安史之乱禅皇位 …… 55
四、兴庆宫内太上皇，郁郁寡欢凄凉景 …… 57

第六章 刀光剑影衰唐路

一、唐肃宗乱中即位，内失权宦外失藩 …… 59
二、依附宦官不法奴，代宗庸懦自铸祸 …… 64
三、积重难返不思治，贪得无厌唐德宗 …… 71
四、有心无力难回天，顺宗身瘫空留恨 …… 78

五、平三藩一统天下，求长生反被谋弑 …………………… 83
六、唐穆宗胸无大志，荒淫腐化丧金石 …………………… 94
七、游幸无常唐敬宗，荒淫无度死宴席 …………………… 100
八、有志难伸唐文宗，受制于人甘露变 …………………… 104
九、外除边患内平叛，抑佛崇道错乱亡 …………………… 109
十、兢兢业业十三载，难挽大唐颓败势 …………………… 116
十一、糊涂残暴唐懿宗，变本加厉败基业 ………………… 123
十二、昏庸腐朽胜乃父，黄巾军起出长安 ………………… 127
十三、昭宗醉酒乞巧楼，丧家之犬阶下囚 ………………… 130
十四、屈辱四年傀儡位，禅位后梁终唐史 ………………… 133

第七章 后宫风云变幻时

一、聪慧刚毅有卓见，太穆皇后辅高祖 …………………… 136
二、娘子关上娘子军，生荣死哀昭公主 …………………… 138
三、坤载万物长孙氏，贤妻良后称典范 …………………… 140
四、唐蕃和亲两公主，民族融合二女神 …………………… 147
五、野心勃勃承母志，直到南山不属人 …………………… 152
六、韦皇后牝鸡司晨，扰朝纲人神共愤 …………………… 160
七、深宫才女明吏事，纵横后宫喋血路 …………………… 167
八、回眸一笑百媚生，马嵬遗恨杨玉环 …………………… 171
九、懿安皇后历七朝，不预外廷郁郁终 …………………… 175

第八章 帝国残阳天下乱

一、袁晁方清举义旗，四方响应乱大唐 …………………… 179
二、裘甫起义奏前曲，农民战争揭序幕 …………………… 182

三、桂州戍兵难回乡，庞勋聚众兴义军 …………………… 184
四、仙芝起兵长垣县，黄巢败死狼虎谷 …………………… 190

第二编　大唐风流

第一章　开国元勋功臣榜

一、开国功臣二十四，名家绘像凌烟阁 …………………… 194
二、开国元勋功第一，废后之争诛满门 …………………… 200
三、直言敢谏耿直臣，明君忠臣两相宜 …………………… 205
四、房谋杜断辅圣君，当世良相语二人 …………………… 210
五、李药师遇主逢时，文武才建功立业 …………………… 214
六、铁匠门神大唐将，世人皆道尉迟恭 …………………… 218
七、瓦岗军师徐懋功，大唐干城李世勣 …………………… 222
八、戎马一生秦叔宝，屡受重创伤病多 …………………… 226

第二章　文臣武将风云谱

一、明察秋毫狄判官，护国良相称“国老”…………………… 228
二、将军三箭定天山，战士长歌入汉关 …………………… 230
三、姚崇宋璟两宰相，开元盛世奠基人 …………………… 233
四、诗人宰相张九龄，七宝山座识奸臣 …………………… 240
五、谁谓宦官无人忠，心无二主高力士 …………………… 242
六、四朝柱石郭子仪，一人能顶十万兵 …………………… 246
七、安史之乱贼祸首，乱唐枭雄安禄山 …………………… 248

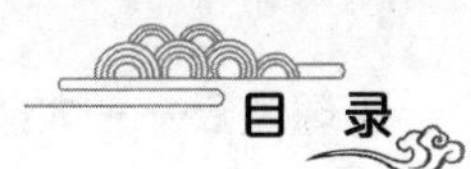

八、云麾将军李光弼，平定叛乱威名扬 …………………… 250
九、口蜜腹剑李林甫，擅权乱政杨国忠 …………………… 254
十、张巡睢阳守孤城，李愬雪夜入蔡州 …………………… 258

第三章 巾帼英才女中豪

一、风尘女侠张出尘，一品诰命红拂女 …………………… 264
二、文武全才西征帅，巾帼英雄樊梨花 …………………… 266
三、自守空房敛恨眉，形同春后牡丹枝 …………………… 267
四、蜀中才女薛洪度，浣花溪畔制彩笺 …………………… 270
五、覆船山上起义军，文佳女帝陈硕真 …………………… 273

第四章 文艺大家汇大唐

一、怆然涕下陈子昂，诗文革新扛旗人 …………………… 276
二、初唐四杰赋诗文，王杨卢骆当时体 …………………… 279
三、“诗佛”王维多才艺，“诗鬼”李贺长吉体 ………… 287
四、浪漫“诗仙”李太白，现实“诗圣”杜子美 ……… 292
五、香山居士白居易，雄直“诗豪”刘禹锡 …………… 304
六、昌黎先生韩退之，河东文宗柳子厚 …………………… 310
七、“欧体”始祖欧阳询，“五绝”书家虞世南 ………… 318
八、博学多才褚遂良，八体皆备徐季海 …………………… 320
九、雄秀独出颜真卿，开创“柳体”柳公权 …………… 321
十、书论双绝孙过庭，字字飞动怀素僧 …………………… 323
十一、酒颠狂草张长史，翰墨豪杰杨少师 ………………… 328
十二、变古象今阎立本，疏体“画圣”吴道子 ………… 330

第五章 科技明星著名篇

一、名医之祖誉“药王”，人类至宝《千金方》………… 332
二、一行测量子午线，体系完善《大衍历》………………… 334
三、藏族“医圣”著药典，不读《四部》不为医 ……… 336
四、大唐玄奘西域行，古代印度旅行记 ………………… 337
五、玄宗御撰《唐六典》，现存最早行政法 ……………… 339
六、唐代三彩釉陶器，陶瓷工艺里程碑 ………………… 340

第一编

大唐风云

围绕着皇权的斗争贯穿大唐始终：玄武门之变，武则天临朝，再加上大大小小的宫廷政变血案，唐王朝的宫廷斗争一直没有停息过，刀光剑影中，一颗颗人头落地……

唐朝的开国皇帝是李渊，可翻开史册，我们却不难发现，李渊的儿子李世民才是大唐帝国的实际缔造者。他帮助父亲出谋划策，参与领导了多次战争，为大唐的建立立下了汗马功劳。一场宫廷政变，他当上了皇帝，但这背后又蕴藏着多少错综复杂的矛盾，这其中又有多少是是非非。

一代女皇武则天，是中国历史上唯一的女皇帝，展现了巾帼不让须眉的豪情。可有谁知道，她为登上皇帝的宝座，经历了多少坎坷，付出了多少沉重的代价。

号称明皇的唐玄宗，多才多艺，是一位风流天子。在他前期，他任用贤臣，励精图治，历史进入了“开元盛世”的辉煌时期。

缔造了“开元盛世”的唐玄宗李隆基，到了晚年，却贪图享乐，怠于政事，整日与杨贵妃沉溺在荒淫酒色中。他还重用奸臣李林甫、杨国忠为相，使政治更加腐败。

八年“安史之乱”，给国家和人民带来空前的灾难。最后虽然平定，但唐王朝从此由盛而衰，军阀混战的局面也持续了下去。

第一章 李渊开国建大唐

一、出身世族骨法奇，早期戎马败突厥

李渊（566—635 年），字叔德，祖籍陇西成纪（今甘肃静宁西南）人。

李渊是十六国时期西凉开国君主李暠的后裔，世代显贵。李渊的祖父李虎，西魏时期太尉，联合丞相宇文泰及太保李弼、大司马独孤信等同保魏室，是西魏八柱国之一，赐姓大野氏。北周受禅之后，追封李虎为唐国公。唐朝的国号，也溯源于此。

杨坚成为北周静帝大丞相之后，还复本姓。李渊父亲李昞，北周御史大夫、安州总管、柱国大将军，袭封唐国公。李渊的母亲是隋文帝独孤皇后的姐姐。

北周天和元年（566 年）十一月二十四日，李渊出生在长安。李渊 7 岁时，父亲李昞去世，其袭封为唐国公。李渊长大后，为人洒脱，性格开朗，待人宽容，无论贵贱之人都得其欢心。

开皇元年（581 年），隋文帝受北周静帝禅让，建立隋朝。隋文帝任命李渊为千牛备身（皇帝的禁卫武官）。由于李渊的姨母是隋文帝的独孤皇后，所以隋文帝特别亲近器重李渊，累转谯（今安徽亳县）、岐（今陕西凤翔）、陇（今陕西陇县）三州刺史。当时有个善于相面的人叫史世良，曾经说李渊骨法非常，将来必建立帝业，并希望他能洁身自爱，保护自己。李渊听了之后非常自负。

李渊在隋炀帝即位之初先后做了荥阳（今河南荥阳）、楼烦（今山西静乐县）两个郡的太守，后来又被任命为殿内少监、卫尉少卿。

大业九年（613 年）春，隋炀帝征伐高句丽时，李渊在怀远镇督运粮草。同年农历六月，杨玄感利用民愤举兵反隋，李渊奉隋炀帝之命镇守弘化郡（今甘肃庆阳县），兼知关右诸军事。在此期间，李渊广交天下豪杰，遭到隋炀帝的猜疑。恰好有诏书命李渊去隋炀帝巡行所到之地，李渊因病没有去。当时李渊的外甥女王氏在后宫，隋炀帝问王氏："你的舅舅怎么迟迟不来？"王氏回答说李渊病了，隋炀帝又问："病得要死了吗？"李渊知道以后日益恐惧，因此无节制地饮酒、收受贿赂自污以自保。

大业十一年（615 年），李渊调任山西河东慰抚大使，到达龙门时，遇上了母端儿农民起义，李渊领兵击败了起义军，收编万余人，实力大增。又击绛州贼柴保昌，降其众数万人，次年升为右骁卫将军。突厥侵犯边塞，隋炀帝便让他和马邑郡守王仁恭一同北击突厥。但他们的兵马很少。李渊便选出擅长骑射的 2000 骑兵，吃住骑射仿效突厥兵，给突厥看他们闲暇时的射猎驰骋。李渊又另外挑选善于射箭的士兵作为埋伏，等和突厥兵遭遇时，李渊便下令埋伏攻击，结果打败了突厥。

二、反暴隋太原起兵，建大唐开国称帝

隋炀帝大业十三年（617 年），李渊正式任太原留守、晋阳宫监，成为这一地区最高军政长官。李渊奉命率兵征讨历山飞贼甄翟儿，与甄翟儿遭遇在河西郡（今山西汾阳）的雀鼠谷，李渊大获全胜。在镇压农民起义的过程中，李渊招降纳叛，不断扩充自己的实力。李渊之子李世民知隋必亡，暗中结交豪杰，招纳逃亡之人，网罗各种人才。

天下起兵反隋的队伍蜂拥而起，隋炀帝所在的江都（今江苏扬州）被孤立了。晋阳令刘文静、晋阳宫监裴寂都是李世民的密友。李世民就和晋阳县令刘文静密谋起兵。起兵造反的计策确定后，李渊还不知情。李世民想实情相告，又担心李渊不听。李世民私下找到裴寂商议，裴寂就选了晋阳宫的几个美女，乘李渊喝醉酒之后，陪他过夜。然后，裴寂把李世民的谋划告诉了李渊，李渊大惊。裴寂说："安排宫女侍奉，事情暴露后是要杀头的，我这么做就是为了要劝你下定决心起兵啊。"李世民乘机向李渊汇报了整个计划。李渊开始时坚决不同意，还表示要把李世民送去报官。过一会儿李渊还是答应了起兵，对李世民说："我爱护你，

李渊

怎么忍心去告发你呢！”

大业十三年（617 年）二月，李渊治下驻马邑（今山西朔州市）的鹰扬府校尉刘武周发动兵变，杀死马邑太守王仁恭，据马邑而自称天子。农历三月，刘武周攻破楼烦郡，进占汾阳宫，并与突厥勾结，图谋南下争夺天下。炀帝闻讯后大怒，要提李渊到江都治罪。在此危急情势下，李世民说：“事情紧急，可以举事了。”其周围的心腹裴寂、许世绪、武士彟等也纷纷劝李渊起兵，李渊终于下定了反隋的决心。于是，李渊借口防备刘武周和突厥南下，派李世民、刘文静、长孙顺德、刘弘基等人到各地募兵，在很短的时间里便招到数千人。

太原副留守王威和高君雅看到李渊招兵买马，怀疑李渊要造反，便密谋骗李渊父子到晋祠祈雨，除掉李氏，向隋炀帝邀功请赏。不料，这一密谋被晋阳乡长刘世龙获悉，告知了李渊。大业十三年（617 年）五月十五日，李渊、李世民先发制人，指使开阳府司马刘政会告发王威、高君雅二人暗中勾结突厥，引突厥入寇中原，借此将二人囚禁。五月十七日，恰巧数万突厥军队进攻晋阳，李渊立刻名正言顺地命人将两人推出斩首。六月，又遣二子李建成、李世民率军攻杀拒命的西河郡丞高德儒。同时，李渊又设下空城计，吓退了突厥的军队。接着，李渊开始做起兵反隋的准备工作。

大业十三年（617 年）七月，李渊率军三万誓师，以“废昏立明，拥立代王，匡复隋室”的名义正式起兵直趋关中。在发布的檄文里他斥责隋炀帝听信谗言，杀害忠良，穷兵黩武，致使民怨沸腾。誓师后，李渊与长子建成、次子世民挥师南下，先后破守霍邑（今山西霍县）的隋鹰牙郎将宋老生、渡黄河，对守河东的隋将屈突通围而不攻。迅速向西南挺进。当时，隋炀帝远在江都（今江苏扬州），关内隋军力量薄弱；中原瓦岗军与王世充激战方酣，均无暇西顾。因此李氏父子进军神速，大业十三年（617 年）十一月初九攻入长安。

十一月十三日，李渊宣布遥尊隋炀帝为太上皇，拥立其孙代王杨侑为帝，改元义宁，是为隋恭帝。恭帝进封李渊为唐王、大丞相、尚书令，以李建成为唐王世子；李世民为京兆尹，改封秦国公；封李元吉为齐国公。李氏父子完全控制了关中局势。

义宁二年（618 年），徙封李世民为赵国公，三月，隋炀帝在江都被禁军将领兵变杀死，五月，隋恭帝被迫禅位于李渊，李渊即皇帝位于长安，国号唐，建元武德，定都长安，是为唐高祖。李渊以李世民为尚书令。不久，又立李建成为皇太子，封李世民为秦王，李元吉为齐王。

三、扫除群雄归一统，被逼禅位居大安

唐朝建立之初，疆土只限于关中和河东一带，尚未完全统治全国，因此，李渊经常派遣儿子李世民、李建成、李元吉出征，逐步消灭各地割据势力。

武德元年（618 年）六月，李世民攻打据有今甘肃兰州等地的薛举、薛仁杲父子，九月薛举战死，十一月俘杀薛仁杲，平定了西北广大地区。

武德二年（619 年），唐朝用反间计，使李轨集团内部矛盾激化，从而俘杀了李轨，平定了河西走廊。同年刘武周、宋金刚勾结突厥，攻入河东，占领太原。李元吉、裴寂等败逃。后李世民出讨河东，收复太原并消灭刘武周势力。刘武周、宋金刚逃往突厥，不久被杀。当时黄河流域形成夏政权窦建德、郑政权王世充与唐朝三足鼎立之势。次年，李世民奉命率军东征王世充，窦建德和王世充联盟对抗李世民的军队。

武德四年（621 年），在武牢关一战中李世民俘获窦建德。促使王世充投降。武德六年（623 年），太子李建成俘斩窦建德余部刘黑闼，平定了河北地区。武德七年（624 年），高开道为其部下张金树所杀，张金树降唐。唐军又消灭了江南的辅公祏势力，终于一统天下。

武德九年（626 年），突厥侵犯唐朝边境，李建成向李渊建议，由李元吉做统帅出征突厥。在太子的东宫中担任率更丞（主管计时的官员）职位的王晊，已被秦王李世民收买，成为李世民在东宫的眼线，他悄悄

李渊

告诉李世民："李建成想借此控制秦王的兵马，并准备在昆明池设伏兵杀秦王。"于是李世民决定先发制人。晋阳起兵是李世民的谋略，李渊曾答应他事成之后立他为太子，但李渊建立唐朝后，却改立李建成为太子。天下平定后，李世民功名日盛，李建成随即联合李元吉，排挤李世民。李渊的优柔寡断，也使朝中政令相互冲突，加速了诸子的兵戎相见。

武德九年六月初四（626 年 7 月 2 日），李世民在帝都长安城宫城玄武门附近射杀皇太子李建成、齐王李元吉，史称"玄武门之变"。事后，李世民杀李建成、李元吉诸子，并将他们从宗籍中除名，李渊让出军政大权给予秦王李世民。六月初七，李世民被立为皇太子，李渊下诏说："自今以后军国事务，无论大小悉数委任太子处决，然后奏闻皇帝。"

武德九年（626 年）八月初九，李渊退位称太上皇，禅位于李世民。李世民登基，是为唐太宗，次年改元贞观。

李渊做太上皇以后，开始的几年是在太极宫生活的。一直到贞观三年（629 年）四月，他才从太极宫迁出，搬到了大安宫。

在大安宫生活期间，李渊除了参加李世民举行的一些宴会外，几乎不曾离开过大安宫。李世民经常到九成宫（即隋朝的仁寿宫，位于今陕西麟游）避暑，李渊也不愿意出行。

贞观八年（634 年）十月，李世民决定在宫城的东北方向营建大明宫，作为太上皇的"清暑之所"。但由于第二年李渊病死，大明宫没有建成，一直到唐高宗之世，大明宫才渐成规模。

贞观九年（635 年）五月初六，李渊因病驾崩于垂拱前殿，年 70 岁。庙号高祖，初谥太武皇帝（后改谥、加谥为神尧皇帝、神尧大圣大光孝皇帝）。

同年十月，安葬于献陵（今陕西三原县内），其妻窦氏也加号太穆皇后祔葬。

四、百废待兴施政纲，初唐制度粗成型

李渊称帝后，百废待举。他一面组织力量进行统一全国的战争，一面注意加强政权建设。唐朝前期的政治、经济、文化、军事制度，在李渊时期基本上初具规模。

1. 政治方面

政治体制方面，李渊继承了隋朝的制度，又有一些发展。唐朝中央建立政治制度概括地说是三省六部二十四司。三省是尚书省、中书省和门下省。尚书省掌管全国政令，是命令的执行机关。下属共有六部，即吏、户、礼、兵、刑、工。吏部掌管官吏的选用、考核与奖惩；户部掌户籍和赋税；礼部掌礼仪和科举；兵部掌军事；刑部掌刑狱；工部掌土木工程；每部又分四司来作为办事机关。中书省负责皇帝诏书的起草，是决策机关。门下省则审核中书省起草的诏书，不合适的驳回修改。监察机关是御史台，职责是监督、弹劾文武百官。

地方的政权机构基本是两级，即州和县，长官分别是刺史和县令。刺史每年要巡查各县，考核官员政绩，还负责举荐人才。县令要负责一县的各种事务，官很小，却是最繁忙的官员。

2. 军事方面

唐朝军事制度为府兵制，是一种职业兵制。这种制度创始于西魏的宇文泰时期，经过北周、隋朝，沿用至唐朝。在太原起兵进军长安的途中，李渊就逐步将手下军队纳入了府兵制度中。府兵制将练兵权和领兵权分离，以防止将领拥兵自重，对抗中央。府兵制建立在均田制的基础上，是兵农合一的制度，士卒平时在家生产，战时出征。农闲时由兵府负责操练，提高战斗力。在隋文帝时期，曾实行过这种制度。府兵的重要职责是轮流到京师或者边塞服役，叫作“番上”，战时则出征御敌。在服役期间，士兵可以免除自身的租和调，但不论“番上”还是出征，所需的兵器和衣服粮食等都要由自己负责筹备。府兵制从根本上减轻了国家的负担，它不但能扩大兵源，也能保证战斗力。而北方的游牧民族如突厥，其骑兵来源和府兵制相似，但都是牧民组成，平时没有什么军事训练，所以，在和训练有素的内地军队的较量中，

虽然他们总在数量上占优势，但战斗力却很弱，经常打败仗。

唐朝开国后，许多地方还在分裂之中，农民起义军和隋朝残余将领割据各地。李渊在长安安定之后便开始了长达10年的统一战争。

3. 经济建设

唐朝赋役制度主要是均田制和租庸调制。均田制规定：丁男授田1顷，包括口分田80亩，永业田20亩。对于贵族田地也有限制：从亲王到公侯伯子男，授田数从100顷到5顷不等。在职的官员从一品到九品，授田数从30顷到2顷不等。此外，各级的官员还有职分田，用地租补充，作为俸禄的一部分。均田制对土地的买卖也做了限制，官僚和贵族的永业田和赐田可以买卖，百姓在贫穷无法办理丧事时可以卖永业田，从人多地少的地方往人少地多的地方搬迁时也可以出卖永业田。

唐高祖李渊在实行均田制的基础上，又实行了租庸调制，规定：受田的农民，每丁每年要交粟2石，这是租；每年交绢2丈、绵3两，或者交布2丈5尺，麻3斤，这是调；每丁每年服役20天，不服役可以折算为每天绢3尺，这是庸。假如官府额外加了役期，加够15天则免调，加30天免租调。每年的加役最多30天。唐朝的租庸调制与隋朝的相比，用庸代替服役的条件放宽了很多，更有利于农民从事农业生产。

4. 文化建设

隋朝灭亡后，唐朝的帝王承袭了隋朝传下来的人才选拔制度，并做了进一步的完善。由此，科举制度逐渐完备起来。唐代科举分制举和常举。制举由皇帝下诏举行，以待“非常之才”，随时设科，名目繁多。最常见的有贤良方正科、直言极谏科、博学宏词科等。唐文宗以后制举始实际停废。常举分秀才、明经、进士、明法、明书和明算等科。唐初，秀才科等级最高，到唐太宗时，此科几至废绝，士人的趋向才开始转变为明经、进士两科。明经主要试帖经、经义及时务策。进士科在贞观年间试策和经义，唐高宗时加试杂文（指诗赋），到玄宗时始改变为以试诗赋为主。此科后来跃居独重地位，进士及第者往往能飞黄腾达。常举须先通过礼部试，进士及第者仅得出身；然后通过吏部试，身、言、书、判合格者始得释褐除官，故吏部试亦称“释褐试”。

在文化教育方面，李渊推崇儒学，儒家的经书是教学的重要内容，如《周易》《左传》《礼记》《尚书》。

在文化贡献方面，李渊下诏编撰了《艺文类聚》，这是一部类编图书，引用的古籍共有1000多种，为后人保存了很有价值的历史资料。李渊还下诏开始修订各朝历史。

第二章 太宗贤明开盛世

唐太宗李世民（598—649年），陇西成纪（今甘肃静宁西南）人。唐朝第二位皇帝（626—649年在位），唐高祖李渊嫡次子，母为太穆皇后窦氏。李世民是初唐杰出的政治家、军事家，有经天纬地之才，气吞山河之志。早年南征北战时，他就是大唐一统天下不可或缺的战将。“玄武门之变”后，他励精图治、锐意中兴，开启了唐王朝四海归服、九州升平的盛世局面。

一、济世安民身非凡，四方征战立奇功

李世民于隋文帝开皇十七年（598年）十二月出生在武功的李家别馆，父亲是时任隋朝官员的李渊，母亲是北周皇族窦氏。李世民4岁的时候，家里来了一位自称会相面的书生，对其父李渊说：“您是贵人，而且您有贵子。”当见到李世民时，书生竟说：“龙凤之姿，天日之表，等到20岁时，必能济世安民。”李渊便采“济世安民”之义为儿子取名为“世民”。童年时代的李世民聪明果断，不拘小节，接受儒家教育，学习武术，擅长骑射。

隋炀帝大业九年（613年），李世民娶高士廉的外甥女长孙氏为妻。

大业十一年（615年），李世民参加云定兴的军队，去雁门关营救被突厥人围困的隋炀帝。

大业十二年（616年），父亲李渊出任晋阳留守，李世民跟随到太原并随父多次出征，平定发生在今山西省内的各种叛乱和抗击东突厥人的入侵。

义宁元年（617年），李世民鼓动父亲李渊起兵反隋，是为晋阳起兵。李渊封李世民为敦煌郡公、右领军大都督，统率右三军，起兵攻入长安，并且灭隋。李世民官拜光禄大夫、唐国内史，徙封秦国公，食邑万户。

义宁元年（617 年）十二月，李世民为右元帅，徙封赵国公，率兵 10 万进攻隋朝的东都洛阳，不克而还，设三路伏兵于三王陵，击败隋将段达。

武德元年（618 年）五月，李渊废黜杨侑，称帝，改国号为唐。封李世民为尚书令、右翊卫大将军，进封秦王。

唐朝建立后，疆土只限于关中和河东一带，尚未完全统治全国，因此，李世民经常出征，逐步消灭各地割据势力。自武德元年（618 年）起，李世民亲自参与四场大战役。

其一，破薛举，浅水原之战平定陇西薛仁杲（薛举之子），铲除了唐朝来自西方的威胁。

其二，击败宋金刚、刘武周，收复并、汾失地，巩固唐朝的北方。

其三，在虎牢之战中，一举歼灭中原两大割据势力：河南王世充和河北窦建德集团，使唐朝取得了华北的统治权。

其四，重创窦建德余部刘黑闼和山东的徐圆朗。

自此李世民威望日隆，尤其是在虎牢之战后班师返京时，受到长安军民的隆重欢迎。武德四年（621 年）十月，封为天策上将，领司徒、陕东道大行台尚书令，位在王公上，食邑增至三万户。李渊又下诏特许天策府自置官属，李世民因此开设文学馆，收揽四方彦士入馆备询顾问。文学馆与秦王府相结合，俨然形成一个小政府机构。

二、太子之位摇欲坠，兄弟联合抗秦王

李渊当皇帝以后，根据立长不立幼的传统习惯，在武德元年（618 年）册立长子李建成为太子，并封李世民为秦王，李元吉为齐王。

武德二年（619 年），司竹地方发生动乱，一个叫祝山海的人，聚集 1000 多人造反闹事。唐高祖李渊颁布诏书，命李建成率领将军桑显和等人前往征讨。祝山海变乱平定后，凉州（今甘肃省武威县）人安兴贵率众归降，唐高祖又命李建成前往原州（今甘肃省固原县）接应。李渊所以接二连三地委托李建成以军国大事，就是想在大臣和诸子中树立他的威望，巩固他的太子地位，为将来他继承帝业打下基础。谁知，李建成往原州接应安兴贵时正值夏季，天气酷热。他一边赶路一边打猎，兵士们疲劳过度，不堪忍受，大部分逃散了。李建成回到长安时，队伍七零八落，溃不成军。李

唐太宗

渊见此非常生气，把李建成狠狠地骂了一通。此后，为了让李建成熟悉国事，提高处理政务的本领，李渊每次临朝，都让他坐在自己附近，参加各种问题的讨论，遇到不太重要的问题，唐高祖李渊还让他亲自处理。此外，李渊又命礼部尚书李纲、民部尚书郑善果为东宫官员，帮助李建成出谋划策，决断各种机要问题。

尽管高祖想方设法提高李建成的威信，但李建成还是辜负了高祖的厚望。他在东宫不习诗文，不理政务，整日无节制地饮酒，还搬弄是非，在兄弟之间制造不和。李纲对此非常不满，多次劝诫又不见成效，便在武德二年十二月(620年1月),以年老体衰为由，辞职离开了东宫。

武德四年（621年），北方稽胡族首领刘企成统率所部几万人骚扰唐朝边境，使许多百姓流离失所，一时间边关告急。唐高祖李渊命李建成统率10万大军前往征讨。最后，刘企成被打败，并表示投降。不料，李建成竟以“恐有变乱”为借口，把已经投降的几千人全部坑杀。刘企成也被逼逃到了梁师都那里。这样，唐朝北方的边境并没有得到安定。因为这件事李建成处理不妥，高祖李渊对他的看法更坏了。李建成的处境日益不妙，而李世民却逐渐受到高祖的重用。武德三年（620年），李世民奉李渊之命平定了刘武周割据势力，收复了并州、汾阳广大地区。武德四年（621年），李世民又奉诏消灭了窦建德和王世充两支劲旅，极大地巩固了李唐政权。这一年七月，当李世民胜利返回长安时，他身披黄金甲，后面紧随着25员大将和1万匹铁骑，鼓乐喧天，人声鼎沸，好不威风！李世民受到了高祖和满朝文武大臣的隆重欢迎。这时候，李世民已经滋长了当天子的念头。据说，在平定王世充时，李世民曾和他的谋士房玄龄穿戴普通人的衣服，拜访了一个名叫王远知的道士。道士在迎接他们时说：“你们两人中有个圣人，莫非是秦王吗？”李世民见道人认出了自己，便以实情相告。后来，当李世民、房玄龄告辞时，道士再三地叮嘱李世民说："您就要做太平天子，望多多自重。"从此，道士的话就经常萦回在李世民脑海中。李世民这次凯旋而归，长安全城为之轰动，他感到无比骄傲，仿佛已经感受到那神圣的皇帝的威严。

李建成对李世民威望日益提高非常不安，便拉拢李元吉一起对付李世民。李元吉是高祖李渊的第四子，勇猛过人，也立过战功。但他骄淫放纵，名声不好。尽管如此，李元吉心灵深处也在想着皇位的继承权。他不止一次地私下均衡李建成和李世民的实力及影响，以便自己决定投靠哪一方。经过周密的考虑，李元吉最后选择了李建成。李元吉认为，如果他跟随李世民，显然不能实现自己谋得帝位的野心，如果投靠李建成，或许还有得到帝位的希望。李元吉还想，只要先除掉李世民，再干掉李建成就易如反掌了，到那时，太子的位置也就唾手可得。正是出于这样的考虑，当李建成对李元吉有所表示时，李元吉立即站到了李建成一方。

李建成、李元吉为了给高祖李渊一个好的印象，就积极争取后宫的支持，和嫔妃们拉关系，给她们送礼物，在她们面前说李世民的坏话。这一办法果然见了效。原来后宫嫔妃对李世民的印象就不好。为什么呢？那还是在武德四年（621 年）李世民打下洛阳以后，李渊派嫔妃们前往选阅宫人和府库珍宝。有的嫔妃乘机向李世民索取宝物，有的为自己的亲戚请求官职。由于李世民已经把宝物和官职分给了自己的部属，所以未能满足这些嫔妃们的要求，她们便对李世民产生了怨恨情绪，只不过长时间来没有发泄的机会。李建成给了后宫嫔妃们好处以后，后宫的势力便完全倒向了李建成、李元吉一边。从此，嫔妃们常在高祖李渊面前说李世民的坏话。

李世民当陕东道行台时，高祖李渊诏示他有权处理管辖内事务。当时，正好淮安王李神通有功，李世民便赏赐给他几十顷好地。后来，高祖妃子张婕妤的父亲看中了这些地，让张婕妤私下向高祖奏请，把这些土地赏赐给他。高祖不知这里的究竟，也没有向李世民了解情况，便写了一个手诏，让地方官把这些土地赏给张婕妤的父亲。张婕妤父亲拿着高祖的手诏，去向李神通要地。李神通以秦王李世民的教令在前，对张婕妤父亲的要求和高祖的手诏没有理会。这下惹恼了张婕妤。一天夜里张婕妤陪侍，她乘机向高祖李渊进谗言说："您给我父亲的土地，被秦王夺去给了李神通。"高

祖听了大怒，第二天他召见李世民，捋起袖子斥责说："我的手诏不管事，你的指令下面州县就能执行，这成什么体统？"高祖还叫着李世民的小名，对大臣裴寂说："这孩子常在外边带兵，已经形成了专制作风，全是让那些谋士给教坏了，真不像我过去的那个儿子。"

高祖还有一个宠妃叫尹德妃，她的父亲名尹阿鼠，是个仗势欺人、横行不法的家伙，许多人都吃过他的苦；一天，李世民的部属杜如晦经过尹阿鼠家门前没有下马，尹阿鼠的家仆便一拥而上，把杜如晦从马上拉下来，又拳打脚踢地痛打一通，嘴里还不住地骂道："我是什么人，敢经过我们府前不下马？"后来，尹阿鼠怕这件事高祖知道后会怪罪下来，便采取了恶人先告状的办法，让德妃禀奏高祖说："秦王左右的人非常凶暴，他们竟敢欺负我年迈的父亲。"高祖听后大怒，也不进行调查，就把李世民召进宫中痛斥说："你的属下竟敢欺负我嫔妃的父亲，对一般百姓，就更不知有多厉害呢！这还了得？"李世民站一旁，几次想申述事实，都没被允许。此后，后宫的嫔妃们又乘机对高祖说："您万岁以后，如果秦王得志，我们和孩子们肯定会被害死的。"一边说着，一边还哭哭啼啼。她们还对高祖说："太子为人宽厚、慈孝，一定能养育我们。"高祖李渊听后，无限伤感。从此以后，他对秦王李世民越来越疏远和淡漠，对李建成、李元吉则越来越宠爱。

三、明争暗斗下黑手，玄武兵变定尘埃

李建成、李元吉勾结后宫嫔妃，加紧了对李世民的陷害。一次，李建成、李世民、李元吉兄弟三人跟随高祖外出打猎，高祖命他们骑马比箭。李建成故意让李世民骑一匹难以驯服的烈马，以至李世民反复三次，才把这匹马驯服。李世民对身边的宇文士及说："他们想乘机害死我，但死生有命，对我一点也没有伤害。"后来李建成知道了这些，就让后宫嫔妃们告诉高祖说："秦王说他有天命，一定会坐天下，怎么能轻易死呢？"李渊听后非常生气，在召见李世民时斥责道："天子是上天决定的，不是要一点小聪明就能得到的，你也太心急了。"李世民只好脱下帽子，向高祖请罪。恰好这时有人向李渊报告突厥入寇的消息，李渊才改换笑容，安慰李世民，并命他戴上帽子，准备出征。

又有一次，李建成召李世民夜饮，想用药酒毒死李世民。李世民没有准备，举起酒杯一饮而尽。不一会儿，李世民突然感到胸口疼得厉害，接

着就大口大口地吐血。幸好淮安王李神通在场，急忙把李世民扶往西宫，经过紧急治疗，李世民才脱离了危险。事后，高祖到西宫探望李世民病，知道了他们喝酒的情况，对李建成说："秦王不能喝酒，以后不准在夜间聚饮。"高祖还曾对李世民说："你们兄弟不和，一个住东宫，一个住西宫，近在咫尺。我想让你出居洛阳，主管河、洛以东的地区，你的意见怎么样？"李建成和李元吉知道了这一消息，认为李世民如果到了洛阳，今后就会更不好除掉。于是，他们加紧策划害死李世民的阴谋。

兄弟们之间的争斗逐步升级，一场刀光剑影的厮杀在即，高高在上的父皇在干什么？他是怎么驾驭儿子们、控制局势的呢？

李世民在东宫喝酒中毒吐血以后，李渊去看了看，却没有责备太子，只是说："看你们兄弟似不相容，都住在京城容易生事，你就回行台去吧！住在洛阳，自陕以东都归你管辖。"可是建成、元吉不赞成让世民同他们分主东西的解决办法，特别怕李世民有了土地甲兵再没法制服。于是扬言秦王左右的人都欢呼雀跃，肯定是一去不返了。皇帝听到了便改变主意，又不让李世民去洛阳了。这确实是皇帝为缓和儿子们的紧张关系做的唯一一次努力，却又是不成功的立即放弃了的努力。实际上这样裂土分封可能导致国家分裂的办法，也决不可能是长治久安的办法。

当时东宫和秦王府为了迎接决斗，都暗暗准备了私兵。东宫的长林兵数达 2000，秦王府也有 800 人马。李建成还密使可达志去幽州招募 300 突厥骑兵补充东宫卫队，"将攻西宫"秦王府。此事被告发后，皇帝只是面责建成，流放可达志，并未深加追究。两家的私兵都隐藏下来，留到后来玄武门事变时好派用场。

李世民

杨文干在庆州起兵的事变，有人证物证是太子指使，他并准备在长安里应外合的。庆州与仁智宫只有一道子午岭相隔，李渊紧张得夜不安寝，怕遭偷袭，他每晚出宫，游动在山中躲藏。这时他一面将李建成召到仁智宫监禁起来，一

面又命李世民带兵攻打庆州，许愿说："回来后立你为太子。"不出 10 天，李世民得胜回来后像没事一样，立他为太子的话没下文了。原来又是妃嫔们和李元吉、封伦的说项使皇帝改变主意，以兄弟失和，将李建成和李世民两人的部下各处理几个了事。这样各打 50 板使秦王十分委屈，而且像废立储君这样大事信口乱说出尔反尔的做法，无异是在给已经势同水火的兄弟关系火上浇油了。

武德九年（626 年）突厥来犯，唐高祖不考虑让李世民领兵去打，明显地表现了对他的不信任，心里是怕他利用过去通过刘文静和突厥结下的"香火情"，里外勾结，反戈一击，颠覆自己，并且睁一眼闭一眼地放纵李元吉和李建成去实施消灭世民和秦王府将领的计划。李建成和李元吉都相信，杀了世民之后报告是意外暴亡，皇帝不会不信。一场腥风血雨眼看要来临了，李世民已被置于束手待毙的窘境中。

秦王府得到太子宫丞王晊密报的太子和齐王准备在为征突厥的大军饯行时下毒手的消息后，将士们个个如热锅上的蚂蚁。李世民的妻兄长孙无忌主张抢先下手，干掉他们。见李世民犹豫不决，尉迟敬德急了，说秦王再不行动是非智非勇，和长孙无忌等一起叫嚷要窜身草泽，散伙逃命去了。就这样，李世民还是下不了决心。

一肚子花花肠子的侯君集猜到秦王顾虑的是怎么对付父皇。皇帝的态度显然已完全倾向太子一边，不反他是不行了；可是作为自己的生父，反又反不得，因为当时社会观念以孝为百行之本。过去李渊葬母，赤着脚走 20 余里，"足皆流血"；李世民丧母，守灵三年，"杖而能起"。现在自己若落下"不孝"的十恶不赦的罪名，将来如何做人君临天下？于是侯君集用舜和瞽瞍的故事点破这层关系。舜的父亲瞽瞍，一个瞎了双眼的老人，竟不顾父子情谊，几次三番设计要害死舜。一次想把舜封死在井里，一次要把舜烧死在粮仓里。舜不肯听命，设法自救，逃了出去，后来成就一番大事业，不失为万世帝王之表。意思是说，对要害自己的父亲，是不必恪守孝道、唯命是从的。这一席话促使李世民下定与父皇和兄弟作一场殊死斗争的决心。

六月初一，直奔长安而来的突厥军队已入塞进围乌城（在今陕西定边或横山一带）。这一天和六月初三连续在白昼见到太白星，太史令傅奕解释，太白见于西方秦分，是主秦王当有天下的星象。古人信天人感应，星象预示着人事的吉凶。李渊接到这个星象主兵丧、更王，是凶兆的奏报，立即召秦王入宫，给他看了傅奕的报告。李世民一看就明白，这是指责自己犯了谋反、谋大逆的死罪，面临的是一场末日审判。在父皇严厉目光的审视下，李世民沉着地为自己辩解，申说自己所作所为并无丝毫有负于兄弟之处，但一直遭他们算计谋害。今天要杀我，又好像是为王世充、窦建德报仇。李世民摆出自己建立的不世之功后又说：臣今天冤枉而死，永违君亲，魂归地下，实在是耻于和那些盗贼相见。但这些话仍不能打动父皇，于是又机智地以攻代守，向父皇密奏了李建成和李元吉的种种不法行为，揭发了他们和后宫嫔妃的不正当关系，并向高祖陈述说："儿臣于兄弟之间没有半点儿负心，可太子和齐王总想谋害我。如果他们的阴谋得逞，那就永远见不到父皇了。"高祖听后，大吃一惊，决定第二天上朝审理此事。后宫张婕妤探听到了李世民的活动，立即派人报告给李建成。李建成随即找李元吉商量。李元吉提出："要赶快布置好兵马，同时称病不上朝，观察一下动静再说。"李建成却认为："怕什么，这里都是我们的军队守卫，他们能怎么样？"

可事情的发展恰恰出乎他们的想象。

李世民脱身出来后，有了一天的喘息时间，用这点宝贵的时间发动酝酿成熟的政变是足够了。回去以后他立即召房玄龄、杜如晦化装成道士入府，连夜擘画了次日的行动。

翌日，六月初四黎明前，李世民一行9人全副武装悄悄往宫中走去，玄武门守将敬君弘、常何开门放他们入宫隐蔽在一片小树林里，秦府的800军兵分别埋伏在玄武门、芳林门等处。清晨，李建成和李元吉大模大样地过来了，随行的70人被敬君弘截留在玄武门外，李建成和李元吉进宫以后到临湖殿前发觉情况异常，急忙反身想回东宫齐王府，但为时已晚，从小树林里闪出的秦王府将士堵住了他们的退路。史书记载上没留下当时双方还有没有过对话，瞬息间就见李建成、李元吉俩双双死在李世民和尉迟敬德的箭下。东宫和齐王府兵闻讯奋起冲击玄武门，与秦王府兵马大战，把玄武门守将敬君弘打死。但终因太子和齐王已死，群龙无首，徒有优势兵力，无法拿下玄武门。

慌乱中逃避在海池游船上的唐高祖，随即被擐甲持矛的尉迟敬德劫持监视起来，被迫下敕平息了东宫齐王府兵的战事。惊魂未定，他又只好接

受了萧瑀、陈叔达两位宰相的意见，立秦王为太子，委以国事。为此下了三道诏书：六月初四当天的第一道书，谴责李建成和李元吉，“二凶”悖逆，自取灭亡；六月初七又连下二诏，违心地称颂秦王李世民“功高四履，道迈二南”，立他为皇太子，军机庶政，事无大小，都委他断决，被迫交出了全部权力。这期间，政变成功的李世民曾赶往长安北渭水边，与突厥颉利可汗一阵密谈后，风尘仆仆而来的突厥骑兵竟悄然退去了。七月，重新改组中央政府，任房玄龄为中书令，高士廉为侍中，封德彝为尚书右仆射。八月，李渊正式退位，彻底退出政治舞台，以太上皇身份，了却残生。至此，玄武门事变完成了全部既定目标，最后落下帷幕。第二年正月，改元贞观，李世民当了名实相符的皇帝。

事后，李世民杀了李建成、李元吉诸子，并将他们从宗籍中除名。对于太子集团的其他文臣武将，只要他们表示愿意和秦王合作，都被任用，并给以应得的礼遇。例如，魏征与薛万彻都担任了重要官职。秦王这样做，团结了大多数，扩大了他的政权的基础。

四、偃武修文多措举，贞观之治创盛世

李世民登基后，推行“偃武修文”、使百姓安乐的方针，采取轻徭薄赋、整饬吏治、健全法制等政策，努力做到虚怀纳谏、知人善任、以古为镜，取得显著效果，社会上出现兴旺景象。

唐太宗借鉴了隋灭亡的历史教训，制定了基本顺应当时历史发展要求的政治措施。唐初经济凋敝，人民生活十分困苦，国家财政也严重拮据。因此唐太宗首先实行了轻徭薄赋、与民休息的政策，尽量避免和减少战争，以减少军费支出，此举有力地保障了农民安居垄亩，发展了农业生产。

李世民从 18 岁开始到 27 岁登基做皇帝，一直在戎马倥偬东征西战中度过，在统一战争中，他不仅是主要的决策者，还是大唐帝业的实际创建者。他继位后，吸取了隋朝统治和隋末农民起义的经验教训，积极推行均田制等一系列有效的改革措施，虚怀纳谏、励精图治。从他继位到去世时止，唐朝的政治清明、社会安定、经济发展、文化繁荣，国势极为强盛，出现了历史上称颂不绝的“贞观之治”（627—649 年）。据说贞观四年（630 年），全年仅“断死刑二十九人”，“东至于海，南至于岭，皆外户不闭，行旅不

赍粮焉”。贞观八九年间，“米斗四五钱，马牛布野，外户动则数月不闭。至十五年，米每斗值两钱”。

在政治方面，英明的李世民沿用了隋朝的官吏制度并进行了一定的改革。增加了宰相的数量，提高了办事效率，也避免了宰相专权。合并了部分州县，精简了机构，并且很注意对地方官的选拔，大大提高了地方官的素质。因而使唐初吏治出现了“法平政成”的局面。法制方面，他健全了完备的法律制度，改变了隋末苛法滥刑。他本着“意在宽平”的精神，制定了《贞观律》，对后世封建法律有着重要影响。

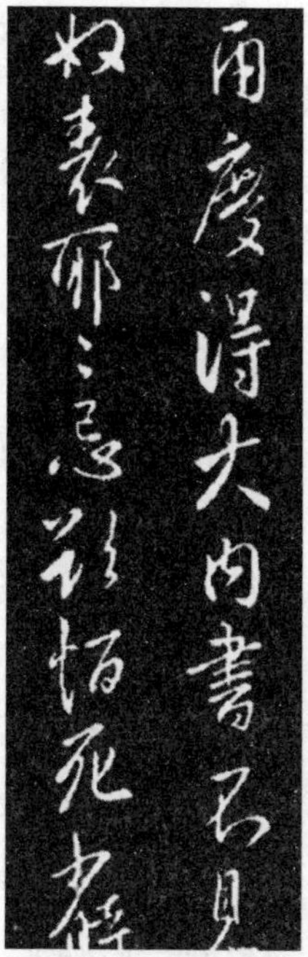

在经济方面，他继续推行武德末期颁行的均田制，使贫困的农民获得了土地，促进了农业生产的发展。

唐太宗还很重视水利建设，在朝廷设置专官，“掌天下川渎陂池之政令”，发动各地兴修水利，颇有成效。

唐太宗手迹

在文化方面，唐太宗具有尊师崇儒的远见卓识，大力兴办学校。在朝廷设立国子监，收教各级官僚子弟，另建弘文、崇文两馆，专为皇亲国戚和大官僚子弟而设，他还在地方设州、县两级学校。这些学校就其规模、种类、数量和课目来说，都比前代更为进步，特别是专科性质学校的出现，在中国教育史上占有重要的地位。唐太宗还很重视历史对政治的借鉴作用，他说：“以古为镜，可以知兴替。”因而贞观时期，在史书编纂上取得了重要的成绩。从两晋以来的各朝历史都开始重修。在修纂前代史的同时，也开始修纂国史，除纪传体的国史外，又创立了编年体的实录。

作为政治家的唐太宗，一个重要的长处就是善于求贤和纳谏。他认为“为政之要，唯在得人”。房玄龄“善谋”，杜如晦“能断”，唐太宗以他二人为相，辅佐自己，“二人深相得，同心徇国”，辅助唐太宗，造就了贞观之治。唐太宗要求臣下推荐人才，自己也留心观察、发现和提拔有用之才，推行“任人唯贤”的用人之道。他所任用的，大多为德才兼备之士，这些人，有的是旧部下，有的是旧日敌人，也有新出现的才智之士。尉迟敬德原是刘武周手下的一员大将，后来，他与另一将领寻相一起率众投降了李世民。

但不久，寻相就叛变了，为此，李世民的手下诸将便怀疑尉迟敬德，把他囚禁起来，劝李世民把他杀掉以绝后患。李世民却说："尉迟敬德有心叛变的话，难道还会落到寻相之后吗？"他命人放了尉迟敬德，还抚慰他说："大丈夫以义气相许，请不要把这次误会放在心里，我是不会因为旁人的几句闲话而加害良士的。"尉迟敬德对此深为感动，在以后的历次战斗中出生入死，屡建奇功。

唐太宗不但明于知人，而且善于纳谏。他鼓励臣僚"事有不利于人必须极言规谏"。因此，贞观时期出现了不少有名的谏臣，而魏征尤为突出。魏征原是太子李建成的心腹，曾极力劝说李建成除掉李世民。玄武门事变后，魏征成为阶下囚，但他并不贪生怕死，铁骨铮铮。李世民十分看重他的正直和才干，对他不计前嫌，以礼相待，加以重用，后来官至宰相。魏征是历史上有名的"谏臣"，在贞观年间，无论是国家政事，还是唐太宗的个人行为，只要他认为不妥的，便直言进谏，即使冒犯唐太宗，也不退却。据说他进谏200余事，大多为李世民采纳。魏征进谏，唐太宗纳谏，成为封建社会君明臣贤的美谈。唐太宗被誉为"从谏如流"的明君，是与魏征不断直谏密切相关的。贞观十七年（643年）魏征病逝，太宗哭道："人以铜为镜，可以正衣冠；以古为镜，可以知兴替；以人为镜，可以知得失。朕常保此三镜，以防己过。今魏征病逝，遂亡一镜矣。"又如马周，本不知名，唐太宗见到他为将军常何写的奏事，认为很有才能，立即召见。马周确实能干有才，后来官至中书令。唐太宗就是这样，随时留心、发现和任用贤才。

此外，唐太宗在处理周边民族关系上也建树颇多。他任用李靖、李勣等为将，对不断侵扰边境的突厥予以沉重打击，将其彻底打垮，生擒颉利可汗。对西域原来受到突厥压迫的各族人民加以抚慰，受到了衷心拥戴，被尊为"天可汗"。

随后他又击败了阻碍西域交通的吐谷浑，与吐蕃和亲，把文成公主嫁给吐蕃松赞干布，使边境得以安定。对于迁入内地的少数民族，他做到了一视同仁，甚至大量吸收了各民族的代表人物参加政权，密切了民族关系，促进了各族人民的交往和经济文化的发展。这种开明的民族政策为中华民族的大团结奠定了基础。

通过这一系列的政治、经济和军事政策的制定和推行，唐初政治空气清明，生产力得以迅速发展，经济空前繁荣，社会安定。人民获得了一个较为安定的政治环境，能够安心地从事劳动生产，从而创建了文化灿烂、国力鼎盛富强的景况，被后人誉为“贞观之治”。

五、英明神武唐太宗，废立太子两为难

贞观十七年（643 年）四月十三日，长安皇宫中的两仪殿发生了一起令人震惊的事件。唐太宗李世民在接见群臣完毕，百官尽退以后，留下司徒长孙无忌、司空房玄龄、兵部尚书李勣继续议论政事。君臣说话之间，太宗突然从座位上站起，情绪异常激动地对三位大臣说：“我的三个儿子和一位弟弟竟然做出这样的事来，那我还会有什么可依靠的呢？”说完，他扑倒在床上，放声大哭，然后又抽出佩刀，朝自己的身上刺去。看到这番情景，三位大臣也顾不得什么礼了，长孙无忌赶忙上前抱住太宗，顺手夺过佩刀，房玄龄和李勣也趁势扶起太宗，说了许多劝慰的话。唐太宗坐在床上，慢慢地止住了哭声，神情显得那样凄伤。这到底是怎么回事呢？为什么雄才大略的唐太宗会做出这种唐突的行动？这和立太子密切相关。

唐太宗即位后，考虑到立太子是件大事，便决定立 8 岁的长子李承乾为皇太子。李承乾生于长安皇宫中的承乾殿，因此，母亲长孙皇后就以殿名给他取了名字。李承乾年轻时非常聪敏，很为唐太宗喜爱。唐太宗居丧期间，国家的许多政务都由他决断，唐太宗每次外出巡视，也让他留守长安，代行处理国政。不料，时光一年年过去，李承乾却逐渐变坏了。他习性散漫，生活奢侈，嬉戏无度。唐太宗对他越来越不满。

东宫太子府中有个 10 多岁的乐师，长得十分美丽，能歌善舞。李承乾对他十分宠爱，给他起个绰号叫“称心”，日日和他厮混在一起。唐太宗知道这件事后非常生气，派人把称心杀了，和称心有牵连的几个人也都被处死。李承乾对称心痛悼不已，便在东宫庭院中盖起一间房子，里面摆上称心的画像，又陈列了许多泥人泥马，命宫人每天早晚祭奠，他自己也常来徘徊哭泣。李承乾还把称心埋在宫中，立坟头，树石碑，并且从此长时间不上朝参拜唐太宗。

李承乾在宫中闲得无聊，就把100多个奴仆组织起来习歌练舞。这些仆人们像北方胡人那样，梳起高高的发髻，穿起五颜六色的舞衣，打着鼓，敲着锣，像巫人跳神那样疯狂地摇摆。李承乾还派人造许多大铜炉和铜鼎，让他的奴户们偷来许多牛马送进宫中，他亲自用这些炉煮牛马肉，熟了以后，就召集自己喜欢的人一起大吃大喝。吃腻了，喝烦了，李承乾就与奴仆一起装扮成突厥人模样。

大约因为他几代祖先都娶少数民族女子为妻，身体内有游牧民族血统的关系，他倾慕突厥的生活习俗。铸口径八尺的铜炉和六隔大鼎，找亡命之徒去民间盗马，屠宰后亲自烹煮分食。还喜欢学突厥语，穿突厥衣服，选身边貌似突厥的人，五个为一落，梳辫子，穿羊皮袄，放羊。制作五狼头纛和其他突厥幡旗，穹庐为帐，自己住在里面，烹羊，用佩刀割肉嚼食。又对左右说："我试作可汗，假装死了，你们按突厥习俗举丧。"而后直挺挺躺在地上，众人号哭，骑着马环绕着走，还剺面，就是用刀割自己的脸，表示悲痛。玩够了，他一下跃起，说："一旦有了天下，当率数万骑往金河（今内蒙古呼和浩特附近大黑河）以西去狩猎，然后解发为突厥，为其首领典兵，要是独当一面，决不比别人差。"身为大唐的皇太子，却甘当番邦的部属，被认为是一种不可救药的狂愚。

这种无聊的游戏，只有和他的小叔叔汉王李元昌能玩到一起。汉王因为多次犯法生事，被唐太宗处罚，心怀不满，寻求排遣，和太子挺合得来，终日在一起胡闹。他俩将左右人员分为二队，各率一队，披毡甲，操竹，列阵交战，大声喊杀，许多人受伤流血，觉得挺好玩。有不听命参加对打的，绑在树上敲打，有给打死的。李承乾还说："假如我今天做了天子，明天就在苑中置万人营，与汉王一人带一半，看他们战斗多开心呵！"

长孙皇后去世后，李承乾无人管束，生活奢靡，终日沉溺在声色犬马中。他怕有人向父皇报告，所以又要两面派手法。和宫臣在一起时，高谈阔论忠孝之道，说得慷慨激昂，声泪俱下。谁要进谏劝说，他先恭敬迎拜，正襟危坐，引咎自责，说许多漂亮话，堵人家的嘴。转过脸去，回到宫中，依然故我，继续鬼混胡闹。

李承乾变坏，是不是因为太宗没有对他管教呢？不是的。最初，唐太宗为了加强对李承乾的教育，选派了许多有学问的人做太子老师。右庶子李百药是太子比较早的老师。他针对李承乾留心典籍和爱好嬉戏的特点，写了一篇《赞道赋》的文章，以古来储君成败的事迹对李承乾进行讽谏。由于李承乾毫不觉悟，两年后李百药不得不辞职。唐太宗又选中书侍郎杜正伦当太子老师。当时李承乾正犯脚病，不能上朝。太宗特意嘱咐李正伦说："太子有病不来上朝不算大事，可他不爱惜贤才却令人担忧。如果太子不听教导，可来告我。"李承乾果然不听杜正伦教诲。为了给太子施加压力，杜正伦便用太宗的话吓唬他。谁知李承乾上表唐太宗反告了杜正伦一状，词语中还连带了唐太宗本人。一天，唐太宗责备杜正伦说："你怎么能在太子面前泄露我的话呢？"就这样，杜正伦也没有取得成功。此后，光禄大夫张玄素又当了太子老师。鉴于李承乾久居后宫，荒废学业，张玄素便引古人"勿以小恶而不去，勿以小善而不为"的话规劝他。不料李承乾极为反感，甚至派遣自己的户奴，在更深人静的时候去打张玄素，使张玄素险些丧命。于是，张玄素也不得不辞职而去。此后，唐太宗又以散骑常侍于志宁为太子老师。一个农夏大忙的时节，李承乾不顾农时，征调大批工匠官奴在东宫营造馆舍，数月不停。于志宁对此劝谏说："东宫是隋朝修建的，当时的人就以为很奢侈华丽的了，怎么您还在里面营造亭台呢？费那么多财帛，用那么多人力，这会败德的。"李承乾对这些话根本听不进去，还秘密地派遣刺客张师政、纥干承基暗杀于志宁。一个月色朦胧的夜晚，张师政、纥干承基偷偷来到于志宁住处。他们看见于志宁睡在茅草房中，生活很清苦，和李承乾居住的东宫相比，简直有天地之别，就没有忍心动手。于志宁对太子的教育也失败了。

李承乾和他父亲完全不同，一点都容不得别人进谏，曾说："我为天子，极情纵欲，有谏者就杀，杀他几百个，众人就老实了。"汉王李元昌同他沆瀣一气，迫不及待地鼓动太子谋反，说唐太宗身边有个美人，善弹琵琶，事成之后，希望能够送给他，异想天开地打起如意算盘来。

李承乾的亲弟弟，唐太宗第四子魏王李泰，见有机可趁，渐生夺嫡之志。唐太宗又偏爱他，见他喜爱文学，特准他在王府里设置文学馆，由他召引学士。开文学馆是件大事，当年唐太宗为秦王时也曾开文学馆，秦府十八

学士后来成为帮他夺取皇位的谋士。唐太宗对魏王的特别恩宠，激化了他们兄弟间的矛盾，先后在魏王府任职的韦挺、杜楚客在朝臣中活动，贿赂权贵，造舆论说，魏王聪明，宜为上嗣，动摇太子的地位。朝臣们也纷纷投机，潜结朋党，依附一方，明争暗斗。

太子和称心搞同性恋的事被唐太宗知道了，唐太宗大怒，杀了称心，严厉地斥责了李承乾。李承乾认为是李泰告的密，愤恨不已。又对称心怀念不止，在宫里设灵堂，立称心的像，摆上车马人俑，命宫人早晚祭奠，自己也常常前去，徘徊痛哭。而后又在宫里起冢葬称心，赠官竖碑，表示哀悼。他还因此数月不朝。

为替称心报仇，李承乾暗养刺客纥干承基和百余壮士，准备谋杀魏王。还指使人伪称是魏王府官员，向朝廷上书，诬告魏王的罪行，此事受到追查。

形势对李承乾越来越不利，于是他纠集人马，阴谋造反。他网罗起来的骨干，有唐高祖长广公主的儿子赵节，唐太宗城阳公主的丈夫、杜如晦的儿子杜荷，原太子李建成武将、左屯卫中郎将李安俨，东宫千牛贺兰楚石。核心人物是侯君集。

侯君集是帮助李世民策划玄武门之变的五个决策人之一，出将入相，先后平吐谷浑和高昌，时誉甚高。但平高昌后，贪冒取财下狱，虽然被释，心中怏怏。承乾派侯君集的女婿去联络，一拍即合。侯君集举着手，对李承乾说："这只好手，要为殿下用了。"

他们在一起喝了血酒，各人割破手臂，用帛擦血，烧成灰和在酒里喝下去，誓同生死。商定的办法是找机会用兵打进西宫，就是皇帝居住的宫城。李承乾对纥干承基说："我的东宫西墙，离西宫只有 20 步（合今 30 多米），近在咫尺，是在齐州（今山东济南）起兵反叛的齐王不能比的。"杜荷很快发现，夜长梦多，事不宜迟，对李承乾说："天文有变，应马上动手，殿下可称得了急病，危在旦夕，皇上必然亲自来探视，抓住机会事情就成了。"但是没来得及做，阴谋就败露了。

审理齐王案时，查出纥干承基也参与了，他被捕入大理狱，是死罪。为求活命，他叛卖太子。贞观十七年（643 年）四月初一，材料送上唐太宗的案头，立即组成了有宰相长孙无忌、房玄龄、萧瑀、李勣和三司官员参加的最权威的班子进行审理。谋反谋大逆的案情很快就查明了，唐太宗问如何处理李承乾，群臣都不敢答话，只有来济说："陛下不失为慈父，太子得尽天年，才好。"要留李承乾一条性命。当月初六，就下诏幽废太子。唐太宗曾想免汉王李元昌一死，群臣固争，于是赐自尽，只是法外开恩，不再株连他的母亲唐高祖孙嫔和妻子儿女。侯君集、李安俨、赵节、杜荷等都处死。

侯君集的案子是唐太宗亲自处理的。他对侯君集说："我不想让刀笔吏加辱于你，所以自己来审案。"侯君集开始还不承认，于是带他女婿贺兰楚石到庭作证，又出示了他同李承乾往来的信件，侯君集才没有话说，服罪了。唐太宗征求侍臣意见，说："君集有功，给他留一条生路，可不可以？"大家都说不可。唐太宗只好对侯君集说："与公长诀了！"还落了眼泪。侯君集临刑对监刑将军说："我自在秦王府时就跟随陛下，又击取吐谷浑、高昌二国，请求留下一子以奉祭祀。"唐太宗也宽大处理了他的妻儿，只是徙往岭南，不再加刑。没收其家产时抄出两个美人，从小吃人奶，一直不吃别的食物长大的。可见这新贵已腐败得可以。

这一案还牵连了张玄素、赵弘智、令狐德棻等宫臣，都被罢免，削去所有官爵。唯独于志宁，因为多次谏争，受到慰勉。那个纥干承基，虽然参与了齐王和太子两个大案，因上变告密，仍保留了一个折冲都尉的低级武官职位，得到一个平棘县公的小小封爵。

李承乾被废了，谁继位东宫当太子呢？太宗想到了魏王李泰。李泰是长孙皇后的次子、唐太宗的第四子、李承乾的胞弟，年幼时也非常聪明，特别喜欢诗文，长大以后，对经籍、地理之学尤有兴趣。太宗对李承乾逐渐疏远时，就开始有意识地培养李泰。还在贞观十年（636 年）二月，太宗借口李泰喜爱文学，对士大夫非常讲究礼节，便命在魏王府建置文学馆，听任李泰自由地选择学士。太宗这样做，显然是为李泰当太子创造条件。李泰手下的人对此心领神会，他们出谋划策，让李泰奏请撰著《括地志》一书。太宗大力支持，拨了许多经费，给撰写人优厚的待遇。《括地志》一书最后编成，李泰在朝廷中获得了好名。不仅如此，太宗对李泰的赏赐也越来越多，到贞观十六年（642 年）二月，对李泰每月的赏赐已经超过了当时还是太子的李承乾。

唐太宗还当面许愿，要立李泰为太子，他表示，自己只有一子，死时

要亲自杀了，传位给晋王。唐太宗把这话告诉侍臣，还说：“人谁不爱自己儿子？我看他能这样，真让人喜欢。”褚遂良听了很不以为然，说：“陛下这话太不对了，希望好好想一想，别把事情做错了。哪有陛下身后，魏王坐了天下，肯杀其爱子而传位晋王的道理呢！陛下以前既然立李承乾为太子了，却又过分宠爱魏王，给他的礼秩待遇甚至超过太子，才酿成今日之祸。这个教训，足以为鉴。陛下今天如立魏王，请先将晋王处置了，才得安全。”唐太宗心中的愁苦被说中，不由得流下眼泪，再要处置晋王，他说：“我做不到。”这时朝臣中，长孙无忌坚持要立晋王，而岑文本、刘洎则赞成立魏王，这一分裂会带来将来的政治危机，后果是很严重的。唐太宗陷于深深的苦恼中，一时没了主意。

但是，太宗助长了李泰及其僚属们的骄横气焰。贞观十七年正月，魏王府中传出流言，说太子李承乾脚有毛病，当废；魏王聪明，当立。这以后，朝中许多大臣也开始和李泰拉关系，徇私舞弊、行贿。这使当时还没有被废的太子李承乾十分害怕。一天，李承乾秘密派人到玄武门上书，声称是李泰府上的典签为李泰请封。谁知，太宗打开奏书一看，里面写的全是李泰罪状。太宗知道这是李承乾搞的鬼，便召他上殿当面斥责。李承乾辩解说：“儿臣贵为太子，还有何求？只不过求自安之计罢了。如果父皇立李泰为太子，那正是称了他们的心愿，今后谁都可以谋取太子位了。”

魏王一刻也不松懈地在四下活动，天子的权位对他吸引力太大了，现在机会不好，唯一的障碍是亲弟弟李治，他自己出马找李治谈话，威胁道：“你和李元昌好，现在李元昌完了，你能太平无事吗？”李治很老实，被这话吓住了，终日闷闷不乐，心事重重。唐太宗感到奇怪，问了几次，李治才说了李泰的谈话。唐太宗终于对李泰失望了，开始后悔说要立李泰的话。他想起李承乾在自辩时讲的话：“我已经是太子，还有什么可求的，只是为遭到李泰算计，才与朝臣谋自安计，被不逞之徒教唆，做出不轨的事。现在如果立李泰为太子，正是让他的阴谋得逞。”

又一场兄弟间的阋斗拉开帷幕，唐太宗伤感万分。一天退朝后，他留下长孙无忌、房玄龄、李勣、褚遂良，对他们说：“我三子一弟（指齐王、太子、魏王和汉王），所为如是，我心诚无聊赖！”他觉得活着没意思了。

说完倒在床上，抽佩刀要自杀。眼前的事触动了他内心深处的隐痛和惶恐，他似乎看到，当年玄武门前他与李建成、李元吉兄弟间的那场厮杀又在重演，这一回的厄运正降临在自己头上，这痛苦使他失去常态，甚至失去继续面对人生的勇气。

唐太宗纳谏图

侍臣们慌忙上前扶抱夺刀，询问唐太宗的心思，唐太宗终于说："我想立晋王。"晋王李治一向懦弱，长孙皇后生的这个小儿子的性格才能，唐太宗并不欣赏，可是眼下只能出此下策，立他为继承人了。长孙无忌一听马上赞成，说："谨奉诏！有异议者，臣请斩之！"就这样定了，再不容许争议。唐太宗让李治拜谢长孙无忌："你舅舅赞同你了！"而后唐太宗去太极殿，召集文武六品以上官员，宣布：李承乾悖逆，李泰凶险，都不可立。问大家，哪个儿子可以为嗣？众人都说立晋王，在嫡子三人中，已经别无选择了。就这样，晋王李治被立为太子，魏王李泰被看押在北苑，后来迁往均州郧州县（今湖北郧县），寂寞一生。

唐太宗处理完此事，从痛苦中解脱出来以后，对侍臣们解释："我如果立李泰，那么太子之位就是可以钻营而得了。以后太子失道，藩王窥伺者，皆两弃之，都不能用。这要传给子孙，永远照此法办。而且如果立了李泰，李承乾、李治都不得保全。现在立李治，李承乾与李泰都能好好活下去了。"唐太宗不隐讳他对李泰有所偏爱，认为李泰文辞美丽，是个才士，但是为社稷之计，断割恩宠，才能两全。

鹬蚌相争，晋王得利，他拣了个太子，数年后又继位为唐高宗。也正因为他懦弱，需要帮手来对付事事掣肘他的大舅，于是有了武则天从政的契机。历史像一只万花筒，许多偶然性合在一起，捧出了中国历史上这位唯一的女皇帝。

六、晚年自满恶直言，妄食灵丹不治亡

作为封建君主，唐太宗在政治思想上确有其难能可贵之处。他常引用前人的话说："舟，所以比人君；水，所以比黎庶。水能载舟，亦能覆舟。"他以此自警，也用来教导自己的臣子。

似乎人年龄大了就都爱听好话，这好像成了一个规律。贞观后期，可能也是太平盛世过久了，他也开始自满了起来，对于自身的要求也没有以前严格了，别人的话也有些听不进去。贞观十年，魏征发现他"渐恶直言"，这也拉开了唐太宗走向错误的序幕。

他的渐恶直言主要表现在这几件事情上：

一是征伐高丽，前后两次，他不听大臣们的劝告，虽然取得了一些胜利，但得不偿失。因为战争的地点遥远，花费巨大，结果引起农民起义，激化了国内矛盾。

二是，隋朝晚年的浪费似乎已经离盛世已远，国内奢侈现象又逐渐增多。在贞观十六年的时候，唐太宗甚至下诏说，太子所用之物其他机关不得限制，结果造成太子的严重浪费现象。不只太子如此，唐太宗自己也开始注意自己的衣食住行起来，他几次修造宫殿，比如贞观十一年（637 年）在东都洛阳修飞山宫，二十一年（647 年）又修翠微宫。

唐太宗这个被人所称道的圣君，还开了一个历史的先河，破坏了由来已久的惯例，那就是看史官所写的起居注。起居注是专门记录皇帝日常生活和言论的，皇帝无权干涉，这是历来的传统。所有的皇帝都要尊重史官的职权和地位，而且史官也会秉笔直书。而这个"真命天子"却认为自己没什么不能做的，破坏了制度。

但是，唐太宗并不是不知道自己在做什么，他还不至于糊涂到犯了错误也不知道反省的地步。在晚年时，他在对太子李治教诲时反省了自己的一生："你应该从历史中找古代的贤明帝王为学习的典范，像我这样的不足以效法。我做了许多错事，比如锦绣珠玉不绝于前，宫室台榭常有兴造，犬马鹰隼，无远不致，行游四方又劳民伤财，这都是大错，你不要以为这都是好事，总想学着去做。"

贞观十年（636 年），辽东战役回来时，唐太宗生病，此后开始服用金石丹药。贞观二十一年（647 年），唐太宗又得了“风疾”，烦躁怕热，便让人在骊山顶峰修翠微宫。第二年，唐太宗因吃了某种“延年之药”，结果使病情恶化。贞观二十三年（649 年）五月，唐太宗因中“灵丹”之毒，不治身亡。六月，太子李治继位，是为唐高宗。

第三章 李唐复辟二十载

一、龙虎斗李治得利，前朝安后宫遗患

唐高宗李治（628—683年），字为善。唐朝第三位皇帝，唐太宗李世民第九子、嫡三子，其母为文德顺圣皇后长孙氏，与唐太宗嫡长子太子李承乾、嫡次子魏王李泰为同母兄弟。

贞观二年（628年），唐太宗第九子李治出生；贞观五年（631年），被封为晋王；贞观十一年（637年），被任命为并州都督。李治为长孙皇后所生，是唐太宗的第三个嫡子。按理说，如果他的两位胞兄健在的话，他是很难登上皇位的。李治本无意做皇帝，但在经过京城的一场波动之后，竟被推上了皇太子的位置，并最终登上了皇位。可以说，李治继承皇位，是唐太宗嫡长子李承乾和嫡次子李泰争夺皇位折中的结果。

贞观十七年（643年）四月，太子李承乾以谋反之罪被废，唐太宗遂将其第九子晋王李治立为太子，并对太子严加管教。晚年李世民著《帝范》一书以教戒太子李治，总结了他的施政经验，同时自评一生功过。

贞观二十二年（648年）正月，唐太宗将他撰写的《帝范》12篇颁赐给太子李治，并对其告诫说："你应当以古代的圣哲贤王为师，像我这样，是绝对不能效法的。因为如果取法于上，只能仅得其中，要是取法于中，就只能仅得其下了。我自从登基以来，所犯过失是很多的：锦绣珠玉不绝于前，宫室台榭屡有兴作，犬马鹰隼无远不致，行游四方供顿烦劳。所有这些，都是我所犯的最大过失，千万不要把我作榜样去效法。"

后来，唐太宗病笃，李治昼夜陪在他身旁，有时"累日不食，发有变白者"。唐太宗哭着说："汝能孝爱如此，吾死何恨！"临死前，他对长孙无忌、褚遂良说："朕今悉以后事付公辈。太子仁孝，公辈所知，善辅导之！"又对李治说："无忌、遂良在，汝勿忧天下！"唐太宗死后，李治继位，是为唐高宗。

贞观二十三年（649年）八月，也就是唐高宗继位后两个月的一天晚上，国内发生了大地震，晋州最为剧烈，有5000多人被压死。此后，晋州又多次发生地震。面对上天对他的这次考验，唐高宗没有惊慌，而是按部就班地应对，避免了动荡局面的产生。

永徽元年（650年）正月，唐高宗对群臣说："朕初继位，事有不便于百姓者悉宜陈，不尽者更封奏。"此后每日引10位刺史入阁，向他们询问百姓疾苦和政治。当时有人诬告长孙无忌谋反，唐高宗并不理会，继续礼尊长孙无忌、褚遂良二人。他们二人同心辅政，使得永徽年间"百姓阜安，有贞观之遗风"。

唐太宗之女衡山公主要出嫁，有司认为丧服已除，打算在这年秋天为其圆婚。于志宁上言道："汉文立制，本为天下百姓。公主服本斩衰，纵使服随例除，岂可情随例改，请俟三年丧毕成婚。"唐高宗同意于志宁的建议，衡山公主不得嫁。

唐太宗在晚年时曾因突厥的车鼻可汗不入朝而派右骁卫郎将高侃攻打突厥，以失败而告终。唐高宗为了完成唐太宗遗志，令高侃再次攻打突厥。高侃擒获突厥车鼻可汗，并将其押入京师。唐高宗封车鼻可汗为左武卫将军，都督军山，并分置单于、瀚海二都护府，令单于领狼山、云中、桑干三都督，都督十四州，令瀚海领瀚海、金徽、新黎等七都督，都督八州。永徽三年（652年）正月，吐谷浑、新罗、高丽、百济同时遣使向唐朝入贡；四月，西南蛮被唐军平定。

李治

唐高宗虽然处处为民着想，但也有出猎的喜好。一次，他在出猎时遇雨，向谏议大夫昌乐谷那律问道："油衣若为则不漏？"对曰："以瓦为之，必不漏。"唐高宗欣然接受其劝谏，不再外出游猎。

永徽三年（652年）二月，唐高宗

登楼看戏。后来他对侍臣说："昨登楼，欲以观人情及风俗奢俭，非为声乐。朕闻胡人善为击鞠（踢皮球）之戏，尝一观之。昨初升楼，即有群胡击鞠，意谓朕笃好之也。帝王所为，岂宜容易。朕已焚此鞠，冀杜胡人窥望之情，亦因以自诫。"

当初，房玄龄之子散骑常侍房遗爱娶了唐太宗之女高阳公主。高阳公主为人骄恣，在房玄龄死后挑唆房遗爱与其兄房遗直分家财，随后诬陷房遗直。唐太宗听了房遗直的直言后深深责备了高阳公主。此后，高阳公主不再受宠，遂感到不悦。后来，御史在劾查案件时发现高阳公主与有罪的辩机私通。唐太宗大怒，腰斩辩机。高阳公主更加怨恨唐太宗，以致在唐太宗死后毫无戚容。唐高宗继位后，高阳公主再次在房遗爱、房遗直间挑拨离间。结果，房遗爱被贬为房州刺史，房遗直被贬为隰州刺史。

驸马都尉薛万彻与房遗爱交好，被迁徙为宁州刺史后曾与其商议："若国家有变，当奉司徒荆王李元景为主。"当时，李元景的女儿嫁给了房遗爱的弟弟房遗则，遂与房遗爱开始往来。柴绍之子驸马都尉柴令武娶了唐太宗之女巴陵公主，被贬为卫州刺史后以看病求医为由留在京师，暗与房遗爱勾结。高阳公主想罢黜房遗直以夺其封爵，于是派人诬告房遗直对她无礼。房遗直不甘示弱，也向唐高宗揭发房遗爱和高阳公主的罪行。唐高宗令长孙无忌核查此案，发现了房遗爱、高阳公主等人的谋反阴谋。随后，唐高宗果断斩杀了房遗爱、薛万彻、柴令武等人，并赐死了李元景、高阳公主和巴陵公主。

从上面的种种表现来看，唐高宗算得上是一个合格的皇帝。但是，要想治理好国家，需要从多个方面出发。除了能够安抚民众、以身作则、平定内乱、收复边疆外，还要善于处理好与臣子、妃妾的关系。唐高宗虽然做到了前者，但却忽略了后者。自显庆五年（660 年）始，唐高宗"风眩头重，目不能视"，随后时有发作。在这种情况下，颇有治国才能的皇后武则天逐渐掌握了皇权。自上元元年（674 年）始，47 岁的唐高宗很少参与国事。

弘道元年（683 年）十二月，56 岁的唐高宗病逝。葬于乾陵，谥号天皇大帝。

二、神龙革命复帝位，重蹈覆辙韦后乱

唐中宗李显（656—710 年），原名李哲，陇西成纪人。唐高宗李治第七子，

武则天第三子。唐朝第四位皇帝，683—684 年、705—710 年两度在位。

显庆元年（656 年）十一月初五，李显生于长安，初封周王，后改封英王。他的两位皇兄李弘与李贤一死一废之后，李显被立为皇太子。

开耀二年（682 年）正月，李显的长子李重润出生，唐高宗为了表达自己的喜悦，在李重润满月时改年号为永淳，并且还破天荒地将这位襁褓中的孙子立为皇太孙。弘道元年（683 年）十二月，唐高宗李治病死，李显于同月继承皇帝位。次年改元为嗣圣元年。

由于李显庸弱无能，继皇帝位后，尊武则天为皇太后。裴炎受遗诏辅政，政事皆取决于武则天。李显重用韦皇后亲戚，试图组成自己的集团。李显把韦皇后的父亲韦玄贞由普州参军提拔为豫州刺史，并想要擢升为侍中（宰相职），裴炎立马表示不可。李显大怒说："我以天下给韦玄贞，也无不可，难道还吝惜一侍中吗？"裴炎听后报告了武则天，武则天对唐中宗的举动大为恼火。嗣圣元年（684 年）二月，继皇帝位才 55 天的李显被武则天废为庐陵王，被贬出长安。事后，唐中宗的弟弟李旦做了傀儡皇帝，也就是睿宗。

李显被废后，徙往均州（湖北十堰市），不久又迁至房州（湖北房县）。经过这次打击，李显朦胧中似乎有所醒悟。这才联想到长兄被杀、仲兄被废的缘由，原来自己的亲生母亲对权力的追逐远胜于骨肉之情。一旦醒悟过来，明白了母后的残忍，李显惶惶不可终日。每当听到朝廷宣敕使到来，由于过度恐惧，竟失魂落魄地滥言要自杀，懦弱丑态暴露无遗。幸而有位韦皇后鼓励扶持，唐中宗才不至于忧惧早死。就这样，李显在房州度过了 14 年的幽禁生涯。在患难与共的苦境中，唐中宗与韦皇后这对夫妻结合得更加牢固。唐中宗十分感激妻子的坚强和富于忍耐性，他常常对妻子发誓："有朝一日，如果能得见天日，我将满足你的一切愿望和要求。"

武则天称帝后，李、武两姓储位之争在激烈进行着。以武承嗣、武三思为首的武家子侄们跃跃欲试，甚至联合酷吏迫害李氏宗室。洛阳人王庆之等数百人上表请立武承嗣为皇太子，废皇嗣李旦。当时，宰相李昭德极为愤恨，便假借圣命将其杖杀，宣言："此贼欲废我皇嗣，立武承嗣。"双方争夺已白热化到喋血宫门的程度。万岁通天元年（696 年）以后，狄仁杰、姚崇、王及善等陆续拜相，保皇嗣派的力量大增。张易之、张昌宗兄弟成

为武则天新的男宠，这股新的政治势力的兴起，首先使诸武在政治舞台上黯然失色，武承嗣、武三思等不得不候其门庭，为二张兄弟争执鞭辔。这时嗜杀成性的酷吏来俊臣又罗告诸武和太平公主、皇嗣及庐陵王罪状，迫使李、武联合起来共同对付来俊臣，结果来俊臣和得罪了诸武的李昭德一同弃市。宰相狄仁杰、王方庆、王及善等苦口婆心劝说武则天当立李姓储位，以享万年香火，主张召还庐陵王。宰相吉顼给二张出主意，要他们介入立储的大政，说："天下思唐德久矣，武氏诸王非民心所愿。公何不劝武皇复立庐陵王，以慰天下之望？"在此情况下，武皇不得不及早解决储位问题，并决定立李氏为皇储。圣历元年（698 年）三月，庐陵王李显被秘密接回神都洛阳。八月，武承嗣恨不得为太子，羞愤死去。九月，皇嗣李旦聪明地要求逊位，封为相王，李显重被立为太子。

长安四年（704 年），武则天病居迎仙宫，张易之、张昌宗侍奉左右，外人不得入内。朝中大臣以张柬之、崔玄玮、敬晖、桓彦范、袁恕已等为首，也见机秘密谋划，准备除掉二张，拥立唐中宗。

神龙元年（705 年），82 岁的武则天病重。正月，宰相张柬之、右羽林大将军李多祚、左威卫将军薛思行等人发动神龙政变，突率羽林军 500 余人，冲入玄武门，在迎仙宫杀张易之、张昌宗。这一天，相王李旦也率南衙禁兵加强警备，配合行动。武则天无奈，先令太子监国，次日传位，隔了一天，唐中宗复位称帝，大赦天下。他先把弟弟相王李旦加为安国相

唐代打马球图

王，拜太尉、同中书门下三品；又给妹妹太平公主加了镇国太平公主的称号，以表彰二人的拥立之功。张柬之、崔玄玮等人也加官晋爵。二月，复国号为唐，一应典制，悉复唐永淳前旧观，唐朝规复。

李显复位后，马上立韦氏为皇后，又不顾大臣的劝阻，破格追封韦皇后之父为王，并让韦皇后参与朝政，对张柬之等功臣却不加信用，还将韦皇后的女儿安乐公主嫁给武三思之子武崇训。又封上官婉儿为昭容，教她专掌制命，负责起草皇帝的诏令，掌握生杀大权。韦皇后同武三思关系暧昧，并以此结成了一股强大的政治势力左右着朝政，李显对此也无能为力。

唐中宗虽然是一个昏昧懦弱的君主，但由于有以张柬之为首的一批贤臣的辅佐，新朝廷很快走上轨道。

但韦皇后本来就是个争强好胜的女人，只是由于武则天的存在，抑制了她的野心。在长期的幽禁生涯中，代替李显成为一家的精神支柱；在忍耐中磨炼出了坚强阴狠的性格。充满野心的韦皇后，首先要获得权力欲望的满足，她要唐中宗和她共同处理国家大事，唐中宗也巴不得坚强的妻子扶持自己。于是唐中宗端坐御座之上，听群臣奏事，韦皇后坐在帘后听取朝政进行的情形，恰似武后垂帘听政的重现。唐中宗对韦皇后的话总是坚信不疑，外戚韦氏一族的势力开始膨胀起来。

以诛杀二张集团为目的的神龙革命，对以武三思为首的诸武竟没有丝毫的损伤。从此，忐忑不定中的武三思等人的胆子迅速大起来，重整阵容，在没有武则天的现在，武氏一族的势力比以前更加壮大。神龙元年（705 年）二月，武三思以太子宾客荣升为三公之一的司空，正一品，兼同中书门下三品，成为名副其实的首席宰相。武攸暨也由右散骑常侍升为司徒，受封定王。武三思因与韦皇后的关系，进而成为操纵唐中宗的“真天子”。

神龙二年（706）六月，武三思先贬敬晖为崖州司马，桓彦范为泷州司马，袁恕己为窦州司马，崔玄玮为白州司马，张柬之为新州司马。七月，又以谋反罪，流敬晖于嘉州（今海南岛），桓彦范于州（今广西），张柬之于泷州（今广西），袁恕己于环州（在越南），崔玄玮于古州（今贵州）；子孙年满 16 岁以上的都流放到岭南。接着，武三思又遣使诈称圣旨，在流放途中将五王杀害。

消灭五王之后，武三思显然成了朝廷真正的主人。当时的兵部尚书宗楚客、将作大匠宗晋卿、武三思的连襟太府卿纪处讷、鸿胪卿甘元柬四人

成为武三思的心腹，御史中丞周利用、侍御史冉祖雍、太仆丞李悛、光禄丞宋之逊、监察御史姚绍等五人，成为武三思的亲信耳目，武三思专权的格局已经形成。

武三思虽幸免于灭族之祸，但仍心有余悸，他认识到必须取得唐中宗和韦皇后的彻底信任。但是后宫的宫禁很严，男性出入受到限制。怎么能经常地接近唐中宗和韦皇后呢？武三思马上想到了上官婉儿。他们频繁幽会于后宫。他们的私通已经成为后宫中公开的秘密。后宫淫乱之风由此兴起。

唐中宗对武三思的信赖不亚于对韦皇后的信赖。常常有这种情况，韦皇后和唐中宗并排听政后，回到后宫，韦皇后便和武三思在皇帝的龙床上下棋，唐中宗在一旁观战，与他们一起嬉戏调笑。唐中宗统治之下，韦皇后、武三思把持朝政，韦皇后、武三思、安乐公主、上官婉儿以及宰相宗楚客等相互勾结，沆瀣一气，形成了唐中宗朝极度腐败的政治。

面对这种情况，一度颓废的太子李重俊猛然醒悟过来。

神龙二年(706年)七月，唐中宗迁都长安之前，册立卫王李重俊为太子。但是，韦皇后、武三思、安乐公主等对新太子既轻蔑又愤恨，安乐公主依仗韦皇后的势力，一直想取代皇太子而成为皇太女。李重俊感到形势的发展对自己极为不利，必须采取先下手为强的策略。

神龙三年（707年）七月，李重俊请求右羽林大将军李多祚帮助，率千余骑兵发动了政变，武三思、武崇训及部分同党当场毙命。接着攻入后宫，追杀韦皇后、安乐公主。韦皇后与婉儿挟持唐中宗躲到玄武门楼上。上官婉儿向唐中宗献计，悬赏诛杀太子和李多祚。太子、李多祚被反戈的乱军斩杀。唐中宗立10岁的小儿子李重茂为太子。

李重俊政变清除了实际掌握朝政的武三思，这对武氏集团无疑是沉重的打击。但韦皇后集团的势力和气焰却丝毫未减，反而更加肆无忌惮起来。

神龙二年（706年）十二月，突厥默啜可汗对唐属地鸣沙（今宁夏灵武）发动了大规模的入侵，突破唐朝灵武军大总管沙吒忠义的防线，直入唐境。与此同时，吐蕃又在青海和西域对唐展开了猛烈的军事行动，骚扰唐朝西境。神龙三年（707年），唐中宗被迫将养女金城公主下嫁给吐蕃赞普，通过和亲暂时获得西部边境的安宁。

景龙二年（708年），西部战事再度兴起。已归顺唐朝的突厥突骑施部的酋长娑葛因与部将阿史那忠节不和，互相攻击，唐经略使周以悌不但不进行调解，反而唆使阿史那忠节到朝廷贿赂宰相宗楚客和纪处讷。宗楚客接受贿赂，按照阿史那忠节的要求，准备派兵消灭娑葛。娑葛得悉这一密谋，大为震怒，遂自立为可汗，发兵攻破安西，唐将或被擒，或被杀。接着，娑葛上表唐朝廷，索要宗楚客的首级，诛奸以谢百姓。唐中宗只得出来和事调解，宣告娑葛无罪，加封他为十四姓可汗。

经过这些波折，自唐太宗以来在西域苦心树起的大唐国威一落千丈，唐朝对边境各族的统治和精神上的威信，自此以后徒有虚名。

国势的衰微，并没能让唐中宗清醒，因而整日和韦皇后等沉湎于享乐侈靡之中。景龙二年（708年）十一月，唐中宗敕准安乐公主改嫁武延秀，以皇后大典的规格举行盛大的婚礼，耗资巨万，国家所藏几于殆尽。唐中宗与韦皇后、安乐公主等一起登上玄武门，观看宫女们拔河。唐中宗在宫内设置模拟市场，让扭捏的宫女与百官公卿们演出市场交易的情景。唐中宗与韦皇后等微服出行其中，寻求乐趣。

从神龙到景龙年间，兴起了大规模建造佛寺的活动。唐中宗兴建的佛寺有永泰寺（后改名万寿寺）、圣善寺；太平公主建罔极寺，安乐公主花费100万巨资兴建了安乐寺等。佛寺的大量修建，造成了社会财富的巨大浪费，唐朝国库告罄。这些负担无疑又被强加到广大劳动人民身上。

景龙四年（710年）六月，唐中宗李显被韦皇后和安乐公主李裹儿合谋下毒暴毙身亡，终年55岁。葬于定陵（今陕西省富平县西北凤凰山），谥号为孝和皇帝。天宝十三年（754年），又加谥为大和大圣大昭孝皇帝。同月，唐中宗幼子温王重茂被立为帝（史称唐殇帝），改元“唐隆”，由韦皇后临朝称制，欲重演武后故事。同年六月，相王李旦三子临淄王李隆基联合其姑太平公主，交结禁军诸将葛福顺、陈玄礼等，以兵诛韦皇后、安乐公主并诸韦、武等，史称唐隆政变。废少帝，奉其父相王李旦复位，是为唐睿宗。自此唐朝帝位转往李旦一系，直至唐亡。

三、两次登基似傀儡，内禅退位太上皇

唐睿宗李旦（662—716年），初名李旭轮、李轮。唐朝第五位皇帝，

唐高宗李治第八子，武则天第四子，唐中宗李显同母弟，唐玄宗李隆基之父。

李旦是唐高宗李治与武则天所生第四子，初名李旭轮，出生不久便被封为殷王，遥领冀州大都督、单于大都护、右金吾卫大将军。他在兄弟中排行最小，因而深受父亲唐高宗的宠爱。

李旭轮成年后，谦恭好学，精通书法，对文字训诂方面的学问很有研究。他担任右卫大将军、洛州牧，历封豫王、冀王、相王，并更名为李轮。永淳二年（683 年），李轮又改名为李旦，再次封为豫王。

嗣圣元年（684 年），武则天废皇帝李显为庐陵王，改立李旦为皇帝，并临朝称制，裁决一切政事。她以李旦的名义改年号为文明，册封正妃刘氏为皇后、长子李成器为皇太子。而后，李旦便被软禁在皇宫中，不得预闻政事，开始了傀儡皇帝的生活。他不但不能随意出入宫廷，甚至在皇宫中也不能自由行动。当时，英国公徐敬业在扬州起兵反对武则天。宰相裴炎趁机请武则天还政于李旦，结果被武则天以谋反罪名斩首。武则天派 30 万大军镇压扬州叛乱，徐敬业兵败被杀。

垂拱二年（686 年）正月，武则天下诏，表示要还政于皇帝。李旦知道这是母后在试探于他，便数次上表，极力推辞，请求母后继续临朝。武则天遂顺水推舟，“接受”了李旦的请求，依旧临朝称制，把持朝政。

垂拱四年（688 年），武承嗣将一块刻有“圣母临人，永昌帝业”八字的白石献给武则天，声称是在洛水中发现的。武则天大喜，将白石命名为“宝图”（后改称“天授圣图”），又加尊号为圣母神皇。李旦作为皇帝，不但无法阻止，还要随武则天亲临洛水，参加“拜洛受图”大典。当时，琅琊王李冲、越王李贞起兵发对武则天，结果都兵败身死。韩王李元嘉、鲁王李灵夔、霍王李元轨、纪王李慎、江都王李绪、黄国公李撰、东莞郡公李融、常乐公主等，或被逼自杀，或斩首市曹，或死于流放途中。李唐宗室几乎被杀戮殆尽。

天授元年（690 年），侍御史傅游艺率关中百姓 900 人上表朝廷，请武则天称帝。百官、宗室、外戚、四夷酋长，乃至僧尼、道士，纷纷劝进。李旦迫于形势，也上表请母后称帝，并求赐武姓。是年九月，武则天正式称帝，尊号圣神皇帝，改国号为周，史称武周。李旦被降为皇嗣，赐姓武氏，迁居东宫，一切礼仪皆比照皇太子规格。太子李成器则降称皇孙。自此，李旦成为了武氏诸王以及酷吏的攻击目标，开始了艰难的皇嗣生涯。

天授二年（691 年），魏王武承嗣的亲信张嘉福唆使洛阳百姓王庆之，纠集数百民众，诣阙上表，以“神不歆非类，民不祀非族”为由，请武则天废黜李旦的皇嗣身份，改立武承嗣为皇太子。宰相岑长倩、格辅元反对变易皇嗣，被武承嗣诬以谋反，下狱被杀。凤阁侍郎李昭德不但杖毙王庆之，还借机劝谏武则天，保住了李旦的皇嗣之位。但后来，武则天在万象神宫举行祭祀典礼，竟不顾“皇太子为亚献”的礼制，避开了皇嗣李旦，改由武承嗣为亚献，并命梁王武三思为终献。

长寿二年（693 年），武则天的宠婢韦团儿因引诱李旦被拒，怀恨报复，诬告皇嗣妃刘氏、德妃窦氏用巫蛊之术诅咒武则天。武则天将刘妃、窦妃秘密处死，埋在宫中。李旦对于两个妃子的失踪，丝毫不敢提及，在武则天面前也表现得泰然自若，仿佛什么都没有发生过。韦团儿还想加害李旦，结果遭到告发而被处死。不久，尚方监裴匪躬、内常侍范云仙因私下谒见李旦被杀。武则天又剥夺了李旦接见公卿百官的权力。

后来，李旦又被诬告谋反，武则天命酷吏来俊臣审理。来俊臣对东宫属官刑讯逼供，让他们“招出”李旦谋反的实情。乐工安金藏当众剖腹，以表明皇嗣没有谋反。武则天深受感动，不再怀疑李旦，命来俊臣停止审理。李旦因此而幸免于难。

圣历元年（698 年），武则天在狄仁杰、王方庆等大臣的劝说下，决定将政权归还给李氏。她命人前往房州，将庐陵王李显接回洛阳。李旦数次称病不朝，请求将储君之位让于李显。是年九月，武则天复立李显为皇太子。

景云钟

圣历二年（699 年），李旦

被复封为相王，兼领太子右卫率，后又遥领安北大都护。当时，武则天为了调解李氏与武氏的矛盾，召集两族子弟，在明堂盟誓，要两族和睦共处。李旦作为李氏代表，与李显、太平公主一同参与了盟誓。

长安元年（701 年），突厥默啜可汗率军南侵。李旦被任命为天兵道元帅，统率诸军抵御突厥。他并未领军出征，只是名义上的唐军主帅。不久，突厥退兵，李旦又担任左、右羽林卫大将军。

长安二年（702 年），突厥进犯并州。李旦被任命为并州牧，并充任安北道行军元帅。后来，李旦又改任雍州牧。

神龙元年（705 年），宰相张柬之、崔玄暐等人发动神龙政变，诛杀武则天的面首张易之、张昌宗，逼迫武则天禅位于李显，是为唐中宗。当时，李旦统率南衙禁军，捕获韦承庆、崔神庆等张氏党羽，因功被拜为太尉、同凤阁鸾台三品，以宰相身份参与国政，并加号安国相王。不久，李旦辞去太尉及知政事之职。唐中宗又欲立李旦为皇太弟，但却被其拒绝。

景龙四年（710 年）六月，唐中宗驾崩。韦皇后立温王李重茂为皇帝，改元唐隆，以皇太后的身份临朝摄政。她派亲信控制南北衙禁军以及尚书省诸司，大肆网罗党羽，准备效法武则天，篡夺唐室江山。当时，李旦作为皇帝的叔父，被拜为太尉，与太平公主成为韦皇后夺位的主要障碍。韦党决意将二人置于死地。而李旦第三子李隆基则在京师暗中招揽豪杰，与太平公主密谋匡扶社稷。兵部侍郎崔日用本是韦氏一党，因惧祸将韦氏阴谋密报给李隆基。

六月二十日，李隆基在葛福顺、李仙凫等禁军将领的协助下，打着“诛诸韦以复社稷，立相王以安天下”的旗号，抢先发动兵变，杀死韦皇后、安乐公主及其党羽，而后迎李旦入宫辅佐少帝。李旦携李重茂登上安福门，安抚百姓。当时，李隆基被拜为宰相，进封平王，并统率万骑禁军，控制了皇城内外。李重茂迫于形势，请求让位于叔父李旦。李旦起初极力推辞，后听从李隆基、李成器等人的劝说，接受了李重茂的让位。

六月二十四日，李旦在太极殿登基，第二次即位为帝。他登上承天门，宣布大赦天下，改元景云，复封李重茂为温王。当时，李隆基建有大功，而李成器则是嫡长子，都有被立为太子的资格。李旦为此犹豫不决。李成器以“国家安则先嫡长，国家危则先有功”为由，主动辞让太子之位。刘幽求等政变功臣也大都支持李隆基。李旦遂立李隆基为皇太子。

李隆基被立为太子后，政治势力日益增长，成为太平公主干预朝政的主要障碍。太平公主为了长保权势，便想更易太子，于是在朝野散布流言，声称李隆基并非皇帝嫡长子，没有被立为太子的资格，但因李旦公开宣谕平息流言，未能得逞。她还在李隆基左右安插耳目，监视他的日常行为，并与窦怀贞等大臣结为朋党，密谋加害李隆基。后来，太平公主与李隆基的矛盾逐渐公开化。她甚至将宰相邀截在宣政殿光范门内，暗示他们应当劝皇帝改立太子，遭到宋璟的严词拒绝。

景云二年（711 年），李旦听从宰相姚崇、宋璟、张说的建议，命李隆基监国，并将可能威胁到太子地位的李成器等诸王全部削去兵权，同时让太平公主迁居蒲州（今山西永济）。但太平公主却到李旦面前哭诉，不但留在了京中，还将姚崇、宋璟贬出了朝廷。后来，李旦又欲传位给太子，虽在群臣的谏阻下未能如愿，但却将政务全部交给李隆基处理，自己仅掌握军务、死刑的处决权，以及五品以上官员的任免权。

先天元年（712 年）八月，李旦因彗星出现，禅位于太子李隆基，退为太上皇，但仍掌握三品以上官员的任命权以及重大刑案的裁决权。他每五日在太极殿接受群臣的朝贺，仍旧自称为朕。而皇帝李隆基则只能自称为“予”。当时，太平公主依仗李旦的信任，在朝中仍拥有强大的势力，七位宰相有五人出自她的门下，文武百官也大都依附于她。她公然提出要废掉皇帝，因宰相陆象先反对而未遂。后来，李旦有意遣皇帝李隆基出京巡边，但最终却因故延期，将日期改为明年八月。

先天二年（713 年）七月，李隆基为夺回皇帝应有的权力，抢先发动先天政变，率羽林军袭杀窦怀贞、萧至忠、岑羲等太平公主党羽，随后赐死太平公主。李旦初闻变乱，与宰相郭元振登承天门避乱。他得知李隆基已扑灭太平公主的势力，遂下诏宣布窦怀贞等人的罪状，而后正式归政于皇帝，退居百福殿，颐养天年。至此，李隆基终于掌握了全部朝政。

开元四年（716 年）六月，李旦在百福殿病逝，享年 55 岁。是年十月，李旦被葬于桥陵（在今渭南丰山），庙号睿宗，追谥大圣贞皇帝（《新唐书》作大圣真皇帝）。天宝八载（749 年），李旦被改谥为玄真大圣皇帝。天宝十三载（754 年），李旦又增谥为玄真大圣大兴孝皇帝。

第四章 千古一帝女皇梦

侍候两代皇帝，废掉四个太子，武则天为了实现从才人到皇帝的女皇梦。阴险毒辣，手段卑劣，几为人所不齿，惊心动魄的一段血腥历史就此展开……

武则天的一生扮演了四个不同的角色：唐太宗李世民所宠幸的才人、唐高宗李治的皇后、大周帝国的皇帝、则天大圣皇后。后世对于武则天的赞扬与批评一直也没有定论，而她作为中国历史上唯一的女皇帝，其所建立的功业却应该说是彪炳千古的。

一、媚娘削发感业寺，后宫内斗迎转机

武则天生于唐高祖武德七年（624 年）。父亲武士彟在隋炀帝时期因为做木材生意，顺应了隋炀帝大兴土木的形势，结果发家致富。武士彟不仅善于经商，而且善于交结，弄到一个鹰扬府队正的军职。隋世祖大业十一年（615 年），李渊任山西河东慰抚大使，讨捕反隋武装，在路过汾、晋一带时，住在武士彟的家里，武士彟倾心侍奉，遂为深交。两年以后，李渊做了太原留守，便用武士彟为行军司铠。李渊起兵以后，武士彟跟随左右，以功拜光禄大夫，封太原郡公，成为 14 名太原元从功臣之一。唐高祖武德三年（620 年），武士彟的原配夫人相里氏去世，李渊亲自为其做媒，续娶了曾任隋朝宰相的杨达的女儿。当时，杨氏已经年逾 40 岁。成为武士彟的继室以后，杨氏生了三个女儿，次女便是武则天。

出身的问题被认为是武则天倔强、争强性格的来源之一，因为在当时的舆论中对于她父亲这样的人还是歧视的，从魏晋以来注重门第等级的风

气还没有完全改变过来。所以，骆宾王在《讨武氏檄》中说武媚娘“地实寒微”。武则天小时候也会多少受到这种歧视的影响。后世对于武则天的肯定方面，就包括了她对于出身贫寒官员的提拔、重用，逐渐打破了门第的影响。

武则天 12 岁那年，其父武士彟去世，杨氏与三个女儿处境颇为艰难。武士彟前妻留下的两个儿子武元庆、武元爽以及他们的堂兄弟武惟良、武怀运对待杨氏母女相当刻薄，及至武则天得势将他们处死。

唐太宗贞观十年（636 年），长孙皇后病逝。次年，唐太宗听说武则天美貌出众，将其召入宫中，立为才人。李世民在位时，内职之设仍循旧制：皇后之下，有贵妃、淑妃、德妃、贤妃各 1 人，为夫人，正一品；有昭仪、昭容、昭媛、修仪、修容、修媛、充仪、充容、充媛各 1 人，为九嫔，正二品；其下有婕妤 9 人，美人 9 人，才人 9 人，宝林 27 人，御女 27 人，采女 27 人。其中才人位列六等。武则天只有 14 岁。

进宫后，唐太宗赐给她“武媚”的称号，所以人们都叫她媚娘。由于她性格倔强，不善于施展女性的温柔手段，所以不受太宗的宠爱。这使得武则天进宫 12 年也没有为太宗生育一男半女，并且依然位居才人。

李世民晚年多病，作为太子的李治时常要到父皇榻前尽孝心，于是他不可避免地认识了负责皇帝休息的才人武则天，武则天便和李治产生了感情。

太子李治是长孙皇后的第三个嫡子，生性优柔寡断。最初他并不是最佳的太子人选，他的两个哥哥太子李承乾和魏王李泰夺位，最终两败俱伤，使得他渔人得利，做了太子。

贞观二十三年（649 年），唐太宗去世，太子李治即位，是为唐高宗。按惯例，武则天与其他没有生育的嫔妃一起，都应被送至感业寺落发为尼。

武则天并不是一个受制于命运的女人，她虽然没有继承母族的大家风范，却不乏父族的进取精神。事实上，她并未在感业寺终其一生。李治是一个很重感情的人，他怜惜武则天，对旧情念念不忘，武则天紧紧地抓住这个机会，但在当时的情况下，这位缺乏决断的君主未必敢采取行动将武则天接回宫中。事有凑巧，此时，李治的后宫之中，皇后王氏与淑妃萧氏正争宠吃醋，双方各不相让，武则天的命运才真正有了转机。

二、再入宫连施毒计，登后位“二圣临朝”

适值当年，王皇后正面临着前所未有的威胁，淑妃萧氏颇承恩宠，王皇后被冷落，心中渐生不平，二人之间遂生嫌隙，矛盾冲突愈演愈烈。正在后妃相争之际，李治去感业寺探望武则天的消息传到王皇后的耳中。王皇后并不是一个善于计谋的人，但情急生智，想出一个主意。王皇后劝李治把武则天接回宫中，企图借武氏之力，遏制萧淑妃的势头。这一建议，正中了李治的下怀。于是，李治命宫人迎武则天再次入宫。

此次入宫，武则天已经28岁了，一般来说，这个年龄的女子已是半老徐娘了，比不上十几岁女子的娇艳，但武则天的心计不是一般人所能比的。她的美貌也许确实出众，还有唐高宗对她的感情做基础，久别重逢，更能抓住唐高宗的心。

王皇后没有想到自己在引狼入室。入宫后，武则天很感激王皇后的照顾，她对王皇后非常尊敬，侍奉得也很周到，这使得唐高宗也很高兴。皇帝和皇后都高兴了，武则天的嫔妃地位也就升到了昭仪，这是正二品的级别。超过了其他八个嫔妃，是九嫔之首，在她的上面，只有皇后和四妃了。

武则天

武则天进宫之后，前后为唐高宗育有4男2女，而唐高宗共有12个子女。可见武则天的受宠程度是其他嫔妃无法相比的，这连主张让她进宫的王皇后也没有料到，结果自己也吃了大亏。

武则天的性格决定了她不甘居人之下，她的目标是皇后。待她地位稳固后，她便开始一步步策划了。她在后宫里想方设法地笼络太监、宫女，特别是和对手关系不好的人，她总要设法接近拉拢，给予一些小恩小惠，让她们注意监视皇后和淑妃的行动。

武则天首先联合王皇后打击萧淑妃，等唐高宗把萧淑妃废成庶人后，武则天便开始对王皇后下了手。

武则天生下的第二胎是个公主，非常可爱，王皇后也很喜欢，经常前去看望，等唐高宗快来的时候便知趣地走开了。武则天为了皇后之位，利用这样的机会对自己的亲生女儿下了毒手。

一天，在王皇后看过小公主后，公主就离奇暴毙，所有的证据都直指向王皇后。最后李治以“请道士作法诅咒武媚”的罪名，将王皇后贬为庶人，并加囚禁，她们的父母、兄弟等也被削爵免官，流放岭南。七天后，唐高宗再次下诏，将武则天立为皇后。与此同时，又将极力反对她做皇后的宰相褚遂良贬至潭州（今湖南长沙）任都督。武则天在牺牲一个女儿后，成功地登上了皇后的宝座。武则天对王皇后、萧淑妃也没有放过，后来将二人各责打了100杖，然后残忍地砍去双脚，泡在酒瓮里活活折磨死，其报复心和残忍性可见一斑。成为皇后的武则天自然不会甘于静居后宫，她要对那些阻碍自己向权力靠近的人施以报复，先要清除仍有威胁的长孙无忌。她指使许敬宗等人，捏造罪名制造朋党案，然后将长孙无忌牵连进去，把他流放外地，后来许敬宗又逼长孙无忌自尽。长孙无忌集团其他的人也被清除，或杀或流放。武则天终于将最大的对手解决了。

长孙无忌死后，武则天对朝中官员来了场“大换血”，将于志宁、韩瑗、来济等人削职免官，贬出京师。至此，反对武则天的大臣皆被贬或被杀；然后将自己人安插进来，由此一来，武则天在朝中的实力大增。

唐高宗因为不满意武则天的专断，就和宰相上官仪商量废掉武则天的皇后之位，上官仪答应起草诏书。武则天的耳目得知后赶忙报告，武则天赶到后，软硬兼施，说得唐高宗变了主意，还把责任全推到了上官仪的身上，可怜的上官仪糊里糊涂做了昏庸皇帝的替罪羊。武则天于是让许敬宗捏造上官仪和已经被废的太子李忠图谋反叛，将上官仪父子处死。唐高宗的软弱性也是武则天一步步登上女皇宝座的客观原因。

此后，李治再也没有动过废后的念头，反而把自己的权力都交给了武则天。武则天真正掌握了全部大权，李治每次上朝理事时，龙座后都加上了一道帘子，武则天隐身其后，仿照隋文帝上朝独孤皇后旁边坐的

前例，甚至更进一步，从殿后走到殿前去了。在皇帝活着的时候，皇后就参与朝政之事历史上曾经发生过，而公然走上朝堂，则是从武则天开始。帝后共同临朝听政，这旷古未有的场面轰动了天下，从此，“二圣临朝”的时代开始了。

三、固权位连废三子，除宗室诛杀异己

作为一位母亲，武则天的心比一般的人要狠多了，为了自己的权势和皇位，都不肯放过自己的亲生儿子。第一个有机会继承皇位的是长子李弘，在 656 年，太子李忠被废黜，武则天的长子李弘被立为皇太子。

李弘为人宽厚仁德，谦虚谨慎。对士大夫更是以礼相待，唐高宗和众大臣对他都很满意，在参与朝政的过程中显示出政治才干。随着身体的每况愈下，唐高宗便想把帝位传给李弘。

但武则天却不愿意让儿子来夺走自己早已习惯的政治权力。况且，随着年龄的增长，李弘与武则天的政治分歧愈来愈大。刚开始，武则天希望通过警示让儿子李弘知难而退。可惜她错了，李弘毕竟是她的儿子，身体里流淌着与武则天一样好斗的血液。李弘上疏要求为萧淑妃的女儿义阳、宣城两位公主挑选驸马，这两位公主都因为萧淑妃的缘故，年过 20 岁还待嫁闺中。李弘的上疏让人会想起当年的宫廷血案，武则天失德的话题再次成为朝堂之上关注的焦点，可是话头偏偏是由自己的儿子而起。武则天终于被彻底激怒了，在权力和亲情之间狠心地选择了前者，在 675 年，武则天用毒药将年仅 24 岁的儿子李弘毒害。

李弘死后，由于唐高宗精神受到刺激，加上原来的头疼病，身体状况不允许他再操劳国务了，就想把皇位让给武则天。但由于朝中大臣们的极力反对，武则天没能如愿，但这对于武则天却是个极大的刺激与鼓励。

哥哥李弘死后一个月，次子李贤被立为太子，他跟哥哥李弘一样聪明，在唐高宗让他处理政务过程中也显示出过人的能力，加上宰相们的辅佐，武则天随即又感到了李贤对她的强大威胁。所以，武则天指使人诬告太子贪恋女色，想早日夺取皇位，680 年，李贤被武则天从太子的宝座上拖了下去，贬为庶人。后来又被迫迁至巴州。从此这个儿子就从武则天的生命中消失了，李贤再也没能回到长安，多年后客死他乡。

在李贤被废掉太子的第二天，三儿子李显被立为太子。683年，唐高宗病死，立下遗嘱让太子即位，但国家大事还要听从武则天的意见。这成了武则天日后专权乃至成为女皇的很重要的一个原因。

武则天题跋像

李显即位后就是唐中宗，他尊母亲武则天为皇太后，李显生性懦弱，所以他的即位在开始的时候才被母亲所接受。

唐中宗即位后，根本没有把母亲放在眼里，低估了武则天的力量。他想让岳父韦玄贞做宰相，但是父亲唐高宗临死时任命的宰相裴炎不同意，唐中宗便不可一世地说："我就是把天下都给了他，又能怎么样？"裴炎便报告了武则天，武则天立刻召集大臣们到了乾元殿，将唐中宗废为庐陵王，幽禁在深宫之中。幽禁唐中宗后，武则天把最后一个儿子李旦推上了皇位，这就是唐朝的睿宗。

尽管武则天让小儿子继承了皇位，但却没有让他处理朝政，一切大事都仍由自己来决定，逐渐地，武则天就产生了做女皇的想法。为此，武则天积极地为自己创造当皇帝的条件，首先将东都洛阳改为神都，准备将来做都城用。她还把唐朝文武百官的名称进行了变动：尚书省改成文昌台，左右仆射改为左、右丞相，门下省改为鸾台，侍中改为纳言，中书省改为凤阁，这明显地体现了女性特征，所以原来的宰相名称"同中书门下平章事"也改成了"同凤阁鸾台三品"。同时大赦天下，下《求贤制》，太后自称"朕"词标文苑科考生在对策答卷里称她为"圣母皇帝陛下"。

李氏皇族的反抗一直都未停止过，688年，唐太宗之子豫州刺史越王李贞及李贞之子博州刺史琅琊王李冲起兵反对武氏政权，武则天以李元

嘉、李灵夔等一批李唐诸王，与越王李贞父子通谋之原因，全部将其杀掉。

690 年，罗织唐高宗李治之子隋州刺史泽王李上金、舒州刺史许王李素节谋反罪名。武则天震怒，急召李素节和泽王李上金入京面圣。连京城都未入，李素节就被武则天派人在龙门驿用带子勒死，并杀其 9 子。泽王李上金与许王一同被征召入朝，听见四弟被杀，惶恐之下，也自缢而死，他 7 个儿子也被武后于流放途中弄死。所有这些龙子龙孙，皆是唐高宗皇帝的直系骨血。至此唐高宗李治的 8 个儿子，有 5 个被武则天杀死，当然其中也包括她的 2 个亲生儿子。八月，又杀南安王李颖等李唐宗室 12 人，“唐之宗室于是殆尽矣，其幼弱存者亦流岭南，又诛其亲党数百家”。大杀李唐宗室和不附己的文武大臣，从此，再没有人反对武氏政权。

四、女皇登基治国本，酷吏政治固皇权

690 年重阳节，年近古稀之年的武则天改元天授，正式建立了大周王朝，自称“圣神皇帝”。至此，她的皇帝梦终于实现了。同时，将睿宗李旦降为皇嗣，皇太子李成器也降为皇太孙。武则天尊周文王姬发为始祖文皇帝，尊父亲为孝明高皇帝，侄子武承嗣等人也有封赏，真可谓“武氏的天下”。

武则天称帝后，非常重视人才的选拔和使用。她认为“九域之广，岂一人之强化，必伫才能，共成羽翼”。凡能“安邦国，定边疆”的人才，她不计门第，不拘资格，一律量才使用。为了广揽人才，她发展和完善了隋以来的科举制度，放手招贤，允许自举为官、试官，并设立员外官。此外，她还首创了殿试和武举制度，为更多更广地发现人才、搜罗人才创造了有利的条件。比如，中唐名将郭子仪，就是“自武举异等出”。这样，在她施政的年代里，始终有一批“文似仁杰”“武类休武”的能臣干将为其效命，有力地维护着武周的政权。

武则天也非常重视农业生产。“建国之本，必在务农”“务农则田垦，田垦则粟多，粟多则人富”。她规定，能使“田畴垦辟，家有余粮”的地方官升任；“为政苛滥，户口流移”的“轻者贬官，甚至非时解替”。这样，在她执政的年代里，农业和手工业都得到较好的发展。人口不断增加。

在抗击外来入侵、保护边境安宁、改善相邻各国的关系方面，武则天施政时期也作了很多努力。对吐蕃贵族的入侵和骚扰，武则天给予坚决的

抵御和反击。692 年她派大将王孝杰击败吐蕃，收复安西四镇，复置安西都护府于龟兹。之后，又在庭州设置北庭都护府，巩固西北边防，打通了一度中断的通向中亚地区的“丝绸之路”。在她施政的年代里，坚持边军屯田的政策。天授年间，娄师德检校丰州都督“屯田积谷数百万，兵以饶给”。701 年，郭元振任凉州都督，坚持屯田五年，“军粮可支数十年”。武则天的这种大范围的长期屯田，对边区开发、减轻人民转输之劳，以及巩固边防都有着积极的作用。

《武后从行图》（局部）

为了巩固自己的权位，排除异己，武则天采纳侍御史鱼承晔儿子鱼保家的建议，在朝堂上设铜匦，接受全国的告密信。铜匦共有四个，分别涂上了青、丹、白、黑四种颜色，分列于朝堂之上。其中的青匦叫作“招恩”，放在东面，丹匦称“招谏”，放在南面，白匦放在西边，叫“神匦”，黑匦放在北边，叫“通玄”。然后派专人负责受理全国的告密文书。

对于进京告密的人，沿途各地州县必须给予照顾，按照五品官待遇接待。对于告密的人，不分等级，一律接见，如果属实还给予奖励，即使不真实也不加追究。通过这个途径，武则天得到了一批酷吏，其中就有周兴、来俊臣。后来唐中宗处理这些酷吏时列举了 27 名。酷吏们为了打击李氏皇族，发明了多种酷刑。武则天利用他们，但并不完全信任他们，也没有重用。等他们的替罪羊的使命完成了，武则天便利用民愤，将他们先后处死。

酷吏政治前后共有 10 多年的时间，利用酷吏将反对她的李姓宗室和原来的贵族势力基本扫荡干净。这个过程中，武则天还得到了庶族出身官员的支持。所以，武则天虽然有时表现得很残忍，但她并不是疯狂地屠杀、

毫无节制。总之，酷吏政治只是武则天的政治手段之一。

通过酷吏政治，武则天巩固了自己的政权，但在皇位继承问题上，她又遇到了难题。建立周王朝之后，她让侄子们做了宰相和将军，掌握朝政大权，大臣有了功劳也赐给武氏家族。她还免了武姓的田赋，将自己的故乡文水县更名为武兴县。从以上种种来看，武则天是想把皇位传给武姓的侄子，这也展开了二姓争权的局面。

五、还政李唐解心结，魂断上阳无字碑

693年，万象神宫里举行了祭典大礼，武则天这次出乎意料地让侄子武承嗣为亚献，武三思为终献，而正式的皇储李旦却被冷落到了一边。武则天的行动无疑是对侄子们的公开鼓励。但是，武则天的意愿遭到了宰相狄仁杰等人的强烈反对，这让武则天矛盾至极。如果把侄子立为皇储，虽然可以保住大周政权，但后来的继位者可能不会把她供奉到祖庙里去，因为她是武氏家族出嫁的女子，这在封建社会等于算是外人了。如果立自己的儿子做皇储，将来继承皇位，她可以顺理成章地保住皇后的正统地位，和丈夫唐高宗一起享受儿孙们世代的供奉。但是，这样的局面又回到她千辛万苦已经打破的旧传统中去了。

武则天的心结最终还是被聪明的狄仁杰给解开了。这天，已经74岁高龄的武则天对狄仁杰说："朕昨天晚上做了一个奇怪的梦，梦见一只大鹦鹉的两个翅膀折断了。爱卿看是什么征兆啊？"狄仁杰抓住这个绝佳的时机对武则天说："陛下姓武，那鹦鹉便是陛下了。两个翅膀就是陛下的两个儿子，如果陛下再次起用两位爱子，两个翅膀就会重新好起来的。"

同时，宰相吉顼也对武则天当时的男宠张易之和张昌宗兄弟俩说："你们俩因为受皇帝的宠爱，蔑视群臣，被众大臣们嫉恨，如果要保住性命，现在只有为立储君出力，日后还能够将功赎罪。你们要利用自己能接近皇帝的有利条件，劝说她立庐陵王李显为太子。"张氏兄弟听了吉顼的话，对武则天立李显为太子起了关键作用。

698年，武则天将李显秘密接回洛阳，当时的太子李旦聪明地请求退出，让母亲立哥哥为太子。这让武承嗣极为气恼，因为他的继承权完全被剥夺了，不久便气闷而死。为了避免在自己死后侄子和儿子们相互残杀，武则

天还处心积虑地把太子李显、相王李旦、太平公主和武姓的侄子们召集到了明堂，然后祭告天地，立下了铁券，把铁券收藏在史馆，以为佐证。自此到武则天去世，终于有了一段较长的安定的日子。

无字碑

武则天的晚年岁月得益于张氏兄弟的悉心照料，因此武则天对张氏兄弟恩宠有加。张氏兄弟即张易之和张昌宗，都是中山安国即现在的河北安国人，祖上曾在贞观末年做过宰相，也是名门出身。

704年末，武则天病于卧榻之上，几个月不曾召见宰相，只有张氏兄弟侍奉其左右，拨弄朝政大事，这使得大臣们六神无主。宰相张柬之经过周密部署，于705年的正月里发动兵变，将张氏兄弟杀害，迫使病中的武则天让位，由唐中宗复位，重建唐朝。正月二十五日，武则天不情愿地离开了她做了15年女皇的宫殿，搬到了洛阳宫城西南的上阳宫。但没有了帝位的武则天心情很坏，精神的支柱没有了，本来就年老的身体很快垮了下来，在705年十一月初二，82岁的武则天死于上阳宫的仙居殿。临终时她异常清醒，立下了遗嘱，包括去掉帝号，称则天大圣皇后，与唐高宗合葬于乾陵。只许为她立碑，不许立传，这就是武则天无字碑的来历。还有赦免了王皇后、萧淑妃以及褚遂良等人的家属，其他被酷吏迫害的人早在她被迫下台前已经赦免。

武则天死后，她的谥号变更过几次，但儿孙们的尊敬态度没有变。唐睿宗第二次即位后，改称为“天后”，后来又先后改为“大圣天后”，尊为“天后皇帝”，改为“圣后”。唐玄宗即位后，改为“则天皇后”。到了749年，将武则天的谥号定为“则天顺圣皇后”。

第五章 励精图治开元世

混乱的宫闱，血腥的政治，培养了唐明皇处事不惊、临危不乱的君王风度。灭韦氏，斩杀太平公主，唐明皇玄宗顺利登基临政，导演了大唐王朝的又一段盛衰历史。

一、临危不乱君王风，政变夺权登大宝

唐玄宗李隆基（685 —762 年），唐高宗李治和武则天的嫡孙，唐睿宗的第三子。唐朝在位时间最长的皇帝。

李隆基自幼生活在宫闱风云激荡的多事之秋。他是李唐皇帝的后代，而一睁眼看到的却是武周的天下。他从小就有大志,在宫中常以“阿瞒”（曹操的小名）自诩。他有皇室子弟的优越感,又对武氏子侄专横跋扈愤愤不平。7 岁那一年，他例行至朝堂朝朔望。金吾大将军武懿宗对其随从高声喝叫，隆基毫不示弱，厉声斥责他：“吾家朝堂，干汝何事，敢迫我骑从！”据说祖母武则天听到这件事，对这个孙子更加宠爱。青少年时代的李隆基天资聪颖，学习刻苦，通文史，精骑射，知音律，多才多艺。

神龙元年（705 年），唐中宗在张柬之等李唐旧臣的拥护下，恢复唐朝。但是，他并不信任这些李唐旧臣，他唯一信任的是韦皇后。韦皇后和武三思勾结，形成武、韦两家外戚合作的腐朽集团。这个集团驱逐张柬之等出朝廷，独揽了全部政权。

神龙三年（707 年），皇太子李重俊约集左羽林大将军李多祚等，发羽林兵 300 余人，杀武三思等人。唐中宗杀李重俊，韦皇后借口追究李重俊的同谋者，阴谋迫害相王李旦和太平公主。唐中宗不愿牵连他们，二人才

免了祸。这时，李旦的第三子李隆基则在暗中准备消灭韦、武集团。

景龙四年（710 年），韦皇后和女儿安乐公主合谋，毒杀唐中宗，准备临朝听政。李隆基抓住时机，当机立断，和太平公主合谋，发动羽林军，攻入宫中杀韦皇后、安乐公主、武延秀等。接着大举杀韦、武集团中的人，韦家派全部被消灭，武家派基本被消灭，太平公主出面，恢复了唐睿宗的帝位。

唐睿宗也是一个昏懦的人，他依靠李隆基和太平公主的力量得到帝位，因此，立李隆基为皇太子，使太平公主干预朝政。宰相奏事，他总要询问是否和太平公主、太子商量过。这种昏懦表现，势必助长太平公主的专横，也必然加剧太平公主和李隆基的冲突。太平公主集中精力来对付李隆基，引用大量党徒把持朝政，7 个宰相中，5 个是她的私人，其余文武官员依附她的有一大半。政事昏暗，与唐中宗时无异。712 年，唐睿宗让位给太子，唐玄宗继位，唐睿宗改称太上皇。713 年，太平公主准备用羽林兵入宫杀唐玄宗。机密泄露，唐玄宗抢先一步动手，杀太平公主及重要党徒数十人，其余党徒一概黜逐出朝。至此，唐政权才切实为唐玄宗掌握。

二、锐意改革疾民苦，忆昔开元全盛日

继位的那一年，唐玄宗 28 岁，年富力强。他的皇位来之不易，面临的却是政局复杂、吏治腐败、官员冗滥、边疆上战争频繁、国内土地兼并激烈、农民流亡、国家财政拮据的局面，形势十分严峻。这时的唐玄宗，严于律己，勇于纳谏，任人唯贤，关心民间疾苦，是一个锐意改革，开拓进取，励精图治，有所作为的好皇帝。

唐玄宗在开元年间，任用了一批贤相，如姚崇、宋璟、韩休、张九龄等。

姚崇是有名的贤相。当时富户往往用出家做和尚的办法，逃避赋役。他一次就查出 12000 多人，勒令还俗。他禁止百官和僧尼、道士往来，抑制武、韦时发展起来的寺院地主势力。御弟薛王李业的舅父王仙童侵暴百姓，他不讲情面，请唐玄宗批准，依法惩办。山东发生蝗灾，他下令捕杀。有人说杀虫太多，要伤“和气”。他表示杀虫如有祸殃，由他一身担当。他入相之前，向唐玄宗敷陈十事，大意是勿贪边功、广开言路、奖擢诤臣、禁止皇亲国戚擅权，唐玄宗桩桩同意，从而奠定了开元施政的基本方针。宋

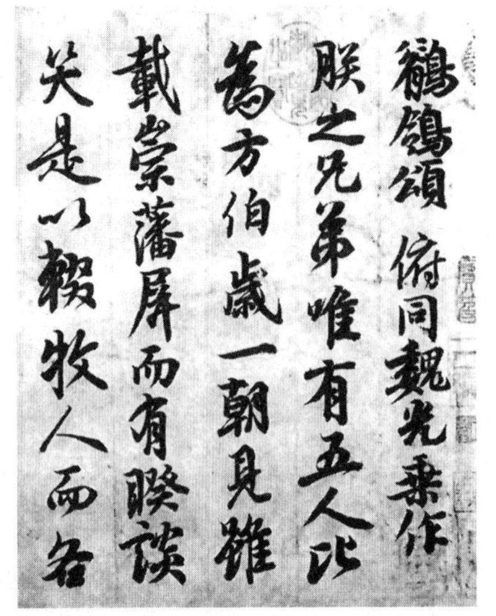

李隆基手书《鹡鸰颂》孤本（局部）

璟刚直不阿，守法持重。有一次吏部选官，他的远房叔父宋之超也在应选之列。宋之超说明他和宋璟的关系，想谋取高官厚禄。宋璟知道后，特意关照吏部，宋之超不得入选。韩休十分正直，看到唐玄宗的过失，马上上书指陈得失。有一次唐玄宗照镜子闷闷不乐。左右人说韩休做宰相，陛下比前些时候瘦了，为什么还要用他。唐玄宗说："我用韩休是为了国家，我虽瘦了，天下人一定肥了。"

唐玄宗特别注意地方官的任命和选择。他确立了京官和地方高级官员定期交流的制度，让京官有才识者担任都督、刺史，都督、刺史有政绩者担任京官。

他对县令的选择也很注意。他组织县令进行考试，亲自命题，了解考生是否了解治国之道，凡考试成绩优秀者即被任用，拙劣者即被罢免。在开元四年的考试中，一次就斥退 45 人。为了革新吏治，他还多次颁布"诫牧宰敕""整饬吏治诏""劝奖县令诏"，并定期派按察使到各地巡视，观察得失。他还针对武后之后官员冗滥的弊端，一举裁汰官员数千人，精减了机构，节省了费用。

唐玄宗把厉行法制、赏罚严明作为改善吏治的根本措施。他认为："有善必赏，所以劝能；有罪必罚，所以惩恶。"开元二十四年（736 年）以前，基本上贯彻了这一精神，例如，同州刺史姜师度，组织民众修通灵陂，扩展水田 20 万亩，唐玄宗通令嘉奖，赐帛 300 匹，特加封金紫光禄大夫。对那些贪赃枉法之徒，不论职位高低，都依法制裁。如刺史裴景先，私自聚敛 5000 匹绢，玄宗亲自下诏，将其处死。所以，开元时期吏治还是清明的。

均田制至玄宗时，已开始动摇，土地兼并之风日甚。唐玄宗颁布了详尽的均田令，重申永业田也不得典卖，限制官僚、贵族、豪强侵占民田，对侵暴百姓、强占民田者绳之以法，这多少刹住了兼并之风。唐玄宗又实行括户，清查出贵族官僚地主隐瞒的人口和劳动力，使之成为均田农民。

唐玄宗还十分重视兴修水利，他在位期间，全国共兴建了50多项较大的水利工程。在灾歉之年，他还注意赈给救济，减免税粮。尽管这些是治标不治本的权宜之策，但也缓和了阶级矛盾，有利于社会生产的发展。

宫廷生活中，在开元年间，唐玄宗也能节俭自励。此外，唐玄宗在文化教育上也有建树。他成立了我国古代戏曲学校和皇家戏班“梨园”，命天文学家僧一行测量子午线和编制历法，组织学者整理古代图书等。

开元时期，唐玄宗在文治上成绩斐然，武功上也赫赫可铭。面对武后末年以来边疆的紧张局势，他积极训兵整武、屯田积谷，大大提高了军队战斗力。开元三年（715年）重建安北都护府、漠北诸部，如拔也古、同罗、回纥等都通使称臣。开元五年（717年）唐军收复了沦陷已久的营州等12州，重建营州都督府，奚、契丹一时归服。开元二十七年（739年），收复了武后末年沦陷的西域重镇碎叶，丝绸之路畅通。对周边少数民族首领，他用册封的手段加以笼络。如册封回纥首领骨力裴罗为怀仁可汗，册封粟末靺鞨首领大祚荣为渤海都督府都督、加封渤海郡王，封南诏首领皮逻阁为云南王，加强了民族融合，促进了我国多民族封建国家的发展。

开元年间君臣的文治武功，促成了比较稳定的政治局面，劳动人民得以安心从事生产，封建经济高度繁荣。史籍记载：“开元天宝之中，耕者益力，四海之内，高山绝壑，耒耜皆满。”“诗圣”杜甫也热情讴歌这时社会经济的繁荣：“忆昔开元全盛日，小邑犹藏万家室，稻米流脂粟米白，公私仓廪俱丰实。”据记载，当时天下一斗谷物之价，多则一二十文，少则数文；绢一匹200余文；全国各地驿道四通八达，商旅往来络绎不绝。在太宗、武后治理的基础上，经过开元年间玄宗君臣的治理和劳动人民的辛勤劳动，封建经济呈现出高度繁荣。这就是旧史学家们津津乐道的“开元盛世”。

三、三千宠爱集一身，安史之乱禅皇位

唐玄宗在位时间很长，到天宝元年（742年），已做了30年皇帝。他年龄大了，志得意满，只想纵情声色，政治上开始走下坡路。

以前，他对大臣的直谏，“虽不合意，亦曲从之”。现在，他再听不进

逆耳忠言了。宰相张九龄遇事力争，玄宗蛮横地说：“事情都得照你说的去办才行吗？”开元二十四年（736 年），张九龄被罢相，李林甫做中书令。李林甫被重用，靠的是迎合玄宗的心意。他收买宦官、嫔妃，打听玄宗动静，所以能了解他的心意。一个罢相，一个上台，从此，“容身保位，无复直言”的风气统治了朝廷。

李林甫警告谏官不要议论朝政。有名谏官没听，仍然上书论事，第二天，便被降级外调。朝廷官员中不依附他的，有点才能的，多遭阴谋陷害。因此，人们说他“口有蜜，腹有剑”。天宝六年（747 年）玄宗命各地举荐人才，李林甫主持考试，一个不取。事后上表玄宗，说：“天子圣明，野无遗贤。”就是这样一个奸佞小人，唐玄宗让他为相十几年，直到他死去。

唐玄宗原先宠爱武惠妃。武惠妃逝去，他很伤心。后宫数千人，无一人中意。有人告诉他，他的儿媳寿王妃杨玉环异常美丽。他看后十分满意，便指使杨玉环以修道为名，从寿王身边离去，进入道宫，做了女道士，道号“太真”，然后唐玄宗再把这位“道姑”悄悄接到宫中。天宝四年（745 年）册立杨玉环为贵妃。

唐玄宗是一个多才多艺，“尤知音律”的君主，而杨玉环又“资质丰艳”“善容止”，善歌舞、通音律，并善解人意，所以“三千宠爱集一身”。贵妃要洗温泉澡，唐玄宗给修了华清池；贵妃喜欢吃鲜荔枝，唐玄宗就命岭南驰驿传递。贵妃得宠，杨氏兄妹均飞黄腾达。她的三个姐妹均被封为国夫人，其堂弟杨国忠是个无赖，目不识丁，却继李林甫为宰相。他兼领 40 余职，因善于搜刮，得到唐玄宗宠爱。他家中存的高级丝织品竟有 3000 万匹，生活极为腐化。杨国忠讲：“想来我也不会有什么好名声，还不如快快活活过几天。”

唐玄宗

唐朝从唐高宗以来，边疆一直有重兵屯戍。到唐玄宗统治前期，为了加强边境防御，又在边境重要地区增设军镇。军镇管辖几个州，主将叫节度使。节度使起初只管军事，后来兼管行政和财政，权力很大。天宝初年，边境的10个节度使共拥兵49万，而唐中央禁军不过12万，而且缺乏训练，形成内轻外重的局面。

那时候，一身兼任平卢、范阳、河东三镇节度使的安禄山，拥兵15万，实力雄厚。安禄山的父亲是西域人，母亲是突厥人。他几次入长安，朝见唐玄宗，用贡献财物和献媚等取得唐玄宗的信任。他身材肥胖，肚子滚圆，唐玄宗开玩笑说："此儿腹中有何东西，大到这个地步？"安禄山回答："只有忠于陛下的一颗赤心。"唐玄宗听了十分高兴。安禄山又拜杨玉环为干娘，唐玄宗更把他当成自己人。

安禄山看到唐朝政治腐败，内地兵力空虚，认为有机可乘，阴谋叛乱，夺取唐朝天下。他在暗中招兵买马，囤积粮草，准备反叛。他用胡将代替汉将，并用汉族一些失意文人为他策划。

天宝十四年（755年）冬，安禄山带领15万军队，以讨杨国忠为名，从范阳起兵，很快攻陷了河北，占领东都。安禄山自称大燕皇帝，又过了几个月，叛军击溃了唐朝的潼关守军20万人，继续西进。

潼关失守，长安顿时乱作一团。唐玄宗带领皇族亲贵、官僚，仓皇向四川逃窜。行至马嵬驿，将士鼓噪不前，杀死祸国殃民的杨国忠，并要求惩办杨贵妃。唐玄宗无可奈何，派人缢杀杨贵妃，继续向四川逃奔。

天宝十五年（756年），其子李亨继位，唐玄宗被尊为太上皇。

四、兴庆宫内太上皇，郁郁寡欢凄凉景

唐肃宗从河西、安西征调了万余名精兵，又调回了河北前线的朔方节度使郭子仪和河北节度使李光弼所部五万军队，灵武一时军威强盛。接着又任命了朝官与将帅，建立了一套新的军事系统，对抗击叛军也做了全面部署。应唐肃宗之请，回纥也派来精锐骑兵助战。这时又适遇叛军内讧，安禄山为其子安庆绪所杀，部下不服，战斗力也随之削弱，形势急转直下。至德二载（757年），随着安禄山被杀，李隆基由成都返回长安，居兴庆宫（南内），称太上皇。

居住在兴庆宫的唐玄宗不再过问政事，侍候他的仍是龙武大将军陈玄礼与内侍监高力士，另有唐玄宗的亲妹玉真公主与旧时宫女、梨园弟子为

《张果见明皇图》(局部)

他娱乐。唐玄宗对杨贵妃之死一直耿耿于怀。他从成都回来后，即派人去祭奠她；后来又想改葬，遭宦官李辅国反对而停止，却密令宦官将杨贵妃遗体移葬他所。宦官献上了杨贵妃的香囊，唐玄宗把它珍藏在衣袖里。又让画工画了杨贵妃的肖像，张挂于别殿，“朝夕视之而欷歔焉”。

上元元年(760年)，宦官李辅国为了立功以固其恩宠，上奏唐肃宗说：“上皇居兴庆宫，日与外人交通，陈玄礼高力士谋不利于陛下。今六军将士尽灵武勋臣，皆反仄不安，臣晓谕不能解，不敢不以闻。”这年七月，李辅国乘唐肃宗患病之机，矫诏强行把唐玄宗迁居西内。在途经夹城时，李辅国又率射生将500骑，剑拔弩张，气势汹汹地拦住去路。唐玄宗胆战心惊，几乎坠下马来，幸亏高力士挺身而出，唐玄宗才安全地迁居甘露殿。事后，唐肃宗没责怪李辅国，反倒安慰他几句。不几天，唐玄宗的几个亲信也遭到清洗：高力士以“潜通逆党”的罪名，被流放于巫州；陈玄礼被勒令致仕；玉真公主也出居玉真观。剩下唐玄宗只身一人，茕茕独处，形影相吊，好不凄惨。之后，唐肃宗另选后宫100余人，到西内以备洒扫。

晚年李隆基忧郁寡欢，宝应元年农历四月初五(762年5月3日)，李隆基驾崩，终年78岁。葬于唐泰陵。同年，久病缠身的唐肃宗李亨亦驾崩。

第六章 刀光剑影衰唐路

唐玄宗以后的历代帝王都未能担负起重振唐室的重任，但皇宫中的斗争从来都没有停止过，奸臣当道，阉竖乱政，刀光剑影中大唐王朝一天天走向崩溃。

一、唐肃宗乱中即位，内失权宦外失藩

唐肃宗李亨（711—762年），初名李嗣升，又名李浚、李玙、李绍，唐玄宗李隆基第三子。唐朝第七位皇帝，也是第一个在京师以外登基再进入长安的皇帝，至德元载（756年）至宝应元年（762年）在位。

玄宗共有30个儿子，做皇帝的时间长，内宠又多，即使被立为太子，也很难熬到登基的那一天。唐玄宗最初立的太子是李瑛，其母是张丽妃，原是倡妓。后来武惠妃宠倾后宫，生寿王李瑁，为让他继承皇位，便指示自己的女婿驸马都尉杨洄诽谤太子李瑛与鄂王李瑶、光王李琚有异谋。唐玄宗听信谗言，一日杀三子。然而武惠妃害人并没有利己，不久也死去了。寿王李瑁的太子梦化为泡影。李亨以年长，于738年被立为太子，他也算是得渔翁之利。然而李亨当上太子，马上成为宫廷斗争的众矢之的。宰相李林甫攀龙附凤，为讨好武惠妃，曾建议立寿王李瑁为太子，见李亨得立，恐将来不利于己，千方百计陷害李亨，虽没有得逞，却使李亨惶惶不可终日。后来又有杨贵妃、杨国忠兄妹为患。李亨就这样担惊受怕地在太子位置上苦熬了18年。

唐肃宗在灵武即位后，以杜鸿渐、崔漪为知中书舍人事，裴冕为中书侍郎、同平章事。时制度草创，文武官不满30人，直接控制的地区不过河西、

陇右、顺化、扶风、天水等地。这个流亡朝廷规模虽然不大，但在当时京师陷落，皇帝出逃，天下无主的情况下，总算使唐朝廷的招牌没倒，使各地抗击安史的唐朝势力望有所归，战有所为，并给了他们一线光复唐朝的希望。

常山颜真卿听说唐肃宗即位，以蜡丸奉表灵武，唐肃宗以他为工部尚书兼御史大夫。颜真卿颁诏河北、河南、江淮地区，诸道得知复国有望，尽努力坚守。长安百姓也日夜盼望太子收复长安。京畿豪杰偷袭安史官兵的事件相继不绝。安史集团虽攻克长安，由于人民的反抗，势力所及仅长安附近很小的地区。

至德元年(756年)五月，安史大将令狐潮围雍丘，守将张巡死守，屡败叛军，使其不得前进一步。次年，安庆绪又派尹子奇率兵13万攻睢阳，守将许远告急于张巡，巡与远合兵仅6800人守睢阳，二人督励将士，昼夜苦战，最后食尽援绝，网雀掘鼠以至杀妇人老弱来吃，前后大小400余战，杀敌12万。睢阳陷落时，安史集团已丢失长安，无力南进了。与此同时，安史叛将武令珣、田承嗣相继率军攻南阳，守将鲁炅坚守一年，城中粮尽，一只老鼠值数百钱。南阳失陷后又退保襄阳。张巡守睢阳，鲁炅守南阳，扼住了安史叛军南下的要冲，使唐朝的物资供应有了保障，也使江淮地区避免了叛军的践踏。

唐肃宗

唐肃宗即位后，开始调集各路兵马，进讨安史。河西节度使李嗣业、安西行军司马李栖筠相继发兵至灵武，郭子仪亦率军五万自河北而至。为了声张军势，又派人去回纥、西域请兵。至是，唐肃宗军威始盛。唐肃宗以皇子广平王李俶为天下兵马大元帅，以李光弼为户部尚书，北都(今山西太原)留守，防守河东。以第五琦为山南五道度支使，征发江淮租调以供军需。

然而，唐肃宗志大才疏，又无知人善任之能。在准备不充分的情况下，听信只会空谈而对军事一窍不通的宰相房管的妄言，让他统率军队，收复长安。结果唐军一败涂地，死伤四万余人，第一次收复长安遂告失败。至德二年(757年)，形势稍有好转。郭子仪率军攻克居两京之间的河东郡，掌握了主动权。陇右、河西、安西、西域等地兵马会集凤翔，江淮庸调亦至洋川、汉中。唐肃宗以郭子仪为天下兵马副元帅，准备再度收复长安。

在此之前，安禄山被其子安庆绪杀死，安庆绪即帝位后，史思明驻范阳，拥有重兵，不听调遣。安史集团分裂。这年九月，回纥怀仁可汗派其子叶护率精兵4000来到凤翔，帮助平定安史之乱。同月，唐军15万，以李嗣业为前军，郭子仪为中军，王思礼为后军，与安史10万军队战于长安之西。战斗进行得异常激烈，安史将领李归仁率军从侧面进攻，唐军惊乱退却。唐将李嗣业赤膊执长刀身先士卒，杀数十名敌兵，才稳住阵脚。唐将王难得被箭射中眼眉，眼皮垂下遮住眼睛，扯去眼皮复战。回纥兵也在敌阵后发起猛攻。双方酣战半日，安史军溃败，唐军乘胜收复长安。随后，郭子仪在陕城西又破安史军15万。安庆绪见大势已去，仓皇逃归河北，唐军遂收复洛阳。

安史集团丢失两京，安庆绪驻邺郡，与驻范阳的史思明钩心斗角，矛盾日趋激烈。为了保存实力以图再举，史思明曾一度归降唐朝。乾元元年(758年)，郭子仪、李光弼、李嗣业等九节度使率军60万进讨邺城的安庆绪。在这样的大好形势下，似乎平定安史之乱指日可待。可唐肃宗又犯了一个致命的错误，竟不设元帅，仅以宦官鱼朝恩为观军容使，节制诸军。唐朝以宦官为观军容使自此而始。这时史思明又一次叛唐，派兵13万援救安庆绪。由于唐军号令不统一，宦官鱼朝恩自以为是，不听将领的建议，安阳一战，被史思明打得溃不成军，甲仗、战马遗弃殆尽。

乾元二年(759年)，史思明杀安庆绪，自称大燕皇帝，稳定内部后，卷土重来，复攻占洛阳及附近郡县。时唐肃宗又派李光弼代替郭子仪为副元帅。上元二年(761年)，史思明在邙山大败李光弼，乘胜向长安进犯，在途中被其子史朝义杀死。史朝义在洛阳称帝，叛军内部更加分裂，从此再也没有力量向唐朝发动进攻了。

唐肃宗一朝，虽没有彻底消灭安史的势力，总算在危难时刻支撑起了唐朝这个破烂摊子，从安史手里收复了两京(洛阳得而复失)，恢复了唐朝

的统治。然而唐肃宗在位的过程，留下了许多严重的过失和后患。

首先是借回纥兵以平叛乱，唐肃宗曾与回纥约定，收复长安之日，子女玉帛皆归回纥，为回纥烧杀抢掠提供了合法的口实。另外纵容地方骄兵悍将的跋扈行为。平卢节度使王玄志死，部将李怀玉推侯希逸为节度使，唐肃宗也就委曲求全，承认既成事实，致使朝廷号令不严。以后骄兵悍将随意逐杀、废立节度使。再者，听信谗言，无深谋远虑。唐肃宗一朝本该彻底平定安史之乱，不该让兵祸蔓延到下一代。可唐肃宗本人没有戡乱的雄才大略，对别人的意见又唯唯诺诺，不能果断采纳，坐失了许多良机。在收复长安之前，有谋士李泌建议，派李光弼自太原出井陉，郭子仪自冯翊出河东，唐肃宗率兵据扶风，牵制住各路叛军，使敌人往来于千里之间，疲于奔命。然后派建宁王率军由长城与李光弼南北夹击，先捣毁安史集团的巢穴，再调集大军四合而攻之，可以彻底平定安史叛军。对这样一条具有远见卓识的战略方案，唐肃宗竟没有采纳。结果唐军虽收复两京，却使叛军从容退回河北，除根不净。史思明杀安庆绪后，唐肃宗才想起李泌之计可用，准备以郭子仪统率诸道兵七万人自朔方直取范阳，与李光弼前后夹击，使史思明背腹受敌。对这样重大的军事决策，竟听信宦官鱼朝恩的谗言，中途停止，使彻底消灭安史的计划又一次化为泡影。

还有开宦官专权之局面。唐肃宗自马嵬北行，留击安史叛军，宦官李辅国即参与政事。以后逐渐专权用事，初为太子詹事，后任判元帅行军司马事，掌握禁军。当时政事无大小，均由李辅国专断，别人都称他为五郎而不敢呼其名。收复长安后，玄宗由蜀归来，住在兴庆宫，他竟敢矫诏把玄宗赶出兴庆宫。唐肃宗虽然不满，但也无可奈何。后李辅国又任兵部尚书，就更难对付了。地方节度使多是他的人，得到任命后，要到他家谢恩。宰相萧华和唐肃宗达成默契，阻止他任宰相，李辅国竟强使唐肃宗免去了萧华的相职。对他的跋扈行为，唐肃宗一筹莫展，先是姑息敷衍，后是敢怒而不敢言，束手无策。

李辅国专权用事是与唐肃宗的张皇后互相勾结才得逞的。自唐肃宗留击安史叛军，当时还是良娣的张氏就一直跟随在身边。这位张良娣是一个富有心机又善于挟宠窃权的女人。唐肃宗北上朔方，每逢晚上休息，张良娣总是挡在外边，以备危急时掩护唐肃宗撤退。唐肃宗在灵武即位，张良娣产子刚三日，就下床缝战士衣。唐肃宗劝她休息，她说："此非妾自养之时。"由于张良娣在唐肃宗初即位的出色表现,因此受到唐肃宗的极力宠爱。形势稍一好转，她的权力欲慢慢滋长，并迅速膨胀。逃在四川的唐玄宗赐她一个七宝鞍。李泌劝唐肃宗，今四海分崩，当以俭约示人，良娣不宜乘此。张氏迫不及待地对李泌说:"咱们是乡里旧相识,你怎么不替我说话呢？"唐肃宗子建宁王李倓见唐肃宗采纳了李泌的建议，把七宝鞍收了起来，非常高兴，以为父皇从谏如流，一定能完成复国大业。张良娣从此对李泌、建宁王李倓怀恨在心。宦官李辅国见张良娣得宠，且都怀恨唐肃宗的谋士李泌与建宁王李倓。于是，二人狼狈为奸，互为表里。他们先在唐肃宗面前进谗言说:"建宁王李倓恨不得为元帅，谋害广平王。"唐肃宗不问青红皂白，将建宁王李倓赐死。唐肃宗唐离开玄宗时，其子广平王李俶、建宁王李倓都跟随身边。

李倓英明果断，有才略。自唐肃宗马嵬北行，自选勇士，血战以卫唐肃宗。唐肃宗本来想以李倓为天下兵马元帅，因广平王李俶居长为冢嗣，恐重演玄武门之变的悲剧，才以广平王李俶为天下兵马元帅。建宁王李倓对此毫无怨言，非但无兄弟互相争名夺利之事，反而相处得很好。害死建宁王李倓，李辅国与张良娣算是除掉了专权的一大障碍。

唐肃宗迎接唐玄宗还朝图

后来，张良娣升为淑妃，又由淑妃立为皇后。这位位冠后宫的张皇后当然不愿让别人的儿子为太子，更加紧罗织罪名，散布流言，陷害广平王李俶。可是，天不遂人愿，刚巧在这个时候，张皇后的长子李佋死了，另一个儿子李侗年幼，李俶又有大功，张皇后的阴谋才没有得逞。

唐肃宗至德二载(757 年)，唐玄宗自四川归长安，住在兴庆宫。李辅国又与张皇后合谋，将唐玄宗赶出兴庆宫，迁往太极宫。唐肃宗虽痛哭流涕，但畏惧张皇后，竟不敢前去探望。

就这样，张皇后与李辅国互为表里，狼狈为奸，专权用事达数年之久，而懦弱的唐肃宗只得听之任之。宝应元年 (762 年)，唐肃宗病重，张皇后为能继续专权，与李辅国反目成仇。先是想利用太子李俶除掉李辅国，被李俶拒绝。后又伏甲士于宫内，矫诏书召太子入宫，欲杀掉太子。李辅国之党程元振向辅国告密，辅国遂首先发难，率甲卒截留太子，逮捕张皇后党羽百余人。张皇后闻变，逃入李亨寝宫躲避。李辅国带兵入寝宫逼张皇后出宫。张皇后不从，哀求李亨救命。李亨受此惊吓，竟说不出话来，病势陡然转重，又无人过问，当天死于长生殿。终年 52 岁。李亨死后，庙号为唐肃宗。

二、依附宦官不法奴，代宗庸懦自铸祸

唐代宗李豫，是唐肃宗的长子，开元十四年十二月十三日（727 年 1 月 9 日）生于洛阳上阳宫，取名李俶。15 岁时被封为广平王。安禄山叛乱后，李俶跟随唐肃宗在灵武招集部队，被任命为天下兵马元帅，诸将都隶属元帅府。当时，唐肃宗刚刚继位，兵弱将寡，李俶躬身下士，抚怀流散，没多久就招兵数万人。当时，安禄山已经攻占了长安，声势大振，唐朝的军队多数不敢与叛军交战。李俶组织勇敢之士阻挡叛军，多次把叛军挫败，士气为之大震，唐军对叛军的战争有所转机。以后，回纥叶护王子率兵援助唐军，李俶与他结拜为兄弟，合兵进击叛军。757 年，李俶、郭子仪率朔方等地的军队以及回纥、西域兵共 15 万，从凤翔出发，进攻长安。叛军大败，逃出潼关。李俶率军攻入长安，令行禁止，秋毫

唐代宗

无犯，甚得民心。唐军攻克长安后，李俶又率军进攻洛阳，叛军首领安庆绪（安禄山之子）弃城逃往河北。唐肃宗回到京师后，封李俶为楚王。

乾元元年（758年）三月，李俶改封为成王，不久又立为皇太子，改名李豫。上元末年（762年），唐肃宗患病，李豫往来侍病，十分周全。唐肃宗的病情日重一日，张皇后（即张良娣）无子，她惧怕李豫功高难制，便暗中接越王李系入宫，阴谋废立。一切准备就绪，张皇后矫诏召李豫，图谋陷害，宦官李辅国、程元振知道后，随从李豫入宫，以防有变。这天夜里，李辅国等人率领军队逮捕了越王李系，又囚禁了张皇后。唐肃宗知道后惊恐而死，李辅国、程元振等乘机杀死张皇后，拥立李豫即皇帝位，李豫就是唐代宗。

唐代宗即位时，叛将史思明已被其子史朝义所杀，史朝义占据洛阳。唐代宗即位后，再次向回纥请求援助，其时，回纥葛勒可汗已死，子登里可汗在位，应召率兵来会攻洛阳。唐代宗又任命长子李适为天下兵马元帅，仆固怀恩为副元帅，进攻洛阳。唐军与史朝义在洛阳北郊大战，史朝义败逃河北，叛军部将多降唐。次年史朝义穷蹙自杀，安史叛乱全部平息。

唐军收复洛阳后，回纥军入城杀掠，洛阳城内，火光冲天，号声动地。回纥军抢得大量财物，都送到河阳，并派军看守。次年，登里可汗率军回国，又怂恿部下沿途抢劫，唐朝的地方官吏稍有不周，即遭杀害。可是，唐代宗为报答回纥助战，不但不予制止，反而一再迁就，企图以忍让换得和回纥的友好关系。

安史叛将降唐后，唐代宗便以为大功告成，天真地认为从此可以天下太平、民安年丰了。763年七月，改元广德，大赦天下，安禄山、史思明的旧将、亲族一律不追究责任，各级官吏也都封爵加官，并规定自此以后，刺史三年、县令五年就可升职，普通百姓也相应地减免赋税。如此一来，安史旧将一变成为唐朝的节度使，形成了新的藩镇。张忠志原是安禄山的部下，唐朝给他成德军节度使的名义，统治原有的恒、赵、深、定、易五州之地，并赐姓名为李宝臣，藩镇成德镇从此成立。接着唐代宗任李怀仙为检校兵部尚书兼侍中、武威郡王、幽州节度使；田承嗣为检校户部尚书、魏州刺史、雁门郡王、魏博等州防御使。他们在各自的辖区内扩充军队、委派官吏、征收赋税，成为地方割据力量。特别是成德、魏博、幽州三镇是唐朝中后期最大的割据势力，称为河朔三镇。唐代宗不仅给予河朔三镇以很高的待遇，对其他割据者也一再姑息。卢龙节度使李怀仙，为部将朱希彩所杀，唐代宗就任命朱希彩为节度使。朱希彩部下又杀朱希彩，推经略副使朱泚为帅，唐代宗又让朱泚做了节度使。相卫节度使薛嵩死后。12岁的儿子袭职，其子又让位给叔父薛崿，唐代宗听之任之。魏博节度使田承嗣公然为安史父子立祠，号为四圣，并向唐代宗索要宰相之职，唐代宗竟遣使慰谕，授他平章政事。唐代宗的羁縻政策，使得地方节度使肆无忌惮，他们“虽称藩臣，实非王臣”，在政治、军事、财政上都完全独立，实际上是各自独立的封建军阀王国。他们的职位或父子兄弟相袭，或由部下推戴自称“留后”，强迫唐王朝予以承认。他们在地方上又自署官吏，鱼肉人民。各藩镇之间也往往相互勾结，甚至结为婚姻，互为表里。他们既为争夺地盘相互厮杀，又为维护自身利益，对抗中央而连成一气，对唐中央政府形成极大的威胁。由于唐代宗对藩镇的姑息和唐中央政府的腐败，中央的权力越来越小，唐代宗对地方节度使也就无可奈何了。

唐代宗时，境内藩镇割据局面已经形成，西部的吐蕃也不断侵扰，唐不得不抽掉主要兵力到京西防备吐蕃秋季入侵，称为京西防秋。

吐蕃是藏族人的祖先，很早就在我国青藏高原一带过着农耕和游牧生活。7世纪前期，其首领松赞干布统一了诸部落，建立了强大的奴隶制政权。唐太宗时期，应松赞干布的请求，曾派人护送文成公主入藏与松赞干布完婚，此后，唐朝和吐蕃的关系日益密切。在松赞干布以后，吐蕃开始和唐朝发生激烈的战争。龙朔三年（663年），吐蕃攻占了今青海地区，消灭了唐的属国吐谷浑。不久，吐蕃又侵入西域和剑南地区。

安史之乱爆发后，唐政府调集各地军队进行讨伐，西北边兵也参加了征讨叛乱的战争，边镇上只留下一些弱兵残将。强大起来的吐蕃却于756年乘机攻取石堡城，进取唐陇右（节度使驻鄯州，青海乐都县）、河西（节度使驻凉州）两镇。唐代宗即位后，吐蕃对唐的争夺有增无已。广德元年（763年），吐蕃率领吐谷浑、党项、氐、羌共20余万人入大震关（今甘肃陇西县），攻泾州，刺史高晖以城降，并为吐蕃作向导，引吐蕃大军直指奉天（今陕西乾县）、武功等地，唐兵溃败，京师大骇。唐代宗命李适为关内元帅，郭子仪为副元帅，到咸阳抵御吐蕃。时郭子仪正闲居在家，得令后急忙招募20骑，赶赴咸阳。此时吐蕃军已逼近长安，唐代宗仓促不知所为，急忙逃往陕州。第三天，吐蕃入长安城，立广武王李承宏（金城公主侄）为唐帝，逼前翰林学士于可封做制封拜。吐蕃军在长安城掠夺府库钱财，焚毁居民房屋，繁华的长安城顷刻间变得疮痍满目，一片凄凉。吐蕃军还企图掳掠城中士女百工，准备整军归国。郭子仪用少数兵卒，虚张声势恐吓吐蕃，吐蕃军据城15日，惊慌出城，退走原（今宁夏固原县）、会（今宁夏中卫县）、成（今甘肃成县）、渭（今甘肃陇西县）一带，窥伺时机。同年，吐蕃又攻入剑南道的松州、维州、云山城、笼城等地，唐政府受到吐蕃的严重威胁。

广德二年（764年），仆固怀恩叛唐，引吐蕃、回纥等数十万人进攻长安。仆固怀恩，铁勒族人，安史之乱时从郭子仪、李光弼作战，屡立战功，曾与回纥兵击败史朝义，官至河北副元帅、朔方节度使等职。他自恃功高，不满意朝廷对他的待遇，加之朝廷对武臣猜忌，总想收回兵权，这就更使他对朝廷不满。同年，唐代宗命郭子仪为朔方节度使，朔方将士闻知，欢欣鼓舞，纷纷离开仆固怀恩欢迎郭子仪。仆固怀恩率兵300逃至灵武，收拾散兵，招引吐蕃、回纥来攻。十月，仆固怀恩引吐蕃2万犯邠州，节度使白孝德闭城拒守。不久，叛军进犯奉天，京师戒严。唐代宗命郭子仪率军御敌，先锋部队攻破吐蕃军营，俘斩百余。郭子仪屯重兵于泾阳，吐蕃军挑战，郭子仪不出。此时，剑南严武已攻破吐蕃盐川城。仆固怀恩与吐蕃军惧怕失去后援，不战退兵，京师之围遂解。

永泰元年（765年）九月，仆固怀恩又引回纥、吐蕃、吐谷浑、党项等数十万人入侵，至鸣沙（今宁夏中卫东）暴病而死，吐蕃军大掠男女数万人，焚舍而去。同年十月，吐蕃军至邠州，与回纥相遇，合纵入侵，兵逼奉天。郭子仪说服回纥，使回纥与唐联兵，共扼吐蕃。不久，郭子仪的先锋白元光与回纥军一起在灵台县之西击败吐蕃，斩首5万余级，仆固怀恩大将仆固名臣也率千骑降唐，吐蕃退军，形势有所缓和。唐代宗下诏税百官钱、绢10万以赏回纥。

大历五年（770年）五月，在甘肃徙置民众于山险要害，用以防备吐蕃的入侵。九月，吐蕃进犯永寿。大历八年（773年）八月，吐蕃寇灵武，

抢掠而去。幽州节度使朱滔率5000骑请河西防秋，唐代宗令赴泾州行营。。郭子仪部先锋将浑瑊与吐蕃战于宜禄，唐师不利。浑瑊与泾原马璘合力作战，吐蕃军始溃败而去。不久，郭子仪率军击败吐蕃10万大军，唐军取得重大胜利。

大历九年（774年）四月，唐代宗命郭子仪等大阅兵师以备吐蕃。唐代宗又下诏各地出资备边，以供防秋之用。规定各道的防秋兵马数，淮南4000人、浙西3000人、魏博4000人、昭义200人、成德3000人、山南东道3000人、荆南2000人、湖南3000人、山南西道2000人，岭南、浙东、浙西都规定了防秋兵马数。因路途遥远，往来增费，又令各道根据本道兵马数多少交纳一定资财，多者多纳，少者少纳；每年秋收后送往上都。

大历十一年（776年）春，剑南节度使崔宁大破吐蕃20万，斩首万余级，生擒首领千余人。四月，西川破吐蕃于望汉城，擒蕃将大笼官论器然。十二月，西川崔宁又在西山大败吐蕃，斩首8000，生擒900人。大历十三年（778年）四月，吐蕃寇灵州，朔方留后常谦光击败吐蕃。六月，吐蕃又进犯盐州、庆州。同年，回纥登里可汗为了掠夺财物，也进寇太原，杀唐军民万余人,纵兵大掠。唐代州都督张光晟击败回纥兵,登里可汗才退走。唐代宗为了集中力量抵御吐蕃，对回纥的无礼采取忍让态度，力求保持和好关系。

唐代宗在位期间，虽然采取了一些措施防御吐蕃的入侵，但由于节度使各自独立，难以驾驭，并没有从根本上解决问题。吐蕃在对唐战争中，也时胜时负。吐蕃虽然处在强盛时期，但要消灭一个虽然腐败却十分庞大的唐朝也绝非易事。整个唐代宗朝，唐与吐蕃的战争，互有胜负，双方都耗费很大。此后，吐蕃走向衰亡，唐王朝也日趋软弱。

唐代宗受宦官李辅国、程元振的拥立才得以称帝，即位后对宦官李辅国、程元振十分宠信。但李辅国、程元振自恃定策有功，越加专横，对唐代宗的统治构成了威胁。

唐代宗即位后，李辅国自命为定策功臣，专权用事，甚至不把唐代宗放在眼里，他竟对唐代宗说：你但居禁中，外事自有老奴处分。意谓要独专大权。唐代宗听后，心中怏怏，很不高兴，但李辅国握有兵权，只好表面上以礼相加，尊其为尚父。未几，又加司空、中书令。宦官程元振也任为左监门卫将军。李辅国、程元振二人在朝廷上专权用事，排斥异己，礼部尚书萧华与李辅国不和，被贬为峡州司马；左仆射裴冕为程元振所忌，被贬为施州刺史，唐代宗爱莫能助，无可奈何。

李辅国、程元振二人同在朝廷，也不免钩心斗角。程元振暗中向唐代宗提出惩治李辅国，唐代宗早有此意，正愁无从下手，有程元振的支持，也就胆大了。不久，解除了李辅国的行军司马职，迁居外第。唐代宗又与程元振商议，密派牙门将杜济，刺杀李辅国。

李辅国被杀，程元振任骠骑大将军。独揽大权，专政自恣。当时，安史之乱已经平息，唐代宗论功行赏，奖掖群臣，正副元帅及各道节度，悉赠官阶。唯山南东道节度使来瑱，因与程元振有隙，程元振竟诬告他与安史通谋，不但没有受赏，反而被流放播州，不久赐死。

来瑱冤死，其部将大为不平，共推兵马使梁崇义为统帅，号称为来瑱报仇，要求为来瑱讼冤，唐代宗无力讨伐。不得不下诏以功臣礼节改葬来瑱。

唐代宗时专权用事的宦官还有鱼朝恩。鱼朝恩，泸州泸川（今四川泸县）人，唐肃宗时任禁卫军指挥，唐代宗时，任天下观军容宣慰处置使等职。广德元年（763年），仆固怀恩叛唐，后来在鸣沙（今宁夏中卫东）暴病而死，部将范志诚继续率叛军进攻泾阳，唐代宗下制亲征，鱼朝恩以平叛为名，大索士民私马，凡城中男子，皆征作禁兵，弄得人心惶惶，争相逃匿。

鱼朝恩专权，势倾朝野，十分骄横，甚至连唐代宗也不看在眼里。鱼朝恩有一养子任内给使，曾与同事发生纷争，回家后告知鱼朝恩，鱼朝恩即带养子入见唐代宗，要求唐代宗赐给紫衣以提高养子身份。恰巧有一内监手捧紫衣站在一旁，不等唐代宗允许，即随手取来紫衣，递给养子。唐代宗虽有不乐，也只好强颜作笑。宰相元载看准时机，要求皇帝铲除鱼朝恩，唐代宗许诺。元载得到唐代宗的支持后，制订了惩治鱼朝恩的方案。这一年的清明节，唐代宗在殿内设置酒宴，宴请亲贵，元载突然带人闯入，将鱼朝恩逮捕，由唐代宗当场历数其罪状，并下令鱼朝恩自尽。鱼朝恩不服，欲进行狡辩，元载早安排人上去将朝恩勒死，对外则说其受敕自缢。

唐代宗李豫在位期间，唐政府经过安史之乱，已经元气大伤。唐代宗面对危局，也任用了一些贤能之士进行改革，企图重振国威。

唐朝的都城长安位于西北，而关中地区所产的粮食不能完全满足京师

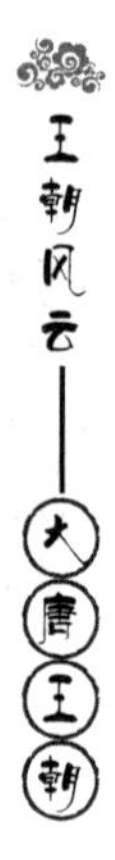

人民和驻军大量的消费需要。每年需要把东南地区100万石左右的粮食由淮河经汴水入黄河，再转渭水运达长安。

安史之乱期间，洛阳被占，淮河被阻，这条漕运路线完全被切断。广德元年（763年），唐军收复了洛阳，很快平定了安史之乱。如何恢复漕运，把江淮的粮食调运到关中成为必须解决的问题。面对这个烂摊子，唐代宗把这副重担交给了刘晏。

广德二年（764年），刘晏带人深入江淮，察看地形，了解民情，总结前人办理漕运的经验和教训。通过调查，刘晏写给唐代宗一份治理漕运的具体意见，唐代宗十分支持，并让他全权负责办理。从此以后，刘晏发动民工，组织兵丁，控制浚流，打造船只。并把过去富户督办漕运的办法改为官运；把直运改为分段接运的办法。刘晏的这一套办法十分有效。江淮地区的粮食通过水道源源不断地运到长安，一年运40万石，多的时候达110万石。京师昂贵的米价落了下来。当运粮的船队到长安时，唐代宗派人慰劳刘晏，并把他比作是汉代的良相萧何。

唐代宗时期还对盐政进行了改革。唐初，不收盐税，安史之乱后，政府财政困难，于乾元元年（758年）实行食盐专卖。在产盐区设"监院"管理盐务，盐价比以往高出许多，百姓不买，就硬性摊派，人民倍受其害，弊端很多。唐代宗永泰二年（766年），任命刘晏以户部尚书的身份出任都畿、河南、淮南、江南、湖南、荆南、山南东道盐铁使，对盐务进行重大改进。

刘晏首先精简盐务机构，裁减冗员，合并监院，并在各大城市设立13个巡院，负责管理食盐的销售市场，缉查盐贩走私。刘晏还对食盐专卖制度进行了改革，把原来的官运官销改为"就场专卖"。把各地所生产的食盐由盐官统一收购，不许私自卖给商人。盐官所收的盐就在盐场转卖给盐商，商人

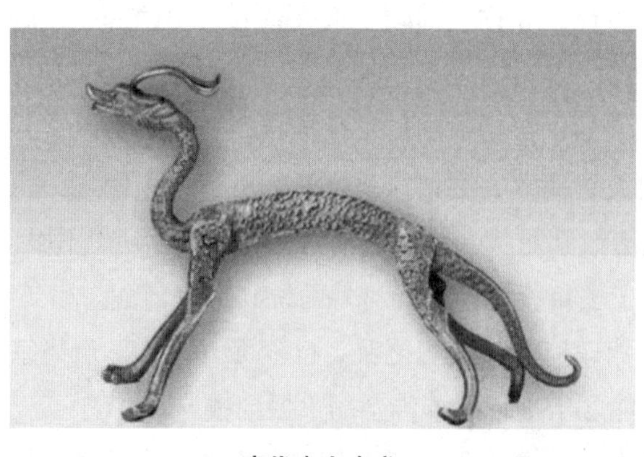

唐代赤金走龙

缴纳盐款和盐税后，自由运销。同时，为了防止商人抬高盐价，还在偏远地区设立“常平盐”以平抑食盐价格。刘晏还上书唐代宗，要求下令禁止各地节度使对盐商增派税收，以免通过中间环节涨价，唐代宗同意刘晏的意见，这对刘晏的盐政改革是一个很大的支持。

在唐代宗的支持下，刘晏还在各道设巡院，选择精干廉洁的人作知院官。知院官每月都把本道各州县的雨雪、丰歉情况向中央申报。政府在丰收的地区用高于市场的价钱籴进粮食，在歉收地区则用低于市场的价钱粜出，以稳定物价，称为“常平法”。在实行“常平法”的同时，刘晏又推行“均输”法，即各以当地的部分租赋收入和盐利，购买各地的土特产品，供应京师，既方便了京师人民的生活，又促进了各地土特产品的发展，使唐代宗时期艰难的政局和拮据的财政有所改善。但他的改革触犯了一些大官僚、大地主的利益。只是由于唐代宗需要利用他理财，予以支持，使改革得以延续。大历十四年（779 年）五月，唐代宗驾崩，由他支持的刘晏改革也到了尽头。十月，唐代宗葬于元陵。

三、积重难返不思治，贪得无厌唐德宗

唐德宗（742—805 年），名适，是唐代宗长子，母为睿真皇后沈氏。

李适即位前，曾受封为奉节郡王。唐代宗即位，时史朝义据东都，便任李适为天下兵马元帅讨叛军，进封鲁王，雍王。宝应元年（762 年）因讨平安史叛军有功而兼尚书令。广德二年（764 年），被立为太子。大历十四年（779 年），唐代宗死，李适即帝位，时年 38 岁。

唐德宗即位之初，对前朝的许多弊政进行了改革。他下令禁止岁贡。过生日，将各地送来的礼品一律退回。节度使李正己、田悦各献细绢 300 匹，唐德宗命送交国库，以充赋税之入。生活方面也注意节俭，出宫女 100 多人，停梨园使及伶官 300 人，留者皆归太常。禁止官吏经商。对贪污受贿者严加惩办。当时有个宦官叫邵光烈，奉唐德宗之命到淮西送旌节，节度使李希烈送给他 700 匹细绢，唐德宗知道后，这个宦官受到了杖 60 和配流的惩处。

唐德宗即位任用崔甫和杨炎为相，在杨炎的主持下对赋税制度进行了改革，废除租庸调制，推行了“两税法”。两税法的主要内容是：取消租

庸调及一切杂税。不分主户（本地土著户）、客户（外来户），一律以现居住地为准登入户籍纳税。放弃按丁征税的办法，改为按照资产和田亩征税，即根据资产定出户等，确定应纳户税税额；根据田亩多少，征收地税。没有固定住处的行商，也要负担赋税，按照收入的三十分之一纳税后（后来改为十分之一）。每年分夏秋两季征税，夏税不过六月，秋税不过十一月。两税之名即由此而来。唐朝中央根据财政支出的需要，量出制入，定出全国总税额，分配各地征收。因而，全国没有一致的税率。实行两税法，扩大了纳税面，有利于减轻人民的负担。纳税的人多了，也增加了政府的收入。两税法按照资产和田亩征税，与租庸调法按丁征税相比，是比较合理的。两税法虽有其积极意义，但以唐德宗为首的统治者并没有认真贯彻执行。在推行两税法时，唐德宗曾告诫官吏，除两税外，不得逾额妄索，多取一钱，便是枉法。实际情况是，从两税法推行的第二年起，唐德宗就接连宣布加征茶、竹、漆、木税，加征房屋税、交易税，市场交易，四取其一，结果逼得长安罢市，商民拦舆于途，向宰相哭诉请愿。商业税提高，官盐加价，这仍不够，又宣布"借商令"，即向富商强借国债，许以后归还。京都官吏，遂借机敲诈搜刮，致使许多人家被抢劫一空，含冤自杀。长安如此，地方尤烈，通津要道均设税卡，层层盘剥，甚至还有征死人税的。

唐德宗

唐德宗即位时，朝廷内的党争十分激烈。杨炎和刘晏之相争，即其突出的表现。原来，凡度支出纳事宜，令吏部尚书刘晏兼辖，并授刘晏为左仆射。刘晏有才能，多机智，变通有无，曲尽微妙，历任转运盐铁租庸等使。他认为，理财以养民为先，户口滋多，赋税自广。在诸道各置知院官，每历旬日，必令地方官详报雨雪丰歉情况。又推出常平盐法，撤除界限，裁省冗官，在产盐区置官收盐，由官运输，如果市场上盐绝商贵，亦由官方接济，官得余利，民不乏盐。唐朝自安史之乱以来，连年用兵，饷糈浩繁，人民耗敝。但在刘晏主持下，得以酌盈剂虚，不虑困乏。刘晏本人生活很节俭，平居办案甚勤，遇有大小案牍，立即裁决，绝不稽留，是唐朝最有名的理财家。

杨炎是唐代宗时宰相元载的余党，唐代宗杀元载，刘晏曾参与密谋。当时，元载被杀，杨炎也被贬为远州司马。后来杨炎取得了唐德宗的信任，独任大权，他想利用自己的地位替元载和自己报仇，谋害刘晏。他对唐德宗说："尚书省为国政大本，任职宜专，不应兼及诸使。"于是唐德宗就把刘晏所兼各使职权，尽行撤销。当唐德宗为太子时，唐代宗尝宠独孤妃，妃生一子李迥，曾封韩王。宦官刘清潭等，密请立妃为后，且屡言李迥有异征，当为太子。事尚未成，独孤已逝，这事即不了了之。杨炎欲陷害刘晏，一日竟入内殿，对唐德宗叩首流涕道："陛下靠的是宗社神灵，才免遭贼臣谗间，当初内臣想除掉陛下的奸谋，是刘晏策划的。现在陛下已经正位，刘晏尚依然在朝，臣不能不指出正凶，乞请严究。"唐德宗对这件事本已忘怀了，突被杨炎提及，不觉愤气填胸。竟相信了杨炎对刘晏的诬陷，想立即逮捕刘晏。崔祐甫从旁劝解，朱泚也上表营救。但唐德宗终是不听，竟诬刘晏其他罪名，贬为忠州刺史。杨炎必置刘晏于死地，特擢私党庾准为荆南节度使，嘱咐他想法构陷刘晏。庾准就上书说刘晏心怀怨望，要叛乱。杨炎又请唐德宗速正明刑，唐德宗就派宦官到忠州下诏赐令自尽，将刘晏缢死。刘晏无罪被杀，大家都为他喊冤。割据淄青镇（治青州，山东青州）的李正己接连上表请问杀刘晏的原因，唐德宗无话可对，陷于窘境。对此，杨炎不免心虚，密遣私人到各镇去，为自己辩白，说刘晏的被杀是唐德宗决定的，与自己无关。唐德宗了解到这一情况后，非常憎恶杨炎，就起用卢杞为宰相，准备杀杨炎。卢杞非常阴险狡猾，是李林甫、元载后的又一个著名奸相。他掌握着唐德宗猜忌刻薄的性格，顺着这个性格去伤害群臣。害人的伎俩，比杨炎更阴险。他知道唐德宗的心思，乐得投井下石，上任不久，就给杨炎罗织了好多罪名。结果，唐德宗把杨炎贬为崖州司马，还没走到贬所，就被唐德宗派去的人在半路上杀死了。

建中二年，成德镇节度使（治恒州，今河北正定）李宝臣死。李宝

臣曾和李正己、田承嗣等议定，要在本镇确立传子制。大历十四年（779年），田承嗣死了后，田悦继位，李宝臣要求朝廷加以任命，承认田悦的继承权。得到了唐代宗的允许。现在李宝臣的儿子李惟岳继位，请朝廷认可。唐德宗想革除旧弊，坚决回绝了李惟岳的要求。田悦替李惟岳代请，也不得允许。于是，田悦、李正己、李惟岳联合起来，为争取传子制，出兵与朝廷作战。唐德宗调京西1.2万人守关东，又任命李怀光兼朔方节度使，大发各路兵讨伐叛军。这是一次带有决定性意义的大战争，如果朝廷胜利了，割据势力将大为削弱。可是唐德宗并没有制订好切实可行的用兵计划，也不设统兵元帅，诸将由朝廷亲自指挥。结果，接连失败，战争规模越来越大。

建中二年（781年），田悦进攻邢州（今河北邢台县）和临佂县（今河北永年县西）。唐将河东节度使马燧、昭义节度使李抱真、神策将李晟大破田悦军，田悦夜遁，退屯洹水县（今河北大名西南），淄青军在东，成德军在西，首尾相接，互相呼应。唐将唐朝臣大破魏博、淄青军于徐州，江、淮漕运又通。建中三年（782年），马燧、李抱真、顾晟又大破田悦军，田悦只带领残兵败将1000多人逃回魏州，守城自卫。淄青镇李正己死，他儿子李纳袭位，继续与朝廷为敌，结果，被唐军打败，逃回濮州（今山东鄄城县），唐德宗令卢龙节度使朱滔攻成德李惟岳军，李惟岳大败，逃回恒州。李惟岳部将王武俊杀李惟岳，投降朝廷。但这一时的胜利，并不能改变割据者的野心，也不能改变分裂已久的形势。这一战争还没有结束，立即又发生了又一次战争。

唐德宗任命成德降将张孝忠为易、定、沧三州节度使，王武俊为恒、冀二州都团练使。分给朱滔德、棣（今山东惠民东南）二州。这个措施，目的是分散旧成德镇的力量。王武俊自以为功劳最大，地位反比张孝忠低，不肯接受朝命。朱滔要得深州而未得到，心怀不满，于是仍在深州驻兵，拒绝将深州交给康日知。王武俊、朱滔反叛，并与田悦、李纳联合，叛军的声势又振。朱滔遣人密约朱泚同反，这件事被马燧知道后报告了唐德宗。朱泚当时镇守凤翔，唐德宗把他召回长安，派宦官监视。马燧等攻魏州，朱滔、王武俊救魏州，唐德宗命朔方节度使李怀光前往助战。李怀光击破朱滔军，王武俊又击败李怀光军，唐政府军被迫撤至魏县（在魏州城西）。

唐军与叛军出现了相持的局面。不久，朱滔称冀王，田悦称魏王，王武俊称赵王，李纳称齐王，朱滔为盟主，诸王约定相互支援，以求永保其占据的土地。朱滔等向淮西节度使（驻蔡州，今河南汝南）李希烈劝进，李希烈接受推戴，先自称天下都元帅。李希烈的军队四处掠夺，其小股军队一直打到洛阳附近，战事从河北一直蔓延到河南。

建中四年（783 年）十月，唐德宗发泾原之兵，东救襄城。泾原兵 5000 被调路过京师，士兵们冒雨前来，冻馁交迫，到了京师，满以为能得到厚赐，遗归家属，没想到当时的京兆尹王翃奉敕犒师，只给他们粗饭菜羹，此外，一点赏物也没有。士兵们非常愤怒，声称琼林、大盈两库（皇帝私库）积金帛无数，应该拿来大家分。哗变的士兵攻入京城。唐德宗一听大事不妙，急率少数家属仓皇出走，随从只有宦官窦文场、霍仙鸣所率宦官约 100 人，慌乱之中，唐德宗连御玺都忘记带，还是王贵妃记着，取来放在衣服里才带了出去。有人提醒唐德宗说："朱泚曾是泾原军帅，因弟弟朱滔叛乱，被召到京师，心常怏怏不乐，今乱兵入京，若奉他为主，势必难制，不如把他召来一块走。"唐德宗只顾逃命，忙摇首道："来不及了，还是赶路要紧。"路上遇到郭曙、令狐建二人，率所部约 500 人随行。唐德宗在这些人保护下，逃到奉天县（今陕西乾县）。过了几天，左金吾大将军浑瑊来到奉天。唐朝的一部分官员也陆续来到。浑瑊是郭子仪部下的大将，一向有威望。大历十四年（779 年），唐德宗解除了郭子仪的兵权，将其所管军州分为三个节度使，浑瑊是三节度使之一。当年，由于唐德宗的猜忌，又把浑瑊内调为左金吾大将军，使其失去兵权。他是朝中的名将，由于他的到来，人心才安定下来。附近诸镇援兵入城，唐德宗便命浑瑊统率。这时，京师中的朱泚，已被叛兵拥立为主。诸镇救襄城兵，有些还没有出潼关，也叛变回西京，投顺朱泚。不久，朱泚便自称大秦皇帝，唐百官大都做了秦官，只有司农卿段秀实等少数官员不和朱泚同流合污，并准备诛杀朱泚，结果，事情败露，段秀实等反被杀害。朱泚立朱滔为皇太弟，与河北诸叛镇遥相呼应。唐德宗派人到魏县行营告急，李怀光率朔方军回救奉天，李晟也沿路收兵来救，马燧等各归本镇，李抱真仍留河北，这一行动是唐朝的转机，浑瑊坚守危城，使这个转机能够实现。朱泚决心攻克奉天城，亲自督战，用全力围攻一个月，仍不能攻克。这时，城中的粮食都用光了，唐德宗自

已也只能吃些野菜和粗米，皇帝如此，兵士的情况就可想而知了。

浑瑊每日泣谕将士，晓以大义，众虽饥寒交迫，尚无变志。不久李怀光率兵五万来到长安附近，李晟率兵万余也赶到，其余各路援军也分别到达。

朱泚集中兵力作最后一次进攻，浑瑊率守兵力战，朱泚大败，李怀光又击败朱泚别军，朱泚率兵退守长安。

奉天围解，群臣皆贺，军官贾隐林对唐德宗说：陛下性太急，不能容人，如果这个性格不改，虽然朱泚败亡，忧患还是会来的。不久，果然又发生了祸乱。

李怀光性粗暴，从魏县来，一路上说卢杞等人奸邪，应该诛杀。卢杞知道后，便对唐德宗进言道："叛军还占据长安，必无守志，李怀光千里来援，锐气正盛，何不令他急攻长安，乘胜平贼呢？"唐德宗竟也相信卢杞的话，急下令要李怀光速收复长安。李怀光自以为有大功，但竟连皇帝也见不上一面，不觉懊怅道："我远来赴难，咫尺不见天子，可见是贼臣卢杞等从中排挤了。"于是接连上表揭发卢杞等的罪恶。那唐德宗正宠眷着卢杞，不忍加斥。这时，朝臣们也议论纷纭，斥责卢杞。兴元元年（784 年），唐德宗被迫将卢杞贬为南方远州司马。但答应以后再起用他。李怀光逼走卢杞后，仍屯兵咸阳，并与朱泚通谋，准备帮助朱泚再次进攻奉天。唐德宗知道后，仓皇离开奉天，避往汉中。李怀光反叛，唐朝形势进一步恶化。幸亏李晟的正确指挥，才挽救了危局。

时李晟率孤军守东渭桥（在长安东北 50 里），夹在朱泚、李怀光两强敌之间，处境极为危险。他用忠义激励将士，在困境中保持锐气。驻邠宁、奉天、昭应（今陕西临潼县）、蓝田的唐军，都愿接受他的指挥，军威大振。李怀光被迫逃

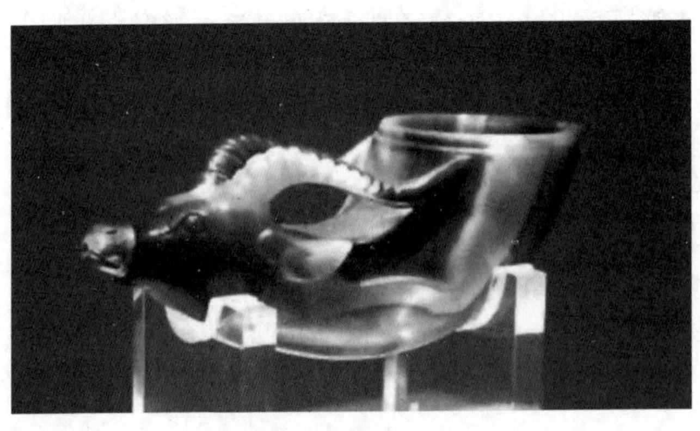

唐代兽首玛瑙杯

往河中，其士兵或投降唐军，或路上逃散，势力大大削弱了。

在李怀光逼走卢杞，将要叛变时，唐德宗派人去吐蕃求救兵，允许割安西、北庭地给吐蕃。

这二镇一直在抗击吐蕃，唐德宗竟私自割让。命浑瑊率诸军自汉中出击，吐蕃兵二万来会。浑瑊击败朱泚兵，进驻奉天，与李晟东西相应。吐蕃兵大掠武功县，又受朱泚厚赂，全军退去。唐德宗想用吐蕃兵取长安，听说吐蕃兵退兵，非常忧愁。大臣陆贽劝他要相信将帅，用吐蕃有害无益，现在退去，正是好事。陆贽又劝他不要“决策于九重之中（宫中），定计于千里之外”。反对他干涉前线将士的指挥权。这样唐德宗才勉强让李晟等自主兵权。

兴元元年，李晟召集诸将商议进取长安的办法，诸将请先取外城，占据坊市，然后北攻宫阙。李晟分析道：“坊市狭隘，贼若伏兵格斗，不仅扰害居民，而且对我军也不利。不如自苑北进兵，直捣中坚，腹心一溃，贼必败亡，那时宫阙不残，坊市无扰。”诸将齐声称善。不几天，李晟率兵攻入了长安城，朱泚败走。奔往泾州（今甘肃泾川），沿途部众尽散，只剩骑兵数百人。当走到彭原（今甘肃庆阳）时，朱泚被部下刺死。

唐德宗回到长安后，吐蕃来求安西、北庭两镇。唐德宗想召还安西四镇留后郭昕和北庭节度使李元忠，割两镇给吐蕃。大臣李泌对唐德宗说，两镇将士尽忠竭力，为国家固守疆土近20年，如果割弃，他们将来从吐蕃入侵，怨恨朝廷，如报私仇，一定很凶狠。其他大臣也都赞成李泌的看法。唐德宗见众心难违，才没有一意孤行。这样两镇才得以保存下来。

唐德宗本来就猜忌功臣，返回长安后，其猜忌之心更不可抑制。

李晟遭猜忌，被解除兵权，这件事对武将们打击很大，宰相张延赏辞职，承担议和吐蕃的责任，但君臣相疑，内外分解的状况仍无法消除。唐德宗任命李泌为宰相后，才使局面稍稍稳定。

李泌已经历玄宗、肃宗、代宗三朝，对昏君的心理已经摸得够清楚了，因此能够诱导唐德宗做一些好的事情，使得有些祸乱受到阻止，李泌上任后，与唐德宗约定，要唐德宗不要害功臣。他说，李晟、马燧有大功于国，你万一害他们，内自宿卫，外至方镇，哪个不愤怒，恐怕中外叛变，大乱立刻就要到来。你诚心对待他们，他们自然也就放心，国家有事，他

们出去征战，无事在朝内任职，不是很好吗？君臣不猜忌，天下就无事了。由于李泌说理透彻，态度和顺，又办了许多有利于国家的事情，得到了唐德宗的器重，在这个基础上，李泌提出了北和回纥、南通云南（南诏国），西结大食、天竺，以困吐蕃的计划。开始唐德宗坚决反对结好回纥，经李泌反复开导，才决定与回纥和亲。贞元四年，回纥可汗得唐许婚，非常喜悦，愿为唐牵制吐蕃。次年，李泌病死。唐德宗继续执行他制订的计划。贞元九年，南诏国也脱离吐蕃，与唐恢复亲善关系。这样，唐与吐蕃形势大变，从此，吐蕃势力削弱，不能为害于唐，唐朝的政局稍稍稳定。唐朝免去吐蕃的威胁，到唐宪宗时，又有力量和关东割据势力作战，并取得胜利。

唐德宗在奉天之难中倍受穷困，但并没有取得任何有益的教训，独取得贪财的经验。回到长安后，便专心搜刮民财。唐德宗贪财，地方官便以进奉的名义讨得他的欢心。有的每月进奉，称月进；有的每天进奉，称日进。谁进奉的财物多，谁就会得到更高的官位。这实际上是在鼓励地方官加紧对劳动人民的剥削，而唐德宗坐地分赃。贞元末年，宫中需要的物品都由唐德宗委派的宦官到长安市场上直接采办，这些宦官称为宫市使。宫市使手下有白望数百人，专在市场上抢掠货物。每当午时，鼓声咚咚响过，东西两市开板，宦官及手下爪牙便蜂拥而入，他们看好了的东西，只要说声“宫市”，意思就是宫中买了，但价钱多少，无人敢问，常常只付百钱却拿走几千钱的货物。市者常常是货物罄尽，空手而归。这是唐朝建立以后从没有过的贪暴行为。

贞元二十一年（805年），这个对功臣猜忌、对割据者姑息、对财物贪得无厌的唐德宗皇帝死去了。死后葬崇陵（今陕西泾阳西北20千米的嵯峨山），谥为神武孝文皇帝，庙号唐德宗。

四、有心无力难回天，顺宗身瘫空留恨

唐顺宗李诵（761—806年），唐德宗李适长子，唐朝第十位皇帝。

贞元二十一年（805年）正月二十三日，唐德宗李适病死在皇宫中的会宁殿。丧音发布以后，文武百官极为震惊，每个人脸上都流露出紧张的神色。大臣们倒不是感到唐德宗死得意外，主要是不知道由谁来继承皇位，害怕一旦皇位空虚，发生其他变故，国家又会陷于混乱之中，百姓也要再

受流离之苦。就在人们担惊受怕的情绪还没有消除的时候，在唐德宗发丧的日子，太子李诵身着孝服，在九仙门接见了百官。对此，大臣们又喜又惊，喜的是国家有了新的君主，这就避免了可能出现的政局的动荡；惊的是太子已经瘫痪了，怎么还能到九仙门会见群臣呢？就是在这样的气氛中，两天以后，李诵正式在太极殿即皇帝位，人们称他为唐顺宗。

唐顺宗李诵是怎样成了一个瘫子皇帝的？他在位期间都做了哪些事情呢？

李诵是唐德宗的长子，母亲为昭德皇后王氏，上元二年（761 年）出生在长安皇宫中。大历十四年（779 年）被封为宣王，建中元年（780 年）正月被立为皇太子。李诵最初也是一个非常健康的人。他爱好艺术，善于隶书，唐德宗每次赐给大臣方镇的诗制，都是他书写的。李诵又性情宽仁，办事果断，尊敬老师，和睦兄弟，所以各方面的关系都处理得比较好。不仅如此，李诵还是一个能征善战的勇将，在泾原之乱时，唐德宗为朱泚逼迫，出走奉天（今陕西省乾县），李诵随侍左右，常常身先士卒，鼓励将士，给大臣们留下了深刻的印象。

但是，李诵在当太子的 20 年中，也并不是处处顺利的。他有过厄运和处于逆境，而这些，也许正是造成他后来瘫痪的原因之一。

贞元三年（787 年）八月，宫廷里发生了一起“郜国公主事件”。郜国公主是唐肃宗的女儿，她最初嫁给裴徽，裴徽死后，又嫁给萧升，谁知不久萧升又死了，郜国公主只好寡居。又过不久，郜国公主和彭州司马李万发生了不正当的关系。与此同时，蜀州别驾萧鼎、沣阳令韦恽、太子詹事李昪也都和郜国公主关系密切。他们之间的丑事很快传扬开了。唐德宗知道了这些情况，非常生气，就把郜国公主幽禁到别的宅院中，又把李万乱棍打死，还把萧鼎、韦恽、李昪等人流放到岭南。贞元四年（788 年），郜国公主又大搞巫术，诅咒唐德宗，结果被废去公主称号。因为郜国公主的女儿是李诵的王妃，而唐德宗担心这位王妃会产生怨愤情绪，便派人把她杀掉了。唐德宗对太子李诵也越来越不喜欢，并几次和礼部尚书李泌说起要废立太子。当时唐德宗想立的太子是舒王李谊。李谊不是唐德宗的亲子，而是唐德宗三弟李邈的儿子。因为这孩子年纪最小，唐德宗怜爱他，便命为自己的儿子。李泌知道了唐德宗的意图，就反复规劝他，不要随意废立太子。李泌还对唐德宗说："皇上对自己的儿子信不过，非要立弟弟的儿子为太子，试想如果真立了弟弟的儿子，那么多少年以后，皇系还属于您这一支吗？何况，即使郜国公主不好，也不能因为妻母的事而连累太子啊。"唐德宗最后才终于醒悟。就这样，李诵的太子位置终于保住了。

李诵虽然注意谨慎地处理和各方面的关系，但他对宦官的态度却始终不好。唐德宗晚年因为不信任外臣，非常宠信宦官。裴延龄、李齐运、韦渠牟等人经常围绕在唐德宗的左右，进谗言，拨是非，排斥异己，吹捧同类。对此，许多人不敢说话，李诵则敢以太子的身份和他们论争。对宦官主持的宫市，许多人也敢怒而不敢言，李诵则表示要到唐德宗面前详细陈述。因此，宦官便十分忌恨他。

贞元二十年（804 年）九月，由于长期的心绪不宁，感情易于冲动的太子李诵得了中风病。他不仅不能随意走动，而且连话也不会讲了。正巧在这不久，唐德宗身体不好，诸王亲戚都前去侍奉服药，只有太子李诵卧病在床，不能前往。贞元二十一年（805 年）正月，唐德宗病逝。宦官们匆忙把翰林学士郑细、卫次公等人召到金銮殿。有的宦官说："宫里商量了，谁来继承帝位还没有定。"许多人默默发呆，不知如何是好。只有卫次公反驳宦官们说："皇太子虽然有病，但他是嫡长子，能够维系内外之心。实在不得已，也要立广陵王。如果别有所想，国家定会祸难不断。"广陵王就是李诵的长子李纯。卫次公说完，郑细也随声附和了几句。这样，李诵对皇位继承的权力才又有了保证。为了稳定人心，在唐德宗发丧的时候，李诵在宫人们的帮助下，克服病痛的折磨，硬是支撑着瘫痪的身体，在九仙门接见了

彩绘男装女立俑

群臣。国家有了新君，全国才相安无事。

由于唐顺宗李诵身体瘫痪不能坐立，又不会讲话，处理国政只好采取特殊的形式。他居住的地方挂一个帘帷，宦官李忠言、美人牛昭容陪侍左右，百官上议，就在帷幕中由牛昭容代传是否准予其奏。唐顺宗信用的大臣，主要是宰相韦执谊、翰林学士王叔文等人。一般情况下，朝中事情由王叔文告诉王伾，王伾告诉李忠言，李忠言转告牛昭容，牛昭容再向唐顺宗转奏。唐顺宗的诏旨，先下达给翰林院，由王叔文决定可否，再宣达于中书省，最后由韦执谊传达给百官。朝中大臣和王叔文同心协力的还有韩泰、柳宗元、刘禹锡、陈谏、凌准、韩晔、陆质、吕温等人。王叔文是唐顺宗的老师。唐顺宗在东宫当太子时，他就常和唐顺宗一起议论朝政，是个很想除去弊政的改革家，只是出身低微，家庭不是名门大族。韦执谊的父亲当过小官，他自己聪俊有才，二十几岁就当上了翰林学士，很受唐顺宗的赏识，和王叔文的关系也比较密切。王伾开始在朝中做翰林侍书待诏，后升为皇太子侍书。唐顺宗即位后，又升为左散骑常侍，很受王叔文信任。王叔文、韦执谊、王伾都是通过科举考试，由低微的寒士而当上朝中大臣的。唐顺宗正是依靠王叔文等人，办了几件很有气势的事，一扫宫廷中的污浊，震动了朝廷内外。

在唐德宗末年，宦官非常专横跋扈，他们霸占了长安的甲舍名园和最好的地方，掌握了长安郊区一半以上的土地。宦官负责宫市，最初还只是以低廉的价钱强买，后来就索性派一批人，称为“白望”，到长安东西两市和热闹的街坊中，看到好的东西就强行索取，甚至还向卖者强征进奉门户和脚价银。还有一些叫“五坊小使”的宦官，每年秋天都带着鹰犬到长安市郊，所到之处，地方官必须贡奉厚礼，否则就恣行掠取，致使百姓们把这些宦官视为强盗。有时宦官们把捕鸟的网张在老百姓家的门口和水井上，不让人们出门打水，还说什么“不能惊动我奉献给皇帝的鸟雀”。他们还聚集在酒店里大吃大喝，临走的时候，留下一筐蛇，对店主人说：“这些蛇是为皇帝捉鸟的，你要好好喂养，不能让它们渴着饿着。”直到店主人拿钱送礼，他们才把蛇筐带走。正是宦官们的专横，给百姓们带来了极大的苦难。唐顺宗对这些情况是了解的，所以，他即位后，便通过王叔文等人颁布诏书，停止了宫市和五坊小使。宦官的气焰受到了打击，长安百姓非常高兴。此外，唐顺宗还下令把禁闭在皇宫中的300名宫女和600名教坊女妓也全部释放，让她们和亲人团聚。

唐顺宗不但打击宦官，还大力打击贪官。唐德宗末年京兆尹李实，恃宠强愎，不顾国法，百姓们对他不敢正眼相看。贞元二十年（804年）春夏，长安地区大旱，关中歉收。李实却仍然在百姓身上拼命搜刮，进献皇帝。唐德宗曾向他询问民间疾苦，他昧着良心回答说："今年虽旱，收成还好。"就因为他谎报灾情，大旱歉收之年，朝廷仍没有免除租税，民间穷苦无依、被迫拆去房屋，卖掉瓦木，甚至有的还卖掉了麦苗，以供赋敛。民间艺人曾编成歌词反映这种情况，他们唱道："秦地城池二百年，何期如此贱田园。一顷麦苗五石米，三间堂屋二千钱。"贞元二十一年，唐顺宗了解了上述情况，下诏免除长安地区的租赋，但李实又违诏仍然向百姓索赋，致使民间大困。于是，唐顺宗诏令王叔文把李实贬为通州（今四川省达县）长史。这个消息一传出，长安人民顿时轰动开了，许多人都捡砖头石子，藏到袖口中，准备投打李实。李实吓得只好偷偷地由月营门从苑西逃走。

为了彻底打击宦官的势力，唐顺宗又诏令王叔文夺回掌握在宦官手中的兵权。早在唐玄宗时，宦官就不仅把握了朝政，而且掌握了军权。只是那时的宦官还代表着皇室家族的利益，和皇帝没有发生根本的利害冲突。到唐德宗时期，经过朱泚乱宫，皇帝不太信任朝廷大臣和各地将帅，于是便让宦官掌握中央禁军神策军。宦官有了军权，更加为所欲为，他们不但打击朝廷大臣，甚至对皇帝也进行要挟。在废立太子和皇位继承过程中，唐顺宗对此深有体会。

当时宦官首领叫俱文珍，是个处处和王叔文作对的人，直接做中尉统兵的宦官是杨志廉、孙荣义。王叔文用计，采用移花接木法，让老将范希朝为神策军京西北诸镇行营兵马使，韩泰为副，不动声色地把军队指挥权由杨志廉、孙荣义那里转到了范希朝、韩泰手中。直到这时，俱文珍、杨志廉等人才意识到军权为王叔文所夺。于是，他们密令各地将帅，拒绝服从范希朝的命令。结果，范希朝和韩泰到达奉天行营，各地将领都不来参见。俱文珍等人又利用手中掌握的军权，向唐顺宗和王叔文进行了疯狂的反扑。永贞元年（805年）八月初三日，俱文珍联合其他宦官刘光琦、薛文珍、尚衍、解玉、吕如全等人发动了宫廷政变，胁迫唐顺宗把帝位让给皇太子李纯。由于诏书上必须用唐顺宗的年号，便改元永贞，宦官们再次得势。

元和元年（806 年）正月，46 岁的唐顺宗李诵死在咸宁殿，在位只有 8 个月。王叔文等人也相继受到贬逐。王叔文先是被贬为渝州（今重庆市）司户，第二年便遭到诛杀。王伾被贬为开州（今四川省开县）司马，不久也郁郁而死。和王叔文一起的韩晔被贬为饶州（今江西省波阳）司马，韩泰为虔州（今江西省赣州市）司马，陈谏为台州（今浙江省临海县）司马，柳宗元为永州（今湖南省零陵）司马，刘禹锡为朗州（今湖南省常德市）司马，凌准为连州（今湖南省连县）司马，程异为郴州（今湖南省郴县）司马，韦执谊为崖州（今海南岛海口市东南）司马。他们就是历史上有名的“二王八司马”。

五、平三藩一统天下，求长生反被谋弑

唐宪宗李纯（778—820 年），本名李淳。唐朝第十一位皇帝（805—820 年在位），唐德宗李适孙子、唐顺宗李诵长子。

李纯出生时，正是曾祖唐代宗李豫的晚年。他出生的第二年，祖父唐德宗李适即位，父亲李诵被立为太子。

李纯六七岁的时候，唐德宗把他抱在膝上，问他：“你是谁家的孩子，怎么在我的怀里？”李纯道：“我是第三天子。”唐德宗惊奇并且喜欢他。作为当时皇上的长孙，按照祖、父、子的顺序回答为“第三天子”，既闻所未闻，又很契合实际，李适不禁对怀里的皇孙增添了几丝喜爱。

自幼遭遇战乱，家庭关系有些混乱。母亲王氏，曾是唐代宗的才人，另外有位同父兄弟，被祖父李适收养为子。李纯自己的婚姻关系颇为奇特。贞元九年（793 年），时为广陵王的李纯娶了郭氏为妻。郭氏，是尚父郭子仪的孙女，父亲是驸马都尉郭暧，母亲是唐代宗长女升平公主。升平公主与郭暧之间的故事，后人编成了一出《打金枝》的戏剧，流传很广。郭氏由于母亲是唐代宗长女，这样算来，郭氏与唐顺宗李诵是表姑侄，郭氏就长了李纯一辈。或者说，论辈分，李纯要比自己所娶的妃子郭氏低了一辈。他们成婚后，李诵因为郭氏母贵，父祖有大勋于王室，对郭

唐宪宗

氏儿媳表示无比的宠爱。李纯自己对这位妃子似乎也不怎么冷落，因为，贞元十一年（795年）时，也就是他们婚后两年，郭氏就生了儿子李宥，他就是后来的唐穆宗。

贞元四年（788年）六月，11岁的李纯就被册封为广陵郡王。贞元二十一年（805年）四月初六，封为皇太子。

永贞元年（805年），唐顺宗退位为太上皇，太子李纯即位，是为唐宪宗。唐宪宗即位时，已28岁。

唐宪宗刚即位，就一反对藩镇迁就姑息的常态。西川节度使韦皋死了，其节度副使刘辟自为留后，并上书朝廷，请求代韦皋为节度使。唐宪宗马上命袁滋为西川节度使，征刘辟入朝为给事中。这时刘辟已由朝廷任为西川节度副使，但他并不满足，他还要得寸进尺，要求兼领三川节度使（剑南西川、东川及山南西道合称三川），并发兵攻围梓州（治今四川三台县）。唐宪宗力排众议，采取杜黄裳的建议，先拿刘辟开刀。

元和元年（806年），唐宪宗命左神策军节度使高崇文等率军讨蜀。高崇文在长武城屯兵，练兵5000，常备不懈。接到诏令，即日启程，军资器械，一无所缺。他率军自斜谷出兵，一路严申军纪，斩关夺隘，所向皆捷。自正月出兵，至九月唐军便攻克成都，生擒刘辟，平定了叛乱。

就在唐宪宗讨蜀之际，夏绥节度使韩全义入朝致仕，留自己的外甥杨惠琳为知夏绥留后，不肯交出兵权，勒兵阻止朝廷派去接任的节度使。唐宪宗果断地命令河东、天德军出击杨惠琳，平息了杨惠琳的反叛，传首京师。

蜀、夏二地的平定，产生了强大的震慑力量，许多藩镇纷纷请求入朝。镇海节度使李琦迫不得已，也请求入朝。唐宪宗应允，遣使至京口（今江苏镇江）慰抚，犒劳镇海将士，并讯问行期。但李琦心怀鬼胎，原只想随便表示一下，想不到唐宪宗动了真格的。于是，一再推延，后又托词有疾，请到年底入朝。唐宪宗征求宰相的意见，武元衡说："陛下初即位，李琦求朝得朝，求留得留，决定权全在于他，这样陛下将何以令四海？"于是，唐宪宗果断下诏，征李琦为左仆射，以御史大夫李元素为镇海节度使，李琦遂举兵反叛。唐宪宗果断下诏削去李琦的官爵及唐宗室的属籍，发兵平叛。由于李琦的叛乱十分不得民心。其部将张子良等举兵袭李琦，不到一个月，叛乱就被平息了。

元和四年（809 年），成德节度使王士真死，其子副大使王承宗自为留后。河北三镇纷纷仿效王士真，以自己的嫡长子为副大使，父死即代领军务。王承宗为了使朝廷册命他为节度使，假意献出德、棣二州，可当朝廷正式任命他为节度使之后，又将德、棣二州据为己有。唐宪宗大怒，决定出师征讨。

朝廷大臣中，宰相裴垍、翰林学士李绛头脑十分清醒，都力阻唐宪宗出兵。李绛详细为唐宪宗分析天下形势说：西川刘辟，镇海李琦，皆非反侧之地，其四邻皆国家指臂之臣，二人独生狂谋，孤立无援，大军一临，涣然离散耳。成德则不然，内部巩固，年深日久，外与其他藩镇盘根错节。父子代为节度是各镇共同利益，邻道为子孙之谋，恐他日亦有成德之故，必合为一心，支持王承宗。朝廷一旦出师河北，兵连祸结，财尽力竭，后果不堪收拾。太平之业，非朝夕可致，愿陛下审处之。然而唐宪宗由于前几次平叛连连得手，急于平灭藩镇，低估了河朔势力，并没有采纳李绛的意见。元和四年，唐宪宗下诏，削夺王承宗官爵，以宦官吐突承璀为左右神策军、河中、河阳、浙西、宣歙等道行营兵马使，招讨处置使，讨伐王承宗。

唐宪宗是由宦官的拥戴当上皇帝的，所以他对宦官颇有好感。轻率出兵已是失策，任命宦官为军事统帅则更不合事宜。以翰林学士白居易为代表的朝廷大臣都极力反对，但唐宪宗仍不以为然，这次以宦官为军事统帅的讨伐藩镇的战争终于开始了。

当时，河北的形势是，成德王承宗在北，魏博田季安在南，卢龙镇刘济又在成德之北，淄青李师道在东。他们都权衡利弊，或虚张声势，响应

朝廷，实则逗留不前；或拥兵观望，看风使舵。刘济引全军攻乐寿（今河北献县），相持不攻；李师道，田季安均引军各攻一县，即停兵不进，表面上参加平叛，而一有时机，马上可出手援救王承宗，袭击官军。

首先主张讨伐王承宗的昭义节度使卢从史不仅逗留于前，反而暗中和王承宗勾结，令军士时刻记住成德军的口令，准备随时与王承宗互相呼应。又趁朝廷倚重他讨伐王承宗之机，要挟唐宪宗封他为平章事（宰相）。官军的粮草因不能远运，负责供应军资的度支只得在昭义辖地市籴。卢从史又抬高价格，从中牟利。他还贼喊捉贼，说诸道兵均与王承宗勾结，不能进兵。

对卢从史的一系列表演，唐宪宗虽然看破，气愤至极，却无可奈何。

吐突承璀来到前线，威令不振，屡战屡败，损兵折将。连左神策军大将军郦定进都战死在河北战场。郦定进曾参加过平定西川刘辟的战争，擒刘辟，在军中以骁勇闻名。他一死，使官军损失惨重，士气十分低落。到这时候唐宪宗才明白，河北势力竟是这样错综复杂，强大难制，这场战争已不能自拔，无法再打下去了。宰相裴垍在危急时刻，充分显示了自己的谋略和胆识。他见卢从史外连王承宗，内要挟朝廷，暗自说服卢从史的牙将，了解到卢从史的阴谋和内部情况，并得知他与都知兵马使乌重胤等不合，且卢从史视吐突承璀如婴儿，往来都不设备。裴垍果断地为唐宪宗建策，趁其还没觉察朝廷的动向，命吐突承璀设计，于军营内伏壮士，请卢从史入军营博戏，擒灭卢从史，平定了昭义，清除了内患，才使形势稍有好转。

王承宗见昭义覆灭，失去内应，上书向朝廷请罪，假意表示愿输纳贡赋，请派官吏。淄青镇节度使李师道上书为其说情。朝廷官军在河北旷日持久，力难支敌，唐宪宗正好趁坡下驴，赶忙下诏罢兵。讨伐成德的战争以双方的妥协而告终。

讨伐王承宗的失败，并没有使唐宪宗改变制服藩镇的决心，但改变了以前一味出兵征讨的办法，转而使用恩威并济的策略。

元和七年（812 年），魏博节度使田季安死，按照惯例，其 11 岁的幼子田怀谏为副大使，总揽军务。以前，每逢节度使死，在新节度使的委任上，中央和地方总要有一番矛盾斗争。一般说来是中央屈从于地方，按照既成事实追封。可唐宪宗要改变这种局面，不允许有这种不经中央，自立节度使的割据行为。朝中宰相李吉甫等人也力主唐宪宗再次出师征伐。李绛却不主张用兵，他向唐宪宗作了一番精辟的分析：河北藩镇节度使，恐部将权力太重，对自己不利，都分兵以隶诸将，使其势均力敌，互相牵制。当节度使为严明主帅时，能控制住这种局面。田怀谏是个 11 岁的幼童，其军权必将由别人代理。部下诸将因厚薄不均，怨怒必起，不相服从。向日分兵之策，适足为今日祸乱之阶。田氏必为部下诸将所杀，不须官军前去。而杀田怀谏代为主帅者，必遭邻道所攻。因为其他藩镇也怕部将攻灭自己，对杀主帅者决不容忍。故杀田氏者如不归依朝廷为援，马上会被别的藩镇吃掉。所以，朝廷不须出兵，只须训练士马，以观其变。如有魏博部将来效命朝廷，当不吝啬爵禄，厚加赏赐，使其他藩镇得知，也怕部下将领效法，以取朝廷重赏，都惊恐不安，他们就会恭顺朝廷了。

鎏金飞廉纹六曲银盘

后来事势的发展确如李绛所料。田季安的部将田兴举兵擒田怀谏，归附朝廷，并愿守朝廷法令，输纳贡赋，请中央委派官吏。唐宪宗派使者前去抚慰，以观其变。李绛见事机成熟，趁热打铁，劝唐宪宗说，直接下诏，封田兴为节度使。使者刚到魏博，任命诏书随后即到，田兴感恩流涕，士卒无不鼓舞。以后，田兴感念唐宪宗的恩德，对朝廷忠心不二，河北各镇屡遣游客前来，要他背叛朝廷，遵河朔旧约，田兴终不为所动，终田兴之世，魏博镇一直是朝廷倚重的力量。

元和九年（814 年），淮西镇节度使吴少阳死，其子吴元济自领军务，四出攻略，关东为其驱掠者千余里，甚至骚扰到东都洛阳附近。朝廷派去吊祭吴少阳的使者也被赶了回来。十月，唐宪宗以严绶为申、光、蔡招抚使，

督诸道兵讨吴元济。

唐宪宗下令讨淮西，又捅了河北藩镇这个马蜂窝，他们又蠢蠢欲动起来，使得这次讨藩镇的战役，比上一次讨王承宗，形势更加严峻，更加复杂。

成德王承宗上次同中央开战，取得了胜利，扬扬得意，见吴元济也敢与朝廷抗争，巴不得有这样一个好帮手，数次上书为吴元济说情，均遭唐宪宗拒绝。后又派人游说朝中主持军事的宰相武元衡，被元衡叱退。遂又上书诽谤元衡，并派兵四出攻略，以向中央示威。

淄青的李师道见上书为吴元济求情无效，便施展阴谋诡计，暗助吴元济。本来朝廷征兵没有淄青，他也派将领率2000人去寿春，声言助官军讨元济，实则待机而动，支援淮西。又派刺客奸人在洛阳、长安四下活动，制造恐怖。于是，群盗并起，一件件触目惊心的消息不断传来。

元和十年（815年）四月，数十盗贼攻河南转运院，杀伤十余人，焚烧钱帛30万缗匹，谷3万余斛。

六月，宰相武元衡在上朝途中被刺，刺客取其颅骨而去。宰相裴度被刺客击伤。随后，金吾及府县皆接到恐吓信："毋急捕我，我先杀汝！"八月，李师道设置在东都的留后院中，集兵数百人，与洛阳南深山中李师道党羽约定，举火为号，谋在洛阳焚宫阙，纵兵杀掠，被留守吕元膺平定。洛阳留守防御将领中有2人、驿卒有8人为李师道奸细，接受李师道的官号，为其通风报信。

这一系列恐怖事件，搞得朝野内外，人心恐惶，草木皆兵，宰相上朝加金吾骑士护卫，箭上弦，刀出鞘；朝士天不亮不敢出门，唐宪宗坐朝良久，大臣还未来齐。许多大臣见天下骚动，人情大骇，多劝唐宪宗罢兵。

唐宪宗在这种复杂的局面下，表现了一个封建帝王所应有的气魄和明断精神。先撤掉严绶，以右羽林大将军高霞寓为唐、随、邓节度使，专事攻战。高霞寓大败于铁城（今河南遂平西南），许多大臣都准备入劝唐宪宗，唐宪宗先堵住他们的口说："胜负兵家之常，今但论用兵方略，察将帅之不胜任者易之，兵食不足者助之，岂能以一将失利，遂议罢兵邪！"宰相裴度因遇刺卧病，许多人都请求免裴度之官，以讨好藩镇，唐宪宗坚决地说："若罢度官，使奸谋得逞，用度一人，足以破贼！"对前线作战不利的将帅，坚决撤掉。高霞寓战败后，又以荆南节度使袁滋为彰仪节度使，申、光、蔡、随、邓等州观察使，后又以名将李愬为唐、随、邓州节度使，率军进讨淮西。

到元和十二年（817 年），讨伐淮西的战役已有四年之久，国家馈运疲敝，百姓耕牛用于转输，至有以驴耕地者。宰相裴度自请往前线督战。唐宪宗深为裴度忧国忧民的精神所感动，任他为淮西宣慰处置使，负责指挥全军。为了使裴度能 顺利平定淮西，对裴度言听计从，凡所奏请，一应准奏。裴度恐自己到前线后，奸相李逢吉、翰林学士令狐楚在朝中破坏，唐宪宗又将李逢吉贬为东川节度使，将令狐楚贬为中书舍人。右神武将军张茂和称病不去淮西，贬为永州司马。对唐宪宗的高度信任，裴度也十分感动，临行时说："臣若灭贼，则朝天有期；贼在，则归阙无日。"表达了他誓不生还的决心。

裴度来到淮西前线，进驻郾城（今河南中部），奏请取消了监军的宦官，使将领能够独立处理军事，很快扭转了被动局面。又信用李愬、李光颜等一批名将，整顿前线军务，改变了以前军令不统一的混乱局面。

元和十二年冬，在一个风雪弥漫的夜里，唐将李愬率领 9000 士卒，突袭淮西镇治所蔡州城，一举活捉了叛乱头子吴元济。淮西自吴少诚以来，唐官军不至蔡州 32 年，唐宪宗经过四年的艰苦平叛，终于复将淮西收归中央。

吴元济的平定，使河北藩镇对朝廷刮目相看，纷纷上书朝廷，表示愿意归顺。横海节度使程权，割据沧景三世，共传四任，举族入朝；成德王承宗一扫过去的嚣张气焰，也赶忙派使送二子入朝为质，并献德、棣二州图印至京师；卢龙镇刘济已死，其子刘综代之，亦专一归政。

淄青镇的李师道在平定淮西时，为吴元济出了大力，闹得朝野不得安宁。唐宪宗本打算同时向淄青用兵，因力量不济，只好暂时忍耐。淮西灭亡后，李师道仍负隅顽抗。元和十三年五月，唐宪宗下诏，以宣武、魏博、义成、武宁、横海诸镇兵共讨李师道。李师道孤立无援，孤军顽抗。参加讨伐的各镇节度使几乎没有一个敢延误中央的命令。尤其是武宁节度使李愬，义成镇节度使李光颜，率领官军耀武扬威，长驱直入，所向无敌。在官军万众一心的攻击下，李师道很快就被灭了。李师道是唐宪宗平灭的最后一个势力强大的藩镇。自唐代宗时李正已割据淄青，历四

世 54 年，至此被中央平灭。

自安史之乱后，以河朔三镇为代表的地方割据势力，历经唐肃宗、唐代宗、唐德宗、唐顺宗、唐宪宗，曾同中央进行了反复激烈的较量，最后终于一一相继被平定，唐朝重新创造了一统天下的局面。

唐宪宗不仅在同藩镇斗争中显示出他卓越的胆识和坚韧不拔的气魄，在用人纳谏方面也颇具选才任贤的眼光和采纳忠言的大度。

唐宪宗一朝，十分注意选拔和任用宰相。在他当太子时就留心这个问题。上台后，经常和群臣一起讨论历代择用宰相的利弊得失。选择了像杜黄裳、裴垍、李绛、裴度、崔群等一大批正直且有经国大略的名相。

杜黄裳为唐宪宗首开削平藩镇之路，当西川刘辟叛乱时，公卿皆以蜀道险远，不宜出兵。杜黄裳力主讨蜀，并推荐高崇文为军事统帅。高崇文不仅勇敢善战，而且正直无私。平蜀后，得刘辟二妾，有美色。监军要高崇文献给唐宪宗，高崇文正言道："天子命我讨平凶竖，当以抚百姓为先，献妇人以求媚，崇文不为此。"在杜黄裳的策划下，唐宪宗对藩镇首战告捷。及蜀平，宰相入贺唐宪宗，唐宪宗对黄裳说："卿之功也。"

李绛不仅有谋略，熟悉天下藩镇形势，而且刚正不阿，直言敢谏。凡朝臣对唐宪宗进谗言，陷害忠良，李绛都加以辩解，匡正了唐宪宗不少过失。早在李绛任翰林学士时，唐宪宗到苑中行猎。走到半途，猛然想起李绛，对左右说："不如且回转，李绛知道后，一定会进谏。"后来，又将李绛提为户部侍郎。按照惯例，户部侍郎要以赋税盈余的名义向皇帝进献税款，以供私宴，叫作"羡余"。当时官员为巴结皇帝，竞相进献，李绛却一个钱也不献。他对唐宪宗说："地方官厚敛百姓来换取皇帝的恩宠，我掌的是陛下的财物，出入都有账簿，怎会

彩绘陶骑马带猞猁狩猎胡女俑

有羡余？我若从中作弊，抽出一部分送给陛下，无非是把东库的钱财，放到西库，我不敢沿袭这种弊政。”

李绛敢于直言，不肯巴结皇帝，唐宪宗反倒更加器重他。元和六年，擢他为宰相。李绛又劝唐宪宗，国家艰难，府库空虚，应节衣缩食，不可纵恣声色。唐宪宗听了很高兴，称他为“真宰相也”！就在这一年，江淮发生大灾荒，可当地御史却谎报丰年。李绛奏请，制裁弄虚作假的御史，蠲免江淮租赋。又奏请唐宪宗在振武、天德两地开置营田。四年间开田4800顷，获谷4000余万斛。像这类有关国计民生的大计，唐宪宗都一一采纳。在李绛为相期间，为唐宪宗平定藩镇，整顿吏治，纠正弊政，成为当时一代贤相。

由于唐宪宗能知人善任，在当时可以说是人才济济一朝，杜黄裳、李绛、裴度为其运筹划谋，总举大纲；李愬、高崇文、李光颜等为其南征北战，平定各地；杜佑、白居易、韩愈为其舞文弄墨，草制诏敕。唐后期人才之盛。莫过于唐宪宗。

唐宪宗即位之初，对谏官们在他耳边絮絮叨叨，指陈得失很不习惯。他曾对李绛说：“谏官多谤讪朝政，朕欲处罚几个，以儆其余。”李绛回答说：“人臣生死系于人主喜怒，敢开口进谏的有几个？即有谏者，皆昼夜度思，朝删暮减，待上达陛下，十无二三。人主孜孜求谏，犹恐不至，况罪之乎！”唐宪宗听后，大有感触。以后便主动鼓励臣下指陈时政得失，以防偏救弊。一次，他对宰相们说：“太宗那么英明神圣，群臣进谏者还要反复几次，才能采纳。今后政事如有不妥，你们不要怕我发怒，要十数次进谏才是。”从此，尤其是对成德用兵之后，唐宪宗广开言路，广采忠言，明辨是非，亲贤臣而远小人。

由于唐宪宗注意随时采纳众言，避免了许多过失。如元和二年(807年)，有人在唐宪宗面前进谗言说，大臣郑细与昭义节度使卢从史互相勾结，泄露朝廷机密。唐宪宗很气愤，但他没鲁莽行事，而是先让李绛谈谈自己的看法。李绛知郑细佳士，劝唐宪宗不要听信奸臣挑唆，详细查明原委，避免了一大冤案。

在唐宪宗的鼓励下，甚至有的大臣敢于据理力争，抗旨不遵。元和八年（813年），有一僧人鉴虚，以财货结交权贵，受藩镇贿赂，横行不法。

御史中丞薛存诚将其拘禁。权贵宦官们都争着为他求情，唐宪宗也因得过他的好处，欲释放他，遭薛存诚拒绝。后唐宪宗又派宦官到御史台宣旨，薛存诚坚持不放人。他回答唐宪宗说："陛下一定要释放此僧，请先杀臣，不然，臣期不奉诏！"按理说唐宪宗一定会勃然大怒，但却相反，唐宪宗嘉奖了薛存诚刚正不阿的做法，罪大恶极的鉴虚终被杀死。

由于唐宪宗能够采纳众言，择善而从，尤其是在一些重大问题上能以兼听而不偏信，明辨是非，许多大臣也都敢于直言不讳地陈述自己的意见，不仅使唐宪宗成功地完成了一统藩镇的事业，而且沟通了君臣之间的感情交往，激发了他们为国效力的忠心，使当时的政治比较清明，很有一番起色，大有中兴唐朝的气势。

前期的唐宪宗，可算得上一个有道明君，但他在完成了自己的辉煌功业之后，忘乎所以，逐步骄奢放纵起来。信用群小，拒谏饰非，大兴土木，求神仙长生之术。原来那英武威德、励精图治的贤明帝王的形象慢慢暗淡了，刚愎自用、骄奢淫逸的昏乱君主的面目却清晰地显示出来。

平定淮西吴元济是唐宪宗政治上的转折点。元和十三年（818 年），唐宪宗命六军修麟德殿。右龙武将军张奉国、大将军李文悦，以淮西初平，营缮太多，告诉宰相裴度，希望他劝诫唐宪宗。裴度代为转奏，唐宪宗大怒，将二人贬官。又命疏浚龙首池，筑承晖殿，自此土木之役日趋增多。宫中所费也越来越奢侈。户部侍郎、判度支皇甫镈，盐铁转运使程异助纣为虐，多次向唐宪宗进羡余（唐地方官以两税盈余为名，向皇帝献纳的税款），以供其费。唐宪宗则提拔二人为宰相。消息传出，朝野惊骇。裴度、崔群极陈二人资性狡诈，盘剥百姓，克扣军饷，天下共愤，要唐宪宗收回成命，非但不被采纳，唐宪宗还指责二人为朋党。

元和十四年（819 年），宣武节度使韩弘入朝，献马 3000，绢 5000，杂缯 3 万，金银器以千数。随后又向唐宪宗献绢 25 万匹，絁 3 万匹，银器 270 件。左右军中尉各献钱万缗。自淮西用兵以来，度支、盐铁及四方争相贡献，元和进奉之弊愈演愈烈。平淮西进奉，称作"助军"，贼平又进奉，谓之"贺礼"，后又进奉，谓之"助赏"，唐宪宗加尊号"元和圣文神武法天应道皇帝"又进奉，亦谓之"贺礼"。这些财物都不是国家正常的赋税，而是官吏们通过刻剥百姓，贪污中饱得来，以个人的名义，贡献给皇帝本人的。而唐宪宗则来者不拒，受之不愧，且贪婪无厌的胃口越来越大。

唐宪宗自以为功成名就，也就失去了那种信任群臣，从谏如流的作风。转而喜欢那些取媚阿谀自己的群小，对指责自己失误的忠直之言越来越感到不顺耳了。自引皇甫镈、程异入相后，裴度、崔群等正臣逐渐被疏远。皇甫镈得唐宪宗宠信。更加肆无忌惮地为非作歹。宫中有许多积压朽败的缯帛，令度支出卖。皇甫镈就用度支的钱高价买下，供应边军。因缯帛朽败，随手破裂，边军士卒怒而焚之。裴度因此上奏，皇甫镈竟狂妄地拽着裴度的靴子说："此靴亦内库所出，坚固耐用，度言不可信。"唐宪宗以破败缯帛得了高价，当然也和皇甫镈一个鼻孔出气，裴度自讨无趣，默默而退。后来裴度终于被排挤出朝，任河东节度使去了。

唐宪宗晚年，也喜欢起神仙长生之术来。陕西凤翔法门寺有一块所谓的佛骨，唐宪宗派宦官率众佛徒迎至禁中，供奉三日，然后在京师诸佛寺巡回供奉。在他的带动下，掀起了一股迎佛骨的佛教热潮。王公士民解衣散钱，争相供奉施舍，至有倾家荡产者。

刑部侍郎韩愈上书，表示反对，要求把佛骨"投诸水火，永绝根本"。韩愈的反佛言论惹恼了唐宪宗。他还指望佛来保佑他呢，韩愈竟要把佛骨烧掉，怎么能容忍韩愈这样放肆呢。于是，唐宪宗非要把韩愈加以极刑，后经裴度、崔群（时二人尚未罢相）讲情，才把他贬为潮州刺史。

宗正卿李道古与皇甫镈勾结，说山人柳泌能制长生药，唐宪宗大感兴趣，把柳泌召来炼药。柳泌又进言，天台山有神仙，多灵草。唐宪宗信以为真，任他为台州刺史。群臣反对，唐宪宗不在乎地说："以一州之力为我致长生，你们做臣下的还舍不得吗？"自此以后，对唐宪宗的痴心妄想，胡作非为，群臣再也不敢劝阻了。

柳泌到台州后，驱使吏民采药，结果一无所获，举家逃跑，被抓回京师。皇甫镈为其说情，糊涂的唐宪宗又让他待诏翰林，并继续服食柳泌所炼丹药。起居舍人裴璘上言，金石之药酷烈有毒，非人五脏所能胜。唐宪宗不问青红皂白，将他贬斥出京。为了能够长生，唐宪宗一切都在所不惜了。

到元和十五年（820 年），唐宪宗因服金丹，性情日加躁怒，左右宦官稍有不顺意，即遭责打，至有因此而死者。宦官人人自危，朝不虑夕。宦

官陈弘志发难，唐宪宗被弑而死。从此，唐朝皇帝的废立，都由宦官所操纵。

六、唐穆宗胸无大志，荒淫腐化丧金石

唐穆宗李恒（795—824 年），原名李宥，唐朝第十二位皇帝（820—824 年在位）。唐宪宗李纯第三子，唐宣宗李忱异母兄，母为懿安皇后郭氏。

李恒初名李宥，贞元十一年（795 年）七月，生于大明宫之别殿，初封建安郡王，元和元年（806 年）八月，进封遂王。元和五年（810 年）三月，领彰义军节度大使。元和七年（812 年），惠昭太子李宁去世，左神策军中尉吐突承璀欲立澧王李恽。考虑到李恽母亲地位低下，而不当立，于是册立遂王李宥为皇太子，改名为李恒。

唐穆宗出生前，其父唐宪宗已经有了长子李宁和次子李恽。排行老三的唐穆宗，却有一个势力强大的母亲，那就是唐宪宗为广陵王时于贞元九年（793 年）娶的妃子郭氏——对唐室有再造功绩的尚父郭子仪的孙女。长子李宁的母亲是宫人纪氏，次子李恽的母亲竟没有留下姓名，在这一情况下，究竟是选择哪一位皇子，唐宪宗一直没有拿定主意。

事情一直拖到他登基四年以后，到元和四年（809 年）三月，唐宪宗心中渐渐地向长子倾斜了。此时的李宁已经 17 岁，平素喜欢读书，举止颇符合礼法，深受唐宪宗的喜爱。于是在大臣李绛建议早立储君以杜绝奸人窥伺觊觎之心时，他宣布了立长子为嗣君的决定。这次册立很费了一些波折，本来应该在春天举行的册立仪式，由于连续遭遇大雨，使时间一改再改，一直拖到了孟冬十月。这期间有多少来自唐穆宗母亲郭氏的阻力，后人已经不得而知了。

元和六年（811 年）十二月，刚刚做了两年太子的李宁，竟然在 19 岁的时候一病而死。唐宪宗悲痛欲绝，出乎意料地为他废朝 13 日，并特别制定了一套丧礼，加谥为“惠昭”。李宁死后，唐宪宗不得不为选立继承人再次陷入抉择。

此时，宫廷内外几乎都建议选立郭氏所生的皇三子李宥。最受皇帝恩宠的宦官吐突承璀，建议应当按照次序立次子李恽。唐宪宗有意立次子，但是李恽因为母亲地位卑贱难以在朝廷上得到支持。郭氏家族在朝野上

下的势力实在是太强大了。拥立皇三子李宥的呼声占据了上风，唐宪宗也徒叹奈何。只好请翰林学士崔群代表次子李恽，起草了表示谦让的奏表。元和七年（812 年）七月下诏立李宥为太子，改名为李恒。十月，举行了册立大典。

《胡人备马图》

其实，唐宪宗心里对新太子并不满意，吐突承璀揣度皇帝的心意，一直没有放弃为李恽的经营。唐宪宗这次立储事件，为唐穆宗日后的登基埋下了祸根，也为自己留下了祸患。

元和八年（813 年）十月，在刚刚册立新太子整一年的时候，拥立太子的朝廷官员上表请求唐宪宗册立郭氏为皇后。自玄宗以后，后宫活着立为皇后的，只有唐肃宗的张皇后，那是因为她在平叛的特殊时期有特殊的功劳，唐宪宗将郭氏册立为贵妃，已经是后宫最尊贵的角色。唐宪宗以种种借口拒绝了此番动议。此事以后，郭贵妃在朝野内外，广结党羽，包括宦官中的厉害角色——神策军中尉梁守谦以及王守澄等人，暗中和吐突承璀等较量。

元和十四年（819 年）底，唐宪宗因为服用方士柳泌的丹药身体恶化，吐突承璀加紧了改立李恽的谋划。皇太子李恒十分紧张，曾经问计于舅舅郭钊。时为司农卿的郭钊嘱咐,一定要尽“孝谨”之心,不要考虑其他的事。说明已经做好了充分准备，就等着唐宪宗死去。元和十五年（820 年）正月二十七日，唐宪宗暴死，梁守谦、王守澄等人立即拥立太子即位，这就是唐穆宗。吐突承璀和皇次子李恽，为突如其来的政变杀个措手不及，一起被送上了黄泉路。

唐穆宗即位后的第二天，在宦官们的怂勇下，就把宰相皇甫镈贬为崖州司户；第六天，又把道士柳泌和僧人大通乱棍打死。这样，朝中再没有人知道唐宪宗是被宦官害死的了。

本来这时藩镇屏息，天下安宁，可唐穆宗一上台，政局马上起了根本的变化。唐穆宗即位的元和十五年（820 年），成德节度使王承宗死，其弟王承元暂摄军务，上书朝廷，请派遣节度使。这个昏庸的帝王完全不以天下藩镇为务，竟派田弘正前去任成德节度使。田弘正曾两次征讨成德，双方成仇多年，尤其是当时不仅地方节度使可以随便脱离中央，其手下的骄兵悍将稍不如意就杀掉或者驱逐节度使的现象，也已司空见惯。派田弘正去，肯定是凶多吉少。左金吾将军杨元卿曾进言唐穆宗，认为这样用人不当，唐穆宗却一意孤行。

田弘正自率魏博镇归附中央以来，一心顺服朝廷，这次由魏博调任成德，虽明知有危险，但还是服从调动。为了防止意外，带了亲兵2000前去赴任。而朝廷却不供应这部分人的粮草。

弘正四次上表请求，皆无消息，只好将2000亲兵再遣回魏博。此时唐穆宗又下诏，以钱百万缗赏赐成德军，负责供给的度支又不及时运到，本来成德军士就怨恨田弘正，这样更怀疑是他扣押了朝廷的赏赐，就更加愤怒了。

成德都知兵马使王庭凑一直在密谋作乱，因惧怕田弘正的2000亲兵未敢发难。亲兵一被遣回，王庭凑便利用军士的怨恨情绪，于长庆元年（821年）杀田弘正及僚佐、将吏、家属等300余人，然后四出攻略，陷冀州，进围深州，要挟朝廷封他为节度使。

同年，卢龙镇也起变乱。节度使刘综请求唐穆宗允许他出家为僧，将卢龙所属之州，分为三道，以幽、涿、营等州为一道，推举河东节度使张弘靖为节度使；以平、蓟、妫、檀等州为一道，推举平卢节度使薛平为节度使；以瀛、莫二州为一道，推举京兆尹卢士玫为观察使。刘综又将强悍难制的部将朱克融等送到京师，请求中央加以奖拔，以使北方军民有仰慕朝廷禄位之志。刘综还向朝廷进献战马1.5万匹，然后就出家当和尚去了。唐穆宗既不了解天下藩镇的形势，也不懂得如何处理这些问题，又不肯听取臣下的意见，而只知饮酒酣宴。仅把瀛、莫二州交给卢士玫管领，其余全由张弘靖统辖。对朱克融等悍将也不予安排，他们住在京师日久，衣食都接济不上，心急火烧，天天到中书省请求安排。住了好久，仍命他们回卢龙受张弘靖驱使。张弘靖到卢龙后，作威作福，扰乱百姓，扣留朝廷赏赐，裁减军士粮饷，又鞭杖侮辱士卒，结果引起兵变，共推朱克融为节度使，寇掠附近州县。

消息传来，朝野震动。唐穆宗下令调集魏博、横海、河东、义武等诸军17.8万人，以裴度为镇州（即恒州，避唐穆宗讳，治今河北正定县）四面行营都招讨使进讨河北。

裴度在唐宪宗时曾督诸军讨平淮西，有将相大略，但此时已非讨淮西可比。唐宪宗时对他言听计从，专信不疑，使他得以施展自己的才能。现在却处处力不从心。朝中有翰林学士元稹，知枢密魏弘简从中作梗。二人深怕裴度成功，重新入相，凡裴度所筹划军事，千方百计破坏、掣肘，昏庸的唐穆宗专听二人的谗言，裴度即便有回天之力也无济于事。

当时，王庭凑围攻深州甚急，横海节度使乌重胤将全军救深州，独当东南一面，为官军讨敌的中坚力量。乌重胤见敌一时难破，坚壁固守。唐穆宗又犯兵家大忌，临阵易帅，以杜叔良代替乌重胤，官军失去讨敌的中坚。结果每战必败，死亡7000余人。

成德、卢龙二镇的反叛，对其他藩镇起了很坏的影响。田弘正调离魏博，以田布为节度使，其牙将史宪诚煽动镇兵，逼迫田布遵河朔旧制，背叛朝廷，田布被逼自杀，众推史宪诚为帅。唐穆宗无奈，立史宪诚为节度使。史宪诚外奉朝廷，暗地与王庭凑、朱克融互相勾结。魏博镇的叛乱，使前线的形势急转直下，越来越糟。

唐宪宗末年，因征伐四方，国用已虚。唐穆宗即位后，赏赐无节、游宴无度。全师出兵，不仅师久无功，且使府库空竭。唐后期，凡各镇军队，一出本境，即由中央的度支负责供给军需。进讨诸军皆因乏粮不能进攻，军士甚至自采薪刍，每天供应军粮不过陈米一勺。结果官军士气低落，皆无战心。就连当时名将李光颜也只得闭壁自守。

到长庆二年（822年），唐穆宗只得与王庭凑妥协，承认他为成德节度使，朝廷罢兵。讨伐河北的战争遂以中央的彻底失败而告结束。

这样一来，中央威信大损，藩镇势力更加嚣张跋扈。幽州（卢龙）节度使朱克融竟要笑朝臣，先进献马万匹，羊10万只，而却要朝廷将马、羊钱作为犒赏拨给幽州。名义上贡献，实则将马羊强卖给朝廷。

河北的卢龙、成德、魏博三镇一失，对各地藩镇的防线全线崩溃。

唐穆宗上台仅两年时间，就把唐宪宗苦心经营的统一局面折腾殆尽。叛乱迭起，藩镇与中央之间，藩镇之间战祸连年，争斗不休，破烂不堪的

彩绘贴金骑马俑

唐王朝再也不能起复了。

唐穆宗不仅是一个胸无大志的昏庸帝王，而且是一个不理政事，只知享乐腐化的花花公子。

元和十五年（820 年），唐穆宗由宦官拥立上台，赏赐左右神策军每人钱 50 缗（1 缗 1000 钱），六军、威远军每人 30 缗，左右金吾每人 15 缗，这种巨额的赏赐，致使后来即位的皇帝既无以复加，又难以继承。当时，唐宪宗尸骨未寒，安葬仪式还没有举行，唐穆宗丝毫没有丧失皇考的悲哀，相反却沉浸在登基坐殿的得意之中。先是在丹凤门楼观看倡优杂戏，又不辞劳苦到左神策军中观看手博杂戏。至于如何巩固自己的统治，安定天下，他连想也不想。安葬唐宪宗后，每月初一、十五即率领群臣到兴庆宫拜见太后，奉养太后的衣物服饰及食品极尽奢侈华丽。又发神策军 2000 人疏浚鱼澡池，以供自己游玩。

按照中国古代的礼制，父亲死了，儿子要服孝三载，不近声色之娱。皇帝要治理天下，唐朝时可在 27 天后，脱去孝服，改换公服，上朝处理政事，叫作公除。这仅仅是为处理天下事才这样做。唐穆宗刚过公除，即纵情地游畋声色，大肆赏赐。又下令在九月九重阳节选择胜地，大宴群臣。拾遗李珏与同僚上疏说：“陛下刚刚即位，年号还没有改，这样纵恣声色，不符人望。国遭大丧，新君应以天下为重，不应整天在后宫宴乐。”唐穆宗却只当是耳旁风，依旧我行我素。

唐穆宗既然不留意天下安危，当然不会注意认真选拔治国平天下的人才了，所以在用人方面也糟糕得很。段文昌是只知贪图贿赂，拉帮结派的势利小人。长庆元年（821 年）开科取士，由右补阙杨汝士、礼部侍郎钱徽主持。段文昌等纷纷请托，推荐自己的亲信。及揭榜，自己推荐的亲信都没有得中。及第者有中书舍人李宗闵之婿苏巢、杨汝士之弟杨殷士等。段文昌怀恨在心，拉拢与李宗闵有矛盾的翰林学士李德裕、元稹等上奏唐穆宗，说杨汝士、钱徽、李宗闵等科场舞弊。唐穆宗派人复试，将苏巢等人的进士免黜，将钱徽贬为江州刺史，李宗闵贬为剑州刺史，杨汝士贬为开江令。由于段文昌的调拨离间，以后李德裕、李宗闵各分朋党，互相倾轧 40 余年，这就是所谓唐后期朋党之争的初端。

元稹虽为一代文学宗师，在唐宪宗时为东台监察御史，也有不畏权势的刚正之气，但到唐穆宗时却利欲熏心，为了能当上宰相，结党营私、嫉贤妒能，受到朝野的鄙视。不仅破坏裴度讨伐河北的战略，而且劝唐穆宗与河北妥协，使裴度无功而返。像这样一个不择手段地排挤忠直大臣，置国家安危于不顾，以谋求高官厚禄的人，竟也被唐穆宗提拔为相。

唐穆宗所信任的这些宰相，在国难当头时，既提不出有关国计民生的经济措施，又提不出治国安邦的战略决策，更没有以天下为己任，为朝廷排扰除患的政治抱负，相反，却都在为谋求自己的私利而巴结皇帝，结党营私，排斥异己。皇帝昏庸无能，不理政事，宰相争权夺利，不干正事，使唐朝的统治由治到乱，江河日下，日益接近灭亡。

唐穆宗时，朝臣中也并非没有人才，像裴度、崔群、白居易、韩愈等都是一代名臣，唐穆宗既不能信用他们本人，也不采纳他们的意见。裴度在唐穆宗时一直遭受冷落。唐宪宗末年，被皇甫镈排挤出朝，任河东节度使。到唐穆宗时讨伐河北，才又想起他来。在讨伐河北时，裴度曾三次上表，说奸臣元稹等挠败国政，河朔藩镇，只乱山东，朝中奸臣，必乱天下。要唐穆宗欲扫河朔，先清朝廷。唐穆宗看表后，心里老大不高兴，虽勉强罢去了元稹的翰林学士之职，对他却宠信如故。河北罢兵后，本该让裴度入朝为相，可元稹又从中作梗，唐穆宗便让裴度以宰相的名义为东都留守。谏官们都争言裴度有将相才略，不应弃置不用。唐穆宗无奈，只让裴度在

朝廷上露了露面，就又让他回东都去了。后来又让他任淮南节度使。直到长庆二年三月，因群臣强烈要求，才让裴度入朝辅政，可到六月，唐穆宗又借故罢去了他的相位。

唐穆宗讨伐王庭凑，动用十几万人，半年而无功，虚费军资，仅供魏博一军，月计钱 28 万缗。中书舍人白居易指出，朝廷之所以师久无功，主要由于节将太众，其心不齐，赏罚不明而造成的。建议派李光颜率诸道精锐三四万人从东速进，裴度将河东全军从西面压境，成东西夹击之势，其余诸军悉遣归本镇，则众齐心一，必有成功。两道共留军六万，所费无多，度支供给也容易丰足。如果唐穆宗果真能采纳白居易的意见，平定河北指日可待。可白居易的上书如石沉大海，始终没有回音。

长庆二年（822 年），唐穆宗与宦官在宫中击球，有一宦官失手落马，弱不禁风的唐穆宗竟因此受惊吓而得风疾。时李逢吉为相，与宦官王守澄互相勾结，控制朝政，权倾内外。唐穆宗自这次大病之后，大概担心自己生命不会长久，竟忘记了皇帝老子唐宪宗的教训，也吃起方士所进的金石之药来。到长庆四年（824 年）初，终因风疾复发而死于长安宫中的清思殿。庙号为唐穆宗。

七、游幸无常唐敬宗，荒淫无度死宴席

唐敬宗李湛（809—827 年），唐朝第十三位皇帝（824—827 年在位），唐穆宗李恒长子，唐文宗李昂和唐武宗李炎异母兄，母为恭僖太后王氏。

长庆元年（821）三月，封景王。长庆二年（822）十二月，立为皇太子。长庆四年（824）正月，李湛唐穆宗灵前即位，当时才 15 岁。年号宝历。

藩镇割据是唐代中后期的致命伤，唐敬宗也无能为力。幽州自唐穆宗时被朱克融控制。唐敬宗即位的第二年，给幽州送去三军将士的春装，朱克融对这些衣服不满意，便扣押了使者，上表索取布料 30 万端匹。当时，唐敬宗正准备到东都洛阳游玩，朱克融上表要派出 5000 兵丁助修洛阳，声称要朝见皇帝，表中充满威胁的意味。朝廷无力讨伐，便采取裴度的建议，虚意应允他的要求，任其自由发展。不久，朱克融被部将杀死，其子延嗣继立，李载义又取代延嗣控制了幽州。同时，昭仪节度使刘悟死，其子从谏代立；横海节度使李全略死，其子同捷代立。割据的藩镇成了世袭的独

立王国，以唐敬宗为首的朝廷对此只能相继承认。

唐敬宗时期的宦官首领是王守澄。尽管当时朋党纷争激烈，但每一派政治势力要取得胜利，都要得到王守澄的支持。牛李党争继续40年，宦官一直是举足轻重的力量。唐代中后期的皇帝废立几乎全被他们一手操纵。大宦官控制朝政，小宦官也无法无天。有一天，鄠县（陕西户县北）县令崔发忽然听到外面人声喧闹，便问是怎么回事，有人说是五坊人殴打百姓。崔发便令人把他们带进来。当时天已昏黑，崔发一时没认出来，经盘问，方知是宫中太监。这可闯了大祸。唐敬宗听说太监遭捆绑审讯，不问青红皂白，便令人把崔发一干人囚禁起来。在听候发落时，宫中出来50余个宦官，手持棍棒，对崔发一顿毒打，打得崔发昏死了好长时间才苏醒过来随后被扔进监狱。此事引起朝官们的普遍不满，纷纷上书为崔发喊冤，唐敬宗一概不听。李逢吉找个理由进谏道："崔发捆绑审讯宦官，的确是犯了大不敬罪。只是崔发家有80岁老母，自崔发入狱后，积忧成疾。陛下要以孝治天下，请看在老人的情分上赦免崔发。"崔发虽被获释，但有一个附加条件，即让崔发的老母当着太监又打了儿子一顿，并向太监赔礼道歉。皇帝依靠并袒护宦官，宦官控制朝廷并狐假虎威，这件小事充分反映出李湛与宦官的关系及宦官在当时的势力之强大。

农历六月初九是唐敬宗的生日，徐泗观察使王智兴提前半年，建议在泗州（治临淮，今江苏泗洪东南）设置戒坛，广泛招募僧尼，为皇帝祝求福寿。大批群众为逃避赋役，竞相剃度出家为僧。剃度者每人交纳两缗钱，领到一张和尚证书，便可免除徭役负担；王智兴只需印发一张纸，便收到两缗钱，

唐代《论语》玉烛龟形酒筹筒

更是一本万利的生意，借此积聚一大笔财富。当时任浙西观察使的李德裕估计：若剃度延续到皇帝生日，仅两浙、福建地区就会有60万人出家；而国家失去60万人的赋税收入。实际上，王智兴不过是借皇帝生日，把本应属于国家的财政收入塞进自己的腰包。

全国一片混乱，皇宫内也不安宁。唐敬宗做皇帝不满百日，宫廷内便发生一起惊人的事件。算卦先生苏玄明煽动染坊工匠张韶，说他有坐龙床之相。张韶信以为真，便联络工匠100余人，乘唐敬宗到别宫打球之机，埋伏在紫草车内，混入数道宫门，后来被人察觉，便武装冲进皇宫。张韶并没有真正做皇帝的打算，与苏玄明坐在龙床上正式吃喝享用起来。有宦官赶快向皇帝报信，正在打球的唐敬宗吓得惊慌失措，要去右神策军中尉梁守谦处避难。有人提醒说，右军太远，不如就近到左军躲避。左军中尉马存亮亲自背负唐敬宗到营中安置，然后遣大将康艺全率军讨叛，又使人接出来唐敬宗的母亲皇太后王氏和祖母太皇太后郭氏。张韶和苏玄明这时还不知道下一步该做什么，在左、右神策军的镇压下，很快全部被俘获。当天，唐敬宗仍留在左军中过夜。宫门守卫全由太监掌管，在光天化日之下，有百余人从他们眼皮底下冲进皇宫，这是重大失职。但因他们是宦官，唐敬宗没有给予任何惩罚，只处置了掌管染坊的首领，在这次事件中护驾有功的宦官则分别受了重赏。

宫中嫔妃成群，唐穆宗留下了大批谄谀小人，更为唐敬宗的荒淫创造了条件。唐敬宗从开始做皇帝，早晨就不愿起床，经大臣们五次上书，请求皇帝上朝处理政务，唐敬宗才在朝堂会见百官。

但每个月能坚持上朝五六次，就算表现不错，一般只有两三次。即使如此，唐敬宗也不愿从床上起来，往往太阳升起老高，大臣们仍在宫门外等候。有一次，一个年老体弱的大臣经长时间站立，晕倒在宫廷外。左拾遗刘栖楚慷慨陈词，用国家兴亡的大道理批评皇帝好色贪睡，建议以后早起听朝。说完后趴在地上叩头不止，鲜血流下一片，响声闻于宫外。唐敬宗当时也颇为感动，升了刘栖楚的官，又赏赐财物，报答他的效忠朝廷。但唐敬宗的上朝状况并没有因此有任何改变。后来，裴度做了宰相，也想改变唐敬宗的这种习惯，但提出的理由却是：陛下要延年益寿，就需经常活动活动，多上朝可以作为增加活动量的一种方式；热天若上朝太晚，就正赶上一天中最炎热的时刻，若提前上朝，则可避开这个时间。这番话与其说是劝谏，不如说是糊弄小孩子；但它受到唐敬宗的赏识。因此，即使每天上朝，也不会有什么政绩的。

唐敬宗的政事虽不繁忙，业余生活却非常丰富。马球是唐代盛行的体育活动，唐敬宗也非常喜欢，经常参加或观战。骑驴击球当时刚兴起不久，也被引入宫廷；角抵是源远流长且开展非常普遍的体育活动；龙舟比赛规模壮观而激动人心，这些都是小皇帝爱好并经常观看的项目。

有一次，唐敬宗专门组织大规模的体育盛会，各种活动同时进行，竞争非常激烈，伤亡事故出现多起，皇帝在宫楼上看得异常兴奋。宫廷中又有专门戏班，看戏也是他的经常活动。唐敬宗又好在晚上带人出外捕捉狐狸，当时宫中称为“打夜狐”。实在没有活动，他还让千余人在池中捕鱼，把大鱼放进新开挖的水池；观看大规模捕鱼也不失为一种有趣的消遣。唐敬宗一直想到东都洛阳“巡幸”一番，只因个别藩镇的威胁才没有去成。游猎是皇帝的日常活动，皇帝对女色更可为所欲为，唐敬宗在这方面不逊于某些荒淫的皇帝。

唐敬宗虽然年幼无知，却追求长生不老之术。为求长生，他的皇宫里经常有和尚或道士进出。道士赵归真对他说世上确有修炼神仙之术，唐敬宗便派他普天之下去访求异人，求取长生不老之术；刘从政也宣扬此道，唐敬宗也让他四处去找灵药，并送给他一个光禄少卿的官衔，后来又赐给他两万贯钱兴修兴唐观。有人说牛头山上有仙人李龙迁祠，非常灵验，唐敬宗便派人去查看。使者回来说山脉曾在武则天时被挖断，唐敬宗下令立即修复。当时正值天寒地冻的季节，为了满足皇帝的荒唐行为，役夫数万人冒着刺骨的寒风，在悬崖峭壁上劳作。

唐敬宗做皇帝刚满一年，浙西观察使李德裕便递上一封奏折，题为《丹扆六箴》，内容分六个部分：一曰《宵衣》，批评唐敬宗上朝太晚；二曰《正服》，批评他常穿奇装异服，不符皇帝身份；三曰《罢献》，批评他对地方征求奇玩异珍名目繁多；四曰《纳诲》，批评他不接受大臣们的正确意见或建议；五曰《辨邪》，批评他信任的全是谄谀小人；六曰《防微》，批评他无节制地嬉戏玩耍。若把这六点连成线，便能勾勒出唐敬宗的形象——一个浪荡公子。

唐敬宗的政务交给了纷争中的权臣，生活却要靠宫中的太监，各种娱乐活动都要由他们参加。一般说来，唐敬宗对宦官的赏赐特别丰厚，对他们在外面的犯罪行为也特别宽容。但如果不真正卖力满足他的玩兴，便会遭到流配，如犯小过错，也会遭受一顿毒打。所以，宦官中也有不少人对他不满意。宝历二年（827 年）十二月初八，唐敬宗在夜里出去打猎回来以后，又与宦官刘克明、田务澄、许文端和专以打球为职业的军将苏佐明等 28 人喝起酒来。突然，酒场上的灯全部熄灭，唐敬宗在黑暗中被这伙已有预谋的人杀死，死时不满 18 岁，才做了 3 年差 1 个月的皇帝。谥号睿武昭愍孝皇帝，墓曰庄陵。

八、有志难伸唐文宗，受制于人甘露变

唐文宗李昂（809—840 年），原名李涵，唐朝第十四位皇帝（除武则天和唐殇帝外，827—840 年在位），唐穆宗李恒嫡次子，唐敬宗李湛之弟，唐武宗李炎之兄，母为贞献皇后萧氏。长庆元年（821 年）封江王。

宝历二年（827 年）十二月，唐敬宗被宦官刘克明等杀害，宦官王守澄等又杀刘克明等，发禁兵迎立江王李涵，即位于宣政殿，改名为李昂，是为唐文宗。

唐文宗即位后，去佞幸，出宫人，放鹰犬，裁冗官，省教坊乐工，停贡奇巧珍玩，去奢从俭，励精图治，擢素性介直的韦处厚为同平章事，每逢奇日视朝，对宰相群臣，延访政事，历久方罢。待制官以前虽然设置，未尝召对，唐文宗独屡加延问。但唐文宗的短处也十分明显，军国大事，不能果决，同时与宰相等已经定议的事情中途予以改变。人称其宽柔有余，明强不足。

宦官自从杀唐宪宗立唐穆宗以后，对皇帝有废立和生杀的权力。皇帝在宦官操纵下，有些成为宦官手中的工具，有些不甘屈辱，伺机而起，想夺回失去的权力。朝官也是这样，有些依附宦官，有些反对宦官，他们的得势与失势，与皇帝对宦官的态度有关。朝官和宦官的斗争在唐文宗时表面化了。

太和三年（829 年），浙西观察使李德裕被召入朝，任兵部侍郎，唐文宗想任命他作宰相。偏吏部侍郎李宗闵与李德裕有隙，暗地里随托宦官，

求为援助。王守澄等内揽大权，力荐李宗闵为相，唐文宗恐他内逼，只好把李宗闵擢为宰相。李宗闵喜出望外，就设法排挤李德裕。先派李德裕出镇义成军，又引入牛僧孺为兵部尚书，后升为宰相，做他的帮手。不久，李德裕又被调镇西川，防御南诏。李德裕到镇后，作筹边楼，每日登楼眺览，窥察山川形势，又日召老吏走卒，咨问道路远近，地方险易，一一绘图立说，详尽无遗。从此，南至南诏，西至吐蕃，所有城郭堡寨，无不周知。又训练士卒，增置堡垒，积蓄粮草，全蜀大定。李德裕的政治才能和军事才能是很突出的，后来他作了宰相，同样排斥牛党。两党虽有是非之争，但主题是争夺官位。唐文宗时，牛李两党的斗争一直未停止过。

太和五年（831年），副兵马使杨志诚，煽动士卒，驱逐卢龙节度使李载义，又杀死莫州刺史张庆初。唐文宗问宰相牛僧孺应当怎样办？牛僧孺回答说：安史之乱以来，范阳已不属中央，不必再为它操心，杨志诚占范阳和李载义占范阳没有什么不同，用不着和他们计较逆顺。可见在牛党看来，藩镇割据是一种正常现象，根本不必去理它。于是唐文宗乃命杨志诚为卢龙节度使，调李载义为山南西道节度使。

由于牛党依附宦官，唐文宗便提拔宋申锡任宰相，作为自己的心腹。宋申锡时常被唐文宗召进宫去，谋划除去宦官。他引用吏部侍郎王璠为京兆尹，谕以密旨，组织人马，准备伺机下手。

王璠处事不密，其密谋被王守澄发觉。于是王守澄便想出一法诬陷宋申锡。他先使人诬告宋申锡谋立皇帝漳王李凑。李凑有声望，唐文宗一向防备他，怕有人拥立他为帝。看到奏书，免不得疑惧交并，立命王守澄查讯。王守澄召集党羽，准备派200骑抄斩宋申锡全家，亏得有人阻拦，才没有下手。王守澄抓了李凑和宋申锡身边的一些人，经过拷问，被屈打成招，被迫诬证宋申锡确有密谋，要立李凑为帝。唐文宗以为证据确凿，召集满朝大臣，宣布宋申锡罪状。朝官都知道这是个冤狱，有些大臣便伏阙力谏，争取将狱事移到外廷来覆按，宰相牛僧孺也替宋申锡做了些辩护。郑注怕覆按暴露出真情，劝王守澄请唐文宗从宽处理。宋申锡算是免遭杀戮，被贬为开州（今四川开县）司马，一直到病死贬所。

宋申锡案刚了结，维州（今四川理县西北）事案又起。维州在西北边境，地当岷山西北，一面倚山，三面濒江，本是唐朝土地，为吐蕃所夺，号为

李德裕

无忧城，遣将悉怛谋据守。太和五年（831年）九月，悉怛谋率众投奔成都，西川节度使李德裕欣然迎纳，并派兵据维州城，又将此事上报朝廷。唐文宗召百官集议，大家都认为李德裕的做法是正确的。独牛僧孺表示反对，便下令李德裕归还维州，并将悉怛谋及部众归还吐蕃。李德裕没奈何只得依旨施行。

吐蕃得到悉怛谋后，便把他和他的部众都在边境上杀死，其状极其残酷。李德裕不胜叹息。这件事传到朝廷后，一些大臣向唐文宗指出，缚送悉怛谋，既快虏心，尤绝外望。唐文宗也后悔了，责备牛僧孺失策。牛僧孺很不安，累表请罢，乃出为淮南军节度使。另召李德裕入朝，授同平章事。

当时，卢龙节度使杨志诚，骄恣不法，屡遣使求兼仆射，唐文宗即命为右仆射。杨志诚既得右仆射兼衔，踌躇满志，居然有帝制自为的意思。由于其骄侈淫暴，酿成众怒，结果为手下将士赶跑，另推部将朱元忠主持军务。唐文宗就进朱元忠为卢龙节度使。成德节度使王庭凑死后，军士拥立他的儿子王元逵为留后。唐文宗也加以承认，并遣绛王女寿安公主，下嫁王元逵。唐文宗对节镇的姑息再次表现出来。

太和八年（834年），唐文宗得了中风病，王守澄荐郑注诊治，郑注竟成了唐文宗的宠臣。王守澄又荐一个叫李训的人，说他大才可用，唐文宗大喜，要用作近侍官。宰相李德裕认为李训心术不正，不可重用。唐文宗又问宰相王涯，李德裕向王涯示意表示反对，这个举动恰被唐文宗瞧见，唐文宗由此怨恨李德裕。李训、郑注渐受重用，就引李宗闵入相，将李德裕排挤出了朝廷，牛李两党互相排斥，使朝廷官员调动纷纷。不久，李宗闵也被李训、郑注排挤出了朝廷。唐文宗很难从两党中找到力量来剪除宦官，于是便把消灭宦官的重任交给了李训、郑注。王守澄把李训、郑注荐给唐文宗，本想培植自己的势力，但二人并没有按王守澄的意图办事。

李训、郑注虽然势力甚微，成功的希望也很渺茫，可是他俩巧妙地利用了宦官集团中的内部矛盾，步步得手，进展十分顺利。宦官中势力最大的属王守澄，他曾三次操纵皇帝的废立，又掌握神策军大权。神策军是保卫皇帝的主要禁军，全国边镇中也有许多劲兵悍将属其统领。李训、郑注知道王守澄权陷熏天，一时动摇他不得，就设了一个以毒攻毒的办法。先消灭其他宦官。他们借助王守澄的力量，把反对他的韦元素、杨承和王践言三个权阉驱逐到外地当监军，不久都予处死。此后，又劝唐文宗将王宗澄的原神策军中尉的职衔移封给了宦官仇士良，提升王守澄为左右神策军观军容使，这既夺了王守澄的实权，又为他树立了一个对立面，接着，以唐文宗的名义，派使者用毒酒逼王守澄自尽。对外只说他暴病身亡，追赠扬州大都督。又借追查唐宪宗被害的事件，杖杀了在外地当监军的宦官陈弘志。

在消灭宦官的过程中，李训和郑注表现出了十分干练的政治才能，在朝中引起了强烈的震动，自中尉、枢密、禁卫诸将都十分畏惧，见了李训，甚至叩首迎拜。

唐文宗以李训有功，擢任同平章事，郑注做了凤翔节度使。他们又密谋，准备利用为王守澄发丧的机会，诏令宦官全去送葬，届时发凤翔兵，内外合力，一举歼灭以仇士良为首的宦官集团。但李训为了独占大功，要抢先下手。

太和九年（835 年）十一月二十一日，唐文宗驾临紫宸殿。该殿在大明宫中含元殿后，含元殿为前殿，紫宸殿为内殿。百官鱼贯而入，依班序立。这时，禁宫将领韩约按事先布置前来奏称："昨夜天降甘露，在左金吾厅事后。""甘露"，意思是甜美的露水，古人视此为天下太平的征兆，唐文宗遂乘舆移至含元殿，命李训前去查看。李训去了半晌，回奏说，甘露未必是真的，不可马上宣布。于是唐文宗又派宦官首领仇士良带领宦官再去复验。仇士良等到了左金吾厅，只见韩约行色紧张，额有微汗。不禁心中起疑，此时恰一阵风吹来，仇士良见幕布后面埋伏着兵甲，大吃一惊，慌忙返奔，

走还含元殿。

李训见宦官们返回，知道事情已败露，急忙呼唤殿下卫士上来保驾，双方在殿中厮打起来，宦官被打死许多人，李训也被宦官打倒在地。仇士良等在混战中拥着唐文宗逃进了宣政殿，紧闭宫门。宦官们把皇帝抢到了手中，得意地高呼万岁。李训见大势已去，遂化装逃跑。百官惊骇，慌忙走散。接着，仇士良便以皇帝的名义下令四处抓人杀人。参与事变的李训、韩约、舒元舆等都被抓住杀死。未参与事变的宰相王涯也被严刑拷打，依言诬服，后也被杀。官吏士卒被杀600多人，朝廷几乎为之一空。郑注在凤翔被监军宦官杀害。这次事变史称“甘露之变”。

甘露之变后，生杀除拜，都由宦官主持，唐文宗似木偶一般任其摆布。仇士良等气焰嚣张，上胁皇帝，下凌宰相，朝官都被仇视。一个宦官竟扬言要杀死京城内所有穿儒服的人。

次年（836年），改元开成。昭义节度使刘从谏，对仇士良的所为不满，上表诘问王涯等有何罪名，反被杀害。其中有“内臣擅领甲兵，妄杀非辜，流血午门，僵尸万计，臣当缮甲练兵，入清君侧”等语。仇士良知道后，就要求唐文宗给刘从谏加官，进爵司徒。刘从谏复上表辞让，有“死未申冤，生难荷禄”语，并罗列仇士良等的罪状，请正典刑。仇士良心里害怕，从此，稍稍有所收敛。这样，朝官才多少能行使一些职权。

唐代常阳太尊石像

唐文宗生有二子，长子李永，次子李宗俭未成年即死去。太和六年（832），立李永为太子。李永生母为王德妃，素来失宠。唐文宗宠爱杨贤妃，唯言是用。李永年及成童，颇好游宴，杨贤妃又日进谗言。于是，到开成三年（838）九月，唐文宗便想废掉李永。群臣强谏力争，唐文宗才不便决议。过了一个多月，太子暴死，五官流血，四肢发青，死状甚惨。唐文宗不觉悲从中来，默思暴死的原因，好似中毒，但无从觅证，只好殓葬了事。开成四年（839 年），唐文宗又立唐敬宗少子陈王李成美为皇太子。时皇宫中演剧作乐，有一儿童缘竿而上，一中年男子在竿下走视，状甚惊惶。唐文宗怪问左右，左右告诉唐文宗那是儿童的父亲。唐文宗感叹地说："朕贵为天子，尚不能保全一儿，岂不可叹？"随后，下令杀死坊工刘楚才等数人，说是他们构害太子。这件事之后，唐文宗感伤成疾，吃睡不安。

一日，唐文宗勉强来到赐政殿，问学士周墀道："朕可比前代何人？"周墀回答说："陛下是当代贤君，可比古代的尧舜。"唐文宗说："朕和周赧王、汉献帝相比如何？周赧王、汉献帝不过是受制于强藩，今朕却为家奴所制，恐怕还不如他们呢？"

开成五年（840 年），唐文宗病不能起。命太子监国。宦官仇士良等得知消息后，即闯入宫中，声称太子年幼，须另议所立。到了夜间，仇士良等颁发伪诏，立唐穆宗第五子颍王李瀍为皇太弟。太子李成美另封为陈王。这件事过了两天，唐文宗就死去了，终年 32 岁。死后葬章陵，谥曰元圣昭献皇帝，庙号唐文宗。

九、外除边患内平叛，抑佛崇道错乱亡

唐武宗李炎（814—846 年），原名李瀍，唐朝第十五位皇帝（840—846 年在位），唐穆宗李恒第五子，唐敬宗李湛和唐文宗李昂异母弟，母为宣懿皇后韦氏。821 年（长庆元年），封为颍王。开成年间（836—840 年），加开府仪同三司、检校吏部尚书。

开成四年（839 年）十月，唐文宗立侄儿、唐敬宗第六子陈王成美为皇太子，等待册礼。次年正月初二，唐文宗突然病倒，奄奄一息。朝廷形势顿时紧张起来，焦点都集中在继承人的安排上。

陈王成美在三个月以前已被立为皇太子，虽未及册礼，但毕竟是法定的后嗣，按常理，不该发生嗣位之争。唐文宗一病倒，宰相李珏、枢密使薛季陵奉密旨采取断然措施，要皇太子成美监国，以便由他们辅佐朝政，控制政局。宰相杨嗣复、枢密使刘弘逸拥立安王无望，也转而拥立皇太子

监国。唐文宗、李珏等人的企图早已为宦官们所掌握。仇士良等认为，同意宰相们的意见，立皇太子为皇帝，固然名正言顺，但援立之功却为李珏等拥有，挟天子而令诸侯的局面就会改变。因此，他们便紧锣密鼓地谋划立新皇嗣。

唐文宗病倒的当天夜里（正月初二），两军中尉仇士良、鱼弘志假传圣旨，率领神策军来到十六宅，迎接颍王赴少阳院受旨。唐文宗无奈，只得诏立颍王李瀍为皇太弟，临时执掌军国政事。皇太子成美复封为陈王。皇太弟李瀍赴东宫思贤殿接受百官朝拜。

正月初四，唐文宗崩，遗诏皇太弟于柩前即皇帝位。十四日，27 岁的唐武宗正式登基。唐武宗一即位，立即将同自己争夺皇位的陈王成美、安王深及杨贤妃赐死于府第。接着论功行赏，拥有援立之功的右军中尉仇士良被封为楚国公，左军中尉鱼弘志被封为韩国公，太常卿崔郸为户部尚书判度支，同中书门下平章事，升为宰相。册宫人刘氏、王氏为妃。

八月十七日，派遣知枢密刘弘逸、薛季陵率禁军护送唐文宗灵驾赴章陵。刘弘逸、薛季陵二人素与仇士良不和，在立储之争中，二人拥立皇太子和安王失败,更加仇视仇士良。这次安葬唐文宗,唐武宗让他们率领禁军,是举事的极好机会。于是二人密谋，准备率军倒戈，诛杀仇士良、鱼弘志。这一阴谋被卤簿使、兵部尚书王起和山陵使崔棱发觉，立刻率卤簿诸军先发制人，杀死了刘弘逸、薛季陵。刘弘逸、薛季陵谋乱的目的虽然是要杀仇士良，但实际上是立嗣之争的继续。

与薛季陵、刘弘逸伏诛的同时，宰相杨嗣复、李珏也被罢相。贬杨嗣复为检校吏部尚书、潭州刺史,充湖南都团练观察使,李珏为检校兵部尚书、桂州刺史,充桂管防御观察等使。仇士良等劝唐武宗将他们处斩,宰相崔郸、崔珙等以国朝先例，非恶逆显著，不杀大臣为由力谏，杨嗣、李钰乃幸免于死，但又再贬杨嗣复为潮州刺史。

经过这一赏一贬，朝廷中反对力量基本清除了，极度紧张的形势开始缓解，朝政恢复了正常。但是，唐武宗感到自己的处境并不值得乐观，他最讨厌并曾发誓要清除的宦官仇士良等借援立之功仍把持朝政，控制自己。唐武宗强烈地意识到，要尽快摆脱自己的被动地位，改变宦官专权的局面，加强中央皇权，就需要有一位才能卓越的宰相统领南衙，以便逐渐取代宦官势力，控制朝廷大权。

经过慎重选择，唐武宗把这一愿望寄托给了久负盛望的李德裕，并把他从淮南节度使任上擢为宰相，入朝秉政。

唐武宗

李德裕是河北赵州人，出身士族之家。父亲李吉甫是唐宪宗倚重的宰相。李德裕不屑参加科举，从门荫入仕。唐穆宗初，擢翰林学士、中书舍人，开始参与朝廷机要，后被牛僧孺排挤，离开朝廷，出任浙西观察使、西川节度使等地方官职，前后历 17 年之久。唐文宗、唐武宗期间，当了七年宰相。唐宣宗大中四年（850 年），被贬死崖州。李德裕从事政治活动 40 年，是唐后期才能卓越的人物。起用李德裕为宰相，可谓是唐武宗有胆有识，用相得人。自李德裕被任为宰相后，唐武宗便大胆采纳李德裕的主张，故史称“唐武宗用一李德裕，遂成其功烈”。唐武宗因而也赢得了“运策励精，拔非常之俊杰”的任人唯贤的美誉。

唐武宗诏调李德裕入朝秉政不久，君臣二人就面临着回纥入侵的严峻考验。

开成年间，回纥发生内战，被西方的黠戛斯部落打败，分散于西北各地。840 年，其中的一支在嗢没斯率领下投奔唐天德军塞下，请求内附。天德军使田牟等边将谋立边功，请求出击回纥。李德裕力排众议，坚请唐武宗应当约束田牟，不许其邀功生事。会昌二年（842 年），嗢没斯等入朝，唐武宗任命他为归义军使，从而分化了回纥。

这年七月，回纥乌介可汗以为唐朝软弱可欺，公然提出要唐给牛、羊、粮食，借驻天德城等无理要求，唐武宗予以严词拒绝。八月，乌介可汗领兵悍然越过把头峰（今包头市附近），南入大同川，掠牛马数以万计，直逼云州城（今山西大同市）。

面对回纥乌介可汗的入侵，朝廷之中议论纷纭，牛僧孺等保守势力主张固守边防，不可出击。宰相李德裕全面分析了敌我力量对比，认为回纥正趋衰势，击之必胜。唐武宗采纳李德裕的意见，立即诏调许、蔡、汴、滑等六镇之兵，驰援天德、振武，任命太原节度使刘沔为回纥南面招讨使，张仲武为东面招讨使，李思忠为西南面招讨使，各路大军会师太原，待机讨伐。与此同时，唐武宗赐给乌介可汗诏书，列数其罪状，并警告他要“速择良图，无贻后悔”，尽可能争取招抚。然而，乌介可汗一意孤行，会昌三年（843 年）正月，悍然发兵进攻振武，战争帷幕正式拉开。刘沔遣麟州刺史石雄、都知兵马使王逢率 3000 骑兵为前锋，刘沔殿后。石雄挖地道攻入乌介可汗的牙帐（指挥所），各路大军配合猛攻，在东胡山大败回纥军队，俘虏了二万余人，乌介可汗中箭逃往黑车子族。唐军取得反击战的彻底胜利。它不仅解除了唐朝北方的边患，使北方安定，还由此壮大了唐朝的声威，使得大势已去的唐帝国雄风再振。

外患甫定，内乱继起。会昌三年（843 年），昭义镇又发动了叛乱。

昭义镇所辖有泽（今山西晋城）、潞（今山西潞城）、邢（今河北邢台）、洺（今河北永年）、磁（今河北磁县）5 州 31 县，节度使驻潞州，为临近两京的战略要地。唐文宗时，昭义节度使刘从谏上表斥责仇士良罪恶。仇士良拥立唐武宗，刘从谏愈益愤恨，积极准备割据。会昌三年（843 年），刘从谏病故，其侄刘稹秘不发丧，打算自为兵马留后，上表请授节钺，图谋世袭节度使。遭到朝廷拒绝后，便聚众叛乱。事件发生后，朝廷哗然。对藩镇之乱心有余悸的朝廷大臣们大都主张姑息妥协，答应刘稹的要求，授予节钺，同意为留后。只有李德裕等少数的大臣坚决主张对刘稹用兵平叛。李德裕对唐武宗说：“泽、潞地近京师，如果准许刘稹世袭节度使，四方诸镇谁不想效仿？到那时，天子号令就行不通了。”唐武宗问道：“卿有什么办法制服刘稹？”李德裕回答说：“刘稹如此猖獗，是依恃河北三镇（成德、魏博、幽州）的援助，只要成德、魏博两镇不参与，刘稹势孤力单，就难以作为。然后再借两镇兵进攻邢、洺、磁三州，重赏有功将士。两镇权衡利弊，定会听奉朝命。”唐武宗点头称是，于是力排众议，独纳李德裕的意见，决定用藩镇之兵讨伐刘稹。五月，唐武宗下诏，削夺刘从谏和刘稹官爵，任命成德节度使王元逵为泽、潞北面招讨使，魏博节度使何弘敬为泽、潞南面招讨使，与河东节度使刘沔、河中节度使陈夷行、河阳节度使王茂元等合力讨伐刘稹。随后又调武宁节度使李彦佐任晋绛节度使，配合各路兵马。

诏令一下，各路大军进展迅速，唯独李彦佐行动迟缓，并且上表请求在绛州休整。唐武宗立即调整部署，从天德军方面调石雄任晋绛行营节度副使，准备取代李彦佐。同时对各路讨伐军提出了明确具体的要求。严明军纪，禁止部队焚烧庐舍，挖坟掘墓，侵扰百姓，从而取得了沿途百姓的支持。

至会昌四年（844 年）七月，邢州刺史裴向、洺州刺史王钊、磁州刺史安玉等抵不住王元逵、何弘敬的压力，各率部开城投降。八月，三州投降的消息传到泽、潞二州，叛军内部分崩离析，刘稹亲信、潞州大将郭谊等取刘稹首级，迎接讨伐军进城。历时 13 个月的昭义之乱，至此彻底平定，收复 5 州 31 县。

昭义镇平叛的胜利，是继唐宪宗平藩之后对藩镇势力的又一次沉重的打击。昭义镇的收复，进一步缩小了藩镇割据势力，巩固了唐王朝的统一，也显示了唐武宗处事的果断和坚决。一度骄横的河北三镇在对昭义镇的作战中，俯首听命，这种现象“自兵兴以来（天宝安史之乱之后），未之有也”。平叛战争的胜利，也是唐武宗雄谋勇断的结果，唐武宗“不惑盈庭之言，独纳大臣（李德裕）之计”，果断平叛。诏令所下，畅通无阻，从而保证了平叛战争的顺利进行。

由于平叛的胜利，整个朝廷都被唐武宗突如而来的威力震慑住了。唐武宗与李德裕君臣二人配合得如此默契，令群臣瞠目结舌，甚至连身历多朝权势显赫且具援立之功的大宦官仇士良等也不得不另眼相看，重新审时度势。正当宦官们狐疑、观望、等待之际，唐武宗君臣立刻推出了限制宦官的方略。

唐武宗采纳李德裕的意见，有步骤有分寸地开始对宦官的权力进行剥夺。

唐武宗采用打蛇打头的方略，首先向宦官头子仇士良开了刀。唐武宗自即位之初便对仇士良进行种种限制，不准他参与政事。开成五年（840 年）八月，仇士良奏请唐武宗以自己从一品的开府仪同三司的职务荫补其子为

千牛官。千牛又名千牛备身，为中央禁军左右千牛卫的属官，专掌护卫天子。官位虽低，但选拔极为严格。

会昌二年（842 年）四月，唐武宗令中书省起草诏书，削减禁军的粮饷。在此之前，天子的诏令是由大宦官传递经办的，而今仇士良等却不能参与。仇士良恼怒地说："果真如此，我将率领禁军兴乱示威。"唐武宗得悉，气愤地说："纯为奸人之词。"当面斥责仇士良："削减粮饷之事，纯属朕意，且尚未实行，你何必出此狂言？"一向骄横的仇士良诚惶诚恐，俯首请罪。

仇士良的权势受到很大限制。会昌三年（843 年），仇士良无奈，被迫退休。不久死去。一年后，唐武帝下诏，追削仇士良生前所受官爵，并籍没其家产。制裁了横行数朝、跋扈朝廷内外的宦官总头子仇士良，宦官专权的嚣张气焰受到沉重打击。

仇士良退休还家时，曾对送行的宦官传授秘诀说："天子不可让他闲着无事，要经常诱导他纵情淫乐，使其无暇顾及朝政，这样，我辈才可以得志。尤其是不可让他读书，亲近大臣。他若看到前朝兴亡的故事，心里害怕，我辈就被疏远了。"这可谓是仇士良经验之谈了。事实正是如此，宦官为了使皇帝就范，总是想方设法用金钱美女声色犬马加以腐蚀引诱，拉皇帝下水。会昌四年（844 年），在淮南监军的宦官效法仇士良的经验，选美女献给唐武宗，遭到唐武宗拒绝，并诏令监军，以后不得再送。同年，唐武宗不同枢密使商量，直接任命崔铉为宰相。当时的枢密使是杨钦义、刘行深，老宦官们都埋怨杨钦义、刘行深二人懦弱，破坏了老规矩。其实，杨钦义等是非常精明的，他们看到客观形势对他们很不利，一向敌视宦官的李德裕受到唐武宗的极大信任，上台执政，就意味着宦官们只有退却才是出路。杨钦义、刘行深二人怎敢再去争夺权力呢。唐中后期，枢密使出纳王命，控制禁军，掌握国家机密，取代了中书省的权力，权势极为显赫。既然这时连宦官头子都不敢出来争权夺势，可见唐武宗对宦官打击之甚。

伴随着唐帝国日斜西山，佛教势力呈恶性发展之势。唐代宗君臣引高僧入宫廷，礼佛诵经，极为优容。每当遇到外族入侵，便让和尚们诵读《王仁护国经》。一旦侥幸取胜，便大加赏赐。皇帝的倡导，使"中外臣民承流相比，皆废人事而奉佛，政刑日紊"。唐宪宗曾组织官民隆重地迎接佛骨，“百姓有废业竭产，烧顶灼臂而供养者，农人多废冬作，奔走京城”。长庆二年（822 年），唐穆宗去咸阳途中向善因佛寺一次施舍僧钱达百万之巨。

佛教的恶性发展，不仅耗费了国家大量财物，加重了人民负担，而且使唐朝政治愈加腐败黑暗。唐武宗血气方刚，当政之初，立即敕令李德裕具体组织灭佛的行动。李德裕一贯主张禁止佛教，他曾激烈抨击佛教“弃五帝之典，绝三纲之常，殚竭财力，蠹耗生灵”。会昌二年（842 年）三月，李德裕下令禁止置童子沙弥。十月，又下令，凡僧人违犯戒条，擅自娶妻者，一律责其还俗归乡，没收其钱粮田地。欠债者，还俗后充为徭役。当时还俗的和尚达 3000 余人。随后，唐武宗下诏，限定寺院奴婢人数，规定每僧只准用一个奴婢，尼姑用二婢。会昌三年（843 年），又年废除了摩尼寺，斩杀摩尼师，籍没其财产。翌年四月，下令禁止寺院供奉佛牙，并拆毁了一部分山房兰若（较小的寺院）。

从会昌元年到会昌四年（841—844 年），唐武宗经过四年的调查准备，为全国规模的灭佛运动创造了条件。

会昌五年（845 年），唐武宗根据中书门下的奏疏，发布了灭佛诏书，诏书称：“朕闻三代以前，未尝言佛，汉魏之后，佛教浸兴。因缘染日，蔓衍滋多，以至于蠹耗国风，诱惑人意。坏法害人，无逾此道。今天下僧尼不可胜数，皆待农而食，待蚕而衣。寺宇招提，莫知纪极。弊之可革，断在不疑。惩千古之蠹源，成百王之典法，济物利众，予何让焉！”唐武宗通过诏书，对佛教恶性发展带来的危害进行了淋漓尽致的抨击，表明了他执意灭佛的决心。随后，一场全国规模的灭佛运动从此迅速展开。三月，唐武宗诏令对全国各地寺院的财产进行调查登记；五月，勒令 50 岁以下的僧尼，不论有无度牒，一律令其还俗，遣送还乡，参加生产。唐武宗还批准了宰相的奏请，规定：上州每州只准留一所佛寺，下州的佛寺全部废毁。上都（指京师长安）、东都（指东都洛阳）每地各留两所寺院，每寺留僧 30 人。到会昌五年（845 年）底，全国共销毁寺院、兰若 4.66 万余所，僧尼还俗 20 余万人，解放奴婢 15 万人，没收土地数十万顷。

收缴的铜像、钟磬送归盐铁使铸钱，铁佛像由各州收缴，铸造农器。还俗的僧尼，一律遣送回原籍充为两税民。这就是历史上著名的“会昌灭佛”。

会昌灭佛是唐朝反佛斗争取得的伟大成果。灭佛运动的胜利，巩固了中央集权的物质基础，增加了税源，在一定程度上减轻了人民的负担。

唐武宗在强行灭佛取得战功同时，自己却误入了歧途。他企图恢复国教（道教）的权威，用道教压制佛教，因而大力提倡道教。早在未执政前唐武宗就颇好道术修炼之事。即位后，在诏调李德裕入朝的同时，又召道士赵归真等 81 人来朝廷，向他们询求道术，并在三殿修建金箓道场，唐武宗亲临九天坛接受法箓。当时谏官上疏谏止，唐武宗置之不理。六月，又封衡山道士刘玄靖为银青光禄大夫，充崇文馆学士，赐号“广成先生”，与道士赵归真住在宫廷，撰修法录。赵归真、刘玄靖两位道士在唐武宗面前极力诋毁佛教，这正中唐武宗下怀，因此，灭佛运动愈演愈烈。

自此而后，唐武宗对道士倍加崇信，渴望赵归真、刘玄靖等道士能够炼出长生不老的仙丹，服后成仙。对这种愚蠢的行为，当时谏官刘彦谟曾上书切谏，反被唐武宗贬出朝廷。

唐武宗崇尚道教已达到走火入魔的程度。会昌三年（843 年）五月，正值昭义镇发动叛乱之际，唐武宗竟在禁中建造望仙楼，企望步入仙境。会昌五年（845 年）正月，又在南郊建造望仙台，并昭令神策军重修望仙楼及廊舍 539 间。第二年（846 年）三月，丹药炼成，唐武宗迫不及待地吞服而下，药服下后，唐武宗顿感不适，继而狂躁不安，喜怒失常，旬日间便丧失了说话能力。二十三日，唐武宗在长安大明宫驾崩，终年 33 岁。八月，葬于端陵，庙号为唐武宗。

十、兢兢业业十三载，难挽大唐颓败势

唐宣宗李忱（810—859 年），初名李怡，唐朝第十六位皇帝（846—859 年在位），唐宪宗李纯第十三子，唐穆宗李恒异母弟。

唐武宗共有五个儿子：长子李峻，封为杞王；次子李岘，封为益王；三子李岐，封为兖王；四子李峄，封为德王；五子李嵯，封为昌王。由于这五个儿子年龄都还幼小，唐武宗一直没有册立太子，唐武宗病重之时，也一直没有提起过此事。宦官马元贽等人见唐武宗病重，便利用没有册立太子的机会，积极准备择立嗣统，以便将来能够控制皇帝，专权朝政。经过一番密谋和策划，他们决定立唐武宗的叔叔光王李怡为皇位继承人。按

照传统，应立唐武宗的长子李峻为皇位继承人，但马元贽认为，子承父统只是寻常旧例，就是拥立起来，也没有多少功绩可言，不如拥戴别人，使之感恩戴德，死心塌地地为宦官干政开路。于是，马元贽等人矫传诏命，说皇子年幼，无法临朝理政，特立光王李怡为皇太叔，全权处理国事。宰相李德裕等人对此虽然感到吃惊，但认为是唐武宗亲命，也不敢加以反驳。他们哪里想到，唐武宗此时已经不省人事，根本无法谈及承统问题。会昌六年（846 年）三月，唐武宗驾崩。马元贽等人即奉光王李怡继位，改名为李忱，定年号为大中，史称唐宣宗皇帝。

唐宣宗

李忱的母亲孝明皇后郑氏，原来是浙西观察使李琦的爱妾。因李琦谋反伏诛，郑氏被纳入宫廷。由于郑氏年轻貌美，为唐宪宗所喜爱，于是复被选入后宫，生下了李忱，唐宣宗自幼严重口吃，平时很难见到他开口说话，看东西也和平常人不同，像痴呆人一样，宫中都叫他痴儿。唐穆宗在位时，他被封为光王。唐穆宗的两个儿子唐文宗和唐武宗，从不把他当叔叔看待，欺他呆痴，经常取笑和耍弄他。有一次，唐文宗和唐武宗邀唐宣宗同他们一块儿喝酒，在酒席上，两人故意引诱激他说话，和他开玩笑，戏谑地称他为光叔。唐宣宗对此毫无表示，既不说话，也不生气，照常吃菜喝酒。唐武宗年少气盛，对他常常出言不逊，唐宣宗也不在乎。平时在宫中，宣帝总爱一个人默默地呆立在一个地方，从不和任何人说话和打交道，如同陌生人一样，以至惹得宫中没有人愿意接近他。宦官马元贽等人拥立他为皇帝，正是因为他有这种痴呆性格，认为将来容易控制。哪知他即位以后，接待群臣，处理政务，一反过去那种痴呆性格。宦官和朝官们方才恍然大悟，

他是个有心计的人，痴是装出来的。

唐宣宗是以皇叔的名义继位称帝，他不承认自己是唐武宗的继承人，而把自己看作是父亲唐宪宗的直接继承人。他把哥哥唐穆宗指责为逆，认为他是靠谋害唐宪宗才得以继承皇位的。在唐宣宗的心目中，不但哥哥唐穆宗是大逆不道，连他的三个儿子唐敬宗、唐文宗和唐武宗也都是逆子。因此，他即位后立即采取了否定唐武宗时期的一切措施的施政方针，首先斥逐了唐武宗时的宰相李德裕及其同党，将李德裕、李让夷的宰相职务罢免，改任和李党集团相对立的牛党成员白敏中为宰相。白敏中是唐代著名诗人白居易的堂弟，他是靠李德裕的推荐才进入中央政权的。白敏中虽然是李德裕推荐的,但却属于牛党一派,和牛党首领牛僧孺关系很密切。因此，他担任宰相以后，便开始对以李德裕为首的李党集团打击报复。白敏中首先指使自己的党羽李威罗织罪名，将被罢相的李德裕再贬为东都（今洛阳）留守,继而又贬为潮州司马,大中二年（848 年）正月,再贬为崖州司户参军，直到李德裕死于崖州（今海南崇山）方才罢休。与此同时，白敏中对李党集团的其他成员也大加贬斥，甚至连李党的支持者也不放过。

在贬斥李党集团的同时，白敏中对唐武宗时期被李党集团贬斥的牛党成员则大加提拔重用或恢复官职。他刚一接受宰相职务，便将被李党贬斥的牛党首领牛僧孺提拔为衡州长史，第二年又调牛僧孺回东都洛阳任太子少师，同时，又将牛党重要成员李宗闵的流刑处分撤销，调任郴州（今湖南永兴）司马。大中元年（847 年），白敏中又调潮州长吏杨嗣复为吏部尚书，第二年，调李珏为户部尚书，经过这一系列活动，李党集团的成员及其支持者几乎都被逐出京都，或贬往边州或遭流放。而牛党集团的成员不但得到升迁，而且还当了中央的高级官员。

白敏中共做了六年的宰相，继他之后被唐宣宗重用的宰相是令狐绹，这个人也是牛党集团的成员。所以，在唐宣宗统治的整个时期，牛党集团始终掌握着中央大权，他们忠实地执行了唐宣宗的施政方针，不仅竭力排斥在唐武宗时期执政的李党集团，而且还从根本上改变了李党集团执政时的各项方针政策，把朋党之争推向了最高峰。凡是不被李党集团重用的人，他们一概重用，凡是李党集团做成的事情，他们一律进行翻案。

唐宣宗一生对儒士有着特殊的爱好，非常重视通过科举考试取得功名的人，认为只有这些人才有真才实学。他在位期间，每次上朝召见新上任的官员，都要先问有没有功名，是否中过举人进士。如果被召见的官员回答有功名，是进士或举人出身时，唐宣宗便会喜形于色，谈兴大起，甚至会把其他事情搁在一边，当场和被召见的官员谈起他们考试时所做的诗赋和主考官员的名字，有时甚至会把这些官员的名字和他们的诗赋文章记在宫殿的柱子上，以备日后浏览。如果听说某人才学俱佳却没有能够中选时，唐宣宗则叹息良久，默默不乐地罢朝回宫。

唐宣宗不仅喜爱儒士，对科举制度也非常关心和重视。他在位期间，经常穿着普通百姓的衣服，装扮成平常人的模样，到民间进行私访，以听取人们对科举取士的议论。为了扩大科举取士的规模，选拔更多的有才之士，唐宣宗还对科举制度作了进一步的完善和修改。大中元年（847年）二月，礼部侍郎魏扶向唐宣宗奏陈进士的录取情况，其中谈到，有封彦卿、崔琢、郑延休三人，才学俱佳，本应录取为进士，但由于他们的父兄都在朝廷中担任重要官职，因此按照常例没有录取他们。唐宣宗看后，认为这种做法限制了对人才的选拔，于是诏令礼部重新对这三人进行考试，如果考试合格，可以录取为进士，并且强调指出，今后科举取士，不必遵循这种规定，只要有真才实学就可以中选。唐宣宗不仅喜爱儒士，关心科举，对政府官吏的选拔和任用也非常重视。他认为："治理好国家的一个重要方面，是君主能够明察慎断，正确地选拔和任用官吏。"他即位之初，就开始着手改革和完善选官制度。以往吏部选官，只凭家世资历，唐宣宗认为这不能够选拔出具有真实才能的人。为了改变这种情况，唐宣宗下诏规定：

"允许观察使、刺史有奇才异政者加以试用，根据其在试用期间表现出来的实际能力，然后再决定正式任免。"同时，唐宣宗还把户口的增减也列为官员升迁的标准，规定观察使、刺史任期届满时，如果所管州县户口增添至1000户，则加以升迁，反之，如果逃亡至700户，不仅罢官除职，而且罢官后3年之内不再任职。

不仅如此，宣帝还亲自掌握对州刺史的考核工作，规定州刺史在上任之前，都要由皇帝亲自进行考核，再决定任免。有一次，宰相令狐绹任命他的一个老朋友担任邻州刺史，并且没有经过皇帝考核就让他上任了。唐

宣宗得知此事后，责备令狐绹说：“我因为州刺史往往用非其人，所以要求刺史在上任之前，都要进京朝见，通过考问他执政的措施，知其优劣，然后再决定任免。诏令已经颁行，而你身为宰相，却不遵守国家的条令，真可以说是宰相权大了。”为此差点撤了令狐绹的相权。为了掌握各州的情况，以便对刺史进行考核，唐宣宗还特地密令翰林学士韦澳编辑了一本关于各州户口田亩、山州境物、风俗人情的书籍，起名叫作《处分语》，其他任何人都不知道。一次，邓州刺史薛弘宗进京朝见唐宣宗，退朝后对韦澳说：“皇帝对邓州的情况了解得如此详细，太令人惊讶了！”韦澳经过询问，才知道原来都是《处分语》中记载的事情。

唐宣宗平时还十分注意调查官吏为政的好坏，听取人们的议论和反映，并以此作为任免官吏的一个重要手段。有一次，唐宣宗在禁苑以北打猎，遇到一位樵夫，就跟他谈了起来。在交谈中唐宣宗得知这位樵夫是泾阳县人，便问他这个县的县令是谁，政务搞得怎么样？樵夫回答说：

“县令是李行言，这个人不但政务搞得好，而且性格耿直，有一次他抓住几个强盗，宦官派人来要，他不仅没给，反而把这几个强盗都杀了。”唐宣宗认为这个县令刚正不阿，不畏宦官的权势，回宫以后，便把他的名字连同这件事写了个条子贴在寝殿的柱子上，不久就提升这位县令当了海州刺史。

对于自己的亲属，唐宣宗要求也比较严格，唐宣宗生母郑太后的弟弟郑光，原来在河中做镇守官，进京朝见时，唐宣宗见他言语粗俗不堪，认为他不够治民的资格，便把他改任为京师中级别比较低的右羽林统军，不再让郑光担任地方官。郑太后多次要求唐宣宗给郑光安排一个好的官职。但唐宣宗对这位国舅只是厚赐金帛，始终不给郑光好官做，而且对郑光提出的减免所赐土地租税的要求也加以拒绝，要他按照国家规定交纳租税，唐宣宗的这种态度，使那些没有才能的皇亲国戚都不敢向他要官做。

由于唐宣宗重视科举，重视具有真才实学的知识分子，严格选拔和任用官吏。因此，在当时出现了一大批精明强干、政绩显著的官吏。

唐玄宗时期，由于安史之乱的发生，河西走廊地区的军队被调往内地平叛。吐蕃奴隶主乘机蚕食河西走廊。唐代宗时期，吐蕃攻陷了凉州（今甘肃武威），河西节度使逃往沙州，在沙州建立节度使府。当时沙州附近的其他各州，都被吐蕃占领，只有沙州军民仍然英勇抵抗，不肯投降。后来，吐蕃奴隶主尚奇心儿率大军包围了沙州，沙州刺史周鼎向北方的回纥求援，由于援兵不至，周鼎打算焚城逃跑，遭到部下的反对。都知兵马使阎朝怒杀周鼎，自立为刺史，率领沙州人民坚守城池 11 年，最后终因粮尽援绝，沙州被吐蕃攻陷，整个河西走廊地区全部被吐蕃占领。吐蕃奴隶主对占领区人民极端残暴，凡是吐蕃军队所到之处，焚烧房屋，蹂躏庄稼，驱掠人畜，无恶不作。同时，因为吐蕃“重壮贱老”，唐人被他们俘虏以后，老弱全部杀光，少壮充当奴隶。

不仅如此，吐蕃奴隶主还严禁唐人穿汉族服装，只许他们每年元旦穿着自己的衣服祭祀祖先，祭完便脱下换上吐蕃装。每逢到这一天，唐人无不向东方遥拜，怀念久别的家乡，盼望唐政府能够早日收复失地。

唐武宗会昌二年（842 年），吐蕃赞普（国王）达磨去逝。由于他没有后代，于是王后綝氏立内侄乞离为赞普。吐蕃大相结都那因反对立异姓为赞普，被后党杀害。另一派大臣又立老赞普的支属俄松为赞普，从此吐蕃统治集团内部开始分裂，两个赞普互相争夺王位。并爆发了长期的内战。因此，在唐武宗时期，唐朝政府开始划策乘机收复河西走廊地区。唐宣宗继位以后，积极集结力量，准备收复失地。

大中三年（849 年），在唐朝政府的强大压力下，被吐蕃奴隶主占领的秦、原、安乐三州以及石门木峡等七关，被迫投降。唐宣宗诏令将三州七关收归唐朝。各州收复以后，唐宣宗又下诏将安乐州改为威州，并派兵驻扎三州七关等地。

三州七关的收复，使唐王朝恢复了对河西走廊东部地区的统治，但西部地区仍然处在吐蕃的统治之下。到大中五年（851 年），收复了整个河西走廊西部地区。至此，被吐蕃占领长达数十年之久的河西走廊全部回归唐朝，使唐朝的西部边境重新得到了安定和巩固。唐宣宗下诏在沙州恢复河西节度使，号称“归义军”，并任命张仪潮为检校吏部尚书兼金吾卫大将军、归义军节度使和 11 州营田处置观察使，负责对河西走廊的经营和管理，河西走廊的收复，成为唐宣宗一朝最辉煌的功业，也在唐朝历史上谱写了一个新的篇章。

唐宣宗虽然贵为天子，处在至高无上的地位，但却恭俭好善、平易近

骆驼载乐俑

人。宫中的侍役，他都能够叫得上他们的名字，知道他们干什么差事。宫中有人生病，唐宣宗知道后，不但派御医前往诊视，而且还亲自前往去探望，并私下里赏赐给病人一些物品作为安慰。平时和大臣们在一起，唐宣宗总是表现得恭恭敬敬，如同对待客人一样。但听大臣们奏事时，则严肃认真，一副威严的气势，从来没有显出过烦躁和怠惰的神情。当大臣们奏事结束后，唐宣宗便立刻恢复了平时那种和颜悦色、客客气气的样子，招呼大家说，可以谈些别的东西了。于是君臣之间谈些开心的玩笑，或者谈及宫中的游宴，无所不至，气氛融洽而又热烈。当大臣们退朝时，唐宣宗又语重心长地告诫大家说："希望你们善自为之，我常常担心你们辜负了我的期望，以至我们君臣不能够再相见了。"唐宣宗这种平易近人，又威严不可冒犯的特点，使大臣们既尊敬他又害怕他。

唐宣宗在位时期，很注意节俭，平时在宫中，经常穿着洗过的衣服，待上朝召见大臣时，才换上新衣服，有时甚至穿着洗过几次的衣服上朝，每天的饭菜也比较简单。以前皇帝出行，都要先用龙脑、郁金铺撒地面，唐宣宗认为这太奢侈浪费，诏令撤掉。在唐宣宗的带领下，大臣们都很注意节俭，并在官场中形成了一种崇尚节俭的风气。唐宣宗不但自己注意节俭，对子女要求也是如此。唐宣宗长女万寿公主，下嫁起居郎官郑颢，公主出嫁时，按照宫中常例，应该乘坐用白银装饰的车子。唐宣宗诏令改银为铜，下诏说："我要用俭朴来教育天下，应当从我的家属开始。"并嘱咐公主要谨守妇道，以俭朴为德，不要轻视丈夫和丈夫的家族，不要干预政事。还亲笔给公主写了一个诏令："假如违背了我的告诫，将招致太平公主和安乐公主那样的灾祸。"有一次，郑颢的弟弟郑凯得了重病。唐宣宗派人前去探望，使臣回宫后，唐宣宗问公主在哪里，使臣回答说在慈恩寺看戏。唐宣宗听后非常生气，叹着气说："我曾经责怪士大夫家不愿和我家结亲，现在才知道其中的原因。”于是立即召万寿公主入宫，让她站立在台阶下，严厉地责备她说：“哪有小叔子生病，不去省问探望，竟然去看戏的呢！”直到公主认错了，唐宣宗才让她回婆家去。由于唐宣宗以身作则和严格要求，皇帝贵戚兢兢业业地遵守礼法，没有人敢骄肆横行。

唐宣宗在位 13 年，史官称他是明察慎断，用法无私，恭谨节俭，惠爱民物，具有贞观之风，可以和唐太宗李世民相媲美。这虽然带有一定的夸张成分，但也不能完全说是溢美之词。从唐朝中后期的几代皇帝来看，唐宣宗可以称得上是一个较为贤明的君主。他在位时期，社会形势也确实得到了一定程度的好转，国家安定，政治、经济等方面都得到了发展，尤其是社会经济的发展最为明显。

唐宣宗晚年，随着身体的逐渐衰老，乞求长生的迷信思想不断增长。大中十一年（857 年），他派人前往罗浮山迎请道士轩辕集进宫，向轩辕集询求长生不老的秘诀。轩辕集告诉他，只要不近女色，不食荤腥，哀乐如一，多施恩德，自然就可以长寿了。但唐宣宗仍不死心，继续寻求长生不老的法术，最后误信了江湖术士李元伯的谎言，服用李元伯炼制的金石丹药，结果越吃身体越坏。大中十三年（859 年）八月，唐宣宗由于服用丹药过多，以至毒性剧发，背上生疽溃烂而死，享年 50 岁，安葬于贞陵（今陕西泾阳县仲山），庙号为唐宣宗。

十一、糊涂残暴唐懿宗，变本加厉败基业

唐懿宗李漼（833—873 年），初名李温，唐朝第十七任皇帝（859—873 年在位），唐宣宗李忱长子，母为元昭皇太后晁氏。

会昌六年（846 年）十月，其父即位，是为唐宣宗，册封李温为郓王。当时，唐宣宗喜欢第四子夔王李滋，欲立为皇太子，而李温年长，久而不决。大中十三年（859 年）八月，唐宣宗病逝，左神策护军中尉王宗实、副使亓元实矫诏立李温为皇太子。次年二月，安葬了唐宣宗，十一月改元为咸通，正式即位。

唐懿宗即位时，唐朝政治已经衰败，阶级矛盾已相当尖锐。翰林学士刘允章在《直谏书》中指出，当时国有九破，民有八苦。九破是指终年聚兵、蛮夷炽兴、权豪奢僭、大将不朝、广造佛寺、赂贿公行、长吏残暴、赋役不等、

食禄人多而输税人少；八苦是官吏苛刻、私债征夺、赋税繁多、所由乞敛、替逃人差科、冤屈不得申理、冻无衣饥无食、病不得医死不得葬。国有九破，说明唐王朝已不能照旧统治下去，民有八苦，说明人民已无法继续生活下去，只有起来反抗了。

大中十三年（859 年）十二月，在浙东爆发了裘甫领导的农民起义，揭开了唐末农民大起义的序幕。浙东是唐政府财富所生的主要地区之一，农民受着残酷的压迫和剥削。浙东又是唐政府防御空虚的地区，人不习战，甲兵朽钝。裘甫乘势揭竿，很快攻下了象山县。观察使郑祗德派兵前去镇压，被起义军打得大败，非死即逃。裘甫遂进陷剡县（今浙江嵊县），开府库，募壮士，聚众数千人，浙东震动。郑祗德再派讨击副使刘勍、副将范居植率兵迎击，至桐柏观前，一场大战，范居植被杀，刘勍狼狈逃回。郑祗德又派人进击，将帅 500 人全军覆没。裘甫连战皆捷，声势大震，各地人民，陆续奔集，队伍发展到 3 万，分为 32 队，裘甫自称天下都知兵马使，改元罗平，铸印天平，建立了农民政权。裘甫以刘晊为谋主，刘庆、刘从简为偏帅，造兵械，储资粮，接连攻下上虞、余姚、奉化、宁海等县。郑祗德累表告急，且向邻道求援。唐懿宗接受了宰相夏侯孜的建议，特任前安南都护王式为浙东观察使，郑祗德被召为太子宾客。王式拜命而行，忠武、义成和淮南诸军尽归他指挥。王式老奸臣猾，到达浙东后，分两路包围起义军，他征集留居在浙东的吐蕃、回纥人充当骑兵，又把浙东地主武装“土团子弟”数千人配备到各路军中作向导，壮大了唐军的势力。裘甫领导起义军与唐军作战数次，均失利。在剡县城，起义军与唐军展开血战，3 天内打了 83 仗，城中妇女也编成女军，以瓦砾打击唐军。但终因兵力不足，剡县失守，裘甫、刘晊、刘庆等被俘就义。刘从简带领 500 人从剡县突围转战大兰山（今奉化县西北），据险自守。不久，刘从简牺牲。这次起义前后历时 8 个月。

唐懿宗酷好音乐宴游，供奉乐工，常常近 500 人，每月必大宴 10 余次，山珍海味，无不收集。不时出游长安附近名胜、离宫，每出游一次，扈从人员多至 10 余万人，耗费钱财不可胜计。有一个叫李可及的乐工，善于作新曲，深得唐懿宗宠爱，唐懿宗竟把他擢为左威卫将军。大臣刘蜕一再进谏，反被黜为华阴令。一般官僚也竞相效仿，于是贪污成风，专以害民为事。当时有个叫路岩的宰相以及他的下属，生活奢靡，招权纳贿，至德令陈蟠叟上书说，请破路岩亲吏边咸一家，可赡军二年。唐懿宗不仅没有惩办边咸，反而把陈蟠叟流放到边远地区。有些节度使出自禁军，他们以成倍的利息向长安富室贷款，贿赂宦官，取得节度使的职位。到镇之后，便疯狂搜刮百姓，除偿还贷款外，还积蓄了大量财富。定边节度使李师望，搜刮财富以百万计，士卒非常痛恨他，恨不得生吃了他。后来，唐懿宗以窦滂代替李师望，而窦滂的贪残又甚于李师望。陕州大旱，人民向官府告灾，观察使崔荛指着庭院中的树说："树上还有叶，哪来的旱灾呢？"竟把告灾的人痛打了一顿。河南许州长葛县令严郜，罢任之后，在当地兼并良田万顷，大置庄园。小小县令且如此，大官僚更不用说。那时的地主官僚庄园遍布全国各地，大量农民失去土地。有富者田连阡陌，贫者无立锥之地的说法。这样的腐败政治，人民除了起来反抗外，已无路可走了。桂林戍兵的起义就是在这种背景下爆发的。咸通四年（863 年），南诏攻下安南，唐在徐泗地区募兵 2000 人赴援，分 800 人别戍桂林，约定 3 年轮换。

到咸通九年（868 年），徐泗兵在那里已戍守 6 年，他们屡求代换，但徐泗观察使崔彦曾却不肯答允。戍兵们无比愤怒，许佶、赵可立、姚周等 9 人杀死都将王仲甫，推粮料判官庞勋为首领，打开监军院，取兵甲结队北归。这些戍兵，大部分是徐州一带的农民，为首的许佶、赵可立、姚周等人原是徐州农民暴动的骨干力量，具备与唐政府斗争的经验。他们自桂林出发，经湖南，沿长江东下，过浙西，入淮南，达泗州（今江苏盱眙北），一路上，人数增加到 1000 多人。在徐州城南，他们击败了崔彦曾的截击，南下攻克宿州（今安徽宿县）。庞勋自称兵马留后，许多农民参加了起义军。

起义军在运河上歼灭唐军 3000 多人，一举攻下了徐州城，杀死了徐泗观察使崔彦曾等残暴官员。淮、浙和山东、河南南部一带的暴动农民纷纷前来参加起义军，起义军发展到 20 多万人，很快占领了淮南、淮北的广大地区，攻下了都梁城（今江苏盱眙县北）和淮口，切断了从江淮通往长安的漕运线。

这时，唐懿宗慌了手脚，急忙派右金吾大将军康承训任义成军节度使

唐懿宗简陵遗址

和徐州行营都招讨使，王晏权为徐州北面行营招讨使，戴可师为徐州南面行营招讨使，发诸道兵，合沙陀、吐谷浑、契苾贵族统治者的兵力，共10万人前来镇压。起义军奋勇迎战，杀死戴可师，连败王晏权，取得很大的胜利。在这种情况下，庞勋骄傲起来，自以为无敌于天下，放松了对敌人的防备。而唐政府继续调兵遣将，包围起义军。

咸通十年（869年），睢水、柳子战役，起义军连战失利。原来投降起义军的下邳土豪郑镒、宿州守将张玄稔等又背叛起义军，张玄稔引唐军攻陷徐州城，许佶等战死。不久，庞勋在蕲县（今安徽宿县南）被唐军包围，起义军虽英勇作战，但终因寡不敌众，庞勋与起义将士一万多人壮烈牺牲。这次起义虽然失败了，但起义军的余部仍在继续战斗，成了唐末农民大起义的火种。《新唐书》说：“唐亡于黄巢，而祸基于桂林。”

唐懿宗仍没有从这次农民起义中接受教训，奢侈无度的恶习仍没有改变，并且愈演愈烈。他在位10年，也没立皇后，独宠幸郭淑妃，郭氏生一女，独得唐懿宗钟爱，封为同昌公主。同昌公主结婚时，唐懿宗尽出宫中珍玩，作为奁资，连窗门都用杂宝装饰，一切器皿，非金即银，甚至井栏药臼，也由金银制成，耗费约500万缗，所行婚仪，备极奢华，唐以前的公主没有一个能与之相比。婚后一年多，同昌公主生病而死，唐懿宗自制挽歌，饬群臣毕和，令宰相以下，都去吊祭。又诬陷给公主治病的医官用药有误，20多个医官被唐懿宗下令处死，医官的家属300多人也被投置狱中。一些大臣劝谏唐懿宗不要滥杀无辜，唐懿宗就将他们贬为地方官。同昌公主的葬礼，也极为奢华。护丧仪仗，达数十里，乐工李可及作叹百年曲，率数百人为地衣舞，用杂宝为首饰，纯800匹，舞罢珠玑散地，任民拾取。冶金为俑，怪宝千计，随葬品达120车。

唐懿宗又是一个以佞佛著名的皇帝，在宫中设讲席，自唱经，又数幸佛寺，施与无度。咸通十四年（873 年）正月，唐懿宗派人到凤翔法门寺奉迎“佛骨”，大臣力谏，唐懿宗就是不听，竟说：“朕得见佛骨，死亦何恨？”从京城到法门寺 300 里间，车马日夜不绝。“佛骨”到了京城，禁卫军充当仪仗，拥护的队伍长达数十里，搞得长安举城若狂。唐懿宗将“佛骨”置入宫中供养，膜拜甚虔，宰相以下，竞施金帛，皇宫简直成了一座寺院。这件事过了两个月，唐懿宗就生了大病，当年死去。死后葬简陵。谥曰睿文昭圣恭惠孝皇帝，庙号懿宗。

十二、昏庸腐朽胜乃父，黄巾军起出长安

唐僖宗李儇（862—888 年），初名李俨，是唐懿宗李漼第五子，母惠安皇后王氏，唐朝第十八位皇帝（873—888 年在位），在位 15 年。

咸通十四年（873 年）七月，41 岁的唐懿宗因荒淫无度病死。左神策军中尉刘行深、左神策军中尉韩文约在唐懿宗的 8 个儿子中，挑选了第五个普王李儇为皇位继承人。李儇即位时只有 12 岁，他就是唐僖宗。

唐僖宗的昏庸腐朽和奢侈豪华，比唐懿宗有过之而无不及。他最信用的是宦官田令孜。田令孜原是一个小马坊使，读书识字，有些巧思。唐僖宗还在普府时就和他朝夕相处，称他为“阿父”，即位以后，先是把他提升为枢密使，不久又提拔为神策军中尉、左监门卫大将军。唐僖宗年幼，不会治理国政，但对蹋球、斗鸡、音乐、赌博则非常精通。他多次到六王宅、兴庆池等处与诸王斗鸡，一只鸡赌 50 万钱。他还常常赏给乐工钱，每天达数万，把府库所藏用得精光。唐僖宗甚至对乐工石野猪说：“我如果应击球进士举，一定能成为状元。”田令孜还给唐僖宗出主意，把来长安做买卖的商人们的宝货送进宫中内库，如果有人前来申诉，就把他们乱棍打死。田令孜又揽权纳贿，量贿除授，官员的升降连宰相也不让知道。这样，朝廷更加腐败，官吏更加贪残，老百姓的生活也更加穷苦。在这种情况下，一场大风暴即将出现在宫廷的上空。

广明元年（880 年）十二月初五日，长安城一片混乱，唐僖宗和宦官田令孜带着几个亲王、嫔妃，率领 500 名神策军，由含元殿金光门出了皇宫，匆匆忙忙地逃往四川。文武百官都不知道，因而也没有人随行。十三日，

含元殿上鼓乐齐鸣，黄巢正式即位，当了皇帝。黄巢登上丹凤楼，宣布敕书，建国号大齐，改元金统。李唐宫廷深处发生了翻天覆地的变化。黄巢是怎样一个人呢？

原来，由于唐朝宫廷的腐败，百姓处于水深火热之中。乾符元年（874年），翰林学士卢携在给唐僖宗的上奏中，就曾说过："关东去年旱灾，从虢州（今河南省三门峡西南）往东到海，麦子收成只有中常年景的一半，秋天几乎颗粒无收，冬菜又很少。民间百姓磨蓬实做面，收槐叶当菜。体弱有病的人，往往连这些东西也搞不到。往年收成不好，还可以逃奔他乡，如今到处闹饥荒，无路可逃，只好坐以待毙。赋税虽经减免，但百姓仍没有上缴的能力，而州县官吏又催缴很急，动辄打人勒索。百姓卖妻鬻子，也只够供应催租胥吏的酒食费用，府库还是收不到一文钱。租税之外，还有繁重的差役，百姓们实在没有生路。"而唐僖宗对这些忠言的奏章却置之不理，以至官逼民反，酿成大乱。乾符二年（875年）正月初三，王仙芝在濮州濮阳县（今河南范县）率众起义。他发布檄文，自称天补均平大将军兼海内诸豪都统，很快攻占了曹州和濮州，队伍由几千人发展到几万人。就在这时，黄巢也率领几千人的队伍到曹州会师，开始了轰轰烈烈的创基立业活动。

唐僖宗

王仙芝和黄巢都当过私盐贩，曾经奔走各地，熟悉关塞险阻，道路里程。特别是黄巢，从小练习武艺，善于击剑骑射，又熟读经史，很有才学。据说，他曾经考过进士，未中，因而对朝廷的腐败深感愤慨。他写过这样一首咏菊诗，抒发远大的志向："飒飒西风满院栽，蕊寒香冷蝶难来。他年我若为青帝，报与桃花一处开！"乾符三年（876年），王仙芝和黄巢率众进入河南，占领汝州（今河南省临汝县）。不久，他们又进攻唐、邓（今河南省泌阳、邓县）、复、郢（今湖北省钟祥、沔阳）等州，在长江、淮水、黄河、汉江之间的广大地区，风驰电掣般地纵横往来，声势越来越大。乾符三年底，王仙芝和黄巢开始分兵作战，从此以后，他们再也没有会合过。乾符五年（878 年）二月，王仙芝兵败战死，黄巢称冲天大将军，成为农民起义军的最高统帅，继续在广大地区纵马驱驰。这年春末，他率领 10 万大军，离开藩镇众多的中原地区，长驱南下，开始大规模的远征。他曾攻克越州（今浙江省绍兴市），占领建州（今福建省建瓯市），开辟了连绵 700 里、蹊径曲回的仙霞岭栈道，攻克福州（今福建省福州市）。乾符六年（879 年），黄巢率军攻占广州，在这里发布文告，历数宦官专权、官吏贪残、考选不公、埋没人才，明确表示要引军北上，攻占长安，直捣朝廷。

乾符六年（879 年）十月，在浩荡的秋风中，黄巢率军乘坐木排，从桂州（今广西桂林）出发，沿湘江而下，直到潭州（今湖南省长沙），十一月，进占江陵（今湖北省荆州），广明元年（880 年）六月，攻克宣州（今安徽省宣城）。十一月下旬，黄巢率领 60 万大军，直下东都洛阳，留守刘允章率领百官投降。十二月初一，黄巢率军进逼潼关。据说，这一天，潼关附近，漫山遍野，一片白旗，黄巢亲临前线，全军欢呼，山河震动。到初三，潼关攻克。京城长安得知这一消息，立刻陷入一片混乱之中。就是在这种情况下，十二月初五凌晨，唐僖宗和宦官田令孜等人急急忙忙逃离长安，前往四川。

原来，十二月初五早晨，文武百官照样上朝了，但是，他们等了许久，也没见唐僖宗出来，只好退朝回家。就在这天下午，黄巢的前锋大将柴存进入长安。右骁卫大将军张直方不得不带领数十名文武官员到坝上迎接黄巢。黄巢乘坐一辆金装肩舆进入长安。他的随从们个个披长发，扎红绸，持利刃，披锦绣，气势雄壮。当百姓们像潮水一样从四面八方涌来，夹道欢迎黄巢的时候，黄巢手下的大将尚让慰谕人们说："黄王起兵，本为百姓，不像李家虐待你们。你们尽管安居乐业好了。"黄巢还命令手下将士把钱帛散给穷苦百姓。

黄巢称帝之后，总计在长安留住了三年多的时光。与此同时，唐僖宗先是逃到兴元（今陕西省汉中），在那里发布诏令，号召天下藩镇出兵征

讨黄巢。不久，他又到达成都，继续图谋恢复长安。中和三年（883年）春天，黄巢率军18万退离长安；中和四年（884年）六月，他在泰山狼虎谷（今山东省莱芜境）战败，力竭自杀，结束了11年轰轰烈烈的义举和悲壮的一生。光启元年（885年）正月二十四日，唐僖宗回到长安。从他出走的时候算起，离开京城已经整整5个春秋。

文德元年（888年）三月，27岁的唐僖宗病死在长安皇宫中的武德殿，他的弟弟李晔继承皇位，历史上称为唐昭宗。经过黄巢农民起义军打击以后的唐室宫廷，这时已经真正处在夕阳西下日近黄昏的时刻，在暮霭之中，显得更加黯淡无光。

十三、昭宗醉酒乞巧楼，丧家之犬阶下囚

唐昭宗李晔（867—904年），初名李杰，长安（今陕西西安）人。唐懿宗李漼第七子，唐僖宗李儇之弟。唐朝第十九位皇帝（888—904年在位）。

6岁时，封为寿王。乾符三年（876年），册封为幽州卢龙节度使。乾符四年（877年），加封开府仪同三司，授幽州大都督、管内观察处置等使。唐僖宗即位之后，因为是其同母弟的缘故，待他十分优厚。广明元年（880年）因为黄巢起义军逼近长安，唐僖宗逃往成都，李晔也是密切随侍唐僖宗左右，让他参与机要事务，唐僖宗与朝野上下都十分看重他。

文德元年（888年）二月，唐僖宗病危时，群臣因唐僖宗的皇子年幼，拟立皇弟吉王李保为嗣君，只有宦官杨复恭从血缘关系远近考虑，拥立唐僖宗同母弟寿王李杰。杨复恭之所以拥立寿王李杰，仍然是宦官自行废立的惯用旧例。加之寿王李杰自身也能够表现一些军事才能，与杨复恭关系相处也算和谐，比较能为杨复恭等人接受。此时唐僖宗已经不能说话，只是略微点头算是恩准了，于是文德元年（888年）三月初六遗诏立寿王杰为皇太弟，监军国事。当天就由中尉刘季述，率禁兵迎入寿王李杰，安置在少阳院，由宰相孔纬、杜让能带人去观察。群臣见他身体与样貌俱佳，带有皇者的英气，群臣私下都认为皇太弟是皇位的不二人选。初八，唐僖宗崩，遗诏命皇太弟嗣位，改名为李敏，即位于柩前，时年22岁。十一月，改御名为李晔。

当唐僖宗李儇把皇位传给他的弟弟李晔时，帝京宫阙的繁华盛景已然

不复存在了。唐昭宗乾宁三年（896年）初秋，凤翔节度使李茂贞出兵京畿，占领长安，于是，李唐皇室的家园，便在中和以来规模最大的一次洗劫中变成了一片瓦砾。此时，昭宗皇帝正被镇将韩建挟持，困驻华州（今陕西华县）。

光化元年（898年）八月，唐昭宗皇帝从华州回到长安宫城。这一年，刚好是他做唐宫之主的第十年。几经颠沛流亡之后，当年这位全心致力于重振帝业的大唐天子，几乎全然丧失了那种至尊的帝王威仪。在他回到西京的两年以后，竟然做了自己家奴的阶下囚！

同65年前太和年间的形势有些相似，唐昭宗皇帝因为痛恶宦官而试图除尽宫中阉党，然而，这一时期在宫里执掌权柄的宦官，各自有不同的藩镇势力作为后台，背景十分复杂。这一来，比太和末年那场甘露事变更惨的悲剧发生了。

光化三年（900年）十一月的一天，皇帝出宫到禁苑打猎，并在苑中设宴，和侍猎的宦官斗酒。入夜，喝得酩酊大醉的皇帝从右银台门进了大明宫，穿过紫宸门、宣化门和思玄门回内宫的乞巧楼。处于迷狂之中的皇帝，一路随手砍杀在门口值班的宦官和出来接他的宫女。第二天上午，到了八九点钟，紫宸门仍迟迟未开。这时，左军中尉刘季述急急到中书省院找宰相崔胤，向他请示说："紫宸门不开，内宫必有变故。我是内臣，行动比较方便，请丞相准许我入宫去看个究竟。"在得到崔胤的同意之后，刘季述便火速从东内苑调来1000禁军，把紫宸门撞开后进了内宫。他四处一问，知道了昨天夜里发生的事情。

唐昭宗

刘季述离开内宫后，径直又去了中书省，向崔胤报告宫里的情况，并说："圣上做事如此荒谬，哪里还能治理天下！废昏立

明，自古有之，而废立之举实属为社稷计宜，并非叛逆。”崔胤听了他的话，没敢表示异议。随后刘季述便拟了一份请皇太子监国的联名状。很快，刘季述又召集了大臣入朝并陈兵殿庭，拿出联名状让宰相和文武百官一一签名。就在此刻，宣化门外已经埋伏好了上千名全副武装的士兵。

刘季述和右军中尉王仲先等十几个人刚刚进了乞巧楼，宣化门外的伏兵随后便大喊着冲到楼南侧的思政殿前，斩杀那些惊呼四散的宫人。酒醉未醒的皇帝被这突然的事变吓得不知所措，猛地从龙床上跌落下来。当他起身要跑时，刘季述和王仲先一步上前把他拉住，挟拽着他按到御座上。何皇后得到消息后匆匆赶来，见到了刘季述、王仲先二人便谦恭地说："军容不要惊扰宅家（指皇帝），有事可以听凭你们商量。"这时，刘季述拿出百官联名状交给皇帝，明确提出让皇帝退位的要求。皇帝一听感到十分诧异，不解地说："昨天和你们在一起聚宴饮乐，不觉得有什么地方得罪了你们，怎么竟会出这样的事呢？"刘季述答道："今日之事非出臣等之心，而是南司执意要求皇太子监国，众情难遏，臣等不得已而为之。请陛下暂且先到东宫颐养，待局势稍定之后，再迎归大内（指西内太极宫）。"何皇后在一旁忙说："宅家快依了军容的话罢！"说罢，马上取来传国宝玺交给刘季述。

宦官把皇帝和何皇后扶上同一辆乘辇，送他们去了东宫少阳院，随行的妃嫔侍从总共只有十几个人。不料，一进少阳院，刘季述突然变了脸色，开始尖着嗓子历数皇帝的罪过——"某时某事，你不听从我的话，这是罪过之一……"每数一罪，便用手中的银杖在地上划一道，划了几十下之后还不罢休。过了很长时间，刘季述才离开少阳院。出门后，他亲自把院门锁好，并吩咐将作监派工匠把整个院门用铁水浇铸封死，只在墙上开一个递送饮食用的小孔。左军副使李师虔奉刘季述之命，率军围守少阳院，监视皇帝的一举一动，随时向刘季述汇报。按规定，兵器针刀之类的东西一律不能送入院中，即使皇帝只要些钱帛纸笔，也根本没有人理睬。隆冬大寒时节，和皇帝一同被关在少阳院的妃嫔、公主无衣无被，她们每天从早到晚号哭不停。

从唐昭宗皇帝被幽禁时起，刘季述为了显示自己的威风，开始有意地在皇宫内外制造一种森然恐怖的气氛。他每天半夜在宫里杀人，天亮之后把尸体运出宫外。一连许多天，每天都有十辆运尸车驶出宫门；不过，每辆车上至多只装一两具尸体。凡是皇帝宠信的人，包括宫女、宦官、方士、和尚、道士以及皇帝的弟弟睦王李倚，统统免不了丧生于这场诡秘的屠戮。

杀戒一开，往后的政局一发而不可收拾。先是崔胤勾结朱温谋杀刘季述，灭其三族，扶唐昭宗复位，而后又大诛宦官七八百人，内侍省血满庭院，以至宫中外传诏命，只得改派宫人出入。随后朱温又杀崔胤，胁持唐昭宗到洛阳，并拆屋毁房，尽驱长安城中男女老幼循渭水东下，闹得民怨沸腾。

十四、屈辱四年傀儡位，禅位后梁终唐史

唐哀帝李柷（892—908 年），本名李祚，京兆长安（今陕西西安市）人。唐朝末代皇帝，唐昭宗李晔第九子。乾宁四年（897 年），进封辉王。天复三年（903 年），授开府仪同三司、诸道兵马元帅。

天祐元年（904 年）八月，朱全忠遣亲信蒋玄晖等人赶赴洛阳杀死了唐昭宗及其昭仪李渐荣、河东夫人裴贞一。何皇后痛苦流涕，跪在蒋玄晖脚下，苦苦哀求饶恕性命，愿以身侍奉。对这样一位艳丽的美人，蒋玄晖顿生淫念，于是刀下留情，何皇后得以不死。李祚当皇帝后，奉何皇后为皇太后，并为她建造了太后宫，取名积善宫，故称何氏为积善皇太后。

唐昭宗遇害的第二天早朝，蒋玄晖假传圣旨，立辉王李祚为皇太子，改名李柷。中午时分，又矫宣皇太后令，皇太子可于唐昭宗柩前即皇帝位。然后遣太子家令李能前往十六宅向诸王及宗室报丧。诸王、宗室及百官到齐后，皇太后差太常卿王溥为礼仪使，举行了简单的即位仪式，年仅 13 岁的李柷登上皇位，是为唐哀帝。接着，蒋玄晖向百官宗室宣布，昭仪李渐荣与河东夫人裴贞一合伙杀害了唐昭宗皇帝，惧罪投井自杀，罪大恶极，现将她们追削为庶人。这样，把弑君之罪转嫁到死人身上，从而掩饰了朱全忠、蒋玄晖的罪行。

唐哀帝少年当政，显然成为权臣们的玩物。事实上，小朝廷的一切权力完全掌握在朱全忠手里。为了造成篡权的有利形势以便早日登上皇位，朱全忠开始了大肆杀戮宗室和朝廷大臣的活动。

唐哀帝

天祐二年（905 年）二月，朱全忠指使枢密使蒋玄晖把唐昭宗的诸子德王李裕等九位亲王召到九曲池，举行鸿门宴。九王不知是计，便开怀痛饮，个个酩酊大醉，蒋玄晖事先布下的刽子手一拥而上，将九位亲王用绳索绞死。

在国家破败的危难境地，朝廷大臣们也偏不自爱，仍在不知廉耻地争权夺势。宰相柳璨自进士及第不满四年，便被朱全忠推上相位。裴枢等几位宰相自负资望高，极为轻视柳璨，柳璨因而十分痛恨裴枢等朝臣，寻机报复，他竭力讨好朱全忠及其心腹，诋毁裴枢等人，使之被远贬他郡。随后，柳璨又开列了一张黑名单，把不合己意的朝臣都列进去，对朱全忠说，这伙人喜欢结朋党，制造是非，留之无益，应尽快除掉。朱全忠的重要谋士李振因屡举进士不第，便对进士出身的朝官极为痛恨，他也对朱全忠说，唐朝之所以破败，都是浮薄士人紊乱纲纪的缘故。大王（朱全忠）要成大事（指代唐称帝），这些人是很大的障碍，不如全都杀掉。朱全忠认为言之有理，便让唐哀帝颁布诏书，将裴枢等旧宰相及出身高门、科举入仕的大朝官 30 余人，各赐自尽。朱全忠又下令把他们的尸体全部投入黄河。

宗室既除，朝臣亦已清除干净，整个朝廷全部控制在朱全忠手里。下一步的任务就是如何将唐哀帝的名位“合情合理”地转移给自己的问题了。

然而，宰相柳璨、蒋玄晖、张廷范等似乎没能领会朱温的迫切心情，他们还在与唐哀帝、皇太后商议要按部就班地经过封大国（国号）、加九锡、行殊礼，然后受禅的程序，还打算在天祐三年（906 年）十一月让唐哀帝率群臣到南郊举行祭天大礼。急于登皇位的朱全忠闻讯大怒，认为这是蒋玄晖等与唐哀帝、皇太后在密谋拖延禅位时间，图谋不轨。因此，他急匆匆从淮南平叛中赶回大梁（今河南开封），声言要改易唐祚。唐哀帝闻听十分害怕，因此，唐哀帝立即把祭南郊的活动暂且推迟到明年正月。同时，唐哀帝又派刑部尚书裴迪去大梁传达圣旨，加授朱全忠为相国，使之为百官之长，并加九锡之命。然后又责令蒋玄晖去大梁向朱全忠请罪。

朱全忠对蒋玄晖等人耿耿于怀，决意要清理这些执政大臣。天祐二年（906年）十二月，蒋玄晖被押送河南府处斩，当众将其尸体焚烧。柳璨问斩于上都门外；张廷范被处以五车分尸的极刑。他们的家属、亲信皆遭屠戮。临刑时，柳璨曾大声喊道：负国（唐）贼柳璨，该杀该杀！

柳璨发挥朋党恶习，借朱全忠的威势，除掉了许多不合己意的大朝官，如今死到临头，才明白自己丧尽天良，该杀。

紧接着，朱全忠下令停止宦官首脑机关枢密使和宣徽南、北院的工作，两院的官吏全部归属中书省，一切公事都必须请示中书。唐中期以来泛滥起来的宦官势力又一次受到沉重打击。

天祐四年（907年）正月，唐哀帝遣御史大夫薛贻矩赴大梁慰问朱全忠，贻矩趁机向朱献禅让之计，这正合全忠之意，因此，朱全忠颔首应诺。薛贻矩返回洛阳，立即上奏唐哀帝："元帅（朱温）同意受禅，陛下应当早日去掉身上的重负，早行禅位之礼。"于是，唐哀帝下诏准备在二月举行传禅大礼。

三月初，唐哀帝诏告群臣，以宰相张文蔚、杨涉等率领文武百官奉宝绶，赴大梁，禅皇位于朱全忠。

朱全忠受禅称帝，为梁太祖，立国号梁，史称后梁。

朱全忠称帝后，封唐哀帝为济阴王，迁往曹州（今山东曹县）。第二年，即开平二年（908年）二月二十一日，朱全忠派亲信杀死李柷，时年17岁，谥曰唐哀帝，葬于温陵。后唐明宗时，为其追谥昭宣光烈孝皇帝。

像所有无法逃脱覆灭命运的封建王朝一样，辉煌一时的大唐王朝，终于在它生命的黄昏落下了帷幕。

第七章 后宫风云变幻时

一、聪慧刚毅有卓见，太穆皇后辅高祖

太穆皇后窦惠（生卒年不详），京兆始平（今陕西咸阳市）人。北周神武郡公窦毅之女，母为襄阳公主宇文氏。

窦氏出身于鲜卑贵族（鲜卑是当时的一个少数民族），但受到汉族影响很大。

窦氏年幼时被舅父周武帝宇文邕抚养于宫中，很受宠爱。她聪慧刚毅，颇有才华，既会书法，又能写文章，而且很有政治见识。关于她，历史上留下不少佳话。

窦氏还是个小孩时，周武帝娶了一位突厥女当皇后，但并不喜欢她。

窦氏知道后就对周武帝说："天下还没有安宁，突厥还很强大，希望舅舅您能够控制自己的感情，多关爱一下皇后，以百姓利益为重。只有那样，您才能得到突厥的帮助。"

周武帝认真地采纳了她的意见。

窦氏的父亲窦毅听到这事后，心想："这个女孩子有如此出众的才貌，可不能随随便便把她嫁给人家，应该给她找个好丈夫。"

后来，窦毅为女儿想出了一个别出心裁的办法，要通过比武为女儿寻找如意郎君。

窦毅叫人在门屏上对称画了两只孔雀宣布：凡是两箭能射中孔雀眼睛的，就把女儿嫁给他。

有贵族子弟前来求婚，就给他两支箭射孔雀。在李渊之前，有几十人前去求婚，但都没有射中孔雀的眼睛，只好垂头丧气地走了。

李渊上场后，凭着他精湛的技术，很容易就用两箭射中了门屏上孔雀的眼睛。

窦毅很是高兴，就把女儿嫁给了李渊。

窦氏和李渊结婚后，经常鼓励丈夫建功立业，使他在上层斗争中增添信心，弥补丈夫在性格上优柔寡断的缺陷。她不仅要主持家务、照顾孩子，还时常帮助丈夫出主意。

有一次，李渊任扶风太守时，得到几匹骏马。窦氏听说隋炀帝特别喜欢骏马，可以趁此机会把骏马献给皇帝，以讨好皇帝。于是，她对丈夫说："皇上喜好猎鹰骏马，不如把你的这些骏马献给他。"

李渊脸上露出为难的表情，看样子是很舍不得那几匹马。于是，窦氏进一步说道："这几匹马是别人送给你的，最好别长期放在这儿。否则，要是有人告你一状，你必定会因此而惹祸。希望你慎重考虑这件事。"

可是李渊实在舍不得那几匹骏马，就拒绝了妻子的劝告，没有把它们献给隋炀帝。结果，昏庸的隋炀帝知道李渊有骏马而没有进献后，很是生气。他找了一个借口降了李渊的官职。

太穆皇后

窦氏为李渊生了四个儿子，建成、世民、玄霸、元吉；一个女儿，即平阳公主，许于柴绍为妻。

窦氏与李渊母独孤氏（元贞皇后）婆媳间感情也很融洽。李昞早年亡故，家事全由李渊母独孤氏一人操持，她一生辛苦，晚年常患病卧床，窦氏侍奉汤药，从无倦色。有一次，独孤氏病势沉重，家中几个年长的妯娌嫌独孤氏脾气暴躁，不愿侍奉，一个个托病退出，只有

窦氏昼夜陪伴在侧，小心侍候，衣不解带，达一月有余。独孤氏对这个儿媳，甚是喜爱。

可惜的是，窦氏没能亲眼看见李渊称帝。早在李渊举兵反隋之前，窦氏就已经去世了，当时才 45 岁。

李渊非常悲痛，他回想起窦氏的话，这才采取保全自己的措施。他多次寻觅猎鹰骏马去献给皇帝，不断讨好皇帝。很快他就升官了。

李渊为此越发想念窦氏，有一次还流着眼泪对儿子们说："如果我早点听你们母亲的劝告，早就可以做大官了。你们母亲的去世真是我的一大损失。"

唐朝建立后，李渊追封窦氏为穆皇后。贞观九年（635 年）五月初九，其子李世民追尊为太穆皇后。天宝八载（749 年）六月十五日，唐玄宗追尊为太穆顺圣皇后。

二、娘子关上娘子军，生荣死哀昭公主

平阳公主（？—623 年），唐高祖李渊第三女，唐太宗李世民同母姐，母太穆皇后窦氏。祖籍邢州尧山。她是一个真正的巾帼英雄，也是中国古代第一位统领千军万马为自己父亲建立帝业的公主，才识胆略丝毫不逊色于她的兄弟们。中国万里长城的著名关隘娘子关就是因为她所率领的娘子军曾经在此驻守而得名。她是唐朝第一位死后有谥号的公主，是中国封建史上唯一一个由军队为她举殡的女子，真正的生荣死哀。

平阳公主是唐高祖李渊的第三个女儿，也是李渊嫡妻窦皇后的爱女。长大后嫁给了武将柴绍为妻，婚后柴绍携妻定居长安城。

隋大业十三年（617 年）五月，李渊决定起兵反隋。李渊起兵前，平阳昭公主与柴绍当时正在长安，李渊派遣使者秘密将他二人召回来。柴绍对平阳昭公主说："你的父亲将要起兵扫平乱世，我打算前去迎接他的义旗，一起离开不可行，我独自走后又害怕你有危险，到底应该怎么办呢？"平阳昭公主说："你应该赶紧离开，我是一个妇人，遇到危险容易躲藏起来，到那时自己会有办法的。"

于是，柴绍立即从小道直奔太原。而平阳公主则在后方进行各种安排。她很快动身回到鄠县（今陕西户县）的李氏庄园，女扮男装，自称李公

子，将当地的产业变卖，赈济灾民，很快招收了一支几百人的队伍。随后李渊起兵的消息就传来了，平阳公主听到这个消息，决心要为父亲招募更多的士兵。

柴绍

平阳公主到处联络反隋的义军，以其超人的胆略和才识，在三个多月的时间里，就招纳了四五支在江湖上已有相当规模的起义军。其中最大的一支就是胡商何潘仁，当时他手下有几万人。平阳公主派家僮马三宝前去游说何潘仁归降。不知道马三宝使了什么手段，势力远远超过平阳公主的何潘仁居然甘愿做平阳公主的手下。平阳公主收编了何潘仁后又连续收编了李仲文、向善志、丘师利等义军，势力大增。在此期间，朝廷不断派兵攻打平阳公主。平阳公主率领的义军不但打败了每一次进攻，而且势如破竹，连续攻占了户县、周至、武功、始平等地。

这支由女人做主帅的义军，军纪非常严明，平阳公主令出必行，整支军队都对她肃然起敬。在那乱兵蜂起的年月里，这支军队得到了广泛的拥护。老百姓将平阳公主称为“李娘子”，将她的军队称为“娘子军”。娘子军威名远扬，很多人都千里投奔而来。不久，平阳公主的娘子军就超过七万人了。平阳公主在军事上的直觉与见地，堪称天才，隋将屈突通就曾经在她手下连吃几场大败仗。

九月，李渊主力渡过黄河进入关中，这时他很高兴地看到他的三女儿已经为他在关中打下了一大片地盘。他派柴绍带了几百骑兵去迎接平阳公主。接下来，平阳公主挑选了一万多精兵与李世民会师渭河北岸，共同攻打长安。柴绍属于李世民的部下，与平阳公主平级。夫妻二人各领一军，各自有各自的幕府（指挥部）。十一月，他们兵聚一处，很快就攻克了长安。

关中平定之后，李渊将自己这位才略出众的爱女封为“平阳公主”。因为独有军功，每次赏赐，都与其他公主有所不同。

攻克长安之后，平阳公主再次为大唐的江山立下功劳。因为李渊当时虽然拿下了长安，但是他只是大致控制了半个关中，他的四周都是敌人。稳定长安后，李渊立刻掉头对付据有陇西之地的薛举和凉州（今甘肃武威）的李轨，李渊命李世民征讨。李世民用了大约两年的时间来扫荡这些势力。奠定李唐天下的一仗是灭王世充，这一役唐军围城打援，把前来援救王世充的窦建德一起消灭。这几仗柴绍都曾参与。

平阳公主这时的主要任务就是防守李家的大本营山西，她驻守的地方就是娘子关。娘子关位于今山西省平定县东北的绵山上，为出入山西的咽喉，原名苇泽关，因平阳公主率数万“娘子军”驻守于此才更名娘子关。山西是中原和关中地区的屏障，无山西则中原和关中不稳，平阳公主率军驻守娘子关，目的就是为了防止敌人从这里进入山西。

长安之战后，平阳公主的事迹就不再见于史籍。直到 6 年之后的唐高祖武德六年（623 年）二月初，史书上才突如其来地记了一笔她的死讯。而之所以会记上这一笔，还主要是由于她的葬礼与众不同，是以军礼下葬的，“前后部羽葆鼓吹、大辂、麾幢、班剑四十人、虎贲甲卒”。当时礼官提意见说女人下葬用鼓吹与古礼制不合，高祖李渊反驳他：“鼓吹就是军乐，以前平阳公主总是亲临战场，身先士卒，擂鼓鸣金，参谋军务，从古到今何尝有过这样的女子？以军礼来葬公主，有什么不可以的？”于是特地破例以军礼下葬平阳公主，并且按照谥法所谓“明德有功曰‘昭’”，谥平阳公主为“昭”。这就是后世称她为“平阳昭公主”的由来。

三、坤载万物长孙氏，贤妻良后称典范

文德皇后（601—636 年），复姓长孙氏，名无垢，字观音婢，河南洛阳人，鲜卑族。隋朝齐国公长孙晟之女，唐太宗李世民皇后，唐高宗李治母亲，太尉长孙无忌同母妹。

1. 一对璧人伉俪情深

长孙无垢的祖先为北魏拓跋氏，父亲长孙晟隋时官至右骁卫将军，母

亲是隋朝扬州刺史高敬德的女儿。长孙无垢自幼喜欢读书，生长在官宦之家，自幼接受了一整套正统的教育，形成了知书达理、贤淑温柔、正直善良的品格。长孙氏 13 岁时便嫁给了当时太原留守李渊的次子、年方 17 岁的李世民为妻。她年龄虽小，但已能尽行妇道，悉心侍奉公婆，相夫教子，是一个非常称职的小媳妇，深得丈夫和公婆的欢心。

有一次长孙氏回娘家，她舅舅高士廉的一个妾室在她下榻的房舍外看到一匹两丈高的马，鞍勒皆具，神采飞扬。可一转眼，这匹仿佛从天而降的大马就不见了踪影。高士廉于是请术士就此进行占卜，术士为她测完生辰八字就说她："坤载万物，德合无疆，履中居顺，贵不可言！"

李世民少年有为，文武双全，18 岁就能单枪匹马突入敌军阵营，救出深陷重围的父亲；20 岁便有王者风范，能礼贤下士仗义疏财，广招天下豪杰；21 岁随父亲李渊起兵，亲率大军攻下隋都长安，将隋朝送进了坟墓，使李渊登上天子宝座，成为大唐王朝的开国之主——唐高祖。李渊称帝后，李世民因军功被拜为尚书令、右翊卫大将军，进封秦王。长孙无垢随即成为秦王嫡妃，开始了她迈向皇后之位的第一步。

次年长孙无垢生下了她和李世民的第一个孩子李承乾，初为人母的长孙无垢心情是喜悦的，但她的心更多的是牵挂着出征的丈夫。李世民为了稳固唐王朝的江山不得不在战场上与敌厮杀，而他所偏好的孤胆英雄的杀敌方式更是让长孙王妃饱受揪心之苦。不久，李世民凭借卓越的战功获得了高祖李渊的至高奖赏：李世民被封为位于王公之上的"天策上将"、陕东道大行台尚书令，所获赏赐为玉璧 1 双、黄金 6000 斤、食邑 3 万户。他同时得到的，还有金辂 1 乘、衮冕之服 1 套、前后部鼓吹及九部之乐、班剑 40 人。这已是帝王级的仪仗待遇。

在李世民征战南北期间，长孙王妃紧紧追随着丈夫四处奔波，为他照料生活起居，使李世民在繁忙的战事之余能得到一种清泉般温柔的抚慰，从而使他在作战中更加精神抖擞，所向无敌。

李世民虽非太子，但功劳很大，麾下文臣武将如云。文臣有以杜如晦、房玄龄为首的"十八学士"，武有程咬金、秦叔宝、尉迟敬德等骁勇战将。这一切都看在了太子李建成的眼里，他对李世民的防范也一天强似一天，天策上将府与太子府之间已经势同水火。甚至有人还将状告到了高祖李渊

李泰为母亲长孙皇后所造的佛像

那里，说："秦王恃他大勋，不服居太子之下。"

这时候，长孙无垢肩上的担子就更重了，她尽心竭力地孝顺李渊、恭敬诸嫔妃，尽力弥缝李世民与父亲之间的关系。她还弥合妯娌间的关系，希望借助妯娌间的密切关系缓和李世民兄弟间的紧张气氛。可是她做的这些努力注定不会有结果。在权势面前，亲情和道德显得那么微不足道。很快李建成和弟弟李元吉就对李世民下了最重的一次毒手，他们将天策上将府中李世民的左右亲信和大将调出，准备将李世民除掉。

627 年，精心策划的玄武门事变爆发，最后的时刻终于到了。李世民召集手下集合，准备和李建成决一死战，在这一紧要关头，长孙无垢抛开了个人得失坚定地和丈夫站在一起。《唐书·后妃列传》："太宗在玄武门，方引将士入宫授甲，后亲慰勉之，左右莫不感激。"可以看出当时长孙无垢并没有置身事外，她和李世民在一起真正做到了同生共死。李世民也固执地把这位柔弱的妻子带在身边，他知道这场军事斗争生死难料，无论是福是祸，他们绝不会有人苟且独生。在刀光剑影中闪动的是这对传奇帝后的真挚爱情和千载不变的誓言。

李世民通过玄武门兵变后，顺利除掉了太子李建成和齐王李元吉，受到兵变威胁的李渊只好立李世民为太子，并命令李世民掌管军国大事，实际上已经把权力交给了李世民。同年八月，李渊以年事已高为由禅位给太子李世民，自己退居太上皇。

2. 坤载万物的长孙皇后

627 年，李世民登基，是为唐太宗。长孙王妃也随即立为了长孙皇后，应验了卜卦先生说她“坤载万物”的预言。做了至高无上的皇后，长孙氏并不因之而骄矜自傲，她一如既往地保持着贤良恭俭的美德。对于年老赋闲的太上皇李渊，她十分恭敬而细致地侍奉，每日早晚必去请安，时时提醒太上皇身旁的宫女怎样调节他的生活起居，像一个普通的儿媳那样力尽孝道。

对后宫的妃嫔，长孙皇后也非常宽容和顺，她并不一心争得专宠，反而常规劝李世民要公平地对待每一位妃嫔，正因如此，唐太宗的后宫很少出现争风吃醋的韵事，这在历代都是极少有的。也正因为有了长孙皇后的宽容和顺、贤惠大度，李世民在尽情享受多姿多彩的后宫生活的同时，还可以从容处理国家大事。

长孙皇后头脑冷静，遇事有独到而客观的见解，并且善于透过事物的表象抓住事物的本质，这令唐太宗非常折服，也就对她十分器重。每次回到后宫，常与她谈起一些军国大事及赏罚细节；长孙皇后虽然是一个很有见地的女人，但她不愿以自己特殊的身份干预国家大事，她有自己的一套处事原则，认为男女有别，应各司其职，因而她说：“牝鸡司晨，终非正道，妇人预闻政事，亦为不祥。”唐太宗却坚持要听她的看法，长孙皇后拗不过，说出了自己经过深思熟虑而得出的见解：“居安思危，任贤纳谏。”她提出的是原则，而不愿用细枝末节的建议来束缚丈夫，她十分相信李世民手下那批谋臣贤士的能力。

李世民牢牢地记住了贤妻的“居安思危”与“任贤纳谏”这两句话。当时天下已基本太平，很多武将渐渐开始疏于练武，唐太宗就时常在公务之暇，招集武官们演习射技，名为消遣，实际上是督促武官勤练武艺，并以演习成绩作为他们升迁及奖赏的重要参考。按历朝朝规，一般是除了皇宫守卫及个别功臣外其他人员不许带兵器上朝，以保证皇帝的安全，因此有人提醒唐太宗；“众人张弓挟箭在陛下座侧，万一有谁图谋不轨，伤害陛下，岂不是社稷之大难！”李世民却说：“朕以赤心待人，何必怀疑自己左右的人。”他任人唯贤，用人不疑的作风，深得手下文武诸臣的拥护，由此属下人人自励，不敢疏怠，就是在太平安定的时期也不放松警惕，国家长期兵精马壮，丝毫不怕有外来的侵犯。

关于任贤纳谏一事，唐太宗深受其益，也做得最好。他常对左右说：“人

要看到自己的容貌，必须借助于明镜；君王要知道自己的过失，必须依靠直言的谏臣。”他手下的大夫魏征就是一个敢于犯颜直谏的耿直之士。魏征出于忠心，并不是只挑毛病的人，他对国家大事常常直言不讳，敢于坚持自己的真知灼见，不看皇帝的脸色行事，是什么事，就怎么说。对唐太宗的一些不当行为和政策，也是直截了当地当面指出，并力劝他改正，唐太宗对他又敬又怕，称他是“忠谏之臣”。但有时在一些小事上魏征也不放过，甚至小题大做，让唐太宗常常觉得面子上过不去。一次，唐太宗心血来潮，带了一大群护卫近臣，要到郊外狩猎。正要出宫门时，迎面遇上了魏征，魏征问明了情况，当即对唐太宗进言道：“眼下时值仲春，万物萌生，禽兽哺幼，不宜狩猎，还请陛下返宫。”当时唐太宗兴致正浓，一听便不高兴了：我堂堂大唐帝王，富有天下，即便是打了一些哺幼的禽兽，那又如何？于是马鞭一指，请魏征让到一旁。自己打马向前，坚持出游。魏征却不肯妥协，干脆跑过来站在路中央，拦住了唐太宗的去路。唐太宗气愤至极，下马气冲冲地返回宫中。

唐太宗回宫见到了长孙皇后，独自义愤填膺地说：“一定要杀掉魏征以泄我心头之恨！”长孙皇后问明事情原委后，没有埋怨他，也没有说什么，只是悄悄回到内室，穿上礼服，然后庄重地来到唐太宗面前叩首道：“恭贺陛下！贺喜陛下！”唐太宗见了，一头雾水，不知她葫芦里到底卖的什么药，吃惊地问：“何事如此隆重？”长孙皇后一本正经地回答：“妾闻有明主才有直臣，今魏征直言，由此可见陛下英明，所以我来恭贺陛下！”唐太宗听了一怔，觉得皇后说的话甚是在理，于是满脸阴云随之而消，魏征也就得以保住了他的地位和性命。由此可见，长孙皇后不但气度宽宏，而且还有过人的机智。

3. 贤妻良后的典范

长孙皇后辅佐李世民，公正明智地处理方方面面的关系，常常把好处让给别人，把困难留给自己，宁可自己吃亏，也不让别人吃亏。按照现在的说法，就是舍己为人，不谋私利，深得宫中上上下下的敬佩，无形之中拥有了很大的威信和权力。谁都愿意听从她的安排，甚至感觉听她的话、按照她的安排办事是一种荣耀。长孙皇后与唐太宗的长子李承乾自幼便被立为太子，由他的乳母遂安夫人总管太子东宫的日常用度。当时宫中实行节俭开支的制度，太子宫中也不例外，费用十分紧凑。遂安夫人时常在长孙皇后面前嘀咕，说什么“太子贵为未来君王，理应受天下之供养，然而现在用度捉襟见肘，一应器物都很寒酸”，因而屡次要求增加费用。但长孙皇后并不因为是自己的爱子就网开一面，她说：“身为储君，来日方长，所患者德不立而名不扬，何患器物之短缺与用度之不足啊！”贞观盛世的形成。与唐太宗和长孙皇后力持节俭政策是分不开的，在这方面，长孙皇后为天下人做出了表率。

在历代外戚中，有许多是凭着裙带关系而飞黄腾达的，但最后的结局往往是爬得高跌得狠，被流放监禁、满门抄斩者屡见不鲜。长孙无忌是长孙皇后的哥哥，文武双全，早年即与李世民是至交，并辅佐李世民赢取天下，立下了卓著功勋，本应位居高官，但因为他的皇后妹妹，反而处处避嫌，以免给别人留下话柄。

唐太宗原想让长孙无忌担任宰相，长孙皇后却奏称：“妾既然已托身皇宫，位极至尊，实在不愿意兄弟再布列朝廷，以成一家之象，汉代吕后之行可作前车之鉴。万望圣明，不要以妾兄为宰相！”唐太宗不想听从，他觉得让长孙无忌任宰相凭的是他的功勋与才干，完全可以“任人不避亲疏，唯才是用”。而长孙无忌也很顾忌妹妹的关系，不愿意位极人臣。万不得已，唐太宗只好让他做开府仪同三司，位置清高而不实际掌管政事，长孙无忌仍要推辞，理由是“臣为外戚，任臣为高官，恐天下人说陛下为私”。唐太宗正色道：“朕为官择人。唯才是用，如果无才，虽亲不用，襄邑王李神符是例子；如果有才，虽仇不避，魏征是例子。今日之举，并非私亲也。”长孙无忌这才答应下来，这兄妹两人都是那种清廉无私的高洁之人。

长孙皇后虽然以不重用娘家人为原则，也有例外的时候。她有一个同父异母的哥哥长孙安业，酗酒无赖，长孙皇后父亲死的时候，长孙皇后和哥哥长孙无忌还很小，长孙安业竟然把兄妹两人撵回舅舅家，不让两人回家。长孙无垢当上皇后后，并不记恨，反而求唐太宗照顾他。唐太宗便任命长孙安业为监门将军。后来长孙安业参与了刘德裕造反的事，唐太宗要杀长孙安业。长孙皇后在唐太宗面前叩头流泪为长孙安业求情，她说：“安业的罪过当然该死，不在赦免之列。可是天下人都知道他对我不好，陛下要杀他，众人还以为是我借陛下的手杀害自己的兄长，对陛下的名誉有损。”

皇太子李治为母亲长孙皇后所建大慈恩寺

唐太宗无奈，只得法外施恩，将长孙安业免去死罪。

唐太宗和长孙皇后膝下有一女长乐公主，被视为掌上明珠，从小养尊处优，是一个娇贵的金枝玉叶。将出嫁时，所配嫁妆要比永嘉公主加倍。永嘉公主是唐太宗的姐姐，正逢唐初百业待兴之际出嫁，嫁妆因而比较简朴，长乐公主出嫁时已值贞观盛世，国力强盛，唐太宗要求增添些嫁妆本不过分。但魏征听说了此事，上朝时谏道："长乐公主之礼若过于永嘉公主，于情于理皆不合，长幼有序。规制有定，还望陛下不要授人话柄！"唐太宗本来对这番话不以为然。时代不同，情况有变，未必就非要死守陈规。回宫后，唐太宗随口把魏征的话告诉了长孙皇后，长孙皇后却对此十分重视，她称赞道："常闻陛下礼重魏征，殊未知其故；今闻其谏言，实乃引礼义抑人主之私情，乃知真社稷之臣也。妾与陛下结发为夫妇，情深意重，仍恐陛下高位，每言必先察陛下颜色，不敢轻易冒犯；魏征以人臣之疏远，能抗言如此，实为难得，陛下不可不从啊。"于是，在长孙皇后的操持下，长乐公主带着不甚丰厚的嫁妆高高兴兴地出嫁了。

长孙皇后不仅是口头上称赞魏征，而且还派中使赐给魏征绢 400 匹、钱 400 缗，并传口讯说："闻公正直，如今见之，故以相赏；公宜常秉此心，不要转移。"魏征得到长孙皇后的支持和鼓励，更加尽忠尽力，经常在朝廷上犯颜直谏，丝毫不怕得罪皇帝和重臣。也正因为有他这样一位赤胆忠心的谏臣，才使唐太宗避免了许多过失，成为一位圣明君王，说到底，这中间实际上还有长孙皇后的一份功劳。

贞观八年，长孙皇后随唐太宗巡幸九成宫。一天夜里出现了紧急状况，有人报告说侍卫中发生了兵变。唐太宗自己手持武器，出来巡视，长孙皇后害怕唐太宗遇到危险，自己挡在唐太宗面前。虽然有惊无险，但她身体本来不好，受了惊吓，又感染风寒，引动了旧日疾患，病情日渐加重。

太子李承乾请求以大赦囚徒并将他们送入道观来为母后祈福祛疾，群臣感念长孙皇后盛德都随声附和，就连耿直的魏征也没有提出异议；但长孙皇后自己坚决反对，她说："死生有命，富贵在天，非人力所能左右。若修福可以延寿，吾向来不做恶事；若行善无效，那么求福何用？赦免囚徒是国家大事，道观也是清静之地，不必因为我而搅扰，何必因我一妇人，而乱天下之法度！"她深明大义，终生不为自己而影响国事，众人听了都感动得落下了眼泪。唐太宗也只好依照她的意思而作罢。

长孙皇后的病拖了两年时间，终于在贞观十年盛暑中崩逝于立政殿，享年仅 36 岁。弥留之际尚殷殷嘱咐唐太宗善待贤臣，不要让外戚位居显要；并请求死后薄葬，一切从简。

唐太宗并没有完全按照长孙皇后的意思办理后事，他下令建筑了昭陵，气势十分雄伟宏大，并在墓园中特意修了一座楼台，以便长孙皇后的英魂随时凭高远眺。这位圣明的皇帝想以这种方式来表达自己对贤妻的敬慕和怀念。长孙皇后以她的贤淑的品性和无私的行为，不仅赢得了唐太宗及宫内外知情人士的敬仰，而且为后世树立了贤妻良后的典范，到了唐高宗时，尊她为"文德顺圣皇后"。

四、唐蕃和亲两公主，民族融合二女神

1. 文成公主：力行身践扫蛮荒

文成公主（625—680 年），唐朝宗室女，祖籍山东济宁（今山东任城）。汉名无记载，吐蕃尊称甲木萨（意为"汉人女神"）。

1300 多年前，唐朝文成公主离开繁华的都城长安，历经千难万险，来到雪域高原，与吐蕃王松赞干布和亲，开创了唐蕃交好的新时代。文成公

主知书达礼，不避艰险，远嫁吐蕃，为促进唐蕃间经济文化的交流，增进汉藏两族人民亲密、友好、合作的关系，做出了历史性的贡献。

史书中没有记载文成公主的祖籍、出生地、名字、父母，只记载她为宗室女。后人多猜测其父为江夏郡王李道宗，李道宗是唐高祖李渊的堂侄，因战功被封为任城王，他的女儿就生在任城。

唐贞观八年（634 年），吐蕃赞普松赞干布遣使大唐，唐太宗遣行人冯德遐出使吐蕃。松赞干布再次派人到唐朝，提出要娶一位唐朝公主，遭到唐太宗的拒绝。由于当时吐谷浑王诺曷钵入唐朝见，吐蕃特使回来后便告诉松赞干布，声称唐朝拒绝这个婚约是由于吐谷浑王从中作梗。

唐贞观十二年（638 年），松赞干布借口吐谷浑从中作梗，出兵击败吐谷浑、党项、白兰羌，直逼唐朝松州（今四川松潘），扬言若不和亲，便率兵大举入侵唐朝。唐将牛进达率领唐军先锋部队击败了吐蕃军，松赞干布大惧，在唐将侯君集率领的唐军主力到达前，退出吐谷浑、党项、白兰羌，遣使谢罪，并再次请婚，派大论薛禄东赞携黄金 5000 两及相等数量的其他珍宝来正式下聘礼。唐太宗遂将一宗室女封为公主，嫁给松赞干布。

贞观十五年（641 年）正月十五日，唐太宗将文成公主下嫁松赞干布，诏令江夏王李道宗持节护送。文成公主在唐送亲使李道宗和吐蕃迎亲专使禄东赞的伴随下，前往吐蕃。文成公主一行从长安出发，途经西宁，翻日月山，长途跋涉到达拉萨。松赞干布率群臣到河源附近的柏海（今青海玛多县境内）迎接文成公主，谒见李道宗，行子婿之礼。之后与公主同返逻些（今拉萨），为文成公主加冕、封作王

文成公主入藏图

后，并为公主筑城、修建宫室。文成公主与吐蕃松赞干布和亲，开创了唐蕃交好的新时代。

松赞干布非常喜欢贤淑多才的文成公主，专门为公主修筑了布达拉宫，共有 1000 间宫室，富丽壮观，但后来毁于雷电、战火。经过 17 世纪的两次扩建，形成现今的规模。布达拉宫主楼 13 层，高 117 米，占地面积 36 万余平方米，气势磅礴。布达拉宫中保存有大量内容丰富的壁画，其中就有唐太宗五难吐蕃婚使噶尔禄东赞的故事，文成公主进藏一路遇到的艰难险阻，以及抵达拉萨时受到热烈欢迎的场面等。这些壁画构图精巧，人物栩栩如生，色彩鲜艳。布达拉宫的吐蕃遗址后面还有松赞干布当年修身静坐之室，四壁陈列着松赞干布、文成公主、禄东赞等人的彩色塑像。

松赞干布迎娶文成公主后，中原与吐蕃之间关系极为友好，使臣和商人频繁往来。松赞干布十分倾慕中原文化，他脱掉毡裘，改穿绢绮，并派吐蕃贵族子弟到长安国学读书。文成公主不喜欢吐蕃人的赭面习俗，松赞干布下令禁止吐蕃人的赭面习俗。松赞干布还在唐境聘请文士为他掌管表疏，又向唐请求给予蚕种及制造酒、碾硙、纸墨的工匠。唐人陈陶《陇西行》诗有“自从贵主和亲后，一半胡风似汉家”语，可证文成公主对吐蕃吸收汉族文化有非常大的影响。

贞观二十三年（649 年），唐太宗李世民逝世，新君唐高宗李治继位后，遣使入蕃告哀，并授松赞干布“驸马都尉”，封“西海郡王”。松赞干布派专使前往长安吊祭太宗，献金 15 种供于昭陵，并上书唐高宗，表示对唐朝新君的祝贺和支持。唐高宗又晋封松赞干布为“王”，并刻了他的石像列在昭陵前，以示褒奖。

永徽元年（650 年），松赞干布逝世，文成公主继续在吐蕃生活达 30 年，致力于加强唐朝和吐蕃的友好关系。她热爱藏族同胞，深受百姓爱戴。永隆元年（680 年），文成公主因患天花去世，吐蕃王朝为她举行隆重的葬礼，唐遣使臣赴吐蕃吊祭。拉萨至今仍保存藏人为纪念她而造的塑像，距今已 1300 多年。

文成公主入藏，唐蕃之间的友谊有了很大的发展。文成公主笃信佛教，在逻些建造小昭寺，协助泥婆罗（今尼泊尔）尺尊公主修建大昭寺。文成公主从长安带到吐蕃的释迦牟尼像至今仍保存在大昭寺。大昭寺前

唐蕃会盟碑

的公主柳，传说为其亲手所栽。由于文成公主的博学多能，对吐蕃国的开化影响很大，不但巩固了唐朝的西陲边防，更把汉民族的文化传播到西藏，西藏的经济、文化等各方面也借由大唐文化的营养得以长足发展。松赞干布迎娶文成公主后的 200 多年间，吐蕃和唐朝之间使臣和商人依然往来频繁。

文成公主是唐高祖李渊的宗室女，虽然不是唐高祖亲生，但出身王侯，每日锦衣玉食，身份尊贵，是名副其实的金枝玉叶。文成公主与松赞干布的故事，以及推进藏族文化的功绩，至今仍以戏剧、壁画、民歌、传说等形式在汉藏民族间广泛传播。文成公主在藏传佛教中，被认为是绿度母的化身。

2. 金城公主：铸造唐蕃和平岁月

金城公主（698—739 年），本名李奴奴，唐朝和亲公主，唐中宗李显养女，生父为邠王李守礼。

圣历元年（698 年），李奴奴出生于邠王李守礼府邸，后被唐中宗李显收养。虽是宗室女出身，李奴奴却自幼与其他公主一同成长于皇宫中。

久视元年（700 年），唐休璟率唐军击败吐蕃军。长安二年（702 年），陈大慈又率唐军击败吐蕃军。神龙三年（707 年）三月，吐蕃摄政太后没禄氏派遣使者悉薰热到唐朝进贡，并向唐中宗请求联姻，唐中宗应允。该年四月，唐中宗下旨进封李奴奴为金城公主，出嫁吐蕃赞普赤德祖赞。

景龙三年（709 年）十一月，吐蕃派遣大臣尚赞咄等 1000 多人前来迎娶公主。景龙四年（710 年）正月，唐中宗命左骁卫大将军杨矩护送金城公主入吐蕃。唐中宗亲自渡过渭河到始平县（今陕西兴平）设宴百官，命随从大臣赋诗为公主饯行。席间谈及公主年幼即要远嫁时，唐中宗不禁唏嘘涕泣。同年二月，唐中宗将始平县改名为金城县，将百顷泊改名为凤池乡怆别里，并赦免当地死刑以下囚犯，免百姓赋税一年。

金城公主沿着 70 年前文成公主的旧道入藏，吐蕃为迎娶公主凿石开路。景龙四年（710 年）底，金城公主一行抵达吐蕃逻些（今拉萨）。吐蕃赞普专门为她修建宫城居住，并尊称其为“可敦”（赞普正妻）。金城公主进藏时带去几万匹锦缎，还有许多书籍和乐工杂伎，对唐蕃文化交流影响深远。

唐朝安西都护张玄表侵略吐蕃北境，杨矩接受吐蕃的贿赂，建议唐睿宗以“公主沐浴地”为名义将唐朝边境九曲之地赠予吐蕃以结盟好。不料却就此留下祸患，此后数年间唐蕃在九曲之地征战不断。为防吐蕃，景云二年（711 年），唐睿宗设置河西藩镇（今甘肃省武威市）；开元元年（713 年），唐玄宗又设置陇右藩镇（今青海省乐都县）。开元二年（714 年），唐玄宗派遣左骁卫郎将尉迟瑰出使吐蕃看望金城公主，并亲笔书信褒扬公主德行高尚、深明大义。

此后两年，边境屡有战事，唐蕃双方各有胜败。开元四年（716 年）八月，吐蕃战败想要求和，金城公主以谢恩的名义向唐玄宗上《谢恩赐锦帛器物表》，表中称：“现在时值仲夏炎热，希望皇帝兄长注意起居饮食。我曾见两国当年的舅甥盟约，希望现在还能像以前那样和好如初，若真能如此我便如同获得再生、欣喜雀跃。皇帝兄长赏赐的金帛物品我都收下了，谨以金盏、羚羊衫和段青长毛毡回赠。”

金城公主照镜图

开元五年（717 年），金城公主再次上表请和，称：“我很平安，请皇帝兄长不必忧心。吐蕃的宰相对我说赞普想要请和，希望双方亲立誓文。以往皇帝不答应立誓，我嫁

到吐蕃后双方和好。但如今边境战事不断，恐怕难以继续安宁。若只怜悯我远嫁他国而让皇帝兄长盟誓是不合理之事，但念在能使两国长治久安，恳请谨慎思量。”唐玄宗准许了求和的奏请。

开元十年至开元十七年（722—729 年），战事再起，唐军屡次大破吐蕃军。唐玄宗派遣皇甫惟明和张元方前往吐蕃向赞普和金城公主宣旨，赞普答应请和，并称：“外甥迎娶公主，情义如同一家。之前是张玄表等人率先发起进攻，才使得边境战事紧张。外甥深知尊卑礼仪，怎敢失礼冒犯，实在是边境情况所迫得罪了舅舅。如今承蒙远差使节前来看望公主，外甥不胜喜悦。若能两边修好，我死而无憾！”吐蕃因此再度依附唐朝。

开元十八年（730 年）十月，吐蕃派遣使者来到长安，奉金城公主命向唐玄宗进献金盏器物，并求得《毛诗》《礼记》《左传》《昭明文选》等书籍带回吐蕃。开元二十年（732 年），金城公主向唐玄宗上《请置府表》，称：“听闻皇帝万福，我非常欢喜。如今两国舅甥和好，以后也不变更，天下百姓得以安乐生活。”开元二十一年（733 年），唐玄宗派遣诏工部尚书李皓出使吐蕃，赐物万段。开元二十二年（734 年），唐、蕃在赤岭（今青海日月山）定界刻碑，约以互不侵扰，并于甘松岭互市，平息了边界持续十年的战乱，造福边疆百姓，也助唐朝继续巩固繁荣景象。

开元二十七年（739 年）十一月，金城公主在吐蕃薨逝。开元二十八年（740 年）春，吐蕃使者抵达长安报丧，几个月后唐玄宗为金城公主举哀，辍朝三日。

金城公主在吐蕃生活近 30 年，对唐蕃交往有所贡献，巩固了文成公主进藏后的唐蕃“舅甥之盟”。时至今日，西藏仍然流传着金城公主的很多故事传说，从斑驳的壁画和生动的史书记载中我们仍然能够看到金城公主作为一个和亲公主为两地人民带来的文化交流和经济发展，光是凭借这点金城公主的名字就值得被后人铭记。

五、野心勃勃承母志，直到南山不属人

太平公主是我国历史上赫赫有名的人物，她不仅仅因为是中国历史上第一个女皇武则天的女儿，而且几乎真的成了“武则天第二”。太平公主一生很不太平，从小骄横放纵，长大后变得凶狠毒辣，野心勃勃地觊觎着

那高高在上的皇位，梦想像她母亲那样登上御座，君临天下。她虽不乏心机和才干，也曾纵横捭阖得意于一时，但终未能承传母志，位列九五，反遭屠戮。

太平公主（约 665—713 年），本名是李令月，为唐高宗李治与武则天的小女儿，唐中宗和唐睿宗的妹妹。

武则天为唐高宗李治生育了 6 个儿女，而太平公主是唯一存活下来的女儿。因此，武则天把太平公主视为金枝玉叶，百般疼爱。太平公主五六岁时，常常往来外祖母荣国夫人家，她随行的宫女（一说为太平公主本人）遭表兄贺兰敏之逼奸，此事引起武则天大怒，加上此前贺兰敏之曾奸污未定的未来太子妃，武则天最终决定，撤销贺兰敏之作为武家继承人的身份，流放并中途处死贺兰敏之。

唐朝是一个思想多元化的时代，达官贵族家女子出家当道士并不罕见，比如金仙公主、玉真公主，还有李腾空、王灵妃等。太平公主 8 岁时，以替已经去世的外祖母荣国夫人杨氏祈福为名，出家为女道士，“太平”一名，乃是她的道号。虽然号称出家，她却一直住在宫中。一直到吐蕃派使者前来求婚，点名要娶走太平公主。李治和武则天不想让爱女嫁到远方去，又不好直接拒绝吐蕃，便修建了太平观让她入住，正式出家，借口公主已经出家来避免和亲。此时的李治身体极差，武则天正忙于揽权夺势，几乎无暇顾及亲情血缘，让女儿在太平观一住便是 4 年。直至永隆二年（681 年），太平公主约 16 岁时，才下嫁唐高宗的嫡亲外甥、城阳公主的二儿子薛绍。薛绍不仅出生贵族，而且仪表堂堂，两人一见情投意合，可以说是门当户对。婚礼在长安附近的万年县馆举行，场面非常豪华，照明的火把甚至烤焦了沿途的树木，为了让宽大的婚车通过，甚至不得不拆除了县馆的围墙。

武则天对女儿非常宠爱，她认为薛绍的嫂嫂萧氏和成氏出身不够高贵，想逼薛家休妻，有人以萧氏出身兰陵萧氏、并非寒门相劝说，才使她放弃了这个打算。薛绍的兄长薛顗也曾因太平公主来头太大而怕惹来祸事。不过太平公主在第一次婚姻期间，安分守己，并未有不轨事件传出。

太平公主的第一次婚姻结束于垂拱四年（688 年）。因为薛顗参与唐宗室李冲的谋反，牵连到薛绍，但薛绍本人并没有参加这次谋反，是武则天觉得太平公主嫁错郎了。武则天下令将薛顗处死，薛绍杖责一百，后饿死狱中。当时太平公主最小的儿子才刚满月。事后，武则天为了安慰女儿，打破唐公主食封不过 350 户的惯例，将她的封户破例加到 1200 户。

不久，武则天曾打算将寡居的太平公主嫁给武承嗣，太平公主没有同意。

载初元年（690 年），太平公主改嫁予武则天的侄子武攸暨。此时的武攸暨，不仅已有家室，而且夫妻恩爱。武则天为了确保女儿的婚后地位，给侄儿媳妇赐了三尺白绫，逼其自缢身亡。武攸暨把前妻之死，暗自怪罪于太平公主，导致婚后同床异梦，太平公主常常独守空房。这次婚姻被认为是武则天为了保护太平公主而采取的手段。武则天在太平公主第二次结婚的两个月后正式登基，太平公主因为成为了武家的儿媳而避免了危险。婚后太平公主替武攸暨生下两个儿子、两个女儿。

太平公主只想做一个贤妻良母，过着平静而安稳的生活，而现实却让她欲罢不能。两段失败的婚姻让她开始怀疑人生，导致性情大变，作风变得轻浮。武攸暨性格谨慎谦退，太平公主在第二次婚姻期间，大肆包养男宠，与朝臣通奸。

太平公主逐渐认识到，只有掌握权力，才可以掌控自己的命运。尽管心里恨着自己的母亲，但又不得不屈服于母亲手中的皇权。她将自己的男宠冯小宝献给母亲。冯小宝原本只是走街串巷的江湖郎中，经过改名换姓，再打造成寺庙住持，顺利送到武则天身边。太平公主本想把冯小宝作为心腹安插在母亲的身边，以此来掌握母亲的一举一动。谁知冯小宝却不识时务，得意忘形，让太平公主彻底失望。最终，太平公主授意奶

唐三彩仕女俑

妈张夫人，指使御林军将其一阵乱棒打死。

唐朝是一个思想比较开放的时代，作风比较混乱，公主包养男宠不足为奇。太平公主大肆搜集天下美男子，张昌宗便是众美男子中的典型代表。太平公主杀冯小宝的理由之一，就是因其是市井小民，有失皇家颜面，而张昌宗却出生于官宦之家，因排行第六，所以人称“张六郎”。张昌宗长相清秀，温文尔雅，风度翩翩，而且饱读诗书，琴棋书画样样精通。太平公主将貌似莲花的张昌宗，孝敬给年逾七旬的母亲。张昌宗在武则天身边站稳脚跟后，又将自己同父异母的哥哥张易之推荐给武则天。但张氏兄弟没有总结冯小宝消失的教训，反而恩将仇报。

太平公主“喜权势”，武则天认为她长相、性格都像自己，常与之商议政事，但武则天生前从不让太平公主将她参与政事的事情外泄。太平公主畏惧母亲，因而行事比较收敛，对外只大肆装修府邸，购买别业。武则天朝，太平公主见诸史书的建树只有为自卫而铲除来俊臣势力这一件。

武周末年，武、李两家矛盾尖锐化，武则天召回庐陵王李显，立他为继承人，并通过一系列联姻将武、李两家联系起来，以图能消弭未来的政治斗争。同时，她也开始让太平公主和上官婉儿以及她的两个男宠张昌宗、张易之掌握权力。太平公主本人虽是武家儿媳，但政治上一直是李家的拥护者。

大足元年（701 年），二张因进谗言害死了两家的嫡系继承人而同时得罪武、李两家。

长安二年（702 年）八月，李显、李旦与太平公主联名表奏，请封张昌宗为王，为武则天拒绝，改封二张为国公。这次表奏缓和了双方关系。但不久后的长安三年（703 年）九月，张昌宗诬告魏元忠与太平公主的情人司礼丞高戬，引起武则天大怒，将魏元忠、高戬二人下狱。二张与太平公主及李家的关系彻底破裂。

神龙元年（705 年），李家的拥护者、宰相张柬之发动兵变，诛杀二张，逼武则天逊位给太子李显。太平公主由于参与诛杀二张兄弟有功，而受封“镇国太平公主”，其兄李旦封“安国相王”，开府，封 5000 户。

李显复位之后，太平公主逐渐走到幕前，积极参与政治。她受到李显的尊重，李显曾特地下诏免她对皇太子李重俊、长宁公主等人行礼。中宗朝，

韦皇后与安乐公主乱权，唯惧太平公主多谋善断。

景龙元年（707 年）七月，太子李重俊谋反。安乐公主与宗楚客想趁机陷害太平公主与相王李旦兄妹，遂诬告他们与太子李重俊同谋。主审官御史中丞萧至忠对李显流泪进谏：“陛下富有四海，不能容忍一弟一妹，而让人罗织罪名残害吗！”太平公主与李旦因而得以幸免于难，但太平公主与安乐公主的敌对已明显白热化。

景龙四年（710 年）六月，李显被韦皇后与安乐公主毒死。上官婉儿与太平公主一起草拟遗诏，立温王李重茂为皇太子，皇后知政事，相王李旦参谋政事，试图在韦皇后与皇族之间谋取平衡。但宗楚客与韦皇后党羽商议，改相王李旦为太子太师，架空了李旦，打破了这一平衡。七月，太平公主派其子薛崇简与刘幽求一起参与了李隆基等诛杀韦皇后的行动，清除了韦氏党羽，并亲手将李重茂拉下皇位，拥立相王李旦复位，是为唐睿宗。太平公主因此番功劳而晋封万户，为唐朝公主权势之顶峰。

太平公主屡立大功后，权势地位更加显赫。李旦经常同她商量朝廷的大政方针，每次她入朝奏事，都要和李旦坐在一起谈上一段时间；有时她没去上朝谒见，李旦会派宰相到她的家中征求她对某些问题的处理意见。每当宰相们奏事的时候，李旦就要询问：“这件事曾经与太平公主商量过吗？”接下来还要问道：“与三郎（指皇太子李隆基）商量过吗？”在得到宰相们肯定的答复之后，李旦才会对宰相们的意见表示同意。凡是太平公主想干的事，李旦没有不同意的。朝中文武百官自宰相以下，或升迁或降免，全在她的一句话，许多士人经过她的举荐而平步青云担任要职。由于太平公主的权势甚至超过了李旦皇帝，所以对她趋炎附势的人数不胜数。太平公主的儿子薛崇行、薛崇敏、薛崇简三人都受封为王。太平公主的田产园林遍布于长安城郊外各地，她家在购买或制造各种珍宝器物时，足迹远至岭表及巴蜀地区，为她运送这类物品的人不绝于路。太平公主在日常衣食住行的各个方面，也处处模仿宫廷的排场。

李旦则试图在李隆基和太平公主之间寻求政治平衡，以避免伤害到任何一人。在此期间，太平公主曾劝说李旦下旨，搜集编撰了上官婉儿的著作，保留了这位才女的作品。

太平公主认为太子李隆基还很年轻，因而起初并未把太子放在心上；

不久之后又因惧怕太子李隆基的英明威武，转而想要改立一位昏庸懦弱的人作太子，以便使她自己能长期保住现有的权势地位。太平公主屡次散布流言，声称“太子并非皇帝的嫡长子，因此不应当被立为太子”。

景云元年（710 年），李旦颁下制书晓谕警告天下臣民，以平息各种流言蜚语。太平公主还常常派人监视李隆基的所作所为，即使一些细微之事也要报知李旦。此外，太平公主还在李隆基身边安插了很多耳目，李隆基心里感到十分不安。

景云二年（711 年），太平公主同益州长史窦怀贞等结成朋党，想加害于太子李隆基。她指使她的女婿邀请韦安石到自己的家中来，韦安石坚决推辞，没有前往。李旦曾经秘密地召见韦安石，对他说：“听说朝廷文武百官全都倾心归附太子，您应当对此多加留意。”韦安石回答说：“陛下从哪里听到这种亡国之言呢？这一定是太平公主的主意。太子为宗庙社稷立下了大功，而且一向仁慈明智，孝顺父母，友爱兄弟，这是天下人都知道的事实，希望陛下不要被谗言所迷惑。”李旦听到这话之后十分惊异地说：“朕明白了，您不要再提这件事了。”当时太平公主正在帘子后面偷听他们君臣之间的谈话，事后便散布各种流言蜚语对韦安石横加陷害，想把他逮捕下狱严加审讯，多亏了郭元振的救助才得以幸免。

太平公主还曾乘辇车在光范门内拦住宰相，暗示他们应当改立皇太子，在场的宰相们全都大惊失色。宋璟大声质问道：“太子为大唐社稷立下了莫大的功劳，是宗庙社稷的主人，公主为什么突然提出这样的建议呢！”

宋璟与姚元之秘密地向李旦进言道：“宋王李成器是陛下的嫡长子，豳王李守礼是唐高宗皇帝的长孙，太平公主在他俩与太子之间互相构陷，制造事端，将会使得东宫地位不稳。请陛下将宋王和豳王两人外放为刺史；免去岐王李隆范和薛王李隆业所担任的左、右羽林大将军职务，任命他们为太子左、右卫率以侍奉太子；将太平公主与武攸暨安置到东都洛阳。”李旦说：“朕现在已没有兄弟了，只有太平公主这一个妹妹，怎么可以将她远远地安置到东都去呢！至于诸王则任凭你们安排。”于是先颁下制命说：“今后诸王、驸马一律不得统率禁军，现在任职的都必须改任其他官职。”

太平公主得知姚元之与宋璟的计谋之后勃然大怒，并以此责备李隆基。

李隆基感到害怕，便向李旦奏称姚元之和宋璟挑拨自己与姑母太平公主和兄长宋王李成器、豳王李守礼之间的关系，并请求对他们两人严加惩处。结果，李旦将姚元之贬为申州刺史，将宋璟贬为楚州刺史，宋王李成器和豳王李守礼被任命为刺史的事也停止执行。

延和元年（712 年），太平公主指使一个懂天文历法的人向李旦进言说："彗星的出现标志着将要除旧布新，再说位于天市垣内的帝座以及心前星均有变化，所主之事乃是皇太子应当登基即位。"李旦说："将帝位传给有德之人，以避免灾祸，我的决心已定。"太平公主和她的同伙们都极力谏阻，认为这样做不行，李旦说："唐中宗皇帝在位时，一群奸佞小人专擅朝政，上天屡次用灾异来表示警告。朕当时请求唐中宗选择贤明的儿子立为皇帝以避免灾祸，但唐中宗很不高兴，朕也因此而担忧恐惧以至于几天吃不下饭。朕怎么能够对唐中宗可以劝他禅位，对自己却不能做到这一点呢！"于是在八月传位太子李隆基，自己退为太上皇，改元先天。同年，太平公主的丈夫武攸暨去世。

先天二年（713 年），太平公主倚仗太上皇的势力专擅朝政，与李隆基发生尖锐的冲突。朝中七位宰相之中，有五位是出自她的门下，文臣武将之中也有一半以上的人依附她。太平公主与窦怀贞、岑羲、萧至忠以及太子少保薛稷、雍州长史新兴王李晋、左羽林大将军常元楷、知右羽林将军事李慈、左金吾将军李钦、中书舍人李猷、右散骑常侍贾膺福等人一起图谋废掉唐玄宗。此外，太平公主又与宫女元氏合谋，准备在进献给李隆基服用的天麻粉中投毒。

王琚对李隆基进言道："形势已十分紧迫，陛下不可不迅速行动了。"尚书左丞张说从东都洛阳派人给李隆基送来了一把佩刀，意思是请唐玄宗及早决断，铲除太平公主的势力。荆州长史崔日用入朝奏事，对李隆基说："太平公主图谋叛逆，是由来已久的事情。当初，陛下在东宫作太子时，在名分上还是臣子，如果那时想铲除太平公主，需要施用计谋。现在陛下已为全国之主，只需颁下一道制书，有哪一个敢于抗命不从？如果犹豫不决，万一奸邪之徒的阴谋得逞，那时候再后悔可就来不及了！"李隆基说："你说得非常正确，只是朕担心会惊动太上皇。"崔日用又说道："天子的大孝在于使四海安宁。倘若奸党得志，则社稷宗庙将化为废墟，陛下的孝行又怎么体现出来呢！请陛下首先控制住左右羽林军和左右万骑军，然后再将太平公主及其党羽一网打尽，这样就不会惊动太上皇了。”李隆基认为他说得很对，便任命他为吏部侍郎。

三彩仕女

这时，魏知古告发太平公主发动叛乱，指使常元楷、李慈率领羽林军突入武德殿，另派窦怀贞、萧至忠、岑羲等人在南牙举兵响应。李隆基于是与岐王李范、薛王李业、郭元振以及龙武将军王毛仲、殿中少监姜皎、太仆少卿李令问、尚乘奉御王守一、内给事高力士等人定计率先下手诛除太平公主集团。李隆基通过王毛仲调用闲厩中的马匹以及禁兵300余人，从武德殿进入虔化门，召见常元楷和李慈二人，先将他们斩首，在内客省逮捕了贾膺福和李猷并将他们带出，又在朝堂上逮捕了萧至忠和岑羲，下令将上述四人一起斩首。窦怀贞逃入城壕之中自缢而死，唐玄宗下令斩戮他的尸体，并将他的姓改为毒氏。李旦听到事变发生的消息后，登上了承天门的门楼。郭元振上奏李旦说：“皇帝只是奉太上皇诰命诛杀窦怀贞等奸臣逆党，并没有发生什么其他的事。”李隆基也随后来到门楼之上，李旦于是颁发诰命列举窦怀贞等人的罪状，并大赦天下，只是逆臣的亲属党羽不在赦免之列。

太平公主逃入山寺，直到事发三天以后才出来，被李隆基下诏赐死在她自己的家中，她的儿子以及党羽被处死的达数十人。薛崇简因为平日屡次谏阻其母太平公主而受到责打，所以例外地被免于死刑，李隆基赐他姓李，并准许他留任原职。唐玄宗还下令将太平公主的所有财产没收充公，在抄家时发现公主家中的财物堆积如山，珍宝器玩可以与皇家府库媲美，厩中牧养的羊马、拥有的田地园林和放债应得的利息，几年也没收不完。

太平公主的财富多了，也就逐渐成了传说，甚至一直到她死后100年，

还让人羡慕不已。唐朝中后期大文豪韩愈曾经写诗说:“公主当年欲占春,故将台榭压城闉。欲知前面花多少,直到南山不属人。”从头到尾讽刺了太平公主的奢侈和虚荣。

六、韦皇后牝鸡司晨,扰朝纲人神共愤

韦皇后(? —710 年),唐中宗李显第二任皇后。京兆府万年县(今陕西省西安市)人。父韦玄贞,母崔氏,邵王李重润、永泰公主、永寿公主、长宁公主、安乐公主生母。

韦氏出身高贵,曾祖父韦材,隋代仪同三司、左武候骠骑将军、坊州刺史、恒安县开国伯,祖父韦弘表,贞观年间为曹王府典军,父亲韦玄贞,原为普州(今四川省安岳县)参军。

韦氏自幼读书,天生丽质,妩媚诱人。李显为太子时,纳韦氏为太子妃。

弘道元年(683 年),韦氏生下儿子李重润,他是李显的长子。唐高宗为了表达自己的喜悦,在重润满月时改年号为永淳,并且还破天荒地将这位襁褓中的孙子立为皇太孙。其后,韦氏又陆续生下四个女儿,即永泰、永寿、长宁、安乐四位公主。

嗣圣元年(684 年),李显登基,韦妃被立为皇后。李显继位后,对韦氏的感情依然如故。韦氏的父亲韦玄贞从普州参军升为豫州刺史,时隔不久,便到宫内当侍中。

韦玄贞依仗韦皇后的地位,无功而步步高升,引起朝中大臣的不满。裴炎入朝劝谏,唐中宗十分反感地说:“我把天下给韦玄贞也没有什么了不起,何止一区区侍中呢?”裴炎当即把这话传给了太后武则天,武则天大怒,当下与裴炎商量,决定要挟唐中宗退位。这年二月,武氏密召中书侍刘祎之,羽林将军和务挺、张虔勋等率兵入宫,在乾元殿召集百官。武则天临朝,裴炎大声宣布太后敕令:废唐中宗为庐陵王。李显惊慌,问:“为什么?我有何罪?”武则天大声呵斥:“你把天下都要拱手送给韦玄贞,还能说无罪?”李显万万想不到一句气话,丢掉皇帝的宝座,韦氏更想不到丢了皇后之位。就这样,继皇帝位才 55 天的李显被武则天废为庐陵王,被贬出长安。事后,唐中宗的弟弟李旦做了傀儡皇帝,也就是唐睿宗。

唐中宗被废为庐陵王后,携永泰、永乐、长乐公主迁到房州(今属湖北)。

在赴房州途中，韦氏分娩，李显脱衣做襁褓，于是起名裹儿，就是后来的安乐公主。此后 14 年中，韦氏一直陪伴唐中宗，备尝难苦。每次听说敕使到来，唐中宗免不了恐惧一场。因为唐中宗深知武则天的厉害，他怕落得兄长李弘、李贤的下场，每日提心吊胆地生活，真不如早早去死。李显每当听到武则天派使者前来的消息，就惊惶失措地想要自杀，韦氏制止他说："祸福并非一成不变，最多不过一死，您何必这么着急呢！"时间长了。唐中宗完全相信韦氏所言，精神上完全依赖韦氏，对韦氏发誓说："我若重登皇位，只要是你要干的事，想要的东西，我一定满足。"

韦氏的家族在唐中宗被废黜后，境遇惨痛。父亲韦玄贞配流放钦州而死，母亲崔氏被钦州首领宁承兄弟所杀。兄弟韦洵、韦浩、韦洞和韦泚全部死于容州。两位妹妹，逃窜获免。

武则天称帝后，由谁来继承帝位，一直困扰着她。她在立子还是立侄上犹豫不决。此时，狄仁杰进言："太宗皇帝栉风沐雨，亲冒刀枪箭镞，平定天下；唐高宗将二子托付陛下，陛下今乃欲让位他族，有违天意。且姑侄与母子谁亲？陛下立子，则千秋万岁之后，配食太庙，承继无穷；立侄，则未闻侄为天子而祭祀姑姑太庙的。"武则天顿时感悟。当日，武则天对狄仁杰说："朕梦见鹦鹉两翼折断，是何征兆？"狄仁杰借题发挥："武者，陛下之姓，两翼，二子也。陛下起用二子，即可振翅高飞。"至此，武则天主意就定下来了。

圣历元年（698 年）三月，武则天假托李显有病需到洛阳治疗，派遣职方员外郎徐彦伯秘密召回李显及家人。九月，武则天重新立李显为皇太子，韦氏再次当了太子妃。

李显被重立为太子之后很注意搞好与母亲武姓家人的关系，出于这一动机，他决定和武氏联姻，将女儿永泰公主嫁给了武则天的侄孙武延基，成了魏王武承嗣的儿媳。唐中宗与武家结亲，无疑是想通过裙带关系稳固确立自己的地位。

大足元年（701 年），韦氏的独子邵王李重润和女儿李仙蕙、女婿武延基一起议论张易之、张昌宗兄弟。随后在九月初三，李重润和武延基被武则天赐死。九月初四，女儿李仙蕙逝世。

神龙元年（705 年）正月，82 岁的武则天病重。凤阁侍郎张柬之、鸾

台侍郎崔玄暐等五人，发动兵变，杀张昌宗、张易之及武氏家族数人，逼迫武则天禅让，李显复辟，史称神龙政变。

李显先把弟弟相王李旦加为安国相王，拜太尉、同中书门下三品；又给妹妹太平公主加了镇国太平公主的称号，以表彰二人的拥立之功，张柬之、崔玄暐等人也加官晋爵。二月，复国号为唐，一应典制，悉复唐朝前制。

李显复位后，马上立韦氏为皇后，又不顾大臣的劝阻，破格追封韦皇后之父亲为王，并让韦皇后参与朝政，对张柬之等功臣却不加信用。另外，又将幼女安乐公主嫁给武三思之子武崇训。

李显复位后，召幸上官婉儿，封为昭容，教她专掌制命，负责起草皇帝的诏令，掌握生杀大权。上官婉儿的祖父上官仪、父亲上官庭芝，唐高宗时因参与反对武后摄政一事，父子同被诛杀，母亲郑氏带着襁褓中的上官婉儿被罚到宫中做苦役。上官婉儿长在宫廷，长大后，容貌迷人，写得一手好文章，被武则天召到宫中参与政事。后来上官婉儿与武则天的侄儿武三思勾搭成奸，唐中宗复位，婉儿为了巴结韦皇后，又把武三思介绍给了韦皇后。从此，二人常在唐中宗面前夸耀武三思的才能，极力推荐，唐中宗也就满足了这两个女人的愿望，任命武三思当了司空，同中书门下三品。

韦氏重新被立为皇后，不接受以往的教训，便像武则天在唐高宗朝那样干预起朝政来了。韦氏曾上表，请求修服役制度，23 岁为成丁，开始服役，59 岁免役，减短服役时间，修改后的服役制度受到百姓的欢迎。每次朝廷议事，韦皇后像武则天那样，坐在殿上，干预朝政。许多大臣对韦氏干预朝政的做法不满，大臣桓彦范上表说：“自古帝王，凡与妇人共议政事的，最后没有不国破人亡的。”唐中宗不听，不久又追赠韦皇后的父亲韦玄贞为上洛王，左拾遗贾虚己上疏说：“自古的惯例对异姓人不封王，现在陛下中兴之日刚刚开始，千万百姓对大唐复兴拭目以待，您却先封后族为王，这可不是推广德行、实施仁政的行为。”唐中宗仍然执迷不悟，而且还把这些话告诉韦皇后，韦皇后怀恨在心。

左散骑常侍谯王李重福，是李显的庶子；他的王妃是张易之的外甥女。韦皇后讨厌李重福，便在李显面前诬陷他说：“李重润被迫自杀，是李重福在则天皇帝面前诬陷所致。”李显因此将李重福贬为濮州员外刺史，不久又改任他为均州刺史，并且常常命令州官对他严加防范。

张柬之塑像

韦氏与武三思私通的事宫廷内外人人皆知，张柬之、崔皎多次进谏，要李显压抑诸武势力。唐中宗不听。后来，唐中宗采纳上官婉儿明升暗降的建议，封张柬之为汉阳王，桓彦范为扶阳王，敬晖为平阳王，袁恕己为南阳王，崔玄昧为博陵王，把诸大臣赶出朝廷。武三思等人还怕有后患，武三思暗自令人写了皇后的肮脏事，要求废黜皇后，贴在皇宫附近的天津桥边，又让人通报给李显。李显得知后，令御史大夫李承嘉调查真相。李承嘉是武三思的死党，不几天上奏唐中宗：“是张柬之等人所为，虽说是废皇后，实际是谋反，应当诛族。”李显再次下诏，把五王流放边州。韦皇后、武三思等人又篡改诏令，派人将张柬之五王分别杀害。

随后武三思便下令文武百官重新恢复执行武则天时期的政策，凡是拒不趋附武氏集团的人都被排斥去位，那些被张柬之、桓彦范等人贬逐的人又重新得到起用，朝政大权全部落入武三思之手。

李显凡事都和韦氏、武三思商量，但立太子之事，李显没和韦氏、武三思商量，神龙二年（706年），立李重俊为皇太子。韦皇后认为太子李重俊不是她自己亲生的，所以很讨厌他；特进、德静王武三思尤其忌恨太子李重俊。上官婉儿因为与武三思私通的缘故，在她所拟定的制书敕令中，常常推崇武氏集团。安乐公主与驸马、左卫将军武崇训经常欺凌侮辱太子，甚至有时称太子为奴才。武崇训还唆使安乐公主向唐中宗建议废掉太子，立她自己为皇太女。

李重俊生活在唾骂、白眼之中，时间久了，咽不下这口气，终于在

神龙三年（707 年）七月发作了。李重俊联合左金吾大将军李千里、左羽林大将军李多祚、右羽林将军李思冲以及李承况、独孤祎之、沙吒忠义等人，率左右羽林军及千骑 300 余人发动兵变。他先冲入武三思的府邸，杀死武三思、武崇训父子及其党羽 10 余人，而后率军闯入肃章门，在皇城内搜寻韦皇后、安乐公主与昭容上官婉儿。韦皇后闻变，簇拥着唐中宗奔向玄武门，并召左羽林军将军刘仁景护驾，让他率领留军飞骑及 100 余人在楼下列守。

随后，李多祚等率军赶至，想冲上玄武门楼，结果被宿卫士兵阻住。唐中宗趴在楼槛上，对千骑士卒喊话道："你们都是我的卫士，为何要作乱？若能归顺，斩杀李多祚等，将长保富贵。"千骑军官王欢喜等人当即倒戈，斩杀李多祚和李承况、独孤祎之、沙吒忠义等。政变军溃散，政变失败。

李重俊政变失败后，率领 100 余骑兵奔出肃章门，逃往终南山。唐中宗令长上果毅赵思慎率轻骑追赶。李重俊到抵达雩县西 10 余里处，麾下仅剩几个家奴跟随。他见天色已晚，便到树林中休息，结果被左右亲信杀害。唐中宗命将李重俊的首级斩下，又献于太庙，并以之祭奠武三思、武崇训父子，追赠武三思太尉梁宣王，武崇训赠开府仪同三司鲁忠王。

八月十三日，韦皇后及王公们已经下表，向李显进上应天神龙皇帝的尊号，请求将玄武门改名为神武门，将玄武楼改名为制胜楼。宗楚客又率领文武百官上表请求加封韦皇后的尊号为顺天翊圣皇后。李显全部同意。

安乐公主自称与武崇训情深，为了将来同穴安葬，又要求把武崇训墓改赘陵，仿永泰陵墓。其实安乐公主早就与武崇训同族兄弟武延秀相好，武崇训一死，安乐公主干脆让父皇李显召武延秀入宫，名义上是帮助治丧，背地里陪侍枕席。李显得知后，令武延秀娶了安乐公主，并授他太常卿兼右卫将军，封昌国公。两人名正言顺做了夫妻，武延秀入朝谢恩，又拜见了韦皇后。韦皇后见他风度翩翩，欲火复燃，迫令爱婿侍寝，母女同欢。

李显天天与韦皇后等以嬉游、宴乐为事，很少关心国政。安乐公主趁唐中宗高兴时要求父皇把昆明池划为她的私池。景龙二年（708 年），宫中传闻说皇后衣裙上有五色云凝聚，是祥瑞，李显马上令宫监绘成图样，拿给朝中百官看。景龙三年（709 年）冬至，李显到南郊祠堂祭天。国子祭酒祝钦明等提议“皇后也应合祭”，李显准奏，结果唐中宗初献，韦皇后亚献。景龙四年（710年），韦皇后随李显游春，赐宴群臣。当时散骑常侍马秦客、光禄少卿杨钧也在座，韦皇后见他们二位年轻貌美，顿时欲火随起，散宴后，密令二人到宫中“待命”，趁唐中宗另幸别宫，即令二人轮流侍寝。韦皇后的淫乱行为日益明目张胆，朝廷内外，几乎人人皆知。不久，定州人即及、许州参军燕欣融就韦皇后淫乱干政、图危社稷上疏唐中宗李显，唐中宗还未来得及处理，早被韦皇后探知。韦皇后立刻假传圣旨，将二人捕杀。

安乐公主、长宁公主及韦皇后的妹妹、上官婕妤、上官婕妤的母亲沛国夫人郑氏、尚宫柴氏、贺娄氏、女巫第五英儿、陇西夫人赵氏等人，全都仗势专擅朝政，大肆收受贿赂，为行贿者请托授官。不管是屠夫酒肆之徒，还是为他人当奴婢的人，只要向这些人行贿30万钱，就能够直接得到由皇帝的亲笔敕书任命的官位，由于这种敕书是斜封着交付中书省的，因而这类官员被当时的人称为“斜封官”；如果行贿三万钱，就可以被剃度为僧尼。她们受贿之后，所任命的员外官、员外同正官、试官、摄官、检校官、判某官事、知某官事共计数千人之多。在西京和东都两地分别设置两员吏部侍郎，每年四次选授官职，选任官员达数万人。

韦皇后的野心越来越大，也想效仿武则天，过一把女皇的瘾。景龙四年（710年）六月，韦皇后和女儿安乐公主合谋杀唐中宗。韦皇后把此事告诉了杨钧，杨钧、马秦客用毒药害死唐中宗。

李显死后，韦皇后秘不发丧。一面把各宰相召入禁宫，征集各府兵5万人屯守京城，让其家族人分领府兵，中书舍人韦元缴巡行京都六街，还命令左监门大将军兼内侍薛思简等人带领500名士兵迅速前往均州戍守，以防范均州刺史谯王李重福；一面与太平公主、相王李旦、上官婉儿议立太子一事。韦皇后任命刑部尚书裴谈、工部尚书张锡为同中书门下三品，让他们仍然担任东都留守。韦皇后又任命吏部尚书张嘉福、中书侍郎岑羲、吏部侍郎崔湜为同平章事，朝政大权尽落韦氏之手。上官婉儿与太平公主起草了一份遗诏，立李重茂为皇太子，李旦辅政，韦皇后为皇太后摄政，以平衡各方势力。然而宰相宗楚客伙同太常卿武延秀、司农卿赵履温、国子祭酒叶静能以及韦家诸人一同劝说皇太后韦氏沿用武则天的惯例登基称帝，当时守卫宫城的南北禁卫军以及地位重要的尚书省诸司，都已经被韦

张果见明皇图

氏子弟所控制，他们大量网罗党羽，在朝廷内外互相勾结。宗楚客又秘密地上书皇太后韦氏，引用图谶来说明皇太后韦氏理当取代大唐朝而君临天下。宗楚客还打算害死唐殇帝，只是十分担心相王李旦与太平公主会从中作梗，于是与韦温和安乐公主密谋除掉他们。

正当韦皇后张牙舞爪、信心百倍地为登基称帝做最后努力之际，朝中另一股势力正悄然而起，相王李旦的三子李隆基，虽年仅19岁，但能力出众，胆识过人，深谋远虑，颇有唐太宗风范，也是武则天最为赏识和喜爱的皇孙。太平公主对韦氏族党在朝一直不满，极力拥立相王李旦再次为皇帝，但遭到韦皇后、安乐公主强烈反对。得到消息的临淄王李隆基与太平公主商议，决定先下手为强。七月二十一日，正当韦皇后布置称帝的仪式时，唐中宗的侄子、相王李旦的三儿子临淄王李隆基在太平公主里应外合的配合下，发动唐隆之变，深夜率领禁卫军，捕杀武延秀等韦氏族党，杀死了安乐公主和上官婉儿。韦皇后惶惑中逃入飞骑营，有一个飞骑兵将韦皇后斩首，并把首级献给李隆基。不久李旦追贬韦皇后为庶人，葬以一品之礼。

韦皇后的叛乱被平后，李隆基扶持自己的父亲相王李旦再次登上皇位。

韦皇后毕竟不是武则天，能耐差点，不仅没有武则天的智商和才干，也没有武则天的杀伐和魄力，对朝廷的掌控力以及朝臣的支持力也远在武则天之下。韦皇后谋害亲夫、私通近臣、扰乱朝政的做法，不得人心，人神共愤，也引起众多朝臣的不满。雄心也好，野心也罢，每个人或多或少都会有自己的想法，如果想法合适，自己又能力出众，那么想法多半会变成现实。如果想法不切实际，又远远超出了自己的能力范畴，那么这样的想法注定只会成为不折不扣的闹剧。

七、深宫才女明吏事，纵横后宫喋血路

上官婉儿（664—710年），复姓上官，小字婉儿，又称上官昭容。陕州陕县（今河南省三门峡市陕县）人，祖籍陇西上邽。唐代女官、诗人、皇妃。

上官婉儿是西汉上官桀、上官安、上官期祖孙三代的后裔，高祖父上官贤官至北周幽州太守，曾祖父上官弘曾在隋朝时任江都宫福监，祖父上官仪为唐高宗时宰相。

麟德元年（664年），祖父上官仪因替唐高宗起草废武则天的诏书，与父亲上官庭芝一起被武则天所杀，刚刚出生的上官婉儿与母亲郑氏同被配没掖庭。在掖庭为奴期间，在其母的精心培养下，上官婉儿熟读诗书，不仅能吟诗著文，而且明达吏事，聪敏异常。

仪凤二年（677年），武则天召见了年仅14岁的上官婉儿，当场出题考较。上官婉儿文不加点，须臾而成，且文意通畅，辞藻华丽，语言优美。武则天览后大悦，当即下令免其奴婢身份，封为才人，让其掌管宫中诏命。武则天称帝前后，诏敕多出其手者，时称“内舍人”，有“巾帼宰相”之名。不久，上官婉儿又因违忤旨意，罪犯死刑，但武则天惜其文才而特予赦免，只是处以黥面而已。以后，上官婉儿遂精心伺奉，曲意迎合，更得武则天欢心。

上官婉儿因额有刺痕，便在伤疤处刺了一朵红色的梅花以遮掩，谁知却益加娇媚。宫女们皆以为美，有人偷偷以胭脂在前额点红效仿，渐渐地宫中便有了这种红梅妆。

从万岁通天元年（696年）开始，武则天又让其处理百司奏表，参决政务，权势日盛。

神龙元年（705年），张柬之等拥护李唐宗室的大臣发动神龙政变，武则天被迫退位。神龙政变后，唐中宗复辟，又令上官婉儿专掌起草诏令，深被信任，拜其为昭容，封其母郑氏为沛国夫人。

上官婉儿与唐中宗韦皇后、安乐公主亦多往来，唐中宗懦弱，上官婉儿屡次劝说韦皇后行武则天故事。于是韦皇后上表请求规定全国士民百姓

一律为被父亲休弃的母亲服丧三年，请求规定天下百姓 23 岁时才算成丁，到 59 年就免除劳役，改易制度，用来收取人心民望，这些李显都允准了。

上官婉儿又向韦皇后推荐武三思，将武三思领进宫中，李显于是开始与武三思商议政事，张柬之等人从此都受到了武三思的遏制。不久，武三思依靠韦皇后和安乐公主人的支持，相继设计贬杀了张柬之、桓彦范、敬晖、袁恕已和崔玄玮五王，权倾人主，不可一世。上官婉儿又与其私通，并在所草诏令中，经常推崇武氏而排抑皇家，致使太子李重俊气愤不已。

景龙元年（707 年）七月，李重俊与左羽林大将军李多祚等，矫诏发羽林军 300 余人，杀武三思、武崇训于其府第，并诛其亲党 10 余人，又引兵从肃章门斩关而入，叩击阁门而搜捕上官婉儿。上官婉儿急忙逃至唐中宗和韦皇后处，并扬言说："观太子之意，是先杀上官婉儿，然后再依次捕弑皇后和陛下。"李显和韦皇后一时大怒，遂带着上官婉儿和安乐公主登上玄武门躲避兵锋，令右羽林将军刘仁景率飞骑 2000 余人，屯太极殿前，闭门自守。最后，李重俊兵败被杀。

但据墓志记载，上官婉儿曾四次向唐中宗进谏，反对立安乐公主为皇太女，从检举揭发，到辞官不做，再到削发为尼，都没有得到唐中宗准许，最终喝毒药以死相谏，经太医紧急救治，才得以保命。

上官婉儿深得李显、韦皇后信任，专秉内政，祖父一案也被平反，上官仪追赠中书令、秦州都督、楚国公，上官庭芝追赠黄门侍郎、岐州刺史、天水郡公。

此后，上官婉儿又经常劝说李显，大量设置昭文馆学士，广召当朝词学之臣，多次赐宴游乐，赋诗唱和。每次都同时代替李显、韦皇后和安乐公主，数首并作，诗句优美，时人大多传诵唱和。对大臣所作之诗，李显又令她进行评定，名列第一者，常赏赐金爵，贵重无比。因此，朝廷内外，吟诗作赋，靡然成风。上官婉儿酷爱藏书，曾藏书万余卷，所藏之书均以香熏之。百年之后，其书流落民间，依然芳香扑鼻且无虫蛀。上官婉儿在这期间主持风雅，与学士争务华藻，写诗赛诗，对文人提拔奖掖。近代文艺理论家谢无量称"婉儿承其祖，与诸学士争务华藻，沈、宋应制之作多经婉儿评定，当时以此相慕，遂成风俗，故律诗之成，上官祖孙功尤多也"。

其母郑氏去世后追谥为节义夫人，上官婉儿上表将自己的品级降为婕妤以示哀悼，不久之后恢复。

李显派人又在上官婉儿居地穿池筑岩，穷极雕饰，常引大臣宴乐其中。当时，宫禁宽疏，允许宫内官员任意出入。上官婉儿遂与一些宫官在宫外购筑宅第，经常与他们交接往来，有的人因此而求得高官要职。中书侍郎崔湜就是因为与上官婉儿在外宅私通，后被引以为相的。不久，崔湜在主持铨选时，多有违失，被御史李尚隐弹劾，以罪被贬外州司马；也因上官婉儿和安乐公主为其申理，仍官复原职。

《百美新咏图传》中的上官婉儿画像

景龙四年（710 年），太平公主势力日盛，上官婉儿又依附太平公主。六月，李显突然驾崩，韦皇后将台阁政职、内外兵马大权以及中央禁军等全部安排了自己的党羽和族人，朝政大权尽落韦氏之手。上官婉儿与太平公主起草了一份遗诏，立李重茂为皇太子，李旦辅政，韦皇后为皇太后摄政，以平衡各方势力。然而宰相宗楚客、韦温更改诏书，劝韦皇后效仿武则天。

得到消息的临淄王李隆基与太平公主商议，决定先下手为强。七月二十一日，李隆基发动唐隆之变，以禁军官兵攻入宫中，杀死韦皇后、安乐公主及所有韦皇后一党，拥立其父李旦。上官婉儿执烛率宫人迎接，并把她与太平公主所拟遗诏拿给刘幽求观看，以证明自己是和李唐宗室站在一起的。刘幽求拿着遗诏求李隆基开恩，但李隆基认为："此婢妖淫，渎乱宫闱，怎可轻恕？今日不诛，后悔无及！"遂杀上官婉儿于旗下，八月，葬于雍州咸阳县茂道乡洪渎原，复封为昭容，谥号惠文。

开元初年，李隆基派人将上官婉儿的诗作收集起来，编成文集 20 卷，令张说作序。但据张说所著《唐昭容上官氏文集序》，结合墓志内容推测，

应该是太平公主上表请求编集文集。此集今佚,《全唐诗》仅收其遗诗32首。

上官婉儿在诗歌方面继承和发展了祖父上官仪的文风，重视诗的形式技巧，对声辞之美较为看重，擅长体现事物图貌的细腻、精巧。唐中宗年间，因其政治地位的影响，“绮错婉媚”的诗风逐渐影响了宫廷诗人乃至其他士人的创作方向，“上官体”也成为了上流社会的创作主流。王梦鸥在《初唐诗学著述考》中记载“尤以唐中宗复位以后,迭次赐宴赋诗,皆以婉儿为词宗，品第群臣所赋，要以采丽与否为取舍之权衡，于是朝廷益靡然成风”。

此外,上官婉儿还在开拓唐代园林山水诗的题材方面多有贡献,如《游长宁公主流杯池》，突破了以往写景状物的宫廷诗歌形式，寓情于景，却更具有自然山水味。清代文人陆昶在《历朝名媛诗词》中称赞道“昭容才思鲜艳，笔气舒爽，有名士之风”。

才华诗文不让须眉男子，其人品功过颇具争议。有人赞其文才，有人批其淫媚，极度推崇者有之，轻视鄙视者有之。而她与武则天长达27年的共处亦让后人津津乐道。《旧唐书》《新唐书》等正史中都对上官婉儿有记载，但较为体现她奉承权贵、淫乱宫闱，并操纵政治、控制朝纲的负面事件。但与上官婉儿同时代的文人，如张说、武平一等对其人其事评价很高，至近代以来，愈发被学者推崇。上官婉儿以一介女流，影响一代文风，这在中国古代文学史上是很少见的。她不仅以其诗歌创作实绩，而且通过选用人才、品评诗文等文学活动倡导并转移了一代文风，成为唐中宗文坛的标志者和引领者，对于当时文坛的繁荣和诗歌艺术水平的提升具有重要作用。

古代虽有女子做官，但数量较少。女官类似正常官员，担任某项宫内职务，又称内官、宫官，俗称女太监，是指替帝王家打理后宫事务、又没有妃嫔名分的高级宫女。不同于宫女的是，女官们有官职，享俸禄。

唐代有非常完善的女官制度,分为尚宫、尚仪、尚服、尚食、尚寝、尚功、宫正等多个部门和职位，还设有文学馆。女官官位高者，可至一品。不仅在宫中受人敬重，在外朝也颇得朝官逢迎，如南北朝时期南朝宋国的韩兰英上献《中兴赋》，被召入宫任博士，教宫人书学。她因学问渊博，且年高有德，受到大家的尊重，被敬称为“韩公”。

历史上，确有女官因为得宠而成为了妃嫔，但对于大多数女官而言，并不成立。稍有过错，女官还有被降为宫女的可能，甚至会遭到更严厉的惩罚。但因为才学而得宠，甚至权倾朝野的女官，数来也只有上官婉儿一人。

八、回眸一笑百媚生，马嵬遗恨杨玉环

杨玉环（719—756 年），号太真，蒲州永乐（今山西永济）人。唐玄宗李隆基的贵妃。杨玉环姿质丰艳，善歌舞，通音律，唐代宫廷音乐家、歌舞家，其音乐才华在历代后妃中鲜见，被后世誉为中国古代四大美女之一。

传说杨玉环初入宫时，因见不到君王而终日愁眉不展。有一次，她和宫女们一起到宫苑赏花，无意中碰着了含羞草，草的叶子立即卷了起来。宫女们都说这是杨玉环的美貌，使得花草自惭形秽，羞得抬不起头来。唐玄宗听说宫中有个“羞花的美人”，立即召见，封为贵妃。从此以后，“羞花”也就成了杨贵妃的雅称了。

杨玉环出生于宦门世家，高祖父杨汪是隋朝的上柱国、吏部尚书，唐初被李世民所杀；父杨玄琰，曾担任过蜀州司户；叔父杨玄璬曾任河南府土曹。杨玉环的童年是在蜀州度过的。

开元十七年（729 年），10 岁左右的杨玉环因父亲去世，被寄养在洛阳的三叔杨玄璬家。

杨玉环天生丽质，加上优越的教育环境，使她具备一定的文化修养，性格婉顺，精通音律，擅歌舞，并善弹琵琶。在白居易的《长恨歌》中描述其为：“天生丽质难自弃，一朝选在君王侧”，“回眸一笑百媚生，六宫粉黛无颜色”。

开元二十二年（734 年）七月，唐玄宗的女儿咸宜公主在洛阳举行婚礼，杨玉环也应邀参加。咸宜公主之胞弟寿王李瑁对杨玉环一见钟情，唐玄宗在武惠妃的要求下当年就下诏册立她为寿王妃。

开元二十五年（737 年）武惠妃逝世。李瑁的母亲武惠妃是玄宗最为宠爱的妃子，在宫中的礼遇等同于皇后，唐玄宗因此郁郁寡欢。当时后宫数千，无可意者，有人进言杨玉环“姿质天挺，宜充掖庭”，于是唐玄宗

将杨玉环召入后宫之中。

开元二十八年（740 年）十月，唐玄宗以为其母亲窦太后祈福的名义，敕书杨玉环出家为女道士，道号“太真”。

天宝四年（745 年），唐玄宗把韦昭训的女儿册立为寿王妃后，遂册立杨玉环为贵妃。唐玄宗自废掉王皇后就再未立后，因此杨贵妃就相当于皇后。宫人皆呼杨玉环为“娘子”，实居后位。

自此，杨贵妃不离唐玄宗左右，“唐玄宗凡有幸，贵妃无不随侍，乘马则高力士执辔授鞭”。唐玄宗对杨贵妃如此情深意切不是没有道理的。

贵妃除了美姿容，关键是乐艺高超。她虽富态，却善于跳胡旋舞，舞起来有天女之资。还善于击磬，所击出的音乐与众不同。唐玄宗为她用蓝天绿玉制作了专用磬，加上金坠珍珠等各色贵重饰物，并用黄金打造了两只各 200 斤的狮子作为磬的架子。她还是琵琶高手，“诸王贵主洎虢国已下，竞为贵妃琵琶弟子”。也能和唐玄宗一起作曲，创制出《霓裳羽衣舞曲》。唐玄宗亲谱《霓裳羽衣曲》，召见杨贵妃时，令乐工奏此新乐，赐杨贵妃以金钗钿合，并亲自插在杨贵妃鬓发上。唐玄宗对后宫人说：“朕得杨贵妃，如得至宝也。”复制新曲《得宝子》，足见宠幸之隆。

而更让唐玄宗心动的是贵妃的媚态。杨贵妃宿酒初消，曾独游后苑，“傍花树，以手攀枝，口吸花露”。至夏苦热时，每日含一玉鱼儿于口中。夏月，衣薄如蝉翼，每有汗出，红腻而多香。以巾帕擦拭，色如桃红。唐玄宗又多赐贵妃龙涎香等名香，致使旁人衣服被贵妃的飘带拂过，就能获异香，经久不散。

令唐玄宗百处不厌的还有她的善解人意。某次，唐玄宗与亲王下棋，眼看皇帝快输了，贵妃便将怀中抱着的西域供奉的宠物犬放出，跑乱了一盘棋。唐玄宗称其为“解语花”，又比拟其为“忘忧花”“销恨花”。杨贵妃虽有城府，又有烂漫之时。寒冬腊月，她拿着两根房檐上结的冰条玩儿。唐玄宗问她拿着什么，她说拿着的是“冰箸”。皇帝被“冰筷子”这种比喻逗乐了，对左右说：“妃子聪慧，比象可爱也。”杨贵妃穿裤袜上绣有鸳鸯并蒂莲，唐玄宗戏言鸳鸯莲花是绕白藕而生，杨贵妃日后便用“藕覆”命名裤袜。

岭南贡上一只白鹦鹉，能模仿人语，唐玄宗和杨贵妃十分喜欢，称它为“雪花女”，宫中左右则称它为“雪花娘”。唐玄宗令词臣教以诗篇，数遍之后，这只白鹦鹉就能吟颂出来，逗人喜爱。唐玄宗每与杨贵妃下棋，如果局面对唐玄宗不利，侍从的宦官怕唐玄宗输了棋，就叫声“雪花娘”，这只鹦鹉便飞入棋盘，张翼拍翅。后来这只可爱的“雪花娘”被老鹰啄死，唐玄宗与杨贵妃十分伤心，将它葬于御苑中，称为“鹦鹉冢”。唐玄宗对宠物白鹦鹉尚且如此珍惜，其对杨贵妃的厚宠更不待言了。

不仅专宠杨贵妃，唐玄宗对杨贵妃的三位堂姐也宠溺异常，大姐封为韩国夫人，三姐封为虢国夫人，八姐封为秦国夫人。每月各赠脂粉费 10 万钱。武惠妃生的太华公主嫁给了杨贵妃的堂兄杨錡，杨贵妃另一位堂兄杨銛也备受礼遇。彼时各王公大臣儿女的婚嫁都必须要经过三位夫人“做媒”，给她们丰厚的酬谢。

杨家人鸡犬升天，杨贵妃的另一位堂哥杨国忠后来当上了宰相。杨国忠原名杨钊，原为市井无赖，因善计筹，唐玄宗与杨氏诸姐妹赌博，令杨钊计算赌账，赐名国忠，身兼支部郎中等 10 余职，操纵朝政。唐玄宗游幸华清池，以杨氏五家为扈从，每家一队，穿一色衣，五家合队，五彩缤纷。沿途掉落首饰遍地，闪闪生光，其奢侈无以复加。杨家一族，娶了两位公主，两位郡主，唐玄宗还亲为杨氏御撰和御书家庙碑。

天宝五载（746 年）七月，由于杨贵妃恃宠骄纵，得罪了唐玄宗，被唐玄宗遣归娘家。杨贵妃出宫后，唐玄宗饮食不进，高力士只得又把她召回来。

杨贵妃

杨贵妃此次被撵的罪名是“妒悍不逊”。对于杨贵妃所嫉妒的人，很多人猜测是唐玄宗的另一名妃子——梅妃。根据宋人《梅妃传》记载：“梅妃叫江采萍，比杨贵妃早 19 年入宫。当年，唐玄宗最宠爱的武惠妃去世，唐玄宗心中失落，宦官高力士便建议在全国选美。高力士来到福建，见到了江采萍，惊为天人。于是，把她带回宫，献给了唐玄宗。”江采萍不仅容貌美丽，而且温柔典雅，很快便虏获了唐玄宗的心。江采萍自小喜爱淡雅，也喜欢同样淡雅的梅花。唐玄宗便将她封为梅妃，特地在后宫为她栽种了一片梅林。当梅花盛开之时，唐玄宗便携梅妃来到这里，赏花吟诗，恩爱无比。后来，唐玄宗又见到了杨玉环，便为她的风韵所倾倒，因为二人同擅长音乐，很快成为了知音。唐玄宗在千方百计将杨玉环弄到手之后，便日日与杨贵妃在一起，很快就把梅妃忘却了。梅妃擅长诗赋，一日，她写了一首《一斛珠》，托人带给唐玄宗。唐玄宗见诗，便想起了昔日与梅妃在一起的情景。于是，便召她入翠华西阁叙旧。不料，此事被杨贵妃探知，醋意大发，把唐玄宗和梅妃一番羞辱。李隆基毕竟是皇帝，怎能让杨贵妃如此教训，一怒之下，命人将杨贵妃送回娘家。

天宝九载（750 年），杨贵妃又一次被遣送回了娘家。至于杨贵妃这次被撵的原因，《旧唐书》卷五十一天宝九载，“贵妃复忤旨，送归外第”。杨贵妃忤的是什么旨呢？《杨太真外传》记载：二月的一天，杨贵妃偷偷地吹唐玄宗大哥宁王李宪的紫玉笛，被唐玄宗看见了，以忤旨又被送出宫外。这种说法并不可信，因为宁王死于开元二十九年十一月（742 年 1 月 15 日），到天宝九载（750 年），已经死了八年，杨贵妃不可能与死人有染。

这次杨贵妃被撵可能是唐玄宗给杨家的一个下马威。因为杨贵妃的得宠，杨家也跟着显赫起来。随着地位的升高，杨家便无法无天了。杨家接受招待的规格已经超出了规定的界限；大肆收受贿赂；不仅如此，他们甚至还骑到了皇室的头上。《新唐书》中记载：“出入宫掖，恩宠声焰震天下。每命妇入班，持盈公主等皆让不敢就位，建平、信成二公主以与妃家忤，至追内封物，驸马都尉独孤明失官。”皇上的亲妹妹在三位夫人面前只能让座而不敢就座；唐玄宗的女儿信成公主因为和杨家人有矛盾，竟沦落到追回内府封赠东西，如再不处理，恐怕整个江山都成了杨家的了。唐玄宗生气了，杨家就是仗着有个贵妃撑腰，于是，杨贵妃再一次被撵回了家。

杨贵妃这次被送回家，是唐玄宗使用杀鸡给猴看的策略，就是要灭灭杨氏家族的威风。这一招果真很灵，杨家人慌了神，可又不好出面求情，杨贵妃更是终日以泪洗面。因为，这一次唐玄宗并没有急着把贵妃接回去，而且送走之后就再没有了消息。唐玄宗虽然没有派人去接杨贵妃，但心中还是很想念的。

一个叫吉温的人来游说唐玄宗，正中唐玄宗下怀。唐玄宗立刻派人看望杨贵妃，还将自己的御膳分了一半给她。杨贵妃见皇帝派人来看她了，感动得泪流满面，马上伏地认错，还剪下了自己的一缕头发，献给唐玄宗。唐玄宗一看到杨贵妃的青丝，马上派高力士将杨贵妃接回了宫。

杨贵妃知道唐玄宗没有她，便寝食不安，于是更为骄纵，杨家“出入禁门不问,京师长吏为之侧目”。白居易《长恨歌传》曰:“姊妹弟兄皆列土，可怜光彩生门户；遂令天下父母心，不重生男重生女。”

天宝十四载（755 年），范阳、平卢、河东三镇节度使安禄山以清君侧、反杨国忠为名起兵叛乱，兵锋直指长安。次年，唐玄宗带着杨贵妃与杨国忠逃往蜀中（今四川成都）。途经马嵬驿（今陕西兴平市西）时，陈玄礼为首的随驾禁军军士，一致要求处死杨国忠跟杨贵妃，随即哗变，乱刀杀死了杨国忠。

唐玄宗言杨国忠乱朝当诛，然杨贵妃无罪，本欲赦免，无奈禁军士兵皆认为杨贵妃乃祸国红颜，安史之乱乃因杨贵妃而起，不诛难慰军心、难振士气，继续包围皇帝。唐玄宗接受高力士的劝言，为求自保，不得已之下，赐死了杨贵妃。最终杨贵妃被赐白绫一条，缢死在佛堂的梨树下，时年38岁。唐玄宗在安史之乱平定后回宫，曾派人去寻找杨贵妃的遗体，但未寻得。

《新唐书》中的记载与《旧唐书》大致相同，由此可见，杨贵妃确实死于马嵬坡。后人传说杨贵妃没死，可能只是一种美好的愿望。

九、懿安皇后历七朝，不预外廷郁郁终

懿安皇后（约 779—848 年），郭氏，唐宪宗嫡妻，唐穆宗生母。华州郑县人。中书令、汾阳郡王郭子仪孙女，驸马都尉郭暧、升平公主次女。亦是唐代宗李豫的外孙女，唐德宗李适的外甥女，唐顺宗李诵的表妹。唐

宪宗为广陵王时被选为正妃，唐宪宗继位后册为贵妃，唐穆宗时尊为皇太后，唐敬宗、唐文宗、唐武宗三朝尊为太皇太后。

郭氏一生历经唐朝七代皇帝，其中五朝极尽尊贵，是所谓七朝五尊。

贞元九年（793年），郭氏因家世显赫，被选为广陵王妃，时为广陵王的李纯亲临升平公主家，纳迎如礼。李纯因郭氏的生母升平公主身份高贵（唐顺宗的姑母），再加上父、祖都有功于皇室，深为宠爱。贞元十一年（795年），郭氏为李纯生下第三子李宥；后又生一女岐阳庄淑公主。

元和元年（806年）八月，李纯继位，是为唐宪宗，册封郭氏为贵妃。元和六年（811年），太子李宁去世。元和七年（812年），李纯立李宥为太子，将其改名李恒。元和八年（813年）十二月，群臣多次奏请册立郭氏为皇后，唐宪宗因来年有子午之忌，而且当时后宫嬖幸之女尚多，考虑到郭氏出身显族，担心郭氏成为皇后，将不容许唐宪宗有后宫之宠，因而婉拒百官之请。所以在唐宪宗在位的15年（805—820年）中，郭氏只是贵妃的身份。

元和十五年（820年）正月，唐宪宗去世，太子李恒继位，是为唐穆宗。同年闰正月，唐穆宗尊奉母亲郭氏为皇太后，追封郭氏的曾祖父郭敬之为太傅，父亲郭暧为太尉，母亲升平公主为齐国大长公主；提拔郭氏的兄长郭钊担任刑部尚书，郭鏦担任金吾大将军。郭氏一门更为显赫。

郭氏居于兴庆宫，唐穆宗每逢朔望参见、三朝庆贺时，均亲率百官前往宫门拜寿。每逢岁时庆贺宴飨之时，后宫亲属内外命妇，车骑填塞宫门，环佩之声满宫。唐穆宗性情亦颇为豪奢，朝夕供奉，务求豪华盛大以合郭氏之意。郭氏曾经临幸骊山，登临游览，唐穆宗命令景王督率禁军侍卫，并亲自前往昭应奉迎郭氏，游幸宴饮数日方回。

长庆四年（824年），唐穆宗去世，宫中有人替郭氏谋划临朝称制，郭氏发怒说："要我仿效武则天吗？如今太子年虽幼小，仍可选择德高望重之臣为之辅佐，我何必参与外廷事务呢！"于是唐穆宗的太子李湛继位，是为唐敬宗。

唐敬宗继位后，尊奉生母王氏为皇太后，祖母郭氏为太皇太后。宝历二年（827年），唐敬宗遭宦官杀害，内外震惊，宦官拥立绛王李悟监国，不久又将其加害。于是，郭氏下诏迎立唐敬宗之弟江王李昂继位，是为唐文宗。因唐文宗尊生母萧氏（贞献皇后）为皇太后，加上太皇太后郭氏与唐敬宗生母皇太后王氏（恭僖皇后），宫中共有三位太后，故称“三宫太后”。

唐文宗性情恭谨孝顺，侍奉郭氏极为有礼，凡珍馐嘉果以及四方进贡的奇巧之物，必定先行进献宗庙、三宫之后，方才自己享用。

开成五年（840 年），唐文宗去世，其弟颍王李炎继位，是为唐武宗。当时宫中为分辨三宫太后，因此称唐敬宗生母王氏为义安太后，唐文宗生母萧氏为积庆太后，郭氏仍称太皇太后，而且三宫太后仍继续受到唐武宗孝养。

唐武宗继位后，性喜行猎游宴，与武士角力，选择五坊小儿让其出入宫禁。有一天，唐武宗问郭氏起居之状，并从容请教说：“怎样做才能成为盛德天子呢？”郭氏说：“谏臣所上章疏应当留心阅览，觉得可行的就采用；如有不妥之处，可以征询宰相的意见；不得拒受直言，不要听信谗言，要以忠良之士作为心腹。这样就能成为盛德天子。”唐武宗再拜致谢，还宫后索取大臣谏章阅览，多是劝谏游猎之事，从此后便很少出游行猎，五坊小儿与角力武士等人不再享受大量赏赐。

会昌六年（846 年），唐武宗去世，朝臣拥立唐宪宗之十三子、唐穆宗异母弟光王李忱继位，是为唐宣宗。其兄唐穆宗乃郭氏为太子正妃时与太子李纯（唐宪宗）所生，故为嫡出，唐穆宗三子（唐敬宗李湛、唐文宗李昂、唐武宗李瀍）亦各有子嗣，据宗法本可继承大统。然而却因唐宣宗得到宦官势力拥戴，以庶夺嫡，登位大宝。郭太后亲支皇嗣子孙亦从此丧失入承大统的机会，更被迫与当年曾侍候自己的宫女（唐宣宗生母郑氏）平起平坐（宗法上郭太皇太后仍高于唐宣宗生母郑氏），难免对唐宣宗母子心存芥蒂，因此唐宣宗相较于先前诸帝，对郭太皇太后的孝养较为疏薄，郭氏为此郁郁不乐。

大中二年（848 年）六月初一，郭氏与几名侍从登临勤政楼，准备跳楼自尽，左右侍从赶紧拦住，唐宣宗闻知此事很不高兴，谁知当天晚上郭氏在兴庆宫突然去世。定谥号为懿安皇后，安葬在景陵外园。

太常官王皞奏请将郭氏合葬于景陵，以其神主祔祭于唐宪宗庙室，唐宣宗很不高兴，命宰相白敏中责让王皞。王皞反驳说：“郭后本是唐宪宗在东宫时的元妃，作为儿媳侍奉唐顺宗，经历五朝皆为天下母后，不应再有异议。”白敏中极为恼怒，周墀也加以指责，王皞始终不肯屈从，周墀便说：“王皞确是孤傲耿直！”不久即将王皞贬职为句容县令。

唐懿宗咸通年间，王皞回朝再任礼官，重申坚持先前的看法，终于使朝廷下诏将郭氏神主祔祭于太庙。

第八章 帝国残阳天下乱

一、袁晁方清举义旗，四方响应乱大唐

天宝末年，唐朝社会各种矛盾互相交织，全面爆发，原来一片升平景象的唐帝国，骤然变成了血和火的世界。地主集团的内部矛盾，更激化了阶级矛盾，当时很多地方出现了农民暴动，其中规模最大的，是袁晁、方清起义。

安史叛乱以后，北方多数地方沦为战场，各地租调不能上供，因此长江以南变成朝廷税收的基本来源。

至德元年（756 年）八月，唐肃宗任命善于聚敛的第五琦为江淮租庸使，在常赋以外额外搜刮，并且实行食盐专卖政策，把盐价提高 10 倍以上，残酷剥削广大群众。

在唐政府残酷剥削之下，江南人民又连续遭遇特大灾荒，乾元二年（759 年），久旱不雨，斗米 1500 文，比贞观时期增加数百倍。到了第二年，情况继续恶化，四五月间，淫雨连绵，足足有一个月，米价高涨以致人相食。宝应元年（762 年），两浙在大旱以后又遭水灾，接着发生瘟疫，死者十之七八，闾里萧条，人烟稀少。

对于这种严重的自然灾害，唐政府不仅无人过问，反而继续加重人民的负担。这时元载任江淮五道租庸使，把京城征收富商的“率贷”法在社会各阶层普遍推行，向人民征收八年以前已经放免的租调。在具体执行时，实际并不是按定额征收，而是直接掠夺民财，当时叫作“白著”。

除了中央政府征收统一的租调以外，各道节度使又在征收租调以后额

唐朝武士图

外加征，使江南人民无法生存。

战乱、灾荒和残酷剥削，迫使大量人民逃亡，唐政府又把逃户原来应纳的租调，勒令邻里分摊，从而使更多的农民流散死亡。这样，走投无路的农民不得不起而反抗了。

早在至德元年（756年），长江下游有些农民即屯聚于海岛上，抗租抗税。余姚（今浙江余姚）一带有“草贼”袭历活动。据权德舆记述：当时江南“山洞海岛，往往结聚，睦州草窃，为蠹尤深”（《权载之集》卷十二）。宣州、广德一带，又有陈庄、陈伍奢率众保据山洞反抗唐政府。到了宝应元年（762年），在大饥大疫以后，再加上政府苛政迫害，农民起义像燎原大火爆发了。仅见于记载的农民暴动，就有10余支，总人数达数十万。其中规模最大者，是浙东被称为“海寇”的袁晁起义，以及宣歙一带被称“山贼”“洞寇”的方清、陈庄起义。

袁晁本来是管鞭背之刑的小吏，在地方上有一定威望，唐政府最初叫他镇压农民起义。这时，大起义的时机已成熟，他没有执行唐政府交给的罪恶任务，反而置酒宰牛，在明州翁山县（今舟山群岛）聚众起义。宝应元年（762年）八月，袁晁攻克台州（今浙江临海），赶走刺史史叙，建立农民政权，改年号宝胜。十月，占领了温州（今浙江温州市）、明州（今浙江宁波市），同时，这支农民军有时也到杭州、婺州（今浙江金华）活动。总之，当时浙东十州之地，都被袁晁控制。这支农民军最盛时期，扩充到20余万人，是唐代宗时期全国最大的一支农民军。

方清是歙州土著，宝应元年（762年），在江南大灾荒以后，他领导数万农民在歙黟起义。第二年，他们化整为零四出活动，并且和广德（今安徽广德）方面的陈庄合作，屯兵于秋浦的乌石山，打击富商大贾，连下几个城邑。永泰元年（765 年），这支农民军发展到高潮，他们以大批山洞为基地，向周围扩展革命阵地。方清除了占据石埭城以外，不久又攻克歙州（今安徽歙县），杀了刺史庞浚，并在形势险要的古阊门，设置阊门县，“据险作固，以为守备”。

另一方面，陈庄领导的农民军，占领江南西道一些州县，并且北渡长江，攻占舒州（今安徽潜山）。从此以后，在北起舒州、东到衢越、西至洪饶等广大地区，农民军攻城略地，处决地主官僚，“吏不敢问”。

众所周知，江南是唐朝后期赋税的主要来源，袁晁、方清等人起义以后，占领两浙，威胁东南各州，直接影响唐王朝的财政。另一方面，长期以来，江南向来没有重兵驻守，30 多州只部署两万武装。这一地区的军队不仅人数少，而且缺乏训练。在刘展之乱爆发时，江南军队望风披靡。因此唐代宗不得不调平卢兵马使田神功离开中原战场，来到江南。袁晁、方清起义以后，唐政府更加紧张，又把李光弼从中原调到两浙，集中了几镇兵力围剿农民军。他们发觉袁晁等人的势力甚强，暂时无力消灭，于是又使出招降的策略。唐代宗下诏宣称：“天下草寇，能悔过自陈，各归生业，一切并舍其罪。其中有头首能劝率束手来归者，并加官赏。”这种欺骗手段，对农民军起了一定的瓦解作用。

与此同时，在这年的九月，唐将张镐又大举围攻袁晁，夺回信州（今江西上饶），农民军伤亡 2000 余人。十二月，袁晁二次进攻衢州，结果失败，被迫退向浙东。第二年二月，又在婺州（今浙江金华）遭唐军拦截。三月中旬，农民军在台州北部与唐军大战，战斗十分激烈，连日交锋达 10 余次。由于农民军组织涣散、缺乏训练、装备不良，终于失败，袁晁被唐将王栖曜俘虏。他弟弟袁瑛率余部 500 余人，退入宁海县北 40 里的紫溪洞。唐军封锁了洞口，切断农民军的粮源。袁瑛及部下坚贞不屈，最后竟一同饿死。直到宋朝，洞里还残留着农民军遗留的鼎铛刀剑（《嘉定赤城志》卷二十一）。广德二年（764 年）十一月，袁晁起义宣告失败。

当袁晁起义被镇压以后，唐将袁傪率兵打出浙西，围剿方清和陈庄。当时全国唐军正与安史叛军作战，他们部署在两浙的部队不多，为了彻底镇压江南农民起义，他们不得不依靠南方地主武装。如：归德土豪把自己的庄客武装起来，占据八乡，保山据险，抗拒农民军。阊门土豪吴

仁欢率领乡人数千，围攻方清于阊门县。永泰元年（765年）五月，方清在石埭城被唐将陆消打败，壮烈牺牲。唐军平定江南农民起义后，唐政府改阊门为祁门县，任吴仁欢为县令，利用南方土豪的兵力，维持江南的统治。

唐政府为了防止江南农民起义东山再起，在镇压农民起义过程中和胜利以后，又重新建立一批地方政权机构，以便加强控制。例如：针对乌石山起义军的活动情况，将歙、宣、饶三州各分出一部分地区，新设池州，切断方清和陈庄的联系。除了池州以外，当时还设置了石埭、归德、旌德、绩溪、贵溪等县。

除了袁晁、方清两支大规模起义军以外，在唐肃宗、唐代宗时期，还有以下几支农民起义军。

浙西方面：

广德元年（763年），沈皓、朱泚在武康起义，响应袁晁，攻克武康县城，后来被辛敬顺镇压。

朱覃、姚廷在湖州、德清起义，被李光弼的偏将辛牧镇压。

宣歙方面：

宝应元年（762年），舒城杨昭杀刺史后组织农民军进入江西，被江西观察使张镐镇压。

宝应元年（762年），新安（今安徽休宁）沈千载聚众反唐，“郡国不能禁”，后来被张镐平定，沈千载及其部众全部牺牲。

同年，王万敌在宣州太平县（今安徽太平）起义，被唐将袁傪镇压。唐政府因此从太平县分出一部分地区，增设旌德县（今安徽旌德），对这一地区加强了控制。

此后，江南仍有小股农民军坚持斗争达三四十年之久。

二、裘甫起义奏前曲，农民战争揭序幕

唐宣宗大中十三年（859年）十二月至次年六月，在江南东道的浙东一带，发生了以裘甫为首领的农民起义，揭开了唐末农民起义战争的序幕。

唐宣宗大中十三年（859年）十二月，浙东人裘甫聚众起义，攻占象山（今属浙江）。

次年正月，屡败明州城（今宁波）官兵，进逼剡县（今浙江嵊县），众至数千人；二月，大败浙东唐军于三溪（今浙江嵊县西南），打死官兵三位将官，百姓纷至投奔，队伍增加到三万人。裘甫自称天下都知兵马使，建元罗平（铸印称天平）大聚资粮，购良工，治器械，声振中原；三月，义军分兵攻打衢、婺、明、台等州（治今浙江衢州、金华、宁波、临海），夺取唐兴、上虞（今浙江天台及上虞东南一带地区），随后又向东南沿海地区发展。

唐朝武士

浙东官兵屡战屡败，唐廷急调前安南都护王式为浙东观察使，统领诸道兵前往镇压。义军又北上余姚（今属浙江），杀县丞和县尉，东破慈溪，进占奉化，抵达宁海（今属浙江），杀掉县令而占据之。裘甫面对义军蓬勃发展的有利形势，没有采纳副将刘某提出的迅速攻取越州（治今浙江绍兴），沿浙江（今富春江、钱塘江）筑垒拒守，伺机向外扩展的正确方略，而犹豫不决，坐失良机。

四月，王式率兵进屯越州，旋即分兵两路向东、南方向齐进，起义军连战皆败，失掉宁海城，于宁海西南的南陈馆又丧失万余人，沿天台山黄罕岭向西北方向逃遁；六月，起义军退守郯城，王式率官军集中兵力攻城，不惜启用龙陂监的牧马，借助吐蕃、回鹘的数百名骑手轮番进攻，三天交战 83 次，裘甫、刘某等终因寡不敌众，被俘斩。起义军将领刘从简率 500 人突围后，亦在大兰山（今浙江余姚南）战败被杀，至此，裘甫义军全部失败。

裘甫率义军反唐，是唐末农民大起义的前奏，揭开了推翻唐王朝农民战争的序幕。

三、桂州戍兵难回乡，庞勋聚众兴义军

唐懿宗咸通四年（863 年），南诏北犯唐边，徐州节度使孟球奉命招募兵士 2000 人，分 800 人到桂州（治始安，今广西桂林）戍防，约定三年后代回。可是已经过了六年，戍兵屡次求代还不得回归，徐、泗观察使崔彦曾却“以军帑空虚，发兵所费颇多，请更留戍卒一年”。

消息传来，戍兵震怒，都虞候许佶、军校赵可立、张行实、姚周等人首先发难，杀都将王仲甫，推举粮料判官庞勋为主，取兵甲自行北还，州县不能阻挡。

八月，朝廷闻信后，遣中使高晶张敬思，赦免戍兵之罪，并答应送还徐州。到了湖南，张敬思设计引诱义军放下武器，可是山南东道节度使崔铉又严兵把守要害，引起庞勋等人的怀疑。大家认为，朝廷所以赦免，是害怕在路上消灭不了义军，溃散为患，如果到了徐州，必然会下毒手的。于是，拿出个人钱财，打造甲兵贺帜，重新武装起来，乘船东下，过浙西进入淮南。淮南节度使令狐绹因没有命令诛讨，遣使慰劳，送来军粮饲料。庞勋乘机召集散落在乡间的银刀军等士兵藏于船中，众至千人。这期间，朝廷屡次令崔彦曾慰抚戍兵以免生疑，等待时机消灭。

九月二十七日，庞勋等至泗州（治临淮，今江苏盱眙西北）。二十八日，至徐城，庞勋、许佶等对戍兵们说：“我们擅自北归，无非思念妻子儿女。听说有密敕颁下徐州本军，等我们到后就要杀身灭族，大丈夫与其自投罗网，为天下人耻笑，不如同心协力，赴汤蹈火，不但可以免祸，而且可求富贵！”众人踊跃称好。

十月，庞勋再递申状，要求把都押牙尹勘、教练使杜璋、兵马使徐行俭这三个大家痛恨的军将罢职，并要求让北还将士别置二营，共为一将，以保持自己的独立。崔彦曾接申状后与诸将相商，决定进讨庞勋，遂命都虞候元密为将，率兵 3000 人讨征庞勋，同时命宿、泗二州出兵邀击。

元密军到任山，庞勋在山下列假人疑阵，悄然向符离方向进发。黑夜官军才发觉，但恐埋伏，退兵城南，待天明才去追赶。这时，庞勋军已达符离，和宿州兵 500 人奋战在濉水上，官军一触即溃，望风奔逃，庞勋直捣宿州。而宿州当时由观察副使焦璐代摄州事，城里已没有军士，只好逃走。

庞勋军进城后，散发财米，选募壮丁，一日之中，四面云集，得数千人，庞勋于是分兵守城，自称兵马留后。第二天，元密率军赶到，驻营城外，庞勋用火箭射燃城外茅舍，火势延及官军营帐，庞勋军杀出城来，一阵突然袭击，消灭官兵近300人，返回城中。黑夜，城里民众协助守城，妇女持鼓打更，庞勋集中城里大船只300艘，装满资粮，顺流而下。

及至天明，官军才知庞勋已去，狼狈追赶，连早饭也没吃，追及时人人饥乏，这时却见庞勋军船只列于堤下，岸上几队兵士发现官军来到，纷纷躲入堤陂。元密以为庞勋临阵畏缩，驱兵进击。不料庞勋军一路从舟中杀出，一路从堤坡间杀出，两路夹攻，从中午杀到傍晚，官军大败。元密引兵败退，陷入菏泽，庞勋军追到，元密等诸将死于乱军之中，士卒死约1000人，其余投降庞勋军。

庞勋探问降卒，得知徐州空虚，立即引兵北渡濉水，迂山进攻徐州。这时，崔彦曾才知元密兵败，急向邻道求援，关起城门，选拔丁壮守备，无奈全城惊慌，已无固志。十月十七日，庞勋军六七千人，已到城下，杀声震天。庞勋军对城外居民好言劝慰，毫不侵扰，得到人民拥护和帮助，攻下徐州城，俘崔彦曾、焦璐等人，杀尹勘、杜璋、徐行俭等人，庞勋军声名大震，徐州城中愿附从者万余人。

庞勋遂以许佶为都虞候，赵可立为都游弈使，其余各补牙职，分领诸军。一面派遣押牙张琯奉表到京师为自己请封节度使，一面分兵出击——旧将刘行及率1500人进军濠州（今安徽凤阳），一路上归附倍增，刺史卢望回开门欢迎。李园率2000人攻打泗州（今安徽泗县），兵临城下，李园派精兵百人，先行入城封府库，泗州刺史杜慆假意迎接慰劳，诱之进城尽行诛杀，第二天李园引兵围城，城上箭石齐发如雨，李园军死数百，退兵城西。

庞勋考虑到泗州当江淮要冲，地处险要，便发兵助李园攻城，泗州都押牙李雅守备有略，四出迎击，终没有攻破，不久，庞勋便以吴迥代李园，昼夜不息攻城。泗州团练判官辛谠冒死突围出城求援，当时敕使郭厚本领淮南兵1500人救援泗州，住在洪泽不敢贸然前进。辛谠求得救兵而还。

庞勋再派许佶率精兵几千助吴迥攻城，刘行及也从濠州遣其将王弘立

唐朝武士砖

引兵会战泗州，形成了“围城打援”之势。

十一月二十九日，镇海节度使杜审权派都头翟行约率4000人救泗州；次日，翟行约军在淮南被庞勋军消灭。淮南都押牙李湘率军数千，与郭厚本、淮南都将袁公弁合兵屯驻都梁城（江苏盱眙北），与泗州隔淮相望。庞勋军既破翟行约，乘夜潜师渡淮，包围了都梁城。

十二月初五，李湘等引兵出战，庞勋军大败其军，攻占都梁城，活捉李湘、郭厚本等人。庞勋进占淮口，控制了江淮运输线。唐廷以右金吾卫大将军康承训为义成节度使、徐州行营都招讨使，神武大将军王晏权为徐州北面行营招讨使，羽林将军戴可师为徐州南面行营招讨使，大发诸道兵及沙陀朱邪赤心和吐谷浑、鞑靼、契苾部落兵镇压庞勋。

当时康承训见诸道兵已至者不足万人，众寡不敌，退屯宋州。庞勋遣将分兵，南攻舒、庐，北进沂、海，破沭阳、下蔡、乌江、巢县，占滁州、克和州，农民争起响应，军势强盛，发展到20万人，至此，庞勋领导的桂州戍兵兵变，已发展为广大农民等参加的农民起义。

戴可师率兵3万渡过淮河，转战向前，欲夺淮口，义军乘夜退出都梁城，留给可师一座空城。恰巧第二天大雾，义军将领王弘立引兵数万以迅雷不及掩耳之势，突然杀回，官军四散逃窜，被淮河淹死无数，歼灭官兵2万余名，戴可师单骑出奔也被击毙。

义军大获全胜，缴获器械、资粮、车马数以万计。义军乘胜围攻寿州（今安徽寿县），获诸道贡品及商货无数（当时因义军控制淮口，江淮往来改出寿州）。王晏权时在寿州，因屡为义军所败，退缩不敢出战。朝廷遂命泰宁节度使曹翔代其为徐州北面招讨使。

这时，庞勋自以为无敌于天下，日事游宴，谋士劝他不听，尤其是同他在桂州举兵的将领更为骄暴，夺人资财，掠人妇女。

咸通十年（869 年）正月，康承训率诸道军 7 万余人自宋州进据柳子镇西，自新兴至鹿塘连营 30 里，义军分兵四守。徐州留守不过几千人，形势紧急，庞勋调四处义军保守徐州。丰县义军守将孟敬文心怀异谋，适逢魏博节度使何全皋遣将薛尤领兵 3000 攻打丰县，孟敬文败走，庞勋将其诱归杀死。进攻海州（今江苏连云港）、寿州的义军，也为官军所败，损将折兵数千人。

二月，康承训使朱邪赤心领沙陀 3000 骑兵为前锋，冲锋陷阵。这些沙陀骑兵骁勇善战、屡败义军，逼近徐州。义军将领王弘立自淮口回徐州，愿率部众 3 万迎战康承训。庞勋即令他出渡濉水往捣鹿头寨。王弘立率部昼夜进袭，潜在寨边，将寨团团围住，寨中沙陀铁骑，纵横驰骋，冲散了义军阵势。寨中诸道官军，又争出奋击，王弘立败退。官军追到濉水，又淹溺无数，义军损失 2 万余人。许多来自农民的义军士兵败走山谷，不复还营。

当时朝廷有敕令，诸道官军俘农民皆释放以分化瓦解义军。这一条政策对义军影响甚大，自是每与官军遇，不少义军先自溃。

三月，康承训既破王弘立，进逼柳子镇，与义军姚周部一月之间数十战，姚周引兵渡涣水，官军乘机袭击。义军退走，官军追赶，围住柳子镇，时值大风，官军四面纵火，义军弃寨而走，沙陀骑兵中途邀截屠杀，全军覆没。姚周只带几十人逃奔宿州，却因与宿州守将梁丕有隙，竟被惨杀。

庞勋闻讯大惊，与许佶相议，欲自将出战，谋士周重献计说，柳子寨地要兵精，姚周亦勇敢有谋，今一日覆没，危如累卵，不如速建大号，悉兵四出，决力死战。于是更造旗帜，选丁 3 万，许佶等共推庞勋为天册将军。以其父庞举直为大司马，与许佶等留守徐州，庞勋亲自率麾下出城，夜入丰县城，时魏博军正围攻丰县，竟不得知。庞勋纵兵围住近城军寨，诸寨来救。又伏兵要路杀官军 2000 人。

官军听说庞勋自来，畏其势众，当夜溃退。当时曹翔方围滕县，听到魏博军败，引兵退保兖州。义军毁其城栅，运其资粮，声势复振。庞勋乘丰县之胜，引兵五六万西击康承训，康承训秣马整众，暗设伏兵，义军前部中伏败退，庞勋率后部到来，正遇前队败还，不战而溃。官军以骑兵邀前，步兵击后，庞勋败遁彭城仅数千人，义军死数万人。

五月，新上任的徐州南面行营招讨使马举率精兵三万驰援泗州，兵分三路渡淮。围攻泗州的义军不知来军众寡，收兵城西，马举就兵围寨，纵火烧栅，义军大败，死数千人。王弘立战死，吴迥退保徐城。泗州之围七个月，至此解围。

六月，马举自泗州出兵攻濠州，义军将领刘行及在城外设寨拒守，马举先派轻骑挑战寨西，待义军出战却引大军数万侧西迂回攻击东南，尽烧其寨，义军入城固守。庞勋闻讯遣吴迥助刘行及守城，屯兵北津以相应。马举派兵渡过淮河攻击，义军又损失数千人。营寨也被夷平。

这时，唐王朝又诏黔中观察使秦匡谋参与围剿义军，以神策将军宋威为徐州西北面诏讨使，将兵三万屯于丰县与萧县之间，曹翔引兵相会，共同进逼徐州。

七月，康承训攻克临涣（今安徽永城东南），连拔襄城、留武、小睢等寨。曹翔占领滕县，进击丰县、沛县。在官军步步逼近的情况下，义军内部矛盾日益暴露。一些义军叛逃，退据山林，反劫杀义军。蕲县（今安徽宿县南）土豪李兖竟杀义军守将降于康承训。

康承训乘胜长驱，拔第城，进抵宿州西，筑城围困宿州。义军将领张儒、张实等领兵数万列垒相望，环水自固，抗拒官军。张实修书派人夜潜徐州，向庞勋建议："宜引兵出其不意，掠宋、亳之郊，彼必解围而西，将军设伏要害，迎击其前，实等出城中兵蹙其后，破之必矣"，庞勋采纳其策，令庞举直与许佶镇守徐州，亲率义军2万西征。

八月，康承训焚毁宿州外寨，义军退保罗城，官军攻城，死伤数千人不能克。康承训见硬攻不行，改派"辩士"在城下喊话招谕。把守子城的义军将领张玄稔，原为徐州旧将，见官军攻城日紧，宿州危急，连夜召集心腹谋降，派亲信张皋深夜出城给康承训送去降书。约其杀将，举城投降，以青旗为号内应外合。

九月初三，张儒等正在柳溪亭饮酒，张玄稔突然勒兵于亭前，杀害了

唐刀

张儒等人开门出降，宿州陷落。接着张玄稔又向康承训献计："今举城归国，四远未知，请诈为城陷，引众趋符离及徐州，贼党不疑，可尽擒也。"便纵火焚宿州为城陷军溃之状，引兵至符离，义军不知其诈，张玄稔杀守将，收兵万人；初七，到徐州，围而不攻，先向城里发起政治攻势，潜藏在城里的奸细路审中原为崔彦曾故吏，此时打开城门，引官兵入城。

庞举直、许佶率领义军将士退守子城，坚守到当天太阳偏西，从北门突围，张玄稔派兵追杀，庞举直、许佶战死，其余将士英勇不屈，多赴水而死。城中所有桂州戍卒亲族，都被搜捕，斩尽杀绝，死数千人。

庞勋率兵两万自石山西出后，奔袭宋州，攻陷南城，渡汴河南攻亳州。康承训引步骑八万西击，使朱邪赤心领数千骑兵为前锋尾追到亳州，庞勋引兵沿涣水而东，将归彭城，被沙陀兵所逼，不暇饮食，转至蕲县将渡涣水，唐将李兖毁桥勒兵挡住去路，后面官军大集。

九月初九庞勋至县西，率领将士忍饥抗敌，英勇战死，近万名义军捐躯，其余几乎全部投水溺死。宋威攻取萧县，宿廷等寨降于官军。唯有濠州义军吴迥孤军奋战，直到十月城中粮尽，吴迥率部突围，死于招义，其余部众被官军追兵杀获殆尽。至此，庞勋起义失败。

庞勋起义前后一年零两个月，是唐末继裘甫起义之后的又一次大规模农民反抗斗争，是对唐朝统治的又一次沉重打击，为接踵而至的王仙芝、黄巢起义做出了积极的准备。史论称"唐亡于黄巢而祸基于桂林"，是对庞勋起义在唐末农民起义和农民战争史上的重要地位的中肯评论。

四、仙芝起兵长垣县，黄巢败死狼虎谷

唐朝后期，统治阶级内部矛盾日趋尖锐，宦官专权，朋党相争，朝政腐败，地方割据势力膨胀。统治阶级与被统治阶级之间的矛盾，以及民族矛盾也日趋尖锐。在严重的社会危机和自然灾害面前，广大农民无以为生，反抗力量遂遍及各地。在裘甫起义、庞勋起义失败之后，终于酿成了更大规模的以王仙芝、黄巢领导的农民大起义。

咸通十四年（873 年），河南、山东一带，水旱灾害严重，粮食颗粒无收，但官府仍然催逼租税，从而激起民变。乾符元年（874 年）底，私盐贩濮州（今河南范县南）人王仙芝领导农民几千人，在长垣（今河南长垣）起义，自称"天补均平大将军兼海内诸豪都统"，乾符二年（875 年）六月，王仙芝率领起义军，攻下濮州、郓州（今山东东平西北）、曹州（今山东曹县北）等地。这时黄巢聚众数千人，在家乡冤句（今山东菏泽市西南）起义，响应王仙芝。黄巢也是私盐贩，喜击剑骑射，读过书，粗通诗文，曾数次至长安应试不第。他曾同王仙芝同贩私盐，目睹唐统治的腐败和百姓生活的痛苦，愤世不平，便带领兄弟子侄等人，走上了反抗唐王朝的道路。两军会合后，队伍迅速发展到几万人。

起义军的迅速发展，严重威胁着唐王朝。唐朝急忙调集淮南、忠武、义成、宣武、天平五个节度使的兵力，前往镇压。任命平卢节度使宋威为统帅，统一指挥，围攻起义军。

起义爆发后，王仙芝和黄巢两支起义军并肩作战，从山东转战到河南、安徽、湖北一带，屡败唐军。唐政府以授给王仙芝左神策押牙兼监察御史的官职进行诱降，王仙芝动摇，但因黄巢等将领坚决反对，诱降未成。此后，黄巢回山东战斗，王仙芝留在湖北。乾符五年（878 年）二月，王仙芝兵败被杀。其余部由尚让率领北上与黄巢会合，黄巢称"冲天太保均平大将军"。

乾符五年（878 年），起义军渡江南下。黄巢鉴于唐军大多集中北方，南方空虚，便避实就虚，于同年夏横渡长江，南下安徽、江西、浙江，并在当地人民的支持下，用一个月时间，开山路 700 多里，翻越仙霞岭，从浙江进入福建。第二年，攻占广州，发布文告，揭露唐朝弊政，宣布要推翻唐朝统治。同年十月率军北伐。广明元年（880 年）七月在采石（今安徽当涂）渡过长江，又过淮河，队伍扩大到 60 万人。义军顺利占领洛阳后，于广明元年（880 年）十二月进入长安，唐僖宗逃往四川。尚让向市民宣告："黄王起兵，本为百姓，非如李氏不爱汝曹，汝曹但安居无恐。"

黄巢

起义军在长安正式建立政权，国号大齐。黄巢称皇帝，年号金统。以尚让等为宰相，朱温等为诸卫大将军，皮日休等为翰林学士。规定唐官三品以上的停职，四品以下的留用。大齐政权还镇压了豆卢瓒、张直方等一批隐匿不降和假投降的官僚、地主，但严禁随便杀人。大官僚、大地主被剥夺了田宅和货财，扫地出门，"富家皆跣而驱"。对一般百姓，则"见贫者，往往施与之"。这些措施，表现了农民的革命性，也反映了大齐政权和代表地主阶级利益的唐政权的显著区别。

起义军建立大齐政权后，以黄巢为首的领导集团，满足于既得的胜利，既没有乘胜肃清唐朝残余势力，又没有集中兵力消灭关中唐朝禁军的主力和周围藩镇势力。因此，以唐僖宗为首的唐中央在四川站稳脚跟后，得以重新组织力量，向起义军进行反扑。由于起义军北上过江后，没有重视根据地的建设，一味流动作战，特别是渡淮之后，队伍已发展到 60 万人，一路势如破竹，直取两京，然所经之地，甚至包括洛阳这样的重要城市，都不派兵驻守。而攻入长安后，也没有利用唐军溃散的机会巩固和扩大以长安为中心的根据地。这样一来，大齐政权势力范围只局限于东起华州，西至兴平，南抵商州的地区内，兵源、军资和粮食供应都很困难。

中和元年（881 年）三月，唐僖宗在四川发布命令，号召各藩镇进击起义军，唐朝的军队汇集了沙陀贵族李克用的骑兵，从四面包围长安，双方展开殊死战斗，长安几度失而复得，战斗十分激烈。这时，被唐重兵围

困在城内的起义军，粮食极为缺乏，只得以树皮等物充饥，处境日益困难。唐政府为配合军事围剿，又加紧对起义军的分化诱降活动。九月，起义军的同州防御使朱温叛变降唐，削弱了起义力量。

由于朱温的叛变，起义军处于外无援兵、内无粮草的险恶境地。中和三年（883 年）五月，黄巢被迫退出长安，向河南转移，在陈州与唐军胶着近 300 天，失去了及时向有利地区转移的机会，进一步陷入被动的局面。这时，唐朝从各地调兵增援陈州，李克用领沙陀骑兵 5 万，从太原南下河南。黄巢只得放弃陈州，向山东退却。中和四年（884 年）五月，起义军在中牟县王满渡北渡汴河时，遭李克用骑兵突击，伤亡惨重。在这一关键时刻，尚让等叛变，局势急转直下。最后黄巢败退至山东，又遭唐军追击。六月，起义军在瑕丘（今山东兖州西）被唐军李师悦包围，因力量悬殊，部众丧亡殆尽。黄巢率残部退至泰山狼虎谷（在今山东莱芜西南），自刎而亡。唐昭宗天复初年，黄巢侄子黄皓率残部流窜，在湖南为湘阴土豪邓进思伏杀，唐末农民起义结束。

黄巢领导的农民起义军，英勇奋战 10 年，转战大江南北，行程万里，席卷大半个中国。起义军由几千人发展到 60 余万，攻占长安，建立政权，时间之长，规模之大，在农民战争史上是空前的，这次起义打击了藩镇割据势力，镇压了贪官污吏，瓦解了唐王朝的统治，也沉重地打击了整个地主阶级，特别是荡涤了魏晋以来残存的世族地主势力。在政治上，促使门阀观念的消除，五代以后“取士不问家世，婚姻不问阀阅”。在经济上，削弱了大土地所有制，使土地高度集中的情况有所缓和，佃农的地位有所变化。

第二编

大唐风流

唐朝是当时世界上最发达的国家之一。自 617 年李渊起兵反隋建立唐朝至 907 年朱全忠受禅称帝，共 291 年历史，创造了一段中国历史上最辉煌的历史。

且不说盛唐时期的那些文臣武将，因为他们正处在中国封建社会的制高点，所以那种无形中散发的英雄气概也自是常人无法想象的，就连中晚唐时期的英雄也足以令后人敬佩和汗颜。

唐朝也是科技文化极为兴盛的时代，科学技术达到世界领先水平。在晚唐时期的乱世中，还出现了一批文人墨客，如刘禹锡、李贺、柳公权等，他们都是诗歌、书法等领域的集大成者。

第一章 开国元勋功臣榜

一、开国功臣二十四，名家绘像凌烟阁

唐代长安城皇宫内三清殿旁有一个不起眼的小楼，名为凌烟阁。贞观十七年(643年)二月二十八日(3月23日)，唐太宗李世民“为人君者，驱驾英材，推心待士”，为了纪念和他一起打天下治天下的功臣，修建凌烟阁来陈列由阎立本所画的24位功臣的画像，即为《二十四功臣图》，比例为真人大小，面北而立，以示尊皇，并时常前往怀旧。

凌烟阁

这24名功臣被分成三类：

第一类，参与玄武门之变的心腹，也即功勋最高的宰辅之臣。

参与玄武门之变的有长孙无忌、房玄龄、杜如晦、高士廉、张公谨、侯君集、尉迟敬德、段志玄、程知节、屈突通。其中长孙无忌是李世民最坚定的支持者，无论是在起兵之初，还是在玄武门之变中，所以长孙无忌排名第一，而且长孙无忌出力很多，排名第一也无可争议。

其余如尉迟敬德、侯君集等也属于坚定的支持者，所以排名相对都还可以。至于说排名相对靠后，李世民在其他地方也会有补偿，老伙计们也都理解。

第二类，中立的唐太宗手下，为功高王侯之臣。

李靖、李勣、秦琼并没有参与玄武门之变，这三个人各有各的苦衷，秦琼是否参与玄武门之变还有争议，《旧唐书》说他参与了，但是其他史料均没有记载。从排名来看，秦琼应该是没有参与，秦琼和程咬金一起来投李渊的，程咬金的排名可是在秦琼前面的，原因可能就是秦琼没有参与。

而李靖则是一个非常谨慎而低调的人，不参与朝堂政治，而且李靖的军功确实很大，军事才能非常高。李靖是唯一一个可以跟李世民比军功的人，所以他不需要靠参与政变来保障自己的地位，他只忠于皇帝，谁是皇帝他忠于谁。

而李勣则是因为自己的经历非常复杂，所以参与这些政治活动很敏感，李靖排名靠前很正常，李勣倒数第二也是情理之中。

第三类，其他各个势力。

其他各个功臣有魏征、刘弘基、殷开山、虞世南、刘政会、唐俭、张亮。

像魏征就是李建成的谋臣，后来李世民认为魏征是个耿直而且有用的大臣，于是重用，魏征和李世民的君臣关系也传为佳话，其他的人或者跟李世民关系很好，或者很早就跟着李渊起兵，虽然并非李世民心腹，但是对大唐建立都有很大的功劳，其中张亮是李世民的心腹，却是为李世民做过卧底的，加上本身的功劳，所以排名也不低。

1. 司徒、赵国公长孙无忌

李世民长孙皇后之兄，自幼与李世民友善，李渊太原起兵后投靠李世民。参与李世民历次战役，尤其在玄武门之变中起主谋作用。终身为李世民信任，李世民评价为“我有天下，多是此人之力”。李世民去世后，受遗命辅佐唐高宗。因反对唐高宗立武则天为皇后而失宠，后来被诬陷谋反，自杀。

2. 司空、扬州都督、河间元王李孝恭

其父为李渊堂弟，李渊起兵后，他负责经略巴蜀。得李靖之助，灭萧铣、辅公祏，长江以南均受其统领，战功几可与李世民分庭抗礼。李世民登基后，退出权力中心，以歌舞美人自娱。贞观十四年（640 年），暴病身亡。

3. 司空、莱国成公杜如晦

李世民主要幕僚。李渊攻克长安时投靠李世民，得房玄龄推荐而受李世民重用，为十八学士之首。参与李世民历次战役。玄武门之变主谋。贞观年间与房玄龄共掌朝政，但于贞观四年（630年）病故，年仅46岁。其死深为李世民痛惜，死后极尽哀荣。

4. 司空、相州都督、太子太师、郑国文贞公魏征

原为李密谋士，后随李密降唐，为唐朝招降李世勣。窦建德进攻河北时被俘，窦建德灭亡后重回唐朝，隶太子李建成麾下。玄武门之变后，归顺李世民。因感知遇之恩，凡事知无不言，以进谏著称。终生深受李世民信任，李世民评价说贞观之前辅佐之功以房玄龄第一，贞观之后以魏征第一。贞观十六年（642年）病故。

5. 司空、梁国公房玄龄

李世民主要幕僚，善于谋略。李渊起兵后派李世民进攻渭北，受温彦博推荐投入李世民幕府，被委以心腹，参与李世民历次战役。玄武门之变主谋。李世民登基后论功行赏，被比为汉之萧何。贞观年间负责行政，为相近20年，深得李世民信任。李世民出征高丽时被委以留守重任。贞观二十三年（649年）病故。

6. 开府仪同三司、尚书右仆射、申国公高士廉

李世民长孙皇后、长孙无忌的亲舅舅，二人之父早死，实际由高士廉抚养。高士廉对李世民极为器重，以至主动将长孙皇后许配给李世民。因得罪杨广，被发配岭南，随后中原大乱，被隔绝在外，直到李靖灭萧铣南巡时才得以回归。其人善行政、文学，为李世民心腹，参与玄武门之变的策划。

高士廉

7. 开府仪同三司、鄂国公尉迟恭

原为刘武周部将，刘武周灭亡后投降李世民。起初不被众将信任，几乎被处死，但李世民坚持起用他。唐郑决战时有单骑救主之功，得以稳固地位，此后以勇将身份参与李世民历次战役。玄武门之变的主要角色，亲手杀死齐王李元吉，又率兵威逼李渊下旨立李世民为太子，拥立之功第一。突厥倾国进犯时以骑兵迎击取胜，为李世民求和打下基础。天下安定后无用武之地，晚年闭门不出，最终得享天年。

8. 特进、卫国公李靖

是“使功不如使过”的典型，曾试图揭发李渊谋反，因此几乎被李渊处死，幸而为李世民所救。后来戴罪立功，协助李孝恭经营巴蜀、灭萧铣、辅公祏，被李渊评价为“萧、辅之膏肓”。拒绝李世民的拉拢，未参加玄武门之变。贞观年间负责抵御突厥，成功地消灭突厥政权，战功无人可及。后来又挂帅出征，消灭吐谷浑势力。因军事能力过高遭人疑忌，屡次被诬告谋反，为免嫌疑，主动退休闭门不出，直到老死。

9. 特进、宋国公萧瑀

隋炀帝萧皇后之弟，以外戚为隋炀帝重臣。因反对出征高丽，被贬为河池郡守，到任后受薛举进攻，奋力抵御。李渊起兵后，归附唐朝，善行政，终生为李渊重用。李世民即位后，因与房玄龄、杜如晦不和，多次得罪李世民，仕途沉浮，但从不“改过自新”。后来李世民评价其为“疾风知劲草，板荡识诚臣”。

10. 辅国大将军、扬州都督、褒忠壮公段志玄

李渊在太原时的旧部，首义功臣。参加李唐历次重要战役，以勇武著名。李世民兄弟相争时，拒绝李建成、李元吉的拉拢，忠于李世民，并参加了玄武门之变。其人治军严谨，李世民评价为“周亚夫无以加焉”。贞观十六年（642 年）病故。

11. 辅国大将军、夔国公刘弘基

游侠，隋炀帝征高丽时，因避兵役逃往太原依附李渊。太原起兵时，与长孙顺德一同负责招募勇士，有大功。进攻长安途中于霍邑之战阵斩隋主将宋老生，攻克长安后被评为战功第一。进攻薛举时在浅水原大败，力尽被擒，李世民灭薛氏后获救。又在刘武周进攻太原时战败被俘，侥幸自己逃回，随后配合李世民在介休歼灭宋金刚。因唐朝与突厥关系恶化，常年驻守北边抵御突厥。贞观年间曾随李世民征高丽。唐高宗时病故。

12. 尚书左仆射、蒋忠公屈突通

原为隋朝大将，历仕杨坚、杨广，战功赫赫。杨广南巡江都，委以镇守都城长安的重任。李渊起兵后进攻长安，屈突通率部下死战，力尽后自杀未遂，最终投降李渊，被封为兵部尚书。后参与唐朝历次重大军事行动，尤其灭王世充被评为战功第一。后被委派镇守洛阳，于贞观元年（627 年）病故。

殷开山

13. 陕东道行台右仆射、郧节公殷开山

李渊旧部，太原起兵时投奔李渊，参与进攻长安。进攻薛举时，在浅水原大败，与刘文静一同被追究责任，贬为庶民。后随李世民灭薛氏有功，得以重被任用。参加李世民历次战役，在进攻刘黑闼时，得病身亡，是凌烟阁功臣中最先去世的一个。

14. 荆州都督、谯襄公柴绍

李渊之婿,娶平阳公主。李渊起兵时身在长安,侥幸逃脱追捕前往太原。参与攻克长安、灭薛举、刘武周、王世充、窦建德等重要战役。贞观年间作为主将消灭最后一位反王梁师都。贞观十二年（638 年）病故。

15. 荆州都督、邳襄公长孙顺德

李世民长孙皇后之叔，外戚。隋炀帝出兵高丽时，为避兵役逃往太原依附李渊，与李氏父子友善。太原起兵时，与刘弘基一同负责招募勇士，有大功。进攻长安时任先锋，擒隋主将屈突通。此后功劳不显。玄武门之变充当打手角色。贞观年间因多次贪污被弹劾，李世民不忍治罪，只贬官而已，病故。

16. 洛州都督、郧国公张亮

原为李密部下，隶属李世勣，随李世勣一同降唐。得房玄龄、李世勣推荐入李世民幕府。李世民兄弟相争时，派其到洛阳招募私党，被李元吉告发而下狱，张亮拒不招供掩护了李世民，因而有功。贞观年间，因善于行政而颇得信任，又揭发侯君集谋反、随征高丽而立功。但其后因好巫术而逐渐名声败坏，贞观二十年（646 年）被告谋反，受诛。

17. 光禄大夫、吏部尚书、陈国公侯君集

李世民心腹，常年担任其幕僚。玄武门之变的主要策划人。贞观年间，担任李靖副将击败吐谷浑，又任主将击灭高昌。回朝后因私吞高昌战利品而被弹劾，为此怀恨在心。李世民诸子争当太子的斗争中，依附太子李承乾，图谋杀李世民拥立李承乾，事泄被杀。

18. 左骁卫大将军、郯襄公张公谨

原为王世充部下，后投降唐朝，受李靖推荐进入李世民幕府。因参与玄武门之变的谋划而得到赏识，又在事变时充当主要打手，功劳很大。李世民登基后，以其为李靖副将抵御突厥，协助李靖灭亡突厥。次年病故，仅39岁。

19. 左领军大将军、卢国公程知节

本名程咬金，原为瓦岗军勇将，李密失败后降王世充，因不满王的为人，与秦叔宝一同降唐，分配到李世民帐下。参加李世民历次战役。玄武门之变的主要打手。唐高宗时出征贺鲁，屠杀已投降的平民，因此免官，后病故。

20. 礼部尚书、永兴文懿公虞世南

隋朝奸臣虞世基之弟，自幼以文学著称。宇文化及江都兵变后被裹胁北返，宇文化及被灭后归窦建德，窦建德死后入李世民幕府。此后尽心辅佐李世民，被评价为德行、忠直、博学、文辞、书翰五绝。贞观十二年（638年）病故。

21. 户部尚书、渝襄公刘政会

李渊任太原留守时的老部下，随李渊起兵，首义功臣。此后负责留守太原，刘武周进攻时被俘。忠心不屈，还找机会打探刘武周军情密报李渊。刘武周灭亡后获救。曾担任刑部尚书，贞观九年（635年）病故。

22. 光禄大夫、户部尚书、莒国公唐俭

唐家与李家均为北齐大臣，有世交之谊，唐俭亦与李渊为友。参与李渊太原起兵的策划，为首义功臣。最大功劳是揭发独孤怀恩谋反，被特赐免死罪一次。贞观初年负责与突厥外交事宜，被李靖“谋害”，竟奇迹般逃生。后来任民部尚书，因怠于政事贬官。唐高宗年间病故。

23. 光禄大夫、兵部尚书、英国公李勣

原为瓦岗军大将，少年从翟让起兵，翟让死后跟随李密。李密降唐后成为独立势力，但仍坚持以李密部下的身份降唐以示不忘故主，被李渊称为“纯臣”。遭窦建德进攻后，因父亲被窦建德擒为人质不得已投降。密

谋暗杀窦建德重归唐朝，但未能成功，侥幸逃走。随李世民灭王世充、窦建德、刘黑闼，又担任主将灭徐圆朗，随李孝恭灭辅公祏。拒绝李世民的拉拢，未参加玄武门之变。贞观年间与李靖一起灭亡突厥，此后 16 年负责唐朝北边防御，多次击败薛延陀势力，又随李世民进攻高丽。李世民死后辅佐唐高宗，被委以军事，担任主将再次出征高丽，终于将高丽灭亡。唐高宗重画其形象于凌烟阁。灭高丽后次年病逝。

24. 徐州都督、胡壮公秦叔宝

本为张须陀部下勇将，张死后归裴仁基部下，又随裴仁基投降李密，为瓦岗军大将。在李密与宇文化及童山之战中立下大功。李密失败后投降王世充，因不满王世充的为人，与程知节一同降唐，分配到李世民帐下。参加李世民历次战役，每战必冲锋在先。玄武门之变的主要打手。后因历次作战负伤太多而疾病缠身，贞观十二年（638 年）病故。

二、开国元勋功第一，废后之争诛满门

长孙无忌（594—659 年），字辅机，河南洛阳人，鲜卑贵族后裔。其先祖为北魏献文帝之兄，姓拓跋氏。在魏室功勋卓著，世袭“大人”之号。后人更姓跋氏，因为宗室之长，又更姓长孙氏。其七世祖长孙道生，官至北魏司空、封上党靖王。以后又数代封王。其祖父长孙兕，为北周开府仪同三司、封平原公。其父长孙晟为隋代著名的将领和外交家。

长孙无忌虽为贵族武将之后，家门显耀，但他却酷好读书，精博文史，又聪颖敏慧，很有谋略，人称有大器。

隋大业五年（609 年），官至右骁卫将军的长孙晟去世。长孙无忌与母亲高氏和幼妹相依为命，饱受异母兄长孙安业等人的欺凌。后来实在无法在长安永兴坊的府邸住下去了，母子仨便走依临洮（今属甘肃）刺史、高氏之父高励。不久，高励亦病故。长孙无忌兄妹便靠舅舅高士廉抚养。大业九年（613 年），由高士廉做主，将长孙无忌的妹妹嫁给了卫尉少卿李渊的次子李世民。长孙无忌与李世民年龄相仿，他们在一起学文习武，成为了一对好朋友。

大业十三年（617 年），时任太原留守的李渊在太原起兵南下，直逼长安。李世民率领先锋部队渡过黄河后，长孙无忌便投奔了他，被李世民用为渭

北道行军点签，负责文书和传达军令。这年十一月，李渊父子进占长安。次年，李渊称帝，建国号为唐，李世民被封为秦王，长孙无忌的妹妹成为王妃，长孙无忌则成为秦王府的得力干将，随从李世民东征西讨，立下赫赫战功，官至比部郎中，封上党县公。

长孙无忌

李世民即位后，王妃长孙氏被立为皇后。长孙无忌以力安社稷元功，先授左武候大将军，再转吏部尚书，进封齐国公，食邑 1300 户。唐太宗以其功勋、外戚、故旧三者的关系，对长孙无忌极为亲宠，礼遇远殊于其他大臣，常让他出入自己的寝殿，商议机密。长孙无忌不善统兵打仗，却善谋断大事，对唐太宗忠心赤胆，在唐太宗即位初期稳定政局中发挥了重要作用。贞观元年（627 年），长孙无忌被提升为尚书右仆射，成为宰相。

长孙无忌在贞观群英中，是最不善谏诤的一位，在君臣治道议论中极少建言。他崇拜唐太宗，表现得忠心顺从。但他在大是大非面前却头脑清醒，以持重见长，并固执己见，态度坚决。贞观十一年（637 年），李世民颁诏，赐 14 名佐命元勋世袭州刺史，让他们子孙后代拱卫唐室。长孙无忌坚决不干，他认为，世袭刺史会给国家的长治久安带来不利。从维护唐室将来的稳固统治计，长孙无忌与房玄龄等人上疏，力陈世袭刺史的弊端：其一，一家一姓占据一州，时间一长，难免曲树私党，破坏地方吏治；其二，佐命元勋已蒙重赏，不可再裂土以赐；其三，若孩童袭职，不谙世务吏职，必然造成政无约束，为害地方，一旦触犯刑律，便自取灭亡；其四，此制一开，后世仿效，遗患无穷。唐太宗在他的一

再坚持下，终于收回成命。

正因为长孙无忌有这些优点，在关键时刻，他总是被推入决策群的中心，受到唐太宗的倚重。在唐太宗晚年，皇嗣问题又一次成为唐室的重大难题。唐太宗的皇后长孙氏生有三子：长子承乾，已被立为太子；次子魏王李泰；幼子晋王李治。太子李承乾有腿疾，少年时代也受唐太宗的喜爱，但随着年龄的增长，他的性情愈来愈怪诞，幸男宠，好游畋，为非作歹，没有作为一个储君的体统。而魏王李泰素有父风，行为检点，礼重贤士，还效古贤王邀集文士著书立说，有觊觎太子位的野心。唐太宗厌恶李承乾而喜欢李泰,常有废长立幼之心。李泰善察言观色,见李承乾为父所憎，便玩弄阴谋，着意表现自己，以求恩宠。李承乾见大势已去，便联络对李世民有不满情绪的汉王李元昌和悍将侯君集等人，图谋举兵反叛，夺取帝位。不料事泄，贞观十七年，李承乾被废为庶人。

太子李承乾既废，李世民便欲立李泰为太子。大臣岑文本、刘洎也表赞同。但长孙无忌和褚遂良等却主张立李世民幼子晋王李治。李治性情温和懦弱，太宗不喜，但又不想驳回元老派长孙无忌的面子，犹豫不决。

李泰得知舅父反对，便大肆活动，向唐太宗恳求，甚至恫吓年方 15 岁的晋王李治。他玩弄阴谋的事状暴露后，李世民大为伤感和恼火。李世民靠杀兄屠弟取得皇位，但不希望自己的儿子们也步其后尘，这使他心中逐步认可了长孙无忌的意见，想通过立怯懦的晋王李治来保全其他的儿子。

晋王李治被立为皇嗣后，李世民希望以对他一直忠心耿耿的长孙无忌辅佐李治，以保证他百年之后李治能坐稳皇位。长孙无忌因此被任命为太子太师。

但是，李世民对李治并不真心喜欢，觉得他太软弱，只是看在长孙无忌等人的面子上，才立了他。后来，李世民越瞧李治越不顺眼，想改立吴王李恪。李恪是隋炀帝之女杨氏所生，英武类唐太宗，很受唐太宗喜爱。但其母只是皇妃，李恪系庶子，按嫡长子继承制，他又不可能僭越李治而为皇太子。李世民在征询长孙无忌意见时，长孙无忌坚决反对。李世民火了，说：“你是不是觉得他不是你外甥，将来不会保全舅家？”长孙无忌劝谏道：“晋王宽厚仁爱，是守天下的贤明君主。举棋不定是要失败的，何况是立储这样的大事呢？”李世民这才打消了另立李恪的念头。

贞观二十二年（648 年），唐太宗感到自己身体不佳，开始为李治继位做准备。他不惜杀掉他感到不放心的大臣和武将，以消除他死后可能出现的隐患，而把政事更多地委予长孙无忌，命他检校中书令，知尚书、门下省事，实际上是总领三省政务。他认为长孙无忌老成持重，对他忠心不二，又是李治的拥立者，定能帮助他顺利交接皇权，辅佐李治走上统治天下的正轨。

李世民死后，李治即皇帝位，是为唐高宗。顾命大臣长孙无忌进位太尉，兼检校中书令，知尚书、门下事。长孙无忌力辞知尚书省事，乃以太尉同中书门下三品，仍总朝政。李治治政经验很少，又无决断能力，政事全凭长孙无忌、褚遂良等人办理。李治初即位的几年，在长孙无忌、褚遂良的辅佐下，唐室天下倒也波澜不惊。

随后，长孙无忌卷入了一场始料不及的宫廷争斗——皇后的废立之争。

唐高宗的皇后王氏，也是关陇贵族之后，她是关陇贵族继续尊荣不衰的象征，也是唐太宗临终嘱长孙无忌保全的“佳妇”。但永徽四年（653 年），唐高宗开始宠爱武则天。武则天是文水（今属山西）人，唐开国功臣武士彟之女。贞观十一年被李世民召入宫中为才人，赐号“武媚”。她 26 岁那年，李世民病死，按惯例她削发入感业寺为尼。李世民死后两周年忌日，唐高宗入感业寺进香，遇见武则天，由于他早已钟情此女，便重新召她入宫，不久即封昭仪。武昭仪富于心计权谋，她觊觎王皇后那顶凤冠，便不择手段地诬陷、谗毁王皇后。唐高宗被她迷惑，又加上王皇后没有生育，便决定废黜王皇后，另立武则天。

围绕皇后的废立，朝廷中展开了激烈的斗争。以长孙无忌、褚遂良为首的实权派认为武则天出身低微，又曾侍奉过先皇，并在后宫兴风作浪，没有统率六宫的风范，因而极力反对立武则天为后；而以中书舍人李义府、卫尉卿、许敬宗等受排挤的庶族官员则企图借机邀功，以打击实权派，跻身于权力中心，所以他们积极拥戴武则天。

长孙无忌德高望重，兼具国舅和顾命大臣身份，没有他的支持，废立皇后之举难免有些棘手。李治与武昭仪便思拉拢软化长孙无忌。他们夫妇亲临太尉府第，赏赐给长孙无忌金、银、珠宝各 1 车，绫锦 10 车，并当面授其 3 个儿子以朝散大夫的官衔。嗣后，武则天的生母杨氏也去长孙无

忌家求情。然而，长孙无忌礼物照收，就是不肯表态。他把唐太宗临终嘱托保全佳儿佳妇的遗言奉为神明，认为以他的身份和地位，加上其他宰相们的支持，软弱的李治必定会知难而退，废后风波自然会平息下来。

但他低估了李治。这时的李治有城府很深的武昭仪在背后打气献谋，又有许敬宗等臣僚的鼓噪支持，加上另一元老大臣李勣表示“此乃皇上家事，不必预闻于外臣”，他便强硬起来。

永徽六年（655 年），唐高宗正式颁诏，册立武则天为皇后，并将褚遂良贬为潭州都督，以李义府为宰相。不久，支持武则天的大臣许敬宗也被提升为宰相。长孙无忌和其他老臣被排挤到了一边。

武则天入主后宫以后，开始疯狂报复反对她做皇后的大臣，长孙无忌如果此时急流勇退，远避嫌疑，或许还可以逃过这场报复。但此时的长孙无忌被第一元老重臣的地位蒙住了双眼，已失去了他在唐太宗时期的明智，竟毫不退让，仍自信地昂立于朝中。武则天认为，有长孙无忌在，关陇贵族集团的权势就无法动摇，被贬被流的那些人又会毫发无损地卷土重来。因此，她把长孙无忌视为眼中钉，必欲除之而后快。

长孙无忌

不过，要扳倒长孙无忌不是件容易的事，他身为国舅、顾命大臣、三朝元老，在唐室权力核心历 40 余年，如果没有个十恶不赦的罪名是整不倒他的。武则天与她的亲信许敬宗等经过密谋，在显庆四年（659 年），他们终于鼓足勇气开始行动了。

许敬宗遣人上疏，密奏监察御史李巢与长孙无忌勾结，图谋不轨。接着，许敬宗通过刑讯逼供，捏造出长孙无忌、褚遂良以及关陇贵族出身的大臣柳奭、韩瑗等串通谋反。李治先是怀疑，后来竟也相信了。他下令革去长孙无忌的官位，流放黔州（州治彭水，今属四川）。不久，武则天又派人去黔州，逼迫长孙无忌自缢。其他追随者被杀殆尽。长孙无忌的子孙、亲戚也多受牵连，惨罹祸殃。

三、直言敢谏耿直臣，明君忠臣两相宜

魏征（580—643 年），字玄成，馆陶曲城（今属河北省晋县）人。后迁居相州内黄（今属河南省）。

魏征出生于隋朝末年的一个官宦家庭。父亲魏长贤为政清廉，秉性刚直，而且博学多才，治学严谨，魏征自幼耳濡目染，受到了良好熏陶和感染。由于父亲英年早逝，家道随之衰落，但是魏征并没有因此而意志消沉，沦落颓废，反而更加胸怀大志，勤学苦读。生逢乱世，魏征深感人世无望，无法施展自己的才华，便出家当了道士。

当时，在河南一带翟让、李密领导的瓦岗军，攻占了洛阳东北的最大粮仓洛仓；起义军开仓放粮，济贫救苦，深得百姓拥护。队伍迅速扩大，声威日盛。隋大业十二年（616 年），隋武阳郡丞元宝藏起兵响应李密，元宝藏知魏征有学识，便动员他加入起义军，让魏征做了郡府的书记官，掌管军中的文书。

后来，元宝藏意欲投奔瓦岗寨首领李密，多次写信表明意愿。李密阅信深感措辞贴切、文采飞扬，常常赞叹不已。以后知道这些书信均出自魏征手笔，李密便请魏征到元帅府任文学参军，掌管记室。魏征向李密条陈十项，但李密在惊奇魏征才华横溢、深谋远略之余，却未采纳他的建议。隋大业十三年（617 年），李密刺杀了瓦岗军首领翟让，瓦岗军的领导力量被大大削弱。尽管如此，瓦岗军仍是一支很强的反隋力量，曾先后打败隋将王世充和宇文化及。

瓦岗军屡败隋军，声势日盛，李密便渐渐滋长了骄傲的情绪。当然他也很快为此付出了惨痛的代价。就在李密谋杀翟让不久，王世充又集中 20 万大军向瓦岗军扑来。魏征非常关心这次战斗的胜败。他找到李密的一个手下郑长史说：“魏公（李密）虽骤胜，而骁将锐卒多死，战士心怠，此二者难以应敌，且王世充乏食，志在死战，难与争锋，未若深沟高垒以拒之，不过旬月，王世充粮尽，必自退。追而击之，无不胜矣。”魏征的意见无

魏征

疑是正确的。但目光短浅的郑长史却斥之为“老生之常谈”。魏征非常生气，拂袖而去。结果，李密大败，瓦岗军全军崩溃，李密只得投降唐朝。魏征也随李密来到京城长安。

李密归唐后不久又举兵谋反，最终兵败被杀。魏征是李密的同党，自然也就不会受到李渊的重用。魏征苦于自己通晓天文地理、熟谙运筹帷幄，却落得个英雄无用武之地，于是便主动请缨，招抚太行山以东地区的李密余党。魏征先来到黎阳（今河南浚县东北），给据守在那里的徐世勣写了一封语重心长的信，晓之以理，动之以情，规劝其认清形势、归附唐朝，才能成就一番事业。在魏征的极力说服下，徐世勣不久便归降了唐朝。后来，魏征又直奔魏州，说服老朋友元宝藏也归附了唐朝。

武德二年（619 年）十月，窦建德领导的农民军起兵南下，直攻黎阳。此时，魏征刚好从魏州返回黎阳。黎阳失守，魏征被俘。窦建德对魏征的才学早有耳闻，便任魏征为起居舍人。

武德四年（621 年），李世民亲率大军东征洛阳。此时，占据洛阳的隋将王世充联络窦建德严防死守，双方对峙数日。最终被李世民击败，魏征才得以回归长安。

然而，重回长安的魏征仍然不被朝廷重用。就在魏征心灰意懒之时，极具慧眼的太子李建成发现了他。并对他的学识颇为赏识，便招为太子洗马。为报太子的知遇之恩，魏征尽心辅佐、积极谋划。

在李建成和李世民争夺皇位的斗争中，魏征竭力为李建成出谋划策。魏征看到李世民创建唐王朝的过程中战功卓著，深得人心，就对李建成说“秦王功盖天下，中外归心，殿下却长处深居东宫，并没有威镇海内的丰功伟绩。您虽已被立为太子，但获得皇位的根基并不牢固”。这时，逃往突厥的窦建德残部刘黑闼经过几个月的休整，率部收复河北失地，恢复了许多州县。魏征认为这对太子来说是个壮大势力，提高威望的绝好时机。于是便向李建成进言说：“今刘黑闼散亡之余，众不满万，资粮匮乏，以大军临之，势如拉朽，殿下宜自击之以取功名，因结纳山东豪杰，庶可自安。”李建成同意魏征的建议并向李渊请命。李渊诏李建成率军征讨刘黑闼。魏征随军出征。唐军兵至昌乐，刘黑闼引兵拒之，两军严阵以待。魏征向李建成建议：采用镇压和安抚相结合的政策，遣返俘虏，使刘黑闼的同党相信朝廷的赦免政策，以瓦解其军心。果然不出所料，敌军纷纷放下武器，很快便不战自败，河北大批失地又尽归唐朝。

统一天下后，李建成和李世民的矛盾激化，魏征屡屡劝说李建成早下决心，除掉李世民以绝后患。武德九年（626 年），但是李建成优柔寡断，顾虑重重，并没有接受魏征建议。李世民先发制人，在玄武门设下伏兵，一举诛杀了李建成和李元吉，取得了玄武门之变的胜利。李渊被迫接受了现实，改立李世民为太子，并将军国大政完全交由李世民处理。

玄武门事变后，李世民对东宫官属不计前嫌。一天，他把魏征召来责问道：“你为什么要离间我们兄弟？”魏征从容答道：“太子若听我的话，决不会有今日之祸。”李世民早就知道魏征的才能，又见他临危不惧，更加器重他，任命魏征为詹事主簿，掌握东宫的庶务和文书。武德九年（626 年）八月，李世民当了皇帝，是为太宗。唐太宗知人善任，提升魏征为谏议大夫。

贞观元年（627 年），有人告发魏征利用职权徇私舞弊。唐太宗请御史大夫温彦博查办，结果查无实据。温彦博奉诏责怪魏征，说他不注意检点行为、远避嫌疑，以致惹来诽谤。魏征去见唐太宗说，臣不敢奉诏。他还说，君臣一条心，才叫作一体，哪有抛却大公无私，而专在检点行为上下功夫？如果上下都走这条路，国家兴亡就难以预料了。他对唐太宗说：“希望您让微臣成良臣，而不让我成为忠臣。”唐太宗问：“忠臣和良臣的区别又在哪里呢？”魏征说：“良臣身有美名，如稷、契，君主也获得好的声誉。而忠臣则不同，如商纣王时的比干，面折廷争，身诛国亡。”唐太宗听了非常高兴，接着问魏征：“作为国君如何做才算得上英明，怎样做又算得昏聩？”魏征回答说:“兼听则明，偏听则暗。”唐太宗听后非常高兴，拍手叫好。

贞观三年（629 年）二月，魏征以秘书监参与朝政，当了宰相。

一代明君唐太宗，广采众意，虚怀纳谏，但是，没过多久，唐太宗便尝到魏征耿直性格的苦头。唐太宗刚刚即位，北方游牧部落的突厥人便向唐境进犯，抵达渭水之北。唐太宗虽然将敌兵智退，但是心中仍是愤愤不平。他总想扩大兵源，以示强盛。对此宰相封德彝出面奏道:“凡年满 16 岁以上而未满 18 的男子当中，体型壮大者均可典为府兵。”这一意见最终得到了唐太宗的采纳。但是敕令下达之后却遭到魏征的极力反对。经过几次的反复，唐太宗大动肝火，他责问魏征道:“朕下达此诏令，是朕亲自得知有人为逃避兵役而将其实际年龄隐瞒。你为何三番五次拦阻于朕？”在盛气凌人的唐太宗面前，魏征并无惧色，他从容地说道:“古人曾经说过，竭泽而渔，明年就会无鱼可捕；放火烧林猎取野兽，虽然可以大量捕捉，但明年就会无兽可捕。这个道理陛下应该明白。战争逼近，兵不在多，在于御之有道，陛下取其壮健，指挥有术，足以无敌于天下，何必将未成年之人拿来凑数呢！”魏征见唐太宗怒色渐消，又进一步劝唐太宗:“陛下常说:‘君主以诚信御天下’，欲使臣民皆无欺诈，陛下必先取信于民。如今即位时间不久，陛下就已经几次失信于民了。”唐太宗听了魏征的诉说后大吃一惊，他连忙说道:“朕哪些地方失信了，请你详细说与朕听。”魏征便一一列举。魏征一番话有理有据，说得唐太宗心服口服，从此改变了对魏征的看法。

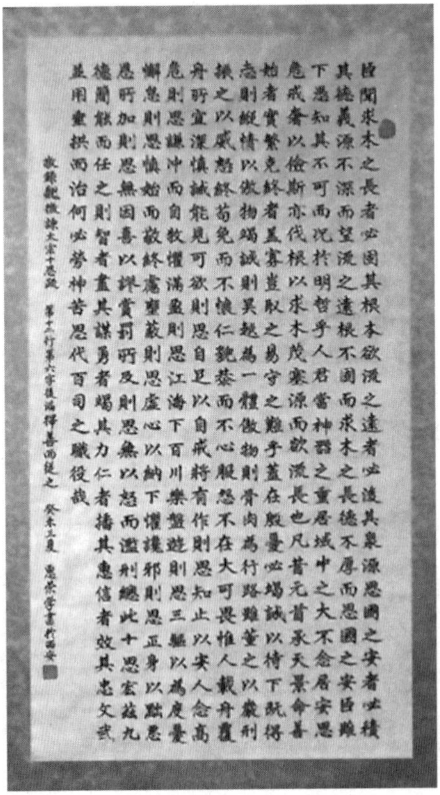

魏征《谏太宗十思疏》

唐贞观八年（634 年），朝臣中进谏的人日益增多，但有许多人进谏要么不切实际，要么纯属无稽之谈，往往使得唐太宗龙颜大怒。中丞皇甫德参进谏说，社会上妇女梳高发型，是让“皇宫里的宫女带坏了”。唐太宗听人说宫女的坏话，自然很生气，骂道：“难道让宫人都剃掉头发，你们才会满意吗？”他要以诽谤罪处罚皇甫德参。但魏征坚决反对这样做，他说：“自古劝谏的奏章，往往用词偏激，不然，又怎么引起君主的重视呢？陛下您要始终清楚这一点，让大家放心大胆地去说，讲得有道理，自然于国于民都有好处，讲得不对，也不会有什么妨碍。若动不动就治罪，以后谁还敢开口呢？”魏征有力且有理的慷慨陈词，使唐太宗打消了处罚皇甫德参的念头。

有时候，魏征在劝谏唐太宗时言辞激烈，很不给唐太宗面子，只是由于唐太宗和魏征的情谊一直很深，所以不好发作，这令唐太宗有时竟然惧怕他，所以对他说：“你以后不妨这样，如果你认为我有什么不对的，当着大家的面只管顺着朕的意思说，等没有人时悄悄告诉朕，朕一定照你说的办！”魏征却不同意，说：“舜帝曾告诫群臣，不能当面顺从，背后反对。陛下虽没有这样告诫魏征，臣却天生是这样的人。”魏征讲得很有道理，唐太宗不好随便反对。

此外，魏征常常提醒唐太宗勿搅民扰民。一次，唐太宗要巡游南山，一切都准备好了，但好久不见出发的动静。魏征为此询问唐太宗。唐太宗告诉魏征，原先是有这种打算的，因为怕你怪罪，故中止了。贞观初期唐太宗虚心纳谏，躬行节俭，以省民力。贞观四年（630 年），唐朝经济好转，国泰民安。文武官员再次请唐太宗封禅，也就是到泰山祭天，表示对天的敬畏。魏征却竭力反对封禅，他说：“兴师动众，远行千里，必然会劳民伤财。”经魏征这么一讲，唐太宗的封禅之举也就停止了。

贞观六年（632 年），在众臣的请求下，唐太宗准备前往泰山封禅，再次遭到了魏征的极力反对。唐太宗百思不得其解，便询问缘由。魏征回答说：“眼下国家刚刚安定，百业待兴，国库尚为空虚。在这种情况下封禅，兴师动众，必然劳民伤财，与‘抚民以静’的国策相悖。”唐太宗听了这番道理，取消了封禅计划。

唐太宗庆幸有魏征这样的刚直不阿的大臣。他把魏征比喻为良匠，而他自己是一块混在石头中的美玉，必须经过良匠的打磨。魏征的确是

良匠，雕琢出了唐太宗这样的美玉，他先后进谏数 10 万言，提出诸如“载舟覆舟”“十思”等等杰出的论断，这些都可以为历代帝王提供参考和借鉴。

贞观十六年（642 年），魏征病逝。唐太宗悲痛万分，亲自登门哭祭，辍朝 5 天，并准备用最高规格的礼仪送葬，让文武百官送出郊外。事后，唐太宗还亲自为魏征写了碑文。对于魏征的去世，唐太宗曾感叹地说：“以铜为镜，可以正衣冠；以古为镜，可以知兴替；以人为镜，可以知得失。如今魏征去世，使我失去了一面镜子啊。”

后来，唐太宗攻打高句丽（今朝鲜），大败而归，在退军的路上，十分感慨地说：“如果魏征活着的话，一定不会让我打这一仗！”

中国封建社会政治最为清明的“贞观之治”的出现，魏征是起了相当大的作用的。后代人都以魏征作为忠诚敢谏的榜样加以称颂。

四、房谋杜断辅圣君，当世良相语二人

隋大业十四年（618 年），隋炀帝在江都被禁军首领宇文化及等杀害，已经攻取关中的李渊（唐高祖），废黜所拥立的隋恭帝杨侑，自己称帝，改国号为唐，改大兴城为长安作为国都，建立了唐朝。

李渊在位九年，次子李世民发动“玄武门之变”，射杀兄弟李建成和李元吉，成为太子。两个月后，李渊禅位于太子李世民。李世民即位，是为唐太宗。李世民文韬武略，励精图治，开创了“贞观之治”的崭新局面。他的成功，固然是他的英明睿智所致，同时也得力于房玄龄和杜如晦两位宰相的辅佐。这两人，合称“房杜”，前者善谋，后者善断，为唐太宗夺得政权和“贞观之治”局面的形成，作出了重大贡献。

房玄龄（579—648 年），字乔，齐州临淄（今山东淄博）人。父亲房彦谦，隋朝时任司隶刺史，善良清廉，曾告诫儿子说：“人皆以禄富，我独以官贫，所遗子孙在于清白耳。”房玄龄受到父亲的影响，自小警敏，饱读诗书，精通书法。18 岁时举进士，步入官场，任羽骑郎，供职秘书省，被人视为“国器”。继任县尉，卷进汉王杨谅叛乱事件，被革职，徙居上郡（今陕西榆林南）。隋末，农民大起义风起云涌，中原大乱。房玄龄“慨然有忧天下志”。李渊父子起兵反隋，李世民西渡黄河，进兵关中。房玄龄毅然投奔李世民，

二人一见如故。李世民以房玄龄为渭北道行军记室参军。李渊建唐，封李世民为秦王。房玄龄出任秦王府记室，封临淄侯，成为秦王的得力参谋。

杜如晦

杜如晦（585—630年），字克明，京兆杜陵（今西安东南）人。“少英爽，喜书，以风流自命，内负大节，临机辄断”，被人视为“栋梁”。隋末补滏阳县尉，弃官自去。李渊建唐，他也投奔李世民，任秦王府兵曹参军。从这时起，房玄龄和杜如晦一起共事，彼此倾慕对方的才干，十分亲近和友爱。

李世民东征西战，担负起平定割据势力、统一全国的重任。每次征战，房玄龄、杜如晦必然随行，参与帷幄机密。李世民攻占一地，许多将士争着抢掠金银珠宝。房玄龄不然，专为秦王物色和招揽人才，厚相交结，鼓励他们替秦王效力。这使李世民非常感动，他说：“东汉光武帝得邓禹，门人益亲。今我有房玄龄，犹邓禹也。”房玄龄掌管秦王印信和文书，井然有序，有时还代表秦王向李渊汇报前方战事。李渊称赞说：“这人机敏，足以委任。每为吾儿奏事，千里外犹对面语。”

李世民四处征战，需要大量官员到地方上任职。杜如晦也被派到陕州（今河南陕县）任总管府长史。房玄龄及时提醒李世民说：“去者虽多，不足吝，而杜如晦，王佐才也。大王若只想当个藩王，也就罢了；若想经营四方，舍杜如晦无其功者。”李世民顿有所悟，说：“非公言，我几失之。”他立刻把杜如晦调了回来，封建平县男，任中郎。武德四年（621年），李世民创设文学馆，以秦王府幕僚为核心，任命文武贤才18人为学士，号称“十八学士”。房玄龄、杜如晦二人名列学士前两位，充当秦王智囊

团的头脑人物。

统一全国的战争基本结束，皇室内部为争夺皇位继承权的斗争日益尖锐。太子李建成和齐王李元吉勾结，贿赂李渊的嫔妃，多次向李世民发难，必欲将之置于死地。李渊糊涂昏庸，也对李世民产生了疑心。房玄龄和杜如晦清醒地看到这一情况，劝李世民及早采取行动。房玄龄特别说："国难世有，惟圣人克之。大王功盖天下，非特人谋，神且助之。"可是，李世民顾念兄弟情分，犹豫不决。李建成、李元吉忌恨房玄龄、杜如晦，反复进谗，通过李渊下令，命房玄龄、杜如晦居于府第，不准替秦王出谋划策。武德九年（626年）六月，李建成、李元吉又设下阴谋，准备在一次宴会上杀害李世民。李世民得到密报，这才下定决心，以牙还牙。他派人召房玄龄、杜如晦到秦王府议事。房玄龄故意激将，说："皇上有旨，不再让我等替大王办事。这时如私谒大王，恐怕就是死罪。"李世民大怒，说："玄龄、如晦岂叛我邪？"他取下佩刀交给尉迟敬德，说："公往观之，若无来心，可断其首以来！"尉迟敬德奉命前往，说明秦王的决心。房玄龄、杜如晦求之不得，立刻穿了道士服，悄悄进入秦王府，密商大计。

接下来便是"玄武门之变"，李世民射杀李建成和李元吉，全歼"太子党"。李世民成为太子，房玄龄任右庶子，杜如晦任左庶子。两个月后，李世民成为皇帝，就是唐太宗。房玄龄任中书令，封邗国公；杜如晦任兵部尚书，封蔡国公。淮安王李神通认为房玄龄、杜如晦"专弄刀笔"，不应得到高官厚爵。唐太宗说："玄龄、如晦运筹帷幄，坐安社稷，其功可比萧何。朕论功行赏，不当以私废公。"

唐朝历史揭开新的一页。不久，房玄龄任尚书左仆射，杜如晦任尚书右仆射，并为宰相，共管朝政。唐太宗给宰相规定的主要任务是"广耳目，访贤才"，不必拘泥于狱讼等具体事务。一次，唐太宗问房玄龄和魏征说："创业、守成孰难？"房玄龄说："方时草昧，群雄竞逐，攻破乃降，战胜乃克，创业则难。"魏征说："王者之兴，必乘衰乱，覆昏暴，殆天授人与者。既得天下，则安于骄逸。人欲静，徭役毒之；世方弊，赋税穷之。国由此衰，则守成为难。"唐太宗笑了笑，说："玄龄从我定天下，冒百死，遇一生，见创业之难；魏征与我安天下，畏富贵则骄，骄则怠，怠则亡，见守成之难。然创业之不易，既往矣；守成之难，方与公等慎之。"

房玄龄为相，史籍是这样记载的："玄龄当国，夙夜勤强，任公竭节，不欲一物失所。无媢忌，闻人善，若己有之。明达吏治，而缘饰以文雅，议法处令，务为宽平。不以己长望人，取人不求备，虽卑贱者得尽所能。或以事被让（责怪），必稽颡请罪，畏惕，视若无所容。"他忠贞、勤恳、公正、谦逊的品格，受到唐太宗的高度赞赏，改封梁国公，加太子少师、太子太傅衔，进位司空，女儿为王妃，儿子尚公主，"权宠隆极"。唐太宗每次出巡，必留房玄龄镇守京师，说："公当萧何之任，朕无西顾忧矣。"房玄龄一方面总理朝政，另一方面深感责任重大，数次请求辞去一些显要官职。唐太宗不许，说："谦让，诚美德也。然国家相眷赖久，一日去良弼，如失左右手。顾公筋力未衰，不必推让。"

杜如晦和房玄龄一样，既为宰相，兼管吏部，选贤才用能人，无不尽职；制定各项典章制度，规范适用。房玄龄、杜如晦二人配合相当默契，每当议决大事时，房玄龄必说："非如晦莫筹之。"杜如晦到来，肯定会用房玄龄之策。因此，史籍记载说："如晦长于断，而玄龄善谋，两人深相知，故能同心济谋，以佐佑帝。当世语良相，必曰房、杜云。"这段话，给后世留下个"房谋杜断"的典故。

房玄龄、杜如晦位高权重，必然会引起一些人的忌恨。如监察御史陈师合，就曾含沙射影，攻击两位宰相。唐太宗很生气，说："玄龄、如晦不以勋旧进，特其才可与治天下者。陈师合欲以此离间吾君臣邪？"他立刻命将陈师合贬职，处以流放。还有一人诬告房玄龄意欲谋反。唐太宗大怒，断然将那人斩首。

杜如晦短命，46 岁就病死。唐太宗非常悲痛，追赠开府仪同三司、司空，谥曰"成"。夏天，唐太宗吃瓜，命分其半，祭奠亡人。一次，唐太宗赐给房玄龄黄银带，潸然流泪，说："如晦与公共同辅朕，今独见公耳！"他另外取了一条金带，命房玄龄送至杜如晦家中，以寄托自己的哀思。房玄龄逐渐年老体衰，而且多病。唐太宗允许他乘坐肩舆入殿，卧榻理事。

晚年的唐太宗变得不那么英明了，建造宫室，迷恋声色，爱听恭维话，忽视民生疾苦，特别是执意征伐高丽，造成社会动荡。房玄龄看在眼里，急在心里，说："今天下事无不得，惟征高丽不止，皇上含怒意决，群臣莫敢谏。我若不言，抱愧没地矣！"他在病中毅然上书，陈述自己的意见，

房玄龄

书中说："高丽违失臣节，诛之可也；侵扰百姓，灭之可也；能为后世患，除之可也。今无是三者，而坐弊中国，为旧王雪耻，非所存小，所损大乎？臣愿陛下下沛然之诏，许高丽自新，焚凌波之船，罢应募之众，即臣死骨不朽。"唐太宗读了奏书，感动地说："玄龄病已危惙，还在忧吾国事啊！"

房玄龄为相期间，还兼着监修国史的任务。他是一位杰出的史学家，主持修撰了《晋书》130卷，成于贞观二十年（646年）。房玄龄不仅善于理政，而且善于治家，常恐儿子们骄侈放纵，仗势凌人，亲自集古今家训，书为屏风，分送诸子，叮咛说："留意于此，足以保身矣！"

贞观二十二年（648年），71岁高龄的房玄龄病情转重。唐太宗亲往探视，含泪握手诀别。房玄龄死后，追赠太尉、并州都督，谥曰"文昭"，陪葬昭陵（今陕西礼泉东北）。

五、李药师遇主逢时，文武才建功立业

李靖（571—649年），字药师。雍州三原（今陕西三原东北）人。初唐时期著名的军事家。

李靖出生于官宦家庭，祖父和父亲都在朝中做官，舅父是隋朝著名将领韩擒虎，因此，李靖从小就受到良好的教育，既有文武才略，又有远大的抱负。隋文帝后期，李靖进入仕途，逐渐以超群的才能得到赏识，等到隋炀帝时期，他已官至马邑郡丞。当时，隋炀帝昏庸残暴，各地人民揭竿起义，李靖在马邑发觉李渊密谋起兵，便准备向身在江都（今江苏扬州）的隋炀帝告发，不料走到长安被阻。隋大业十三年（617年），李渊在太原起兵反隋，攻占长安后俘虏了李靖，决定把他处死，李靖临刑前喊道："你

起兵本为替天下除暴乱，为什么要因私怨斩杀壮士！”李渊很欣赏他的言谈，再加上李世民仰慕他的才气，李靖便被释放了。从此，李靖归附李渊和李世民父子，在李渊统一全国、征讨东突厥的战争中，立下了汗马功劳，实现了他遇主逢时、建功立业的愿望。

大业十四年（618 年）五月，李渊在长安称帝，建立唐朝。建唐之初，各地割据势力仍然存在，唐高祖李渊在稳定了关中地区的统治后，便以关中地区为根据地开始进行统一全国的战争。当时，盘踞在荆州地区的梁王萧铣势力很大，拥有精兵 40 万，是南方一股极为强大的割据势力。为了讨伐萧铣，李渊派李靖前往夔州。李靖率领唐军抵达峡州后，受到萧铣军队的阻挡，迟迟不能前进，李渊却误以为他滞留不前，贻误军机，秘密诏令许绍将他处死。幸亏许绍爱惜他的才干，为他请命，李靖才免于一死。后来，许绍击败了萧铣的军队，李靖到达夔州。第二年，开州蛮人首领冉肇则叛唐，率众进犯夔州，驻守夔州的李孝恭交战失利，李靖率领 800 士卒偷袭敌军大营，大破敌军。李渊闻讯十分高兴，从此改变了对李靖的偏见，并对他委以重任。

唐武德四年（621 年），李靖根据敌我双方的情况，向李孝恭提出十条攻取萧铣的建议，被上呈高祖李渊并得以采纳。于是，李渊任命李孝恭为夔州总管，李靖为行军总管兼任李孝恭行军长史，担任战争的具体指挥工作。萧铣盘踞江边，讨伐他一定要有一支强大的水师，因此，李靖加紧建造战舰，训练水师，做好下江陵的准备。与此同时，李靖还把巴蜀地区的大地主和少数民族首领子弟安置在身边，表面上提拔重用，实际上是扣为人质，这样就稳固了唐朝在巴蜀地区的统治。

同年九月，高祖李渊下达讨伐萧铣的命令，任李孝恭为行军总管，李靖为行军长史，统领十二总管，自夔州顺流东下讨伐萧铣。九月正值江水上涨，水流汹涌，萧铣认为唐军根本不会此时来袭，毫无防备。而在唐军这边，李孝恭等大部分人都认为，此时江水凶猛，不宜出师，只有李靖以超人的胆识和谋略，主张乘江水上涨，攻其不备。李孝恭最终采纳了李靖的正确意见，唐军分乘 2000 余艘战舰顺流东下，十月就抵达了夷陵（今湖北武昌），这里屯驻着萧铣的大将文士弘。李孝恭想马上进攻，遭到李靖的反对，李靖认为，文士弘是一员虎将，不可与之力战，应屯兵南岸，等敌军士气低落再出兵。李孝恭错误地估计了文士弘的力量，没有采取李靖的建议，自己率兵出战，结果不出李靖所料，李孝恭大败而归。与此同时，文士弘的军队胜利之后，士兵都上岸抢掠财物，部队内部十分混乱，李靖发现这一情况，立即不失时机地指挥将士击败了文士弘的军队，杀敌近万，并缴获400余艘战舰。

打败文士弘后，李靖立即率领5000精兵为先锋，直逼江陵城下，萧铣做梦也没有想到李靖会来得这么快，在还没来得及把各地的兵马召回的情况下，就被李靖的5000兵马攻占了江陵外城和水城。李靖缴获了大批军舰后，却下令把这些军舰全部遗弃在江中，对此将士们都很不理解，李靖却胸有成竹地告诉大家："萧铣所盘踞的地区范围很大，如果我们一时攻城不下，等他的援军赶到，我们就会腹背受敌，即使有再多的军舰又有什么用呢？但如果我把这些军舰放在江中漂流，萧铣的将士就会以为他已经被打败，江陵已经失守，就不敢轻易进军了，等他们弄清真相，怎么也得十天半个月，那时候我们早已经拿下江陵了。"不出李靖所料，萧铣的将士见到江中漂流的船只，都疑惑不前，萧铣见援军迟迟不到，只好投降。随后，李孝恭大队人马进入江陵，要没收萧铣将士的家产分给唐军将士们，李靖却阻止他这样做，不仅没有没收萧铣军队的家产，而且下令全军进城后秋毫不犯，深得人心。他的这一做法是十分有政治远见的，萧铣投降后，他的其他部下听说唐朝的政策宽大，纷纷投降，就这样，李靖用了短短两个月的时间，就顺利地消灭了江南最大的割据势力，表现出了杰出的军事才能。

李靖

消灭了萧铣的割据势力后，李

靖又奉命安抚岭南地区，使当地 96 州人民归顺大唐，高祖李渊对李靖越来越重视。武德六年（623 年），辅公祏领导的江淮农民起义军造反，李渊委任李孝恭为元帅，李靖为副元帅，率兵镇压起义。辅公祏驻守丹阳（今江苏南京），他为保丹阳安全，派大将冯慧亮等率 3 万水师驻守于江东的博望山，陈正通等率 3 万步骑驻守于青林山，并在梁山、博望山之间拉起铁索，封断长江，以阻断唐军水路，封断作战道路后，冯慧亮等死守不战。面对这种形势，李孝恭召集诸将研究对策，大家都认为冯慧亮一时难攻，应绕道直取丹阳，丹阳一败，其他地方不攻自破。李靖则持不同意见，认为辅公祏留守丹阳的也是精锐部队，如果一时攻不下丹阳，唐军就有腹背受敌的危险，而派人向冯慧亮等挑战，把他们引出来对战，才能攻破敌军。李孝恭听从李靖的分析，派老弱残兵去引敌军出战，冯慧亮等果然中计，唐军顺利攻破冯慧亮、陈正通的军队，最终镇压了辅公祏的起义军。战后，李靖又协助李孝恭统治江南地区，派官吏到各地安抚民心，使社会生产得到恢复和发展，江南的局势逐渐稳定下来。

江南的局势安定以后，北方的形势又紧张起来。隋末唐初，漠北的东突厥势力强大，李渊起兵时曾向他称臣纳贡，借兵南下，帮助自己发展势力，后来，唐朝逐渐强大，与东突厥形成对立之势，双方关系逐渐恶化，东突厥不断进犯唐朝。高祖李渊在李靖平定江南之后，就让他担负抵抗突厥的重任。武德九年（626 年），唐太宗李世民继位，他非常器重李靖，继位后就封李靖为刑部尚书，后又让他做代理中书令（相当于宰相），再后来又让他兼任兵部尚书和代理中书令。李世民继位之初，东突厥就曾趁唐朝政变之际向唐朝进军，唐朝无力与之决战，只好送给突厥大批财物，突厥这才回师北撤，后来，东突厥内部矛盾激化，唐太宗便决定趁此时机对其进行大规模的反击。

贞观三年（629 年）九月，唐太宗任命李靖为行军总管，讨伐东突厥。十一月，李靖等兵分四路北上出击。第二年初，李靖率领 3000 骁勇骑军从马邑出发，进军恶阳岭，夜袭可汗的大营，突厥可汗断定李靖不敢孤军深入，唐朝必定是倾国力来袭，于是慌忙逃跑。随后，李靖派间谍用离间计，使可汗的亲信康苏密带领一部分部落归降。这场战役是唐朝建国以来对东突厥战争的第一次重大胜利。在李靖胜利进军的同时，李世勣所率军

队也把突厥打得溃不成军，突厥一败再败，损失惨重，颉利可汗便请求投降，并表示愿意亲自入朝。实际上，这只是可汗的缓兵之计，他真正的目的是想阻止唐军的进攻，逃回漠北后再卷土重来。当时，唐太宗已经下诏命让李靖率兵迎颉利可汗入朝，但李靖分析了当时的形势之后，认为突厥实力依然很强，如果逃回漠北，就不易追击了，现在可汗已经投降，没有防备,只要 1 万精兵和 20 天的口粮就能把可汗活捉。于是和众将商议好后，李靖便领兵出发。果然不出李靖所料，颉利可汗已经毫无戒备，李靖率领的 200 名骑兵行进到距可汗牙帐七里远的地方时，突厥军才察觉到，可汗慌忙逃跑,军队四处逃散,唐朝大军随后赶到,杀敌一万余人,俘虏十几万，缴获牛羊数十万只。可汗率领一万余人向北过大漠，在逃跑过程中众叛亲离，不久就被唐军俘获，东突厥就此宣告灭亡。消息传到长安，唐太宗和太上皇李渊兴奋至极，举行酒宴庆祝。

李靖在唐朝统一全国的过程中，建立了不朽的战功，表现出了极高的军事才华，不仅如此，他还是初唐将领中首屈一指的文武全才，消灭东突厥之后，他被唐太宗正式任命为宰相。贞观八年（634 年），李靖因病辞去宰相职务，就在这一年，唐太宗决定讨伐吐谷浑，年迈的李靖主动请缨，唐太宗大喜过望，结果李靖再次凯旋，立下了不朽的功勋。这次出征后，有人向唐太宗诬告李靖谋反，虽然唐太宗流放了那个造谣的人，李靖却因此认识到自己位高权重，已经成为众矢之的，便从此谢绝宾客，留在家中。后来，李靖又被封为卫国公。这位能征善战、出将入相的军事家，对兵法有着深刻的研究，著有《李卫公兵法》，可惜失传已久。据史书记载，李靖即使留居家中，对外面的战事也了如指掌，他在 76 岁高龄时，还对唐太宗出征高丽的作战过程做了利弊分析，他是中国历史上少有的军事奇才。

贞观二十三年(649 年),79 岁的李靖因病去世,唐太宗李世民悲痛不已，下令将他陪葬于昭陵，并效仿汉武帝对待卫青、霍去病，把他的坟墓修成铁山、积石山的形状，以表彰他北灭突厥、西征吐谷浑的赫赫战功。这位征战南北、统一大唐的英雄，永远值得后人怀念。

六、铁匠门神大唐将，世人皆道尉迟恭

尉迟敬德（585—658 年），名融（后世误载名“恭”），字敬德。朔州

善阳（今山西朔县）人。唐初名将，二十四功臣之一。

尉迟敬德年少时以打铁为业。隋炀帝大业末年，在高阳参军讨伐暴乱兵众，以勇猛闻名，一直提拔到朝散大夫。隋大业十三年（617 年），马邑人刘武周聚众造反。尉迟敬德看到隋朝政治腐败，于是投奔刘武周，被任为偏将。

武德三年（620 年），李世民带兵征讨刘武周。刘武周命令尉迟敬德与宋金刚在介休（今山西介休）抗拒李世民。结果，一日八战，李世民大胜，俘斩宋金刚兵数万人，宋金刚轻骑逃奔突厥。尉迟敬德收拢残兵，坚守介休城。李世民围而不攻，派任城王李道宗和宇文士及入城劝降，于是敬德与骁将寻相举城归唐。李世民十分高兴，赐以歌舞盛宴，任尉迟敬德为右一府统军，此后便随李世民开赴洛阳前线，征讨王世充。

九月，寻相和刘武周手下的一些旧将相继叛变逃走，唐朝诸将对尉迟敬德也怀疑起来，认为尉迟敬德必叛，就把其关押在军中。李世民知道后当即命令释放，赏赐给他金银珠宝，让他自行决定去留。然后，秦王特邀尉迟敬德一同外出到榆窠一带打猎，此处已靠近敌方的前沿地区。没想到敌方早已发现了他们，以为是偷袭之兵。王世充带领步骑兵数万人来战，骁将单雄信挺枪跃马直取秦王。尉迟敬德一看情势危急，来不及细想，拍马迎战单雄信，将其横刺落马，而后奋力保护秦王突出重重包围，又率骑兵返回来与王世充交战，结果王世充兵众溃败。尉迟敬德生擒敌将陈智略，俘虏其排稍（长矛，即槊）兵 6000 人，大胜而归。自此，秦王更加信任尉迟敬德，两人感情更见深厚。

李世民由于长年在外征战，所以选千余精锐骑兵作为亲兵，皆着黑衣黑甲，号称玄甲队。每次冲锋陷阵，李世民都披上黑甲亲率玄甲队作为先锋，伺机进击，所向披靡，敌人畏惧。尉迟敬德归唐后，与骁将秦叔宝、程知节、翟长孙共同统领玄甲队，保护李世民。尉迟敬德每战有功，后授秦王府左二副护军。

唐高祖李渊建立唐朝当了皇帝之后，欲确定太子以继承皇位。按照常规应立长子李建成，但次子李世民在建国前后的征伐平乱中功劳最大，他也曾对次子有过承诺。就在他举棋不定之时，长次之间争夺接班人位置的斗争已经白热化了。

尉迟敬德

隐太子李建成与其弟齐王李元吉结为一党，企图谋害秦王李世民。为此，李建成秘密拉拢人马，他派人悄悄给尉迟敬德送去一车金银器具，并附信一封，表示愿与其交为朋友，相互关照。尉迟敬德见到来信和礼物之后当即回绝了李建成，李建成大怒。事后尉迟敬德将此事报告了秦王李世民。这件事使秦王李世民进一步看到了尉迟敬德感恩相报的义气，同时也引起了另外一方李元吉的嫉恨。李元吉命令壮士伺机刺杀尉迟敬德，终未得手。李元吉又在高祖面前反复讲述尉迟敬德的坏话，捏造罪名，说得唐高祖信以为真，下诏逮捕了尉迟敬德，准备问成死罪。秦王李世民以事实一一驳斥虚假的罪名，终于使尉迟敬德无罪释放。

武德九年（626 年）夏，突厥侵扰边镇，李建成向唐高祖推荐李元吉领兵出征，预谋请秦王到昆明池来一同为四弟饯行，在宴会上杀死秦王李世民。尉迟敬德得知了这一阴谋，立即与长孙无忌去禀告秦王李世民，劝他先发制人，不然危在旦夕。秦王李世民犹豫不决，尉迟敬德再三相劝。后又找来侯君集，连夜劝进。终于，秦王李世民决定行动。接着，尉迟敬德与长孙无忌又一同把房玄龄、杜如晦召进秦王府。经过一番紧张的策划，决定立即动手。

六月初四早上，李世民率尉迟敬德、侯君集、张公谨、刘师立、公孙武达、独孤彦云、杜君绰、郑仁泰、李孟尝九将埋伏于玄武门（长安太极宫北面正门）内。李建成与李元吉走到临湖殿时，发觉情况异常，拨转马头想退回自己的宫府。李世民当即呼唤他们回来，李元吉在马上张弓搭箭欲射李世民，但是仓促之间因过分紧张，三次都没有拉开弓。而李世民则只发了一箭，即将李建成射死落马。李元吉拍马便跑，李世民随从一齐放箭，李元吉落马。这时，李世民的坐骑在树林里被枝杈挂住了绳索，急切间拉不出来，李元吉跑过去抢夺李世民的弓箭，两人扭打起来。尉迟敬德骑着马跑过来大声呵斥，李元吉急忙往武德殿跑去。尉迟敬德紧追不舍，将李元吉杀死。李建成府中将领薛万彻、谢叔方、冯立等率精兵2000赶至玄武门，杀死了屯营将军，想把守玄武门以援救李建成。这时，尉迟敬德手提李建成、李元吉的首级登在高处让府兵看，于是，府兵将士纷纷逃离。

李世民看到玄武门前的局面基本稳定，但恐宫中有变，便命尉迟敬德入宫保护唐高祖。尉迟敬德披甲持矛迅速入宫，把玄武门兵变的情况报告了唐高祖，然后请唐高祖手书命令，令各路军队一律听从秦王李世民的指挥。此令一出，各处的局部战斗很快平息。

在这次有名的玄武门之变中，尉迟敬德从策划到行动始终冲在第一线，因此唐高祖赐给他大量珍宝。秦王李世民在宫里主持政务，授尉迟敬德为太子左卫率。论功行赏时，尉迟敬德与长孙无忌为一等功，各赐绢万匹，另外又将齐王李元吉的府第财物全部赏给了尉迟敬德。

此时，突厥10万大军入侵泾州（今甘肃泾川），尉迟敬德以泾州道行军总管率兵出征。敌军进至泾阳，敬德以轻骑兵先出挑战。杀死敌军数将后，其军溃乱，尉迟敬德挥师掩杀，突厥大败。贞观元年（627年），唐太宗李世民拜尉迟敬德为右武候大将军，赐爵吴国公，与长孙无忌、房玄龄、杜如晦四人各自享有1300户食邑。

尉迟敬德性情憨直，居功自傲，每见房玄龄、杜如晦、长孙无忌，常常当面讥讽他们，议论其长短，有时在宫廷之上当着众大臣的面厉言争辩，于是渐渐与他们不和。贞观六年（632年），尉迟敬德当了同州刺史。九月二十九日，唐太宗在庆善宫设宴招待文武百官。在座位的安排上，尉迟敬德大有意见。他对坐在上席的人说："你有什么功劳，敢坐在我的上席？"这时坐在他下席的任城王李道宗赶快解释，说明原委，没想到尉迟敬德竟勃然大怒，挥起拳头朝李道宗脸上打去。李道宗猝不及防，眉眼上挨了一拳，眼几乎被打瞎。唐太宗严肃地对尉迟敬德说："我浏览《汉书》，发现刘邦建立汉朝时的开国功臣只有少数人寿终正寝，我常常因此而产生忧虑。所以登上皇位之后，我十分注意保护有功之臣，更想让他们子孙相继，家业兴旺。但是你任职为官以来多次触犯法律，我才理解了韩信、彭越之所以被杀戮，并非刘邦之错。国家的大事，重要的是赏赐有功之人，惩罚罪犯，谁也不应有非分之想。希望你从今以后注重自身的修养，不要做出后悔不迭的事情。”这一席语重心长的开导，说得尉迟敬德忙磕头谢罪，从此才约束自己的行为。

贞观十一年（637 年），唐太宗册拜尉迟敬德为宣州刺史，改封为鄂国公，后历任鄜、夏二州（今陕西横山一带）都督。贞观十七年（643 年）初，尉迟敬德请求回家养老，授开府仪同三司，令他每月初一、十五上朝即可。二月，唐太宗命画家于凌烟阁上绘制 24 位功臣的图像，尉迟敬德即在其中。

尉迟敬德晚年迷信方士仙丹，在家中设炉炼丹。同时，在庭院之中大兴土木，修建池台，栽花养鱼。他闭门谢客，在家中研习仙方，观花赏乐，16 年不与外人交往，怡然自乐。显庆三年（658 年），唐高宗皇帝以尉迟敬德功大，追赠他的父亲为幽州都督。当年，尉迟敬德病逝，享年 74 岁。唐高宗为之废朝三日，举行哀悼，并且命令五品以上的京官和入朝的地方使节一起到他家吊唁。又册赠司徒、并州都督的官衔，谥号“忠武”，陪葬于昭陵（太宗陵园，在今陕西礼泉县东北）。

传说尉迟敬德面如黑炭，擅使铁鞭，骑乌骓马，据《西游记》一书，尉迟敬德与秦琼因保护唐太宗李世民免于龙王鬼魂之犯，成为两位道教传统门神。又因尉迟敬德年少时曾为铁匠，后世铁匠常奉之为职业守护神。

七、瓦岗军师徐懋功，大唐干城李世勣

李勣（594—669 年），本姓徐，名世勣，字懋功。归唐后赐姓李，因避李世民的讳，去掉世字，故成单名李勣。曹州离狐（山东东明东南）人，自称山东田夫，其实家中富有。早年追随翟让起义，在瓦岗军中起了重要作用。瓦岗军失败后降唐，跟随李世民扫平割据势力，并且参加唐初所有重大军事活动，是唐初杰出的大将之一。

隋朝末年，农民反隋起义的浪潮席卷全国。李勣在 17 岁那年从翟让起义，参加瓦岗军，在战役当中起了重要的作用。他劝翟让离开老根据地瓦岗（今河南滑县南），转到靠近通济渠的郑州、商丘一带活动，袭取运河里官府和富商的货物，解决部队给养问题。于是，瓦岗军取得了大批资粮，

兵威大振，队伍发展到了一万多人。瓦岗军取破河南要塞金堤关（今河南荥阳东北）和荥阳附近各县以后，势力更加强盛。隋炀帝派农民起义军的死敌张须陀领兵二万前往镇压。瓦岗军针对张须陀勇而无谋骄傲轻敌的弱点，在荥阳大海寺北面的树林里布阵伏击隋军。翟让首先领兵出战，佯败诱敌深入。张须陀率部追了10余里，正在此时，李密、李勣等伏兵四起，合军猛力夹攻隋兵，全歼隋军主力。在战斗中，李勣英勇异常，亲手斩杀镇压农民起义军的刽子手张须陀。河南的反动势力瞬间土崩瓦解，瓦岗军获得了第一个重大的军事胜利。

而就在此时，河南、山东水灾，饿殍遍野，将近一半的人饿死。但是，当时掌管粮仓的官吏守着大批粮食，却不及时赈济饥民，造成每日饿死几万人的惨局。李勣对李密说："天下大乱，原因就是饥馑，如果现在攻取黎阳仓（隋朝仓名，今河南浚县西南），开仓发粮进行募兵，大事就会成功。"于是，李密派李勣率领5000人马从原武（今河南原阳）渡河袭击，即日攻取黎阳仓城，打开粮仓，听凭饥民取粮。这不但赈济了广大饥民，而且大大地壮大了起义队伍，10天之内从军人数多达20余万，远近各地的义军也纷纷归附瓦岗军。在农民军的沉重打击下，隋政权土崩瓦解。就在这个时候大贵族宇文化及发动了政变，缢死隋炀帝，隋朝灭亡。

隋朝灭亡以后，全国形势发生了天翻地覆的变化。在反隋斗争的目的和任务基本完成以后，开始转化为消除分裂割据的统一战争。统一全国的重任历史地落在李唐王朝的身上。瓦岗军失败后，李勣遂以黎阳仓城降唐。李勣开仓供米援助唐军经略山东，为唐军取得了许多州县。后来，李勣回到长安，跟随李世民征讨各地割据势力。武德三年（620年），李勣又随李世民进击占据洛阳称霸一方的王世充。李勣在战斗中屡战屡捷，立下不少战功。不久，李世民派李勣东向攻打军事重镇虎牢（今河南荥阳汜水镇）。王世充的郑州司兵沈悦遣使请降。李勣深夜引兵袭击虎牢，沈悦在内接应，遂拔虎牢。武德四年（621年）五月，李唐大军兵临洛阳城下，王世充被迫降唐。武德六年（623年），唐派李孝恭、李靖、李勣等分四路大举南下，攻取江淮。于是，淮南、江南全入唐境。至此，唐朝基本上统一了全国。

隋末唐初的时候，北方突厥势力强大起来，经常骚扰边疆，成为唐朝北边的严重威胁。唐统一后，626年李世民即继位，次年改元贞观，史称唐太宗。这时，唐朝政权稳定，经济发展，因而反击突厥的条件已经具备。贞观三年（629年）冬，唐太宗命李靖、李勣等六名大将各为行军总管，分兵六路大举出击，兵力共有10余万人。当时，李勣任通汉道行军总管。翌年正月，李勣出兵云中（今山西大同东），在阴山要隘白道（今内蒙古呼和浩特西北）与东突厥颉利可汗部队交战，大败东突厥兵。在白道之战中，颉利可汗损失惨重，被迫遁走铁山（呼和浩特北），遣使伪言请和，想等草青马肥之时，逃入漠北。贞观四年（630年）二月，李靖引兵到白道与李勣会合。两人一致认为："颉利虽然已经战败，然而还有很多人马，如果他们逃入漠北，得到回纥诸部的援助，加上路途又远又险，就很难追歼他们了。要是现在及时挑选1万骑兵，各人携带20日的粮食，轻骑远道奔袭他们，就可不战而擒颉利。"他们两人的想法不谋而合，于是，共同制订了奇袭东突厥的战略计划。李靖派苏定方率精骑200为先锋，出其不意，乘雾进军。等颉利发觉时，唐兵已进到离牙帐七里的地方了。接着，李靖率领大军赶到，从正面猛攻突厥兵。颉利乘千里马仓皇逃遁，带领着万余人企图逃向漠北。谁知，李勣早已抄后路将碛口拦住，摆好阵势正等着"迎接"他们的到来呢。突厥兵见大势已去，纷纷投降。这次战役，生擒颉利可汗，消灭突厥兵万余人，俘获10余万人口，牛羊杂畜10余万头，全歼其军。至此，漠南（今内蒙古自治区）东突厥的势力基本肃清，保卫了中国北方边境的安全。

李勣

东突厥灭亡后，铁勒部的薛延陀势力日益强大，成为继突厥后而起的漠北大国。薛延陀的首领夷男恃强南下，进攻唐朝安置在河套以北的颉利族人思摩。贞观十五年（641年）十一月，唐派李勣、薛万彻率步骑数万出兵进击。正当夷男的儿子大度设率骑兵攻入长城的时候，李勣率部及时赶到，唐军队伍浩浩荡荡，大漠上空尘埃弥漫。大度设见了很害怕，带着部下慌忙北遁。李勣当即挑选所部唐兵、突厥精骑共6000人，径直往北追击，逾越了白道川，在青山（今内蒙古呼和浩特市北大青山）附近赶上了薛延陀兵。大度设连日奔逃至此后，勒住战马，摆下十里长阵迎战。唐军中的突厥骑兵首先出战，初战不利，往后撤退。大度设乘势追过来，正好碰上李勣所部士兵，薛延陀兵一齐发箭，飞箭像雨点般密集，射死不少唐军战马。当时，薛延陀摆的是步兵阵势：五人为一小队，一人在后牵马，四人在前作战，实行所谓首先以步战取胜、然后以快马追击的战术。李勣针对敌人兵、马分离的弱点，采取了针锋相对的作战措施，命令士兵下马，手持长槊，向前猛烈冲击。另派副将薛万彻率几千骑兵去活捉牵马的敌兵。结果薛延陀兵全线崩溃，想逃又丢了马，一时惊慌失措。唐军乘势猛攻，斩首级3000余，俘获5万余人。大度设率残部逃至漠北，正值大雪，士卒、牲口十有八九被冻死。夷男死后，继位的多弥可汗凶残暴虐，铁勒诸部共起反抗。贞观二十年（646年）六月，唐派李勣出兵联合铁勒诸部击薛延陀。李勣率部挺进乌德鞬山（今内蒙古杭爱山），大破薛延陀兵。八月，薛延陀被唐军攻灭，铁勒诸部酋长请求内附，唐朝势力达到漠北广大地区。

李勣富有军事才能，深谋远虑，果敢善断。每次指挥军队作战，既能制订周密的作战计划，又能根据敌情而随机应变。在作战时常与别人商量作战计划，善于听取别人的正确意见，只要对方的意见有一点可取之处，便会扼腕而从。一旦作战胜利，又不埋没别人功劳，总是归功于英勇善战的将士和出谋献策的部下。因此，将士们都听从指挥，英勇作战，李勣部队成了一支百战百胜的雄师。李勣曾担任并州大都督长史，镇守并州（治所在今山西太原西南）长达16年之久，有力地防止了突厥的侵扰。当时唐太宗赞扬他说："隋炀帝不懂得选择良将戍守边境，只会耗费人力物力修筑长城，但仍无济于事。我只不过安排李勣镇守并州，就使突厥闻风远遁，边境安宁，这不是远远胜过长城吗？"唐朝廷给予李勣很高的评价，唐太宗、唐高宗都把李勣的像作为元勋画在凌烟阁里。李勣死后，唐高宗为了表彰他击破突厥、薛延陀的卓越战功，下诏按照汉朝对卫青、霍去病的葬仪，给他修筑象征阴山、铁山、乌德鞬山的坟墓。

李勣的一生经历了隋末农民战争、唐初统一战争、保卫北边战争等几个重要历史时期，在这些重大军事活动中做出了很大的贡献，从一个绿林好汉成长为唐初一位杰出的军事统帅。

八、戎马一生秦叔宝，屡受重创伤病多

秦叔宝（？—638 年），名琼。齐州历城（今山东济南）人。唐初名将，二十四功臣之一。

秦叔宝在隋大业中期（610 年前后）为隋将，先后在来护儿、张须陀、裴仁基帐下任职，因勇武过人而远近闻名。隋大业十年（614 年）十二月，山东地方的卢明月聚众 10 万，四处扩张，张须陀率将士 1 万人前往抗击。双方相遇后，张须陀知道敌我力量过分悬殊，一直没有主动出击。相持十几天后，张须陀打算先撤退以引诱敌人的追击，然后派 1000 骑兵袭击对方的军营。对此，别的将官都不作声，只有帐前兵卒秦叔宝和罗士信二人请求担当此任。于是张须陀让他们分别率 1000 士兵埋伏于芦苇中。卢明月很快发现了张须陀的撤退行动，便率全军追击。这时，秦叔宝与罗士信骑马领兵跑到卢军大营，但营门大栅紧闭，无法进去。秦、罗二人跳下马来便去攀登栅楼，敌军守栅之兵呐喊抗击，居高临下地打击秦、罗二人。二人毫无惧色，一面迅速登楼；一面挥刀砍杀。各杀数人后，趁守兵躲避时，秦、罗二人迅速登上栅楼，拔掉敌军旗帜，杀入营中，打开栅门，放进自己的士卒，纵火点燃敌营共 30 多栅，火焰腾空而起。卢明月望见之后，赶紧命令军队回头来救。这时张须陀率军转身追击，大破敌军。卢明月仅带数百骑逃脱，其余的都做了俘虏。

后来张须陀阵亡，秦叔宝带残军归附裴仁基，不久裴仁基投降李密。李密见到秦叔宝，十分喜欢，当即任为帐内骠骑，待遇优厚。后来李密战败，秦叔宝又为王世充所得。王世充任他为龙骧大将军。秦叔宝很快发现王世充为人虚假，诡计多端，因而不愿听命于他。当王世充率众与秦王李世民的唐军交战时，走到九曲（今河南宜阳）地方，秦叔宝与程咬金、吴黑闼、牛进达等数十人归降大唐。

李渊将秦叔宝分配到秦王府。李世民对他格外看重，让他镇守长春宫，拜为军马总管。秦叔宝跟随李世民多次出征，在美良川曾与尉迟敬德

交锋，打败了尉迟敬德。征伐王世充时，秦叔宝一直担当先锋。李世民每当临阵，望见敌军阵地上有耀武扬威的将领和士卒时，常常流露出愤怒的神色，便指着敌将命令秦叔宝去打。秦叔宝认准目标，跃马挺枪，直入敌阵，于万马军中追击其人，或刺之于马下，或生擒回阵。李渊记其前后功勋，赏赐黄金百斤，杂彩6000段，授上柱国。扫平王世充后，晋封翼国公，赐黄金百斤、帛7000段。消灭刘黑闼后，又赏彩千段。

秦叔宝

武德九年（626年）玄武门事变时，秦叔宝紧随李世民，参与了诛杀李建成、李元吉以至平息城内动乱的战斗。事后，拜为左武卫大将军，封食邑700户。

秦叔宝中年以后常常生病，每逢病时就对人说："我戎马一生，历经大小战斗二百余阵，屡受重伤，前前后后流的血能都有几斛多，怎么会不生病呢！"贞观十二年（638年），秦叔宝去世，被追赠为徐州都督，陪葬昭陵。李世民特意下令在秦琼墓前造石人马，用以彰显秦琼的战功。贞观十三年（639年），秦琼改封为胡国公。贞观十七年（643年），与长孙无忌等一同被画进凌烟阁中。

第二章 文臣武将风云谱

一、明察秋毫狄判官，护国良相称“国老”

狄仁杰（630—700年），字怀英，并州太原（今属山西）人。是武则天统治时期有名的贤相。

狄仁杰少年时酷爱读书，以至到了废寝忘食的地步。有一次，家中的一个门客被人杀害，官府派人来调查，别人都出来看热闹，只有狄仁杰仍埋头读书。官吏责备他，他头也不抬地说：“我正跟书中的圣人君子交谈，哪里有工夫去理会低下的胥吏们！”

生活在武则天时代的狄仁杰，是一位为大众所熟知的传奇人物。在人民心目中，他是一位护国良相，以断案如神、办案公正而著称。在武则天的心目中，狄仁杰是令人尊敬的“国老”，许多国家大事武则天总是听从他的建议，有时甚至允许他当廷争辩，只要他说得有道理，武则天就放弃自己的打算，从不计较狄仁杰的“顶撞”。武则天比狄仁杰稍长，但她不称呼狄仁杰的名字而尊称他为“国老”，还不让他下跪，说：“看到您下跪，我的腰就疼。”不止如此，有一次狄仁杰的坐骑惊了，武则天就让太子跑过去牵住缰绳，让狄仁杰平安下马。

武则天乐于听取这位地位等同于老师后来被尊称为“国老”的人的意见，即便是被要求当面改正错误。在旁人看来，这位帝师很少顾忌“学生”的威严，只以“国家的利益”为标准。但开明的学生最欣赏的就是这点，史书记载，当则天皇帝与狄仁杰就政事意见相对时，常常是“学生”“屈意从之”。

久视元年（700年）的夏季，武则天到三阳宫避暑，有一个胡僧邀请她观看安葬舍利（佛骨），奉佛教为国教的武则天答应了。狄仁杰认为这是一件劳民伤财的事，便坚决反对。他跪在武则天的马前拦奏道："佛是外族供奉的神灵，没有资格让吾皇参拜。"武则天认为狄仁杰说得很对，并不怪罪，中途而返。

还有一次，太学生王循之上表，请假回家，武则天批准了。狄仁杰认为这样做不符合处理国事的程序，就上奏给武则天："我听说作君主的只有生杀的大权不交给别人，其余的权力都归有关部门。所以左、右丞不办理徒刑以下的刑罚；左、右相只裁决流放以上的刑罚，因为地位逐渐尊贵的缘故。学生请假，是国子监丞、主簿管的事，如果天子为这种事发布敕令，则天下的事要发布多少敕令才能处理完！一定要不违反人们的意愿，请全面为他们建立制度就可以了。"武则天认为这个意见好，高兴地接纳了。

武则天晚年诚心信佛，她想在长安造一尊空前巨大的佛像，以表示自己的虔诚，国库拿不出这么多钱，她就下诏天下僧人捐助。狄仁杰竭力劝阻，武则天只得放弃了造大像的想法。

狄仁杰

在当时，武则天对狄仁杰的信赖是群臣莫及的。因为武则天知道这位老师做任何事都是以国家的利益为出发点，所以从不因为老师触犯龙颜而怪罪于他。

狄仁杰一生中最重要的活动是恢复唐皇室，复立李姓皇帝。武则天的两个儿子李显和李旦被囚禁。为将李显推上皇位，狄仁杰利用了武则天宠养的两个男人张易之与张昌宗兄弟。张氏兄弟备受武则天宠爱，富贵无比，又担心将来会有灾难，遂向狄仁杰请教安身之策。狄仁杰说，只有劝说武则天将李显迎回洛阳，立为太子。一旦武则天去世，李显即位，二张便是有功之臣，自会消灾。二张从之。狄仁杰也利用与武则天接触的机会，劝说武则天。一次，武则天说她梦见一只美丽的大鹦鹉折断了两个翅膀。她要近臣们释梦。狄仁杰说：我以为梦中的鹦鹉就是陛下，因为陛下姓武；两翅就是陛下的两个儿子，翅膀折断，是指他们被囚禁。没有翅膀的鹦鹉不能飞翔，陛下起用二子，鹦鹉就能飞了。

经过不断的努力，武则天终于同意迎回太子李显。为了巩固李显的地位，狄仁杰把张柬之、桓彦范、敬晖、姚远之等人推荐给武则天，让他们能够掌握实权。张柬之初为洛阳司马，后调升为秋官侍郎，狄仁杰去世 4 年后被拜为宰相，后来发动政变，将李显推上皇位。

狄仁杰去世时年 71 岁,武则天知道他是难得的忠臣,痛哭流涕地说:“为什么老天夺去了我的国老啊！”

纵观狄仁杰的一生，他以国家的利益作为行事的原则，努力辅佐唐高宗与武则天两朝皇帝；他心系民生，主张实行宽政，是百姓歌颂的好官。尤其是武则天称帝前后,政治斗争复杂,朝野官吏明哲保身者多；敢于负责、提出自己政见者少，能够刚正不阿、不为私谋者更少。狄仁杰就是这少数人中最突出的一个，他也因此赢得了武则天的信任与敬重。

二、将军三箭定天山，战士长歌入汉关

薛仁贵（614—683 年),名礼。绛州龙门（今山西河津）人。唐代名将。薛仁贵征战数十年，曾大败九姓铁勒，降服高句丽，击破突厥，功勋卓著，留下了“良策息干戈”“三箭定天山”“神勇收辽东”“仁政高丽国”“爱民象州城”“脱帽退万敌”等典故。

薛仁贵出身于河东薛氏南祖房，是南北朝时期刘宋、北魏名将薛安都的后代。其曾祖父薛荣、祖父薛衍、父亲薛轨，相继在北魏、北周、隋朝任官。薛家因薛轨早逝而家道中落，薛仁贵少年时家境贫寒，地位卑微，以种田为业。

贞观十九年（645 年），唐太宗李世民欲征辽东，招募猛将，于是，薛仁贵便到将军张士贵部下报名应征。薛仁贵所在的部队于当年六月抵达安

地（今辽宁盖县东北），正遇一股唐军被敌人围攻。薛仁贵请求出战，跃马出阵，直冲敌营，不多时便斩杀一员敌将，将其首级挂在马鞍上，继续拼杀。薛仁贵由此闻名于全军。

由于薛仁贵在战役中勇猛善战，唐太宗李世民专门召见了他，赐马2匹、绢40匹，当即授游击将军、云泉府果毅，并赐奴仆10人。大军返回之后，李世民再次召见薛仁贵，升为右领军郎将。

永徽五年（654年）闰五月，长安地区天降暴雨。一天夜里，唐高宗李治在万年宫住宿，山水猛涨，冲决河堤，直冲玄武门，守卫玄武门的宫城卫兵一个个争先逃命。这时，薛仁贵正在北门之外，被涛声惊醒后，见宫城之内毫无动静，先蹚水去找卫兵，结果一个也没找到，便大骂卫兵："哪有危及皇上之时，还怕死逃命的道理？"看到大水包围了宫城，而且正从大小孔道灌进去，薛仁贵急切地前去打门、叫人，但无人应答。他急中生智，登上一个门楼，向宫院内大声呼喊，终于惊动了宫人。其时宫院内也已漫平了大水，众人赶忙唤醒唐高宗李治，冒雨转移到高阁之上。不久，大水便灌满了他的寝宫。事后唐高宗听到报告说，大水冲毁无数民房，淹死居民兵卒共3000多人；同时听宫城官员说，那天夜晚多亏薛仁贵呼喊，不然宫中损失与外界无异。李治立即派人去向薛仁贵传达圣谕，同时赐御马一匹，表示嘉奖。

显庆三年（658年），李治命程名振征讨高句丽，以薛仁贵为其副将。薛仁贵于贵端城（位于今辽宁浑河一带）击败高句丽军，斩首级3000余。

显庆四年（659年），薛仁贵又和梁建方、契苾何力等，与高句丽大将温沙门战于横山。当时，薛仁贵手持弓箭，一马当先，冲入敌阵，所射者无不应弦倒地。接着，又与高句丽军战于石城，遇善射敌将，杀唐军10余人，无人敢挡。薛仁贵见状大怒，单骑突入，将其生擒。十二月，薛仁贵又与辛文陵在黑山（今辽宁西南）击败契丹，擒契丹王阿卜固以下将士，战后他因功拜左武卫将军，封河东县男。

龙朔二年（662年）三月，薛仁贵领兵出征突厥九姓（即回纥、仆固、浑拔、野古、同罗、思结、契丹等部）。薛仁贵率众抵达天山，突厥九姓联合10万兵卒抗拒。敌军选出几十名勇猛的将士先来挑战，薛仁贵连发三箭射杀三人，其余的人便一起下马投降。薛仁贵恐怕留有后患，就把这

些人全部活埋掉，而后安抚其大军，擒获叶护兄弟三人，班师回朝。军中传唱说："将军三箭定天山，战士长歌入汉关。"自此以后，突厥九姓渐次衰弱，再不敢轻易袭扰唐朝。

乾封元年（666年），高句丽权臣渊盖苏文病死，其子泉男生继掌国事。泉男生的兄弟泉男建、泉男产趁机发难，驱逐泉男生。泉男生投奔唐朝，恳求唐朝发兵相助。十二月，李治任命李勣为辽东道行军大总管兼安抚大使，出任辽东前线最高指挥官。薛仁贵也参与了此次征高句丽之役。乾封二年（667年）九月，薛仁贵将高句丽军截为两段，大破高句丽军，斩首五万余级，并乘胜攻陷南苏、木底、苍岩三城，与泉男生会师。总章元年（668年）二月，薛仁贵携胜率3000人进攻高句丽重镇扶余城。这次战役，他身先士卒，共杀死、俘虏高句丽军一万余人，攻拔扶余城。唐军一时声威大振，扶余川40余城，纷纷望风降服。之后薛仁贵一路凯歌，与李勣大军会师于高句丽都城平壤城外，对平壤形成合围之势。九月，僧人信诚开门接纳唐军，李勣趁势进攻，一举攻陷平壤，擒获泉男建。至此，高句丽灭亡。此战，唐朝共获5部、176座城、69.7万户口，将其划分为9个都督府、42州、100县，设安东都护府统管整个高句丽旧地。薛仁贵以功授右威卫大将军兼检校安东都护，封平阳郡公。

薛仁贵

咸亨元年（670年）四月，吐蕃出兵攻陷西域十八州，占领龟兹、于阗、焉耆、疏勒四镇。薛仁贵奉命任逻娑道大总管，率领将军阿史那道真、郭待封等出兵征讨。郭待封曾任鄯城（今青海西宁）镇守，职位与薛仁贵平等，如今当了下级，于心不甘，因此多次不听指挥。大军进至大非川（今流入青海湖的布哈河），准备向乌海城进发。薛仁贵安排郭待封在大非岭上筑栅安营，留兵两万分为两栅，守护所有的辎重。

薛仁贵率轻骑先行，在河口大破

敌兵，收其牛羊万余头（只），返回乌海城。负责留守的郭待封没有听从薛仁贵的安排，并未建栅安营，而是带领辎重缓慢地继续跟进。快到乌海城时，遇到吐蕃20余万兵力的打击，郭待封战败逃入山林之中，军粮及所有辎重物资全部落入敌手。薛仁贵的前军得不到后继补给，只好退守大非川，结果吐蕃增兵到40余万，漫山遍野地包抄官军，薛仁贵兵败，伤亡殆尽。薛仁贵被迫与吐蕃大将论软陵签订了讲和条约，而后以败军之将，身带械具被遣送回京。因其原有功勋免于死刑，但被撤职除名。

开耀元年（681年），唐高宗忽然产生念旧之情，想起了老将薛仁贵，于是召进宫中予以慰问。当时西部地区时有动乱，瓜州、沙路（今甘肃安西东至新疆吐鲁番）被阻断，唐高宗欲让薛仁贵出征。薛仁贵为唐高宗的信任之情所感动，当即表示愿意为主分忧，再上征程。于是授瓜州长史，又拜右领军卫将军、检校代都督。他率军出征突厥,在云州大破元珍的部众,斩首一万余级,俘获两万余人,驼马牛羊三万余头。突厥人向来惧怕薛仁贵，如今听到他又镇边，便不敢乱动。

永淳二年（683年）二月，薛仁贵病逝，享年70岁。唐高宗册封他为左骁卫将军、幽州都督。

三、姚崇宋璟两宰相，开元盛世奠基人

1. 姚崇

姚崇（650—721年），武则天、唐睿宗、唐玄宗时宰相。本名元崇，字元之。陕州硖石（今河南三门峡）人。其父姚懿在贞观年间曾任州都督。

姚崇自幼便勤奋好学，敏而好问。成年之后为人正直爽快，崇尚节操。后以科举入仕，始授濮州司仓参军，后又任司刑丞。因他执法公正，作风端正特别受上司器重，所以连续晋升。

到武则天时，姚崇已官至夏官（即兵部）郎中。此时，东北有契丹族不断侵扰边境，武则天一再派大兵抵御，因此兵部的事务特别繁忙，姚崇的才干在此时得到了充分的发挥。那些纷繁复杂的事务，到了他的手里，都处理得干净利索，井然有序。兵部是中央机关，皇帝自然对里面的事情知道得一清二楚。爱才的武则天对姚崇的才干很是赏识，立即就提拔他为兵部侍郎。

过了一年，姚崇升任宰相，并在出任宰相的时候，往往兼任兵部尚书，所以对兵部的职掌非常熟悉；举凡边防哨卡，军营分布，士兵情况，兵器储备，他都烂熟于心。唐玄宗初年，作为宰相，他带头裁减冗员，整顿制度，任用官吏，注重才能，使得以皇帝为首的大唐封建国家职责分明，指挥灵敏。他与卢怀慎同作宰相时，请假 10 多天，政事积压很多，姚崇假满上班，很快裁决了积压下来的政事。然而，正因为姚崇为人正直，不畏权势，得罪了骄横跋扈、横行不法的武则天的宠臣张易之，被调出京城，任灵武道大总管。临行前，武则天要他推荐一位宰相，他推荐了张柬之。此前狄仁杰曾两次向武则天推荐张柬之，张柬之每被推荐一次，就升一次官，但一直未登上宰相的宝座。这一次姚崇再次推荐，张柬之很快就走上了宰相的职位，而此时张柬之已是 80 岁高龄。

李显复位后，以姚崇、张柬之为宰相，因姚崇有功，加封他为梁县侯，食邑 200 户。后武则天迁居洛阳上阳宫，已即位的唐中宗李显带领文武百官至上阳宫问候起居。王公群臣相互庆贺，唯独姚崇呜咽流泪。张柬之对姚崇说："今日岂公流泣之时，恐公祸由此始。"姚崇说："我侍奉则天皇帝的时间已经很久了，现在要与她辞别，不禁悲从中来。日前助你诛杀奸邪小人，此乃人臣之义也；今日别旧君，亦人臣之义也，虽获罪，实所甘心。"唐中宗李显听到姚崇的这些话，心中非常不悦，故没过几日便将姚崇调离京城，出任亳州刺史。

姚崇

姚崇罢相后，先后在亳州、宋州、常州等地当刺史，远离了京城，远离了是非之地。这时朝廷已为武三思和韦皇后所掌握，武三思渴望他们武氏重掌政权，韦皇后希望能够效仿武则天也当女皇帝，而唐中宗只是傀儡。太子李重俊对武、韦早已积恨在心，于景龙元年

（707年）七月，矫诏发羽林军，杀死武三思及党羽10余人，昏庸的唐中宗在韦皇后和女儿安乐公主的包围、逼迫下，发兵杀了太子李重俊。韦皇后和安乐公主野心越来越大，两人合谋，毒死了唐中宗。朝中大权完全掌握在她们手中。可是，好梦不长。李隆基策动禁军又一次发动政变，杀死韦皇后、安乐公主及其党羽。相王李旦在儿子李隆基和妹妹太平公主的支持下，恢复帝位，立三子李隆基为太子。景云元年（710年）六月，拜姚崇为兵部尚书、同中书门下三品，姚崇第二次当了宰相。

唐睿宗李旦登基之后，却依然没有完全摆脱受制于人的情况，这次干预朝政的却是武则天的亲生女儿、唐睿宗的妹妹太平公主。她也想走其母武则天的道路。为了预防太平公主发动政变，威胁到太子的地位，姚崇和宋璟联名上奏，建议将太平公主安置在东都洛阳，其余掌握兵权的诸王派往各州当刺史。谁知单纯而昏庸的唐睿宗竟将姚、宋的想法毫不隐瞒地告诉了太平公主，太平公主大怒，李隆基也慌了手脚。为稳住太平公主以防突发事件，李隆基指控姚崇等挑拨皇上兄妹关系，应加严惩。于是，姚崇被贬为申州刺史，后又任扬州刺史、淮南按察使。在地方官任上，姚崇为官清廉公正，颇受百姓爱戴。

这一切都被英明神武的唐玄宗看在眼里。因此，唐玄宗李隆基继位后，决定再次起用姚崇为相。先天二年（713年），唐玄宗在新来驿讲武期间，秘密召见了姚崇，并听取了他对目前时事朝政的看法及建议。姚崇针对武则天以来的弊政和历史教训，提出10条挽救政治衰败的革新主张。唐玄宗听后，精神为之大振。他对姚崇的这些主张一一采纳，并且当时就拜其为兵部尚书、同中书门下三品。

姚崇第三次出任宰相，得到了唐玄宗的充分信任。借此机会，他实施了一系列改革。

姚崇从整顿吏治入手。自武后统治以来，皇亲国戚多居省以上要职，各个封王又多掌握朝中禁军，手握兵权。为了争权夺利，他们勾结朝官，迭相为乱，一时间，政治被他们整得混乱不堪，政局动荡不安。短短的八九年间，接连发生了五次政变。为了防止这种情况下的发生，姚崇协助玄宗，于开元二年将诸王改任外州刺史，并规定诸王“不任以职事”，“到官但领大纲，自余州务，皆委上佐主之”。这样，诸王便等于只享有尊荣，

即地位与利益，但没有了兵权，从而亦失去了犯上作乱、胡乱征伐的基础。

姚崇还规谏唐玄宗，“戚属不任台省”。所以，开元初没有大封戚属。王皇后之父王仁皎，仅历任将作大监、太仆卿等职，史称“仁皎不预朝政”。姚崇还设法抑制功臣的权势，把一些官高势盛、居功自傲的功臣贬到地方做州刺史。这些措施如同釜底抽薪一样，消除了中央政局动乱的隐患，结束了多年来动荡不安的局面，使得社会经济发展，百姓安居乐业，因此，姚崇被人们称为“救时之相”。

在任用人才方面，姚崇要求德才并重。他推荐的广州都督宋璟，刚正不阿，为官清廉，是唐代的四大贤相之一。姚崇大力整顿吏治，严格铨选制度，罢免了以前的“斜封官”（因其由皇帝直接颁下敕书，用斜封交付中书省执行，故称为“斜封官”）。

任人唯贤、量材录用，是姚崇吏治的主要做法。开元二年（714 年），申王李成义未经有关部门，私自奏请唐玄宗，把府中的阎楚珪由录事提拔为参军，这次授官属于私自请托，并没有经过吏部的审核。因此，虽然唐玄宗已表示同意，但姚崇上疏反对。他说：“臣窃以量材授官，当归有司，若缘亲故之思，得以官爵为惠，踵习近事，实紊纪纲。”由于姚崇据理力争，唐玄宗才收回敕命。

开元四年（716 年），姚崇辞去宰相职务，被授予开府仪同三司，但有关军国大事,唐玄宗还是常常听取他的看法及意见。开元五年（717 年）春，玄宗即将巡幸东都洛阳,太庙突然倒塌。唐玄宗询问身边大臣,大臣回答说：“陛下服丧未满三年，巡幸东都不合天意。”因为唐睿宗是开元四年病死的。唐玄宗召姚崇询问此事，姚崇回答说：“太庙大殿乃前秦苻坚所建，年久失修，木质腐朽，皆是自然之事，倒塌即是情理之中。陛下不必为之烦心。但倒塌之日与行期相合，只是巧遇。”姚崇劝唐玄宗，巡幸东都已准备就绪，不可误期，太庙修复重建就可，唐玄宗听从了姚崇的意见。开元九年（721 年）九月，姚崇病逝，终年 72 岁。

2. 宋璟

宋（663—737 年），唐睿宗、唐玄宗朝宰相，是与房玄龄、杜如晦、姚崇齐名的唐代四大名相之一。邢州南和（今属河北）人。

宋璟自幼勤勉好学，爱好广泛，所以小小年纪，便已博览群书，善于文辞。20岁左右因科举入仕，授上党尉，后又升任监察御史、凤阁舍人。为官正直，颇受武则天的赏识。不久，宋璟调任御史中丞。这时武则天年事已高，张易之、张昌宗兄弟更加飞扬跋扈。但宋璟对其却更加蔑视、不屑。张氏兄弟几次三番欲讨好宋璟，无奈却被宋璟严词驳回，使得二人对宋璟怀恨在心。此后又多次中伤于他，但因武则天深知其情，宋璟才得以免祸。

唐中宗李显复位后，宋璟任吏部尚书兼谏议大夫、内供奉，不久又改任黄门侍郎。然而唐中宗昏聩无能，朝政大权完全掌握在皇后韦氏和武三思手中。

神龙二年（706年），京兆人韦月将因实在看不惯武三思与韦皇后私通，祸乱朝纲，便上书唐中宗，告发武三思"潜通宫掖，必为逆乱"。武三思闻知后，暗使手下人诬陷韦月将大逆不道。此时的唐中宗早已不辨是非，武三思说什么便是什么，因而特令处斩韦月将。宋璟请求查证之后再加定罪。唐中宗不听，宋璟抗言说："请陛下先将臣斩首，不然不能奉诏。"唐中宗无奈，才免韦月将死刑，发配岭南。后来又将他处死。不久，宋璟被排挤出了朝廷。武三思还利用手中的权力，将宋璟调到杭州、扬州做刺史，后又迁任洛州刺史。

当时，韦皇后、武三思相互勾结，权倾朝野。为实现自己的政治目的，扫除政治之路的障碍，韦皇后、武三思二人企图废掉太子李重俊。但后来武三思却被太子李重俊杀死。景龙四年（710年），韦皇后毒死唐中宗，企图效法武则天做女皇。唐中宗之弟李旦的儿子李隆基联合武则天的小女儿太平公主发动政变，杀死韦皇后和安乐公主。唐睿宗李旦复位。

唐睿宗复位后，宋璟为检校吏部尚书、同中书门下三品，成为宰相。他和姚崇同朝为臣，二人同心协力，为改变从唐中宗以来所积留的弊政而努力。

唐中宗时期，外戚和诸公主干预朝政，吏治腐败，贪污成风。当时有一种授官形式称"斜封官"，即只要出钱30万，不论何人都可以为官，并且不经中书、门下批准，直接由皇帝降墨敕授予。这无异于助长恶风恶习，由于这些斜封官大都是富豪商贾，有的斗大的字都不识，只知对百姓肆意搜刮、施虐。一时间，民怨四起。姚崇和宋璟上疏唐睿宗，请求罢免斜封官，

进忠良，退不肖，共罢免斜封官数千人，纲纪为之一振。同时，宋璟还从整顿制度着手，恢复三铨制度，在候选的上万人中，铨选了2000人。其选拔、考核官员，不分地位高低，不论交情亲疏，唯贤是举，赏罚公平，时人以为有贞观遗风。

后来，因为太平公主欲夺权谋反，宋璟被罢相贬为楚州刺史，后调动极其频繁，最后转任广州都督、五府经略使。宋璟依旧严格执法，公正无私，使治下的吏民无不信服。然而对当地的百姓却是充满人情味的：他将违法乱纪的豪强和官吏绳之以法，就是为了让百姓能安居乐业；制定一系列切实得体的利民措施，将砖瓦结构的建筑引进广州，教百姓烧砖瓦、盖房子，使得原来由竹舍茅屋引发的火灾大幅度减少。民众为感激他的恩德，特地还为其立了“遗爱碑”。

延和元年（712年），唐睿宗传位给太子李隆基，是为唐玄宗。唐玄宗决心革除弊政，使国家快速地复兴起来。开元之初，唐玄宗任用姚崇为宰相，整顿吏治，开创了开元之治的繁荣局面。姚崇辞去宰相后，唐玄宗又采纳姚崇的建议，任命宋璟做宰相。

宋璟为宰相期间，不仅能够选贤任能，更能量才用人、人尽其才。他注意到括州员外司马李邕、仪州司马郑勉，有才略，有文采，但思想和性格上有不少毛病，宋璟感到“若全引进，则咎悔必至，若长弃捐，则才用可惜”。于是，根据各人的特点，分别拜任渝州刺史和硖州刺史。大理卿元行冲在人们的心目中才行兼备，但上任之后，却发现并不称职，于是调其为左散骑常侍。

宋璟选拔官吏，大公无私，对人对己无一例外，即使是自己的亲属也不例外。他有个堂叔叫宋元超，在吏部选拔官吏时，特别说明自己是宰相宋璟的叔父，实际上是想借宋璟的名声得到一官半职。宋璟知道后，特别给吏部交代，说宋元超既表明了他和自己的关系，就更不能予以任用。宋璟的用人，不论皇亲国戚，一视同仁。岐山县令王仁琛，是唐玄宗称帝前的藩邸故吏。唐玄宗特降墨敕令授五品官，宋璟上疏以为不可，请求由吏部考核，按制度办事。玄宗只得听从宋璟的意见，收回成命。

宋璟为人耿直，做宰相时，因为敢于犯颜直谏，唐玄宗很敬畏他，对于他的意见，亦是常常听从。开元五年（717年），宋璟随同唐玄宗巡幸东都，路过崤谷（今河南陕县），山高路窄，难以行走。唐玄宗十分恼怒，要罢免河南尹李朝隐和负责旅途事务的知顿使王怡。宋璟进谏说：“陛下方事巡幸，今以此罪二臣，臣恐将来民受其弊。”唐玄宗听后自觉理亏，遂免去了二人之罪。

宋璟

也许是由于社会经济的发展及政治的宽松，人民的生活也比较富足，所以社会风气趋向奢华，讲求厚葬。王皇后的父亲去世，请求建造高五丈二尺的坟基，唐玄宗答应了。宋璟和同朝宰相苏颋上疏唐玄宗，指出厚葬和薄葬是俭与奢的大事。唐玄宗完全接受了宋璟的劝谏，还特意赏给宋璟、苏颋彩绢400匹。

开元八年（720年）正月，由于民间私造的恶钱质量低劣，它的流行导致贫者日贫富者日富。宋璟和苏颋奏请皇帝下令禁止恶钱的铸造。这一举措伤害了铸钱富豪的利益，引起了他们的不满。于是，唐玄宗只得将宋璟、苏颋二人罢相以缓和矛盾。宋璟任开府仪同三司，不再握有实权。

宋璟罢相后，仍然刚正不阿，不畏豪强，敢于犯颜直谏，忠直不改。开元十二年（724年），唐玄宗东巡泰山，宋璟留守京师。唐玄宗出发时对宋璟说：“卿是国家元老，为朕之股肱耳目。现在将分别一段时日，有什么话要嘱咐朕的吗？”宋璟一一直言相告。唐玄宗并将宋璟“所进之言，书之座右，出入观省，以诫终身”。

开元二十年（732年），宋璟因年老体弱，请求辞职。开元二十五年（737年），宋璟去世，享年75岁。赠太尉，谥“文贞”。

四、诗人宰相张九龄，七宝山座识奸臣

张九龄（678—740年），一名博物，字子寿，韶州曲江（今广东韶关西南）

人。少时聪敏，饱读诗书，13 岁时以文干谒广州刺史王方庆。王方庆大为赞叹，20 岁时进士及第，任右拾遗。

唐玄宗即位后，张九龄上了一份长篇奏书，系统论述对于政事和用人的见解，指出："刑政自清，此兴衰之大端也。"因此升任左补阙，迁司勋员外郎。宰相张说欣赏张九龄的文才，说："不久的将来，九龄必出词人之冠也。"张九龄随唐玄宗封禅泰山，负责起草诏书，言简意赅，文笔优美。张说罢相。张九龄受到牵连，改任太常卿，出为洪州、桂林都督，兼岭南按察选补使。继被召回京城，任秘书少监、集贤院学士，迁工部侍郎。开元二十一年（733 年），拜中书侍郎、同中书门下平章事，为宰相之一。次年升任中书令，为第一宰相。

张九龄姿容伟美，风度翩翩。唐玄宗说过："朕每见九龄，便会精神顿生。"他决定任用其他官员以前，总会问："风度能若九龄乎？"张九龄擅长诗文，因而被誉为"文章元帅"。兴庆宫勤政务本楼里，设有一个特别的座位，玉石砌成，镶嵌七宝，称"七宝山座"。唐玄宗会见群臣、学士，讲论经典和商略时务，凡有真知灼见并被大家公认为第一者，方可坐上此座。数年中，只有张九龄享受过坐上七宝山座的荣誉，此外再无第二人。

开元二十二年（734 年），唐玄宗驾幸洛阳。"口蜜腹剑"的李林甫时为吏部侍郎。李林甫为了继续高升，千方百计巴结唐玄宗的宠妃武惠妃和宦官高力士。武惠妃需要外援，企图使自己的儿子寿王李瑁成为太子，所以竭力鼓动唐玄宗，提拔李林甫为宰相。唐玄宗征求张九龄的意见。张九龄熟知李林甫的为人，直话直说："宰相之职，四海瞩目，若任人不当，则国受其殃。据臣所知，李林甫心术不正，擢为宰相，恐怕日后会祸延宗庙社稷。"但是，唐玄宗的思想已开始向昏庸方向转变，还是任命李林甫为宰相，兼礼部尚书。

开元二十四年（736 年）三月，范阳节度使张守珪部将安禄山进讨契丹，大败而归，获罪当斩。临刑时，安禄山大叫说："张帅要灭契丹，奈何杀一壮士？"张守珪暗暗称奇，改将安禄山押解洛阳，交给朝廷处治。张九龄先前见过安禄山一面，发现其人长相粗壮，气概骄蹇，预言说："乱幽州者，此胡雏也！"现在，安禄山兵败获罪，正宜铲除祸根。因此批示说："春秋时司马穰苴出师而诛庄贾，孙武习战犹戮宫嫔，军法如山，何容瞻徇？

守珪法行于军，禄山不容免死！”谁知唐玄宗过问此案，看到安禄山身材魁伟，相貌奇异，居然下诏特赦。张九龄据理力争，说：“失律丧师，不可不诛。且安禄山狼子野心，貌有反相，不杀必为后患！”唐玄宗老大不快，说：“不就是一个胡人吗？何必说得那么严重？”李林甫迎合唐玄宗，阴阴地说：“张相未免耸人听闻，凭着安禄山的长相，就能预见他的未来？”就这样，安禄山硬被赦免，毫发无损地回幽州去了。

张九龄

李林甫阴险奸诈，渴望取代张九龄的位置，升任第一宰相。他和武惠妃结成巩固的联盟，沆瀣一气，蒙蔽唐玄宗，合力把黑手伸向张九龄。张九龄和李林甫的矛盾骤然紧张起来。此时的唐玄宗已不是当初的唐玄宗，热衷于淫逸和享乐，对于忠奸善恶，已经很难分辨。因此，他更喜欢李林甫这样的人，而对张九龄等，逐渐产生了厌恶心理。

李林甫用心险恶，故意激化唐玄宗的这一心理。他推荐张守珪为侍中。侍中为门下省首长，也算宰相。唐玄宗表示同意。张九龄却提出反对意见，说：“宰相代天治物，先有其人，然后授职，不可因功而滥赏。这关系到国家的盛衰。”唐玄宗说：“假其名若何？”张九龄还是反对，说：“名器不可假也。张守珪升任侍中，倘若再建军功，那么陛下该加他什么官衔呢？”

事情未果，李林甫又推荐凉州都督牛仙客，声称此人具有宰相才能，应予重用。唐玄宗满口答应，决定提拔为尚书。尚书是尚书省的首长，也算宰相。张九龄仍提出反对意见，说：“尚书系古代纳言，此职不可轻授。牛仙客只是一名胥吏，用为尚书，天下人会怎么说？”唐玄宗很不乐意，气恼地说：“卿是嫌牛仙客为寒士不是？那么，卿就是门阀出身吗？”张九龄顿首说：“臣荒陬孤生，陛下贤明，以文学而用为宰相。牛仙客乃一边将，目不知书，陛下若用这样的人为尚书，好比韩信羞于与周勃、灌夫同列一

样，臣实耻之！”唐玄宗越发恼怒，说：“卿的清高，未免过分了吧？”李林甫阴阳怪气地插话说：“牛仙客，宰相才也，任为尚书，绰绰有余。再说了，天子用人，何不可者，还用旁人说三道四吗？”

李林甫的奸猾，唐玄宗的昏迷，导致了张九龄的失意。唐玄宗容不得一个敢于坚持原则而经常犯颜直谏的“刺头”，于是于当年十一月，将张九龄免职，改用李林甫为中书令，封晋国公。张九龄担心会遭到李林甫的毒手，在唐玄宗赐予的羽扇上写了这样几句话：“苟效用之得所，虽杀身而何忌。纵秋气之移夺，终感恩于箧中。”

李林甫如愿以偿地登上第一宰相的宝座，又联合武惠妃，内外进谗，捏造罪名，唆使唐玄宗将张九龄贬为荆州长史。张九龄晚年，并不怨天尤人，唯以文史自娱。他是一位诗人，诗歌格调刚健，名句“海上生明月，天涯共此时”，就出自他的笔下。开元二十八年（740 年）病死，被追赠为荆州大都督，谥曰“文献”。

唐玄宗拒绝张九龄的忠告，重用李林甫，接着又高度宠信安禄山，最终导致了“安史之乱”。20 年后，他逃亡至蜀郡，退出权力的政治舞台，方才认识到张九龄的忠正，后悔莫及，专门派人到韶州祭祀，并厚恤张九龄的家人。

五、谁谓宦官无人忠，心无二主高力士

高力士（684—762 年），本名冯元一，祖籍潘州（今广东省高州市），唐代著名宦官，冼夫人第六代孙。

当时广东、广西岭南一带人口贩卖盛行，高力士就是那时被送入宫中的。至于力士之名，其来有由。当岭南讨击使（讨伐司令）李千里得到力士和另一名小孩时，分别为他们取名为“金刚”和“力士”，献给朝廷，这是带有诙谐之意的取名法，因两人的名字合起来就成为“金刚力士”（佛法的守护神）。李千里之所以这样做，大概是为了奉承当时信奉佛教甚笃的女皇帝武则天。武则天对高力士的伶俐宠爱有加，留在身旁侍奉她。一天，高力士犯错被赶出宫，后来成为宦官高延福的义子，经高延福的努力，一年后才使高力士复任。后来他又加封冠军大将军的称号，任职位属一品官的骠骑大将军，可见高力士的官阶已超过宰相（三品官）之职。

1. 照顾他人却不勾结党派

高力士所拔擢的人中，李林甫、杨国忠和安禄山等，后来都成为大乱的祸首。因此有人认为高力士是腐败政治的元凶。这种看法是因为他们轻视太监所致。

对高力士来说，在唐玄宗面前为慕名而来依赖他的人美言几句，是极其当然的事。即使是今天，担任政治家的资格之一，就是多方照顾他人，更何况当时的中国，更是公然进行“斜封官”。所谓的斜封官就是用钱买卖官职，像太平公主就是靠斡旋官职而扩大势力的。

但高力士始终没有结集党派，人才的推荐他不遗余力，对权势却毫无欲望，从不结交与己有关的人，借以操纵他们而左右朝廷。

2. 王室的“老管家”

唐玄宗称高力士为“老管家”，李隆基常说：“力士应承于前，我歇息则安稳。”因而常止息于宫中，很少出外宅。至于欲求依附，想一睹其风采，以期其在君王前讲好话，而输诚竭力的人很多。宇文融、李林甫、李适之、盖嘉运、韦坚、杨慎矜、王鉷、杨国忠、安禄山、安思顺、高仙芝皆因此而获将相高位，其余职务获得者则不可胜记。唐肃宗在东宫时，称其为二兄，诸王公主皆称呼“阿翁”，驸马们称其为“爷”。高力士在寝殿旁帘帷中休息，殿侧有一院落，其中有修炼功德之处，雕饰琢磨得璀璨夺目，极其美观精妙。高力士细心谨慎无大过失，然而宇文融以下诸人，玩弄权术互相嫉害，至扰乱朝廷法纪，都与高力士荐引有关。再者善于随机应变，观察形势气候，虽是最亲近喜爱之人，面临倾覆败亡皆不予救助。

3. 力士脱靴

天宝初年，李白来到长安，有人把他推荐给唐玄宗，唐玄宗在金銮殿召见他，封他为供奉翰林，要他在宫中写诗作文。

有一天宫中牡丹盛开，唐玄宗带了杨贵妃，在沉香亭饮酒赏花。唐玄宗忽然想起了李白，想叫他写几首歌词助兴，就派人把他召来。这时，李白正在酒店中喝得烂醉如泥。人们把他扶上马背，送到宫中，用冷水洗他的头。等酒意稍解，李白提起笔来，一下子写了《清平乐词》三首颂扬杨贵妃和牡丹花，诗句优美清新，唐玄宗和杨贵妃高兴极了。

李白虽然经常参加宫廷宴会，但他蔑视权贵，并不把皇帝和皇帝身边

那些有权有势的人放在眼里。

有一次，他在宫中喝醉了，竟伸出了脚，对坐在身旁的宦官高力士说：“给我脱掉靴子。”

高力士一时不知所措，只得给李白脱下靴子。当时，高力士权力很大，四方的奏事都要经过他的手，文武百官没有一个不巴结他，他还从来没有受过这样的侮辱，这件事使他很愤怒，决定找机会报复李白。

杨贵妃爱吟李白的《清平乐词》，正巧高力士也在一旁，他故意说：“我本以为贵妃受了李白的侮辱，一定对他恨之入骨，没想到你这么爱他的诗！”杨贵妃吃惊地问道：“李学士怎么会侮辱我呢？”

高力士说：“诗中不是有‘借问汉宫谁得似，可怜飞燕倚新妆’两句吗？”杨贵妃说：“对呀！”高力士又说：“汉朝宫廷里的赵飞燕，出身歌女，后来虽然立为皇后，但作风不正最后还是被贬为庶人，李白将赵飞燕跟您相比，不是把你看得太下贱了吗？”

杨贵妃听了高力士的话，也对李白恼怒起来，这以后，唐玄宗几次想任命李白官职，都被杨贵妃阻止了。

4. 坚守宦官的本分

有一次杨贵妃因争风吃醋而触怒了唐玄宗，下令要她出宫，回家闭门思过。唐玄宗赶走杨贵妃之后，寂寞难耐，常借故鞭打近侍。高力士看了之后，故意奏请唐玄宗，要将杨贵妃的日常用品送回。未料唐玄宗竟吩咐将自己的晚餐送过去，高力士伺机恳求唐玄宗饶了杨贵妃，让她回宫。唐玄宗立刻准奏将杨贵妃接回。从此唐玄宗一刻也不离杨贵妃，后宫再也无人能和杨贵妃争宠。

诸如此类的事件不胜枚举。但身为太监的高力士，认为顺从唐玄宗是他的本分，且这方面的才能，无人能比得上高力士。杨贵妃因没被赐死，所以回宫的那分喜悦无法形容，当然对高力士的感谢之情也特别深；但力士之所以救她，只不过是为唐玄宗着想而已，毫无他念。

5. 为安圣上设想

自马嵬坡遇难后，唐玄宗和皇太子即分别采取不同的行径；唐玄宗照当初的计划逃至蜀地，而太子受民众的恳请，只好留在北地，聚集残兵，欲谋策反攻。

天宝十五载（756 年）七月，太子在众臣的拥护下，于灵武（宁夏自治区）即位，是为唐肃宗，奉唐玄宗为“上皇天帝”，似乎把他置于一旁。

高力士神道碑

唐玄宗毫不知情，于成都接获太子登基的消息，感到非常气愤，但仍装出喜悦的表情说道：“太子从民心而受天命，这是件喜事，往后万事皆无须烦忧了。”

高力士在旁，声泪俱下地对唐玄宗说：“今洛阳、长安均落入贼人手中，人民流离失所，凡是河南、关中之地无不烽火连天。当天下万民痛苦不堪之时，皇上怎可出此气馁之语，臣不愿听这些话！”

高力士是为了抚慰圣上才提出这样的忠告，避免唐玄宗意志消沉。

他们在成都滞留一年多之后，国都长安收复，于是唐玄宗在 757 年十二月返回故土。

6. 怒斥李辅国

唐玄宗回到国都之后，再返兴庆宫，乃今天的兴庆宫公园旧址。此地位于首都的东端，是当时最繁荣之区。唐玄宗因唐肃宗即位之事，心有芥蒂，不愿回长安，愿在此长住，并将高力士、陈玄礼等侧臣留在身边。当唐玄宗闲来无事时，常登高望着路旁的长春楼，往来的民众抬头望见唐玄宗时，莫不呼“万岁”。此楼亦常设宴邀请谒见唐玄宗的将军和宫吏。

利用唐肃宗而获得权势的宦官李辅国，深怕唐玄宗将皇位要回，好不容易得来的政权很快便化成幻梦，所以趁唐肃宗卧病时，假传圣旨要唐玄宗回宫，当唐玄宗一行人来至睿武门时，忽被手拿弓箭的 500 士兵包围，唐玄宗惊吓得险些坠马，李辅国这时率领数十铁骑出现，说道：“当今圣上认为您所住的兴庆宫太过破旧，欲接您回宫中同住！”

高力士厉声下令李辅国下马，李辅国却不动声色地说道：“跟你这老头

说也说不清！”

接着砍死一名唐玄宗的侍从，高力士对于这样的威胁一点都不惧怕，大声向士兵说：“皇上愿诸将安泰。”

士兵们应声把刀放下，齐声高呼“吾皇万岁”。李辅国不得已下马，为唐玄宗拿马鞭，引至甘露殿，等候唐玄宗回宫的侍从和宫女全为老者，唐玄宗握着高力士的手说：“若没有你，朕早一命呜呼了！”

高力士因护驾有功，加官开府仪同三司，赐给 500 封户以食租税。

上元元年（760 年）八月，李隆基移居太极宫甘露殿，高力士与宦官王承恩、魏悦等人，因侍从李隆基登长庆楼，被李辅国设计陷害，流放黔中道。高力士行至巫州，见其地荠菜多而人不食，感伤不已而歌咏道：“两京作斤卖，五溪无人采。夷夏虽不同，气味终不改。”

宝应元年（762 年）三月，遇大赦回归，到郎州，碰到流放之人谈及京城事，才知李隆基已经驾崩。高力士北望号啕痛哭，吐血而死。

直到唐肃宗之子唐代宗时，高力士这片忠诚之心才被肯定，遗体葬在唐玄宗的墓陵旁，永远陪伴着唐玄宗。

六、四朝柱石郭子仪，一人能顶十万兵

郭子仪(697—781 年),唐朝重臣,又是名将。他征战数十年,屡建战功,时人赞他“一人能顶十万兵”,唐德宗皇帝更誉他是“四朝柱石,功高千古”。然而他不居功自恃，常以宽厚待人。他那“功至大而不伐，身处高而更安”(《旧唐书・郭子仪》) 的品格，被后人传为佳话。

唐代宗广德二年（764 年）十月，叛将仆固怀恩引数十万反唐武装南下，京都长安惊慌。郭子仪受命赶至奉天（今陕西乾县）镇守。他深知仆固怀恩有勇无谋，素失军心，就令所领各部“闭门拒守，禁止出击”，使来敌欲战不能，欲罢不忍，时间一长，敌军内部必然生怨，锐气自挫。果然不出所料，没出几天，叛军粮草奇缺，军中大哗，将士纷纷倒戈，仆固怀恩不得不全线撤退。郭子仪以计取胜,率部凯旋,唐代宗亲临安福门迎接。为表彰郭子仪的功德，唐代宗提升其为尚书令。郭子仪接到新令，惶恐不安,几次想乘朝见皇帝之机,当面陈述理由,请求罢免新职,但都未能如愿。为表明自己辞让心诚,他又两次上奏,一再说明不能接受此职的理由：一是，

尚书令之职早废，三朝未复，今为老臣重新设立，势必招来四方非议；二是，自己才疏学浅，现为内参朝政，外总兵权，已感力不从心，倘若再担大任，更是名不副实；三是，军中争名夺利者甚多，现在一人身兼数职的比比皆是，将不在位的现象普遍存在，影响对部队指挥。

唐代宗对郭子仪坚持上书，开始有些不悦，埋怨老臣不理解自己的一片好心。细读奏文之后，才知郭子仪多次陈述理由，不仅是出于谦逊，而主要是为了保朝纲、正朝风，用心全在朝廷大业。于是，赶忙下诏停止对郭子仪的新令。

郭子仪“高官不做，显位不居”的事，不胫而走。一些正直的老臣，早为郭子仪对上诚、对下宽、对己严的品德所倾倒，如今更敬佩他恳请让官。有的感慨地说：“为臣若都能像郭子仪，何愁王业不能大兴？”就连常对郭子仪忌嫉诋毁的皇帝内侍，也发出“佩服、佩服”之论。在军队内部，更赢得多方称赞。特别是曾与郭子仪运筹一室的高级将领，都纷纷效仿主动让出了兼官。

唐代宗大历二年（767年）十月，郭子仪奉命率步骑3万，于灵州（今宁夏灵武县）大败番军。正在他获胜回朝途中，发生了父墓被挖一事。朝廷公卿对此顾虑重重，担心会激起郭子仪的愤怒。为不至于发生意外，郭子仪抵京都后，唐代宗立即召见，进行多方慰抚，并表示要查清重处。可是，郭子仪在听完皇帝安慰之后，非但不怪罪他人，反而进行自责，说：“臣带兵很久，因管教不严，始终未能禁止军队挖墓盗宝，这是臣不忠不孝的表现。至于这次臣父墓被挖，那是老天的惩罚，不能责怪他人。”唐代宗听罢，如释重负，对郭子仪如此严己宽人赞佩不已，当即下诏尽快为其父修复陵墓。朝廷有人要郭子仪多派些军士修墓，以慰父亲在天之灵。郭子仪所部将士

郭子仪

更是支持大修墓地。然而郭子仪并没有为众议所动，而是听取了一个叫元载的忠告，只派几个家童前去修复。此举感动了被众人怀疑为挖墓主谋的鱼朝恩，他羞惭地哭着说：“郭公父墓被挖，虽不是我直接所为，但我知道有人挖而没有制止，不能说与我无关。一桩桩事实说明，郭公真不愧为贤臣良将。”自此以后，郭子仪在朝廷威望日高，在军中更受敬重。

有一天，身为中书令的郭子仪在邠州（今陕西彬县）行营召集各路将领商讨作战之策，并打算会后给将领们饯行。为不使饯宴过于铺张，他专门向有关人员提出力求从简的要求。可是，办事人考虑到与会将领长年在外征战，相聚一次很不容易，过于简单会显得失礼，于是就精心安排，盛宴款待。当郭子仪来到宴会地点时，看到坐在大厅南端的黑压压一大片乐队，各持乐器，好不威风。宴会伊始，顿时响起了震耳欲聋的鼓乐声。接着，陈酒好菜连连端上，很多将领放怀狂饮，大有一醉方休之势。郭子仪面对此景，心中不是滋味，深感如此挥霍无度实不应该，特别是帅府中保留着这样一支庞大的乐队太不应该，这样不仅浪费人力物力，而且助长侈靡之风。所以未待宴会结束，郭子仪便下令停乐，当众宣布把乐队减员五分之四。此后，他又领导军队全面清理、精简了重叠臃肿的机构，废除了一些烦琐礼节，使全军上下崇尚俭朴之风。

七、安史之乱贼祸首，乱唐枭雄安禄山

安禄山（703—757 年），本姓康，名轧荦山。营州柳城（今辽宁朝阳）人。唐朝时期藩镇割据将领，“安史之乱”的祸首。

安禄山的父亲可能是康姓胡人，母阿史德氏是个突厥族巫婆。安禄山少孤，后母亲改嫁将军安波注的哥哥安延偃，于是冒姓安氏，改名禄山。安禄山通晓边境几种少数民族语言，初为互市牙郎。

开元二十年（732 年），安禄山因偷盗羊只，被幽州节度使张守珪抓获，后收他在手下做事。安禄山因骁勇机智，被张守珪任为捉生将，并收为养子。

开元二十八年（740 年），安禄山被任为平卢兵马使。他狡黠多计，善于谄媚逢迎，通过贿赂交结朝廷派往河北的使臣，博得了唐玄宗李隆基对他的赞许。开元二十九年（741 年），擢升为营州都督；天宝元年（742 年），

又被任为平卢节度使；天宝三年（744 年），兼任范阳节度使、河北采访使；天宝十年（751 年），又兼河东节度使，掌握了今河北、辽宁西部、山西一带的军事、民政及财政大权。

当时的权臣杨国忠多次告诫唐玄宗，说安禄山日后必然造反。唐玄宗派人前去察看，安禄山以重金贿赂使臣，使臣便回去向唐玄宗大大称赞安禄山的忠心。天宝十三年（754 年）正月，即安禄山反唐的前一年，安禄山在华清宫谒见唐玄宗说："我本是一个边地的胡人，鲁莽不识字，幸运地得到您的恩赐不知道该如何报答于您，但杨国忠想陷害我，我很是痛心。"唐玄宗听到后，对他越发器重。安禄山的几个儿子，也都分别被授以官位。就这样，安禄山一步步地骗得了朝廷对自己的信任，掌握了北方的兵权。

当时河北一带民族杂居，情况复杂，安禄山却熟悉当地情况。奚族和契丹族在其中势力较强，不时进扰河北，安禄山以征战或欺诈的手法，镇压了两族的叛军，被唐玄宗看作安边的长城。

唐玄宗晚年，朝政腐败，禁军虚弱。安禄山洞悉内情，又因他与杨国忠不和，于是阴谋叛唐。他豢养同罗、奚、契丹降人 8000 名为假子，称"曳落河"（胡语，意为壮士），皆骁勇善战；又畜战马数万匹，收集兵器，分遣胡商到各地经商聚财，以备军资。他在范阳郡城北边筑起了雄武城，表面上看来是防御侵略，实际上是储藏兵器、粮食做坚守范阳的部署，战马有 1.5 万匹，牛羊也相当于这个数目。

安禄山

天宝十四年（755 年），他用蕃将 32 人代替了汉将，组成了一个以少数民族军人为骨干、有汉族失意文人和地方军人参加的年富力强的武装集团。十一月，安禄山在范阳起兵，以征讨杨国忠

为名发动叛乱，攻陷洛阳。天宝十五年（756 年）正月在洛阳称大燕皇帝，建号圣武。五月，南阳节度使鲁炅率领荆州、襄州、黔中、岭南兵卒 10 万多人，在叶县城北边的枌河跟叛军将领武令珣作战，唐军全军覆没。六月，李光弼、郭子仪从土门路出征，在常山郡东部的嘉山大败叛军，叛军控制的河北各州郡中有 10 多个归降朝廷，安禄山处境困迫、心绪惶急，打算退兵回范阳。碰上哥舒翰从潼关率领骑兵步兵八万人，在灵宝以西跟叛军将领崔乾祐作战，被叛军打得几乎全军覆没，哥舒翰转身向潼关逃跑，被自己的部下抓住送给了叛军。潼关守不住，唐玄宗逃往西蜀避难，太子李亨把平叛部队召集到灵武设防。安禄山就派遣张通儒任西京长安留守，田乾真任京兆尹，安守忠在唐廷禁苑里驻兵守卫。十一月，派遣阿史那承庆打下颍川，满城烧杀。同年六月，派军攻陷长安。从此，唐朝的半壁江山陷于长期的战乱之中。这一场战争历时八年才告结束，唐朝也由强盛走向了衰落。

安禄山称帝之后，他的几个儿子渐渐有了野心，伺机篡夺他的位置。至德二年（757 年）正月，一天临朝之后，趁着安禄山在帐中休息，其长子安庆绪立于户外，派严庄与李猪儿持刀入帐，照着安禄山的大肚子举刀便砍，其肠流满床，气绝身亡，终年 55 岁。后史思明杀安庆绪后即大燕帝位，补谥安禄山为光烈皇帝。

八、云麾将军李光弼，平定叛乱威名扬

李光弼（708—764 年），营州柳城（今辽宁朝阳南）契丹族人。其父楷洛原是契丹酋长，武则天时归附唐朝，官至左羽林大将军，封蓟郡公。李光弼出身于大将之家，从小喜爱练武，年轻时便立志要成为国家的栋梁。其后曾任安西都护、朔方节度副使职务。因平定吐蕃、吐谷浑贵族骚扰有功，赐称云麾将军。天宝十四年（755 年），“安史之乱”爆发，由于郭子仪的推荐，李光弼担任了河东节度副大使，掌管节度使职务，后又加魏郡太守，河北采访使。在平定“安史之乱”中，李光弼多次打败史思明所率叛军，成为与郭子仪并列齐名的大将，当时人称为“李、郭”，颇享盛名。

至德元年（756 年），唐肃宗派李光弼与郭子仪一道进攻河北，收复被

叛军占领的州县。至德元年二月，叛将史思明围攻饶阳（县名，今河北中部偏南，滹沱河流域）。唐军一面坚守饶阳，一面由李光弼率领步骑1万多人、太原弓弩手3000人，进攻距离饶阳只有100千米的常山。结果攻克常山，俘虏叛将安思义。李光弼对安思义说："你看我的人马能打得过史思明吗？如果你能献良策，助我取胜，可免你一死。"安思义当即回答说："大人人马远来疲惫，如果立即与大敌交锋，恐怕支持不住，不如移军入城，坚守不出，等待时机再战。再说，史思明所率领的少数民族骑兵，貌似勇猛，但不能持久，你们可以逸待劳，等到其士气沮丧时出战，就有取胜的把握了。"李光弼认为安思义说得有理，果真将他释放了，并按其计策部署行动。这时，史思明得知常山失守，立即改变包围饶阳的计划，率领2万多骑兵，直抵常山城下。李光弼命令弓弩手从城上向叛军射击。霎时间，箭如雨下，叛军无法攻入城内，转攻城北。李光弼随即命令5000唐军出城，沿滹沱河两岸布阵。叛军以骑兵进攻唐军，被唐军用箭射杀了大半，元气大伤，退守阵地，等待步兵来援。当天，5000叛军撤离饶阳外围前来增援。李光弼探知此情，迅速派出步、骑兵各2000人，偃旗息鼓，沿河而进。当走到敌援军的营地时，只见叛军正在做饭。唐军一声令下，一起冲杀上去，结果全歼了前来增援的叛军。史思明闻讯，大为惊慌，只好引兵撤退。于是，常山9县，有7县为唐军所占。其后，李光弼与郭子仪会合，在赵郡（唐至德年间改赵州为赵郡，治所在今河北赵县）、嘉山（县名，今安徽东北部池河下游）等地连续击败史思明，又攻克河北地区10余郡，李光弼在收复河北失地中，首立大功。

至德二年（757年）春，史思明率领叛将蔡希德等引兵10万进攻太原（治所在今山西太原西南）。当时，唐军守将李光弼所率精锐部队皆赴朔方（唐玄宗时十方镇之一，治所在灵州，今宁夏灵武西南），余下部队加上地方团练兵尚不足万人，唐军诸将建议修筑城墙以拒敌。李光弼说："太原城墙足有四十里长，敌人快要攻来了才忙于修筑，这是未与敌交战而先使自己疲劳了。"李光弼没有接受筑城的意见，却胸有成竹地率领士卒于城外挖壕沟。当叛军逼近时，唐军用大炮发射巨石，使敌人不能越过壕沟爬上城墙。其后，李光弼一面派人到叛军营中，诈称相约投降，使敌人放松戒备，一面又派人挖地道，直抵敌营盘地下，并以木柱支撑着地道上层。一切就

李光弼

绪后，李光弼以强兵坚守在城墙上，然后派偏将带领几千精兵出城，佯作向叛军投降。叛军不知其中计谋，昂头高兴地等待着。突然，营盘地层下陷，营中叛军顿时大乱。唐军乘机蜂拥而上，奋力砍杀。敌人死伤不下万人，史思明在混乱中狼狈逃走。太原一战，充分反映了李光弼在敌强我弱的情况下，运用其大智大勇，将劣势变为优势，化被动为主动，最后一举击溃敌人的军事才能。

由于李光弼屡建战功，不久即被提升为司徒，后又升为司空，封郑国公，获得 800 食封户的赏赐。乾元元年（758 年），进位侍中，第二年升为天下兵马副元帅。

乾元二年（759 年）秋，李光弼在河阳（治所在今河南孟津南）又一次大败史思明。开始时，叛军在汴州（治所在今河南开封市）与唐军对战中小胜一次，九月史思明乘胜进犯郑州（治所在今河南郑州），李光弼奉命抵御。他命令部队衔枚疾走，到达洛阳。李光弼对洛阳留守韦涉说："叛军乘胜而来，不宜与之争锋；洛阳缺粮，又难以防守。请问有何良策对敌呢？"韦涉建议，将部队暂时向陕西转移，退守潼关。李光弼说："两军对垒，寸土必争，兵贵在勇往直前，切忌畏缩后退。今无故放弃五百里土地，敌人会更加猖狂。不如移军河阳，那里北接泽、潞，一向是洛阳外围重镇。胜则进，败则守，前后方可以互相照应，将使叛军不敢西犯。这就像猿臂一样能伸能缩，是攻守自如的态势啊！"停了一下，李光弼笑着说："看来，议论朝廷的礼仪，我不如你，讲军事策略，则你不如我啊！"韦涉无言可对，站在一旁的判官（掌管文书事务的官员）韦损说："东京是宫廷所在地，为什么弃而不守呢？”李光弼说：“如果防守东京，则汜水、崂岭、龙门都要配置部队。你是兵马判官，你看能守得住吗？”韦损被问得哑口无言。李光弼下令，东京官员百姓全部撤离躲避，使洛阳成为一座空城。同时，又命令军队运输油料、铁器等物资到河阳，李光弼亲率500骑兵做后卫。当天晚上，二万唐军到达河阳，但城内只有十天粮食。李光弼亲自检查城防，要求十分严格。不久，史思明进入洛阳，见城中空无一人，担心李光弼从后面偷袭，不敢进入皇宫，退守城外白马寺（今洛阳东北）南，并在河阳南面构筑半环形阵地防守。

这年十月间，史思明引兵进攻河阳。战前，他派骁将刘龙仙到城下叫骂挑战。李光弼对诸将说：“谁能应战？”仆固怀恩请求出城交锋，李光弼说：“对付这样一个勇夫，何需大将出马！”一位出身于安西少数民族的偏将白孝德要求出战。李光弼问他：“需要多少士兵相助？”白孝德回答：“只请允许我个人出战。”李光弼嘉奖他的勇敢，但仍坚持派兵协助。白孝德说：“那就请选五十骑兵为后继，并请大军擂鼓助威吧！”说完，他神态自若，目光炯炯地策马冲出城去。站在一旁的仆固怀恩高兴地说：“孝德胜了！”李光弼问：“尚未交锋，何以见得？”怀恩说：“看他的神态，就知他必定胜利了。”其时，叛将刘龙仙见白孝德一人前来，根本不把他放在眼里，站立阵前，不加防备。当白孝德临近敌阵时，只见他大呼一声：“叛贼识我吗？”随即在唐军的鼓噪声中，跃马挺枪，直取刘龙仙。刘龙仙来不及放箭，后退了几步，白孝德赶上一刀，砍下他的首级，胜利而归。叛军见此情景，大为震惊，连忙退入营中，不敢出战。

当时，史思明有良马千多匹，每天放出河边洗澡，并使马匹循环不停地进出，以显示其马匹之多。李光弼见状，命令把唐军中500匹母马也集中起来，把小马驹拴在城中，等史思明把马匹赶进水中洗浴时，唐军也把母马放出。于是，马匹嘶叫不停，叛军的马匹都泅水渡河，被唐军全部赶进城里。史思明为此十分恼火，下令发战船进攻，结果被打得大败。

史思明不甘心失败，决定从南面再次进攻河阳。李光弼对部将李抱玉说：“你能为我守城南两天吗？”李抱玉答应了。其后，他胜利地打退了敌人的多次进攻。此时，叛将周挚率兵进攻北城，李光弼登上城头瞭望敌阵说：“叛军虽多，但骄狂而不整齐，不必担心。不过中午，必为我军所败。”两

军交战，直到中午，仍分不出胜负。李光弼召集诸将，组织力量强攻敌人主要阵地。出战前，他激励士兵勇敢向前，并将一把短刀插进刀鞘中说："战争本是凶险的事，我是国家三公，不能死在叛军手中，万一此战失利，你们战死在阵地上，我就在这里割颈自刎，与大家同生共死。"众将士深受感动，奋勇争先地冲向敌阵，尽力拼杀。整个战场上烟尘滚滚，杀声震天。结果，叛军死伤惨重，叛将周挚落荒而逃。史思明在河阳一战中，又大败于李光弼，叛军主力进一步削弱。

李光弼在平定"安史之乱"中，战功累累，威名远扬。在朝中掌权的宦官鱼朝恩和程元振，因此对他恨之入骨，屡次密谋加害李光弼。广德二年（764年），李光弼忧愤成疾，不久病逝，享年57岁。

九、口蜜腹剑李林甫，擅权乱政杨国忠

1. 李林甫

李林甫（？—752年），唐朝皇族的后裔。他初为下层的禁卫军官"千牛直长"，后身居相位19年之久。他官运亨通，久居要职，与他善于玩弄政治权术和阴谋诡计是分不开的。李林甫为人阴险、狡猾、毒辣，却装得厚道、和善，口上甜言蜜语，暗中陷害异己。因此，时人说他"口有蜜，腹有剑"。

李林甫通过结交朋党，很快进入尚书省，历任刑部、吏部侍郎。他还善于巴结权贵的夫人，如暗中取悦于侍中裴光庭的夫人，通过裴妻疏通宦官高力士谋取相位。他还不惜重金贿赂皇帝的后宫。当时武惠妃受宠，她的两个儿子为皇帝所喜爱，皇太子却被疏远。李林甫通过宦官向武惠妃表露，愿扶其子为皇帝。武惠妃很感激，就在皇帝面前为李林甫说情，最后李林甫被拜为黄门侍郎、礼部尚书、同中书门下三品，位列朝中三宰相之一。

当初中书令（系宰相）张九龄曾谏阻玄宗以李林甫为相。李林甫为相后，视张九龄为眼中钉。这时的唐玄宗追求豪奢享受，懒于政事。侍中裴耀卿、张九龄同玄宗的矛盾日渐暴露，李林甫一面讨唐玄宗的欢心，一面寻觅事端，排挤张九龄、裴耀卿二相。这时，武惠妃为使其子能登太子位，开始谋害太子，上奏诬告太子谋害其母子，对圣上不尊。唐玄宗愤怒，欲废太子，

张九龄却坚决反对。李林甫散布说，皇帝家事，何必与外人商量！表示赞同废黜太子，并影射攻击张九龄，以致唐玄宗对张九龄更加不满。

李林甫为扩大自己的势力，极力拉拢一批一心投靠他的小人，想提拔一个名叫萧炅的人为户部侍郎。一次，大臣严挺之让萧炅读文书，他把“伏腊”读成了“伏猎”。严挺之对张九龄说：朝廷怎能任用“伏猎”侍郎呢？让他当个地方官算了。由此李林甫与严挺之结下仇怨。后来有位地方官犯错，要被押解到京城审判，严挺之设法营救。李林甫借机向唐玄宗奏称，严挺之与张九龄包庇罪臣。唐玄宗一气之下，罢了严挺之的官，革了张九龄的职，让李林甫顶替张九龄的职位。为阻塞大臣言路，李林甫还把那些谏官召集在一起，威胁他们说：圣上英明，做臣子的顺从他都来不及，还用得着你们说东道西吗？你们没看见立仗马（皇宫仪仗队用的马）吗？它们吃的是三品草料，待遇很高，可一旦发现有哪匹马嘶叫一声，就立刻被淘汰，那时候，后悔也来不及了！谏官们自然明白了此话的寓意，从此不敢进谏，李林甫更加肆无忌惮。

李林甫在生活方面极力迎合唐玄宗的胃口。武惠妃死后，唐玄宗霸占了儿媳杨氏。身为宰相的李林甫对此事无动于衷。为了保证皇帝的消费，他不断地增加赋税。唐玄宗对他恩宠有加，常把贡物转赐给他，使李林甫家藏巨财，富贵已极。

立仗马

李林甫作恶多端，一生以害人为务，却不曾想自己也为他人所陷害，最先向他发难的原是他的亲信吉温。吉温依附于李林甫时，始终不能高升，就投靠奸臣杨国忠，替杨国忠出谋划策，以取代李林甫。吉温首先剪除李林甫的心腹党羽，接着又与安禄山约为兄弟，同安禄山联手排挤李林甫。

过了不久，杨国忠诬奏李林甫与藩将阿布思企图谋反。先前对李林甫唯命是从的另一位宰相陈希烈，此时也伙同他人作旁证。唐玄宗由此疏远李林甫。李林甫对此束手无策，在忧懑中结束了奸恶的一生。李林甫尚未下葬，杨国忠又诬奏李林甫结党谋反，并有安禄山作证。于是，唐玄宗削去李林甫的官爵，其子孙除官并流放到岭南和黔中。李林甫死后，唐玄宗终于认清了他的真实面目，但为时已晚。李林甫为相 19 年，导致政治日趋腐败，社会矛盾尖锐。唐玄宗晚年的昏庸和腐败是李林甫久居要职的重要原因之一。

2. 杨国忠

杨国忠（？—756 年），蒲州永乐（今山西永济）人，武则天幸臣张易之外甥。年轻时，赌博饮酒，劣迹昭彰，因不务正业而穷困潦倒。适逢杨国忠的远房亲戚杨玉环为唐玄宗之子寿王李瑁妃。不久，唐玄宗所宠爱的武惠妃病故，杨玉环以其姿色为唐玄宗所倾倒，遂霸占为己有，始号太真。唐玄宗对她恩宠无比，待之如皇后。这时的唐玄宗已不问政事，整日寻欢作乐，沉湎于酒色。杨太真就向唐玄宗夸耀杨国忠擅长博戏，于是，杨国忠被任为金吾卫兵曹参军、闲厩判官。

杨太真被晋封为贵妃，她的三位姐姐都因有姿色，而为唐玄宗所喜爱，直呼她们为姨，任其自由出入宫廷。杨国忠利用杨氏这种特殊关系，体察唐玄宗的好恶，专事奉迎，博得唐玄宗的好感，很快迁至监察御史。

这时，奸臣李林甫为宰相，杨国忠就与他勾结，大兴冤狱，还共同策划废太子的阴谋。他们先从太子妃韦氏之兄韦坚下手，伙同侍御史杨慎矜，诬奏韦坚与边将私通，并策划奉太子夺皇位。唐玄宗大怒，下令审问。杨国忠受李林甫指使审理此案，他欲急树其威权，就大打出手，不惜严刑逼供，以莫须有的罪名，加害与韦坚来往的大臣，甚至连参与办案的侍御史杨慎矜也不放过，将他们一同贬杀，受牵连而被诛杀者竟达数百家之多。

李林甫虽然没有达到废太子的目的，杨国忠却因此大树淫威，更加得到唐玄宗的赏识，使他升为给事中兼御史中丞。此后，杨国忠为迎合唐玄宗，大肆搜刮民脂民膏，以充实天子库藏。唐玄宗视察库藏时，看见货币财物堆积如山，愈加宠幸杨国忠，赐他紫衣、金鱼，令他兼权太府卿事。李林甫死后，杨国忠代李林甫为右相，兼吏部尚书。杨国忠并不因李林甫已死而罢休，他蛊惑李林甫在任时受迫害的人们作证，指控李林甫企图谋反。于是，死后的李林甫被夺去官爵废为庶人，以致家破人亡。杨国忠终于掌握了朝政大权。

安禄山为范阳、河东节度使，善于阿谀奉承，曾拜年龄小于自己的杨贵妃为母，甚得唐玄宗喜爱。安禄山见唐玄宗年老，朝政腐败，就积极准备兵变，企图取代唐玄宗称帝。杨国忠见安禄山拥兵自重，且受宠于唐玄宗，就通过亲信了解到安禄山行动可疑，屡次上奏称安禄山要造反。这也是他一生中唯一可以称道的事情。

755年，安禄山在范阳聚集诸军，谎称奉唐玄宗密旨，起兵入朝讨伐杨国忠。他亲率15万人的部队，南下反唐。由于多年来朝廷政治腐败，军备废弛，叛军所向披靡。唐玄宗闻报后，惊慌失措。杨国忠却以自己之言得以证实而自鸣得意。他不仅以种种轻率的举动刺激安禄山提前发动兵变，还为讨唐玄宗欢心，极力掩饰事态的严重性，以至临时拼凑军队，使许多未经训练的兵士仓促迎战。安禄山很快就进逼长安天险——潼关。为了铲除异己，杨国忠逼迫驻守潼关的主帅哥舒翰率军出关，与叛军决一死战。哥舒翰带病出征，结果唐军大败，潼关失守，长安告急。杨国忠上奏唐玄宗迁往四川。唐玄宗在杨国忠、杨贵妃及其太子、亲王等亲属陪同下，仓皇逃出长安。

当唐玄宗一行行至马嵬驿（今陕西兴平县西）时，士兵因饥饿难忍停止不前，禁卫军将领陈玄礼惧怕发生兵变，就对将士们说："现在天下分崩离析，如果不是杨国忠作孽深重，扰乱朝纲，何至于到这般地步？如果不杀了他，以谢罪天下，怎么能够平息上下的恩怨！"将士闻听，异口同声说：这件事我们已经盼望许久了，与之同死也值得。于是，呼喊杀贼，奔向杨国忠，箭射其马鞍，杨国忠落荒而逃，在马嵬驿西门，士兵追上他，肢解其体，用枪挑着他的头悬于驿门外示众。杨国忠为政期间，擅权乱政，滥施淫威，迫害异己，搜刮天下财富，给唐朝的政治和经济带来了灾难性的后果。安史之乱后，藩镇割据，唐朝从此一蹶不振。

十、张巡睢阳守孤城，李愬雪夜入蔡州

1. 张巡

张巡（709—757年），邓州南阳（今属河南）人。唐代名将。开元末年中进士，历任长史、先锋使、河南副节度使、御史中丞等职。

张巡从小就博览群书，通晓战阵兵法，年轻时志气远大，不拘小节，结交的都是理想远大者或宽厚长者。唐玄宗开元二十九年（741年），张巡中进士，此时其兄张晓已位居监察御史，兄弟二人都名重一时。其后，张巡以太子通事舍人之职外任清河（今河北清河）县令。他在任内治绩优良，有气节、讲义气，对因遇到困难来依靠的人，都倾囊相助，毫不吝啬。任满后，张巡被召回长安。因不愿投靠杨国忠，于是被调到真源县（今河南鹿邑）再当县令。

天宝十四年（755年），安禄山起兵反叛。叛军首领张通晤率叛军攻入河南，连陷宋（今河南睢阳）、曹（今山东曹县）等州。谯郡太守杨万石降敌，强令张巡为长史，命他到西边迎击叛军。张巡到了真源（今河南鹿邑），起兵抗敌，坚固城池，招募兵士，得壮士千余人。天宝十五年（756年）二月，雍丘（今河南杞县）县令令狐潮想要投降叛军，兵士不从，令狐潮将抗命的100余名兵士反绑起来，准备斩杀。正值敌兵前来攻城，令狐潮仓促迎战，被绑士兵挣脱绳索，关上城门，不让令狐潮回城，张巡乘隙入雍丘城拒守。令狐潮听到城被张巡夺占，于是引叛军四万来夺雍丘。张巡决定出其不意，发动进攻。他派兵千人登城守卫，其余部分分作数队，张巡亲自率领，待叛军来到城关前，打开城门，一马当先，直冲敌阵。叛军果然毫无准备，顿时大乱，张巡率兵杀敌无数，打退了叛军的第一次围攻。

令狐潮恼羞成怒，增兵围攻雍丘。雍丘被围日久，薪水皆竭。时令狐潮给叛军筹集盐米，用数百艘船，运到雍丘附近。张巡得知这一情况，乘夜出兵城南，鸣鼓进击，令狐潮率大军前来迎战，而张巡却另派一部分善战兵士悄悄进到河边，夺获叛军的粮盐千斛，其余全部烧毁，然后返回城中。张巡时而待燕军松懈之际，出城突袭；时而趁夜深人静之际，偷袭敌营。就这样，张巡身先士卒，带甲而食，裹伤战斗，坚守雍丘达60多天，

共经历大小300余战。令狐潮见在短期内不能取下雍丘，只好撤兵而去。张巡得知燕军要撤退，便率兵乘胜追击，果然大有所获，俘虏叛兵2000多，几乎活捉令狐潮，雍丘守军士气大振。七月，令狐潮率部将瞿伯玉再攻雍丘，包围城池达四个月之久，兵力常达数万，而张巡只有千余人，但每战皆获得一定胜利。相持几个月后，经历了上百次的战斗，城中的箭已经消耗殆尽。张巡命将士扎草人千余人，披上黑衣，于夜间用绳子吊向城下。叛军辨认不清，以为守军出击，万箭齐发，过了很长时间才发现上当，但为时已晚。张巡收回草人，得箭数万支。此后，张巡又放下草人，叛军不予理睬。于是他将计就计，精选壮士500人乘夜从城上吊下，叛军以为又是草人，还嘲笑张巡的愚笨。500壮士趁机杀入敌营，大破敌军，烧了敌兵营帐，追杀10余里。不久，张巡又解围宁陵。唐玄宗闻听张巡所为，诏拜张巡为主客郎中，河南副节度使。

张巡

至德二年（757年），安禄山被刺死，他的儿子安庆绪派遣部将尹子奇率同罗、突厥等部落军队，与杨朝宗会合，共10万余兵马，猛扑睢阳。张巡率军前去增援，与许远共守睢阳。张巡鼓励将士顽强抗敌，血战20余日，锐气不衰，连败尹子奇。唐肃宗又下诏拜张巡为御史中丞，许远为侍御史。

张巡想射杀叛军主将尹子奇，苦于不认识他而无法射击，于是命士兵用芦秆为箭射入敌营。敌兵以为城中箭支用尽，高兴地报告了尹子奇。尹子奇亲率部队出击，骁将南霁云认准尹子奇，弯弓搭箭，一箭射中尹子奇的左眼，尹子奇疼痛难忍，伏在马鞍上落荒逃走，张巡乘势从城中杀出，敌兵大败而退。

后来尹子奇又调兵数万，围攻睢阳，连用云梯、钩车、木驴等攻城器械，奋力攻扑，但都被张巡破毁。尹子奇屡攻无效，便在城外挖壕筑栅，长期围困。不久，城中粮尽，只好吃茶纸树皮，兵士多数病亡，只剩下几百弱卒。张巡不得已，将爱妾杀死，送食于士兵。最后，张巡派南霁云等深夜垂绳下城，突围而出，寻求援助。南霁云所到几处都不肯出援，最后到了宁陵，收罗了廉坦兵 3000 人，破围入城。叛军因南霁云突围外出，日夜加以提防，南霁云拼死冲突，杀开一条血路，只带着近千人进入睢阳城，其余士兵都战死敌阵中。敌军知道睢阳没有了援兵，就加紧攻城。众将士主张突围东奔，张巡不肯，许远也赞成张巡的建议，于是又固守数日。每次与敌作战时，张巡都气冲斗牛，瞋目出血，咬碎钢牙。城快陷落时，张巡西向而拜，说："我现在坚守孤城，敌众我寡，不能阻止贼寇，但即使我死后做了鬼，也要与贼寇拼死到底。"

至德二年（757 年）十月，睢阳城被叛军攻陷，张巡、许远、南霁云、常遇春等均被敌兵生擒。叛军首领尹子奇见到张巡后说："我听说你每次出战，目裂齿碎，因何而至于这样呢？"张巡回答："我想要气吞敌寇，可惜力不从心。"尹子奇用大刀划开张巡的嘴唇，只见张巡的牙齿只剩下三四颗。被俘将士誓不降贼，不久，张巡等人均被斩杀。张巡死后，唐肃宗追赠他为扬州大都督、邓国公。睢阳人建祠立庙纪念，至今不绝。

张巡智谋超群，指挥卓越，尤其善于临机应敌。张巡在战争中相继导演出了火烧叛军、草人取箭、出城取木、诈降借马、鸣鼓扰敌、城壕设伏、削蒿为箭、火烧蹬道等一幕幕活剧，可谓计无穷出，已经达到"无穷如天地，不竭如江河"的境界。不仅己方将士们为其折服，连叛军也对其智谋敬佩不已，最后只好改用长围久困的战术，不敢再轻易攻城。张巡在战争所表现出的智慧，实为中外战争史上所罕见。

2. 李愬

李愬（773—821 年），字符直。洮州临潭（今属甘肃）人。唐代将领。李愬能够在唐朝的名将之列占据一席之地，还要归因于他出奇制胜，雪夜入蔡州（今河南汝南），活捉了淮西藩镇割据势力的首领吴元济，取得了历史上有名的淮西之役的重大胜利。

李愬是唐德宗时的优秀将领、西平郡王李晟第八子。李愬凭其父的功业起家，受封太常寺协律郎，调任卫尉少卿、右庶子、少府监等职。后任坊（今陕西沮水）、晋（今山西临汾）二州刺史。因治州有功，被加封金紫光禄大夫。

自天宝末年的“安史之乱”开始，唐王朝与各藩镇割据势力的斗争便一直没有停歇。淮西镇（镇治为蔡州）是当时藩镇割据的一个顽固堡垒。唐宪宗元和九年（814 年）十月，淮西节度使吴少阴死去，他的儿子吴元济自立。元和十年（815 年），吴元济在蔡州起兵反唐。唐宪宗被迫派兵讨吴，由于将帅不得其人，内部“兵将相失”，致使部队一盘散沙，军心涣散。在这种情况下，身任太子詹事、宫苑闲厩使等文职的李愬，上表唐宪宗，表示愿意去前线效力。于是任命他为检校左散骑常侍，兼邓州（今河南邓县）刺史、御史大夫，充随（今湖北随县）、唐（今河南唐河）、邓三州节度使。

元和十一年（816 年）正月，李愬到达唐州，了解到将士们因总是打败仗，士气低落。他分析了敌我情况之后，为了不引起敌人的警惕，没有急于去整顿军纪、训练部队，他又故意对三军将士宣布：“皇上知道我柔弱，能够忍受屈辱，特派我来休养士卒。至于作战，我可不行。”将士们听后放了心。

李愬上任之后，果不食言。不仅遣散了随军的乐伎，而且自己也不饮酒作乐。他一头扎到士兵之中，嘘寒问暖，他还亲自侍候抚慰重病号。士卒家中有事或父母病故者，他主动赠送钱粮布帛，给假回家料理。平时，和士卒们聊天，他也不摆一点架子，这样李愬和士卒们的关系迅速亲近起来。而敌人果然中计，认为李愬的名望地位不值得惧怕，所以并不加防范。

由于李愬麻痹了敌人，也赢得了整顿军队、进行战争准备的时间。部队修整完毕后，李愬便上表朝廷请求增兵攻打蔡州。唐王命河（治所在今山西永济县蒲州镇）、鄜坊（辖鄜、坊二州，今陕西中部）支援李愬 2000 骑兵。李愬于是便修缮兵械，暗中加紧战争准备。

元和十一年（816 年）二月初七，唐军俘获了敌将丁士良。丁士良曾多次打败唐军，是吴元济手下有名的骁将，并成功劝降。丁士良向李愬建议先将陈光洽捉来，吴秀琳就可不战而降了。李愬马上拨兵给他，丁士良

果然捉到了陈光洽。唐宪宗元和十一年（816 年）十二月，吴秀琳率兵投降。李愬单枪匹马到文成栅同他对话，并亲自替他解绑，同时任命他为主帅居住之地的衙将。吴秀琳受此恩德，感激不尽，向李愬主动献计：“将军要攻取蔡州，非得李佑不可。”李佑是吴元济的一员骑将，有胆略，守卫文成栅以东的兴桥栅据点（今河南上蔡南、遂平西）。一次，李愬探知他在兴桥栅以西的张柴村（今河南汝南的 70 里）抢割麦子，就采用计策俘虏了李佑。因为李佑过去杀过不少唐兵唐将，大家早就对他恨之入骨，强烈要求处死他。但李愬排除众议，对待李佑非常尊重，和他同吃、同住，经常彻夜长谈。李佑本不打算降唐，但时间一长，也被李愬的诚意感化，真心归顺，便详细地向李愬介绍淮西和蔡州城内的地势、设防、兵将等情况。这样李愬对李佑更加信任，常常在深夜单独和李佑、李忠义密商大计。

为了消解将士们对他如此信任、重用李佑的不满，李愬请旨赦免了李佑，并正式任命李佑为下院兵马使，可以统率 3000“突将”，带刀出入军中大帐。

不久，李佑向李愬献计说乘蔡州城防空虚，可乘机奇袭蔡州。李佑的想法正合李愬心意，于是立即采纳，并决定在奇袭之前，绝对保密，以保证万无一失。

元和十二年（817 年）九月二十八日，李愬决定出兵攻打吴房（今河南遂平）。吴房守军全无防备，被唐军迅速攻破外城，损失千人。敌军退守内城，李愬反命唐军撤退，诱敌出城追击。敌军果然中计，守将孙献忠亲率 500 精骑出城追击。唐军稳住阵脚，回头迎击，迅速击垮了 500 敌骑。

李愬拔掉蔡州外围的各据点之后，认为突袭蔡州的条件基本成熟了，便派人向主帅裴度密陈了袭蔡的计划，裴度表示同意。十月初十，李愬以李佑为先锋、李忠义为副先锋，组成一支 3000 人的敢死队。李愬自率中军 3000 人，田进诚率后军 3000 人，出文成栅，迅速占领了张柴砦。李愬传令军队稍作休息，迅速整理马匹盔甲和武器，做好作战准备，就又出发了。那一天下着大风雪，旌旗都被大风撕裂了，战马冻得打战，士兵冻死的满路都是。将领们再次请示去向和任务，李愬方才告之：“到蔡州捉拿吴元济！”众人听后面如土色，监军的宦官吓得大哭。李愬置之不理，命令全军全速前进，不准停歇。夜色昏沉，风雪弥漫，将士们艰难而疾速地向前行进。

半夜，部队终于赶到了蔡州城外。城边恰有好些鹅鸭池，李愬立即派了一些士兵拿棍搅赶鹅鸭，杂乱的鹅鸭的叫声，巧妙地掩盖了李愬军队行军的声响。李佑、李忠义率领先锋部队，在城门附近挖坑、架梯，悄悄爬上城墙，杀光了守门的士兵，并派出士兵伪装成更夫照旧打更报时。然后大开城门，接应大军进城。到了内城，照此行事，一座蔡州城就这样神不知鬼不觉地被唐军占领了。

天色黎明，雪停了，李愬已经到达吴元济的外宅。这时吴元济还什么也不知道，当他明白唐军已经攻进蔡州时，急忙领一些人马抵抗。十二日，李愬的军队把吴元济层层包围起来，并放火焚烧了子城的南门，吴元济只好请罪投降。接着，申州和光州（今河南信阳和潢州）的两万多叛军也相继投降，进袭蔡州的战斗取得了彻底的胜利。

在这之后，李愬又指挥了讨伐割据淄州、青州等 12 州（均在山东省境内）的李师道的战斗，先后打了 11 场大战，擒叛军将领 50 余名，俘斩士兵万余。为此，李愬被任命为检校左仆射、同中书门下平章事、昭义节度使、上柱国、凉国公。长庆元年（821 年），幽州和镇州（今河北境内）复叛，李愬决定亲去讨伐。准备期间，忽然得了大病，一病不起。十月，李愬在洛阳去世卒于洛阳，时年 49 岁。唐穆宗听说后非常悲痛，命助丧财物增加一等，追赠太尉，谥号“武”。

第三章 巾帼英才女中豪

一、风尘女侠张出尘，一品诰命红拂女

红拂（？—640 年），相传为隋唐时的女侠，姓张，名出尘，是隋末权相杨素的侍妓。因手执红色拂尘，故称作红拂妓、红拂女。

李靖（571—649 年），字药师，京兆三原（今陕西三原）人，唐朝开国元勋，封卫国公。少有“文武才略”。其舅韩擒虎为隋朝名将，常与他讨论兵法，曾称赞说：“可与我讨论孙吴兵法的人，只有李靖一人了。”他精通兵法，能征善战，灭萧铣、灭辅公祏；平突厥、平吐谷浑，皆获全胜，是博古通今的军事大家。唐太宗李世民称其武功乃“古今所未有”。李靖出将入相，位极人臣，但处世谨慎，明哲保身，卒得善终。

李靖年轻时心怀大志，隋朝建国后，他决定前往长安，以求报国之路。在长安，他先投到杨素门下，杨素开始非常怠慢，后与李靖谈论一番，觉得此人很有前途。但他毕竟年老体弱，不再有远大的理想，只是安于现状而已。李靖非常失望。二人谈论之时，红拂就立在旁边，她见李靖气宇非常，英姿勃勃，神态从容，见解非凡，乃英雄侠义之士，心中暗暗倾慕，于是派门人跟踪李靖，得知他的住处，自己深夜前往。

夜晚，李靖独坐灯前，想着白天的事，觉得前途渺茫。正在发闷，忽听敲门之声，开门一看，竟然是白天在司空府见到的侍女。红拂开门见山地表明自己的心意：愿意投奔李靖，伴随其闯荡天下。李靖喜出望外，却也担心杨素那边没法交代。红拂安慰他说：“杨素年纪大了，近来多有侍女逃走，司空府不会追究。”

李靖见有佳人理解自己并且愿意奉献一生，非常欣慰，当即应允。司空府找不到红拂，派人查询了几日，最终还是不了了之。于是红拂与李靖二人扮成商人离开长安。

他们一路跋涉，在灵石镇的一处客站歇脚时遇见了一个满脸虬髯的人，此人自称虬髯客。红拂见他貌似粗鄙，却有一种不凡的气质，于是与他拜为兄妹，合称“风尘三侠”。三人一行来到汾阳见到了李渊与李世民，交谈一番后李靖与李世民顿觉相见恨晚，而虬髯客却说：“既有真主在此，我当另谋他途。”几天后长安传来杨素老死的消息，李世民请他三人一同到府中商议，李靖与红拂前往李府，虬髯客独不往，说要在长安等他二人。

后来李靖与红拂到长安找到虬髯客时，发现他竟是一个非常富有的人，更不可思议的是，虬髯客非要把全部家产送给他们，自己仅带一个行囊远走他方。二人目送虬髯客远去，回去以后，清点他家中之物，竟发现还有兵书数册，李靖日夜研究，兵法韬略大大增长。李渊父子起兵后，李靖显示了他的军事才能，帮李渊父子平定江南，建立了大唐；并攻打突厥，活捉颉利可汗，被封为卫国公，红拂自然成了一品夫人。唐贞观十四年（640年），红拂因病去世。

张大千《红拂女》

《旧唐书》说李靖年轻时“姿貌瑰伟”，是个翩翩美少年。而红拂女更是一个倾国倾城的绝代佳人。李靖之得红拂女，极富传奇色彩，可谓千古佳话。美女识英雄，英雄遇美女，真是相得益彰！红拂女风尘之中识李靖，真可谓惊世骇俗之举！

二、文武全才西征帅，巾帼英雄樊梨花

樊梨花（生卒年不详），大唐贞观年间人，中国古代四大巾帼女英雄之一。她因与薛丁山平定西北边乱、沙场挥戈与共的故事而家喻户晓，在后世影响深远。其传奇故事被多种形式的文艺作品所表现，尤其是电影、电视剧、歌舞戏剧等多次演绎，是中国古代巾帼英雄的典型形象。

清代黄阳木雕刻品《樊元帅》

樊梨花的名字，在我国地方史记、掌故稗史中都有记载，她是一个敢爱敢恨、胸怀宽广的大唐奇女，武艺高强、神通广大、文武全才的兵马大元帅。

樊梨花的父亲樊洪原系隋将，归依突厥，为西突厥寒江关关主，后投唐。樊梨花智勇双全，美貌绝伦，后嫁与薛丁山为妻。

唐太宗李世民登上唐王朝皇帝宝座之后，以甘肃武威为中心的西凉国等一些西北小国不愿接受唐王朝的管辖，并以武力和唐王朝相对抗。为此，唐太宗李世民决定派薛仁贵前去征讨，所有关于樊梨花的传说便都发生在这样一个历史背景上。樊梨花自幼随梨山老母习艺，历时八载，武艺高强。她乃是薛家父子征西的中流砥柱，一口绣戎刀无可匹敌。于薛仁贵身亡后，继任征西大元帅，终至西凉之乱敉平。因居功厥伟，唐高宗时加封为威宁侯、镇国一品夫人。

樊梨花富于反抗、聪慧勇敢、忠于爱情的艺术形象，经过民间的传说、说唱等不断的再加工、再创作，愈加鲜明、丰满，广为流传。她在民间很有人脉，《三休樊梨花》（或《三请樊梨花》），是一出流传甚广的传统老戏，我国有好几个剧种都演过这出戏。三度“被休”，樊梨花忍辱负重，默默地承受一切，鲜明而生动地突出了她的倔强、自尊和自强。从三请樊梨花到梨花做元帅，是樊梨花性格发展的重要阶段。

相对于“三休”，“三请”则从侧面显示了樊梨花的聪明智慧，以至性格粗莽的程咬金也称赞说：“我平生走南闯北，结识人很多，最佩服的就是这樊梨花。”

经过一番曲折，夫妻两人破镜重圆。樊梨花受命于危难，担任元帅。她治理寒江关的卓著政绩和走马上任后果敢坚决的调兵遣将等一系列行为，处处表现了樊梨花不仅是一位武功超群的女将，而且是一位胸有韬略的女帅，她的领导才能不仅表现在军令严明、不仅表现在身先士卒，而且表现在知人善用，对人晓之以理、动之以情的宽容风度。

樊梨花形象最早源出上溯至唐代，见于各地史志稗史，后历代以传说、话本的形式在全国各地广为流传。清代，乾隆年间中都遗叟杂采历代民间传说、角本子编纂成讲史小说《说唐三传》，又名《异说后唐三集薛丁山征西樊梨花全传》,后人亦称《征西全传》；如莲居士编辑成《反唐演义全传》等书，典藏于经文堂。

《征西全传》书中叙述樊梨花与薛丁山马上订亲及薛丁山三休三请樊梨花的故事，给人民留下深刻的印象，故而在民间有很大影响，戏曲中一些剧目即取材于此,如《寒江关》《马上缘》《三休三请樊梨花》《姑嫂英雄》《梨花挂帅》《梨花巡营》等，故事情节跌宕起伏、引人入胜，相关剧目至今在舞台上盛演不衰。

一直以来，樊梨花的形象早已深入人心了。她的形象，近千年来，家喻户晓、妇孺皆知，已成为我国古代巾帼英雄的代表人物之一，深入人心、广为传颂。

三、自守空房敛恨眉，形同春后牡丹枝

关盼盼（787—819年），唐代名伎，徐州守帅张愔之妾。

关盼盼出身于书香门第，从小受到了良好的教育，精通诗文，更兼有一副清丽动人的歌喉和高超的舞技。

后来，关家家道中落以后，关盼盼成为一个伎女，她能一口气唱完白居易的《长恨歌》，还善跳《霓裳羽衣舞》。后来，关盼盼被徐州守帅张愔看中，重礼娶回为妾。幸运的是这个张愔虽然是个武夫，却非常喜欢诗词歌赋，粗通文墨，对于关盼盼的才艺是非常欣赏的，这也使得关盼盼有了

明人绘《千秋绝艳图》· 关盼盼

寄托。

大诗人白居易当时官居校书郎，一次远游来到徐州。素来敬慕白居易诗才的张愔邀他到府中，设盛宴殷勤款待。关盼盼对这位大诗人也心仪已久，对白居易的到来十分欢喜，在酒宴上频频为白居易斟酒。为了让自己的爱妾表现一下，张愔让关盼盼表演《长恨歌》和《霓裳羽衣舞》。借着几分酒力，盼盼的表演十分成功，歌喉和舞技都到了出神入化的地步。白居易见了大为赞叹，仿佛当年能歌善舞的倾国美人杨玉环又展现在眼前，因而当即写下一首赞美关盼盼的诗，诗中有这样的句子："醉娇胜不得，风袅牡丹花"，意思是说关盼盼的娇艳情态无与伦比，只有花中之王的牡丹才堪与她媲美。这样的盛赞，又是出自白居易这样一位颇具影响的大诗人之口，使关盼盼的艳名更加香溢四方了。

关盼盼和白居易的见面也就只有这一次。两年之后，张愔病逝徐州，葬于洛阳北邙山。他的姬妾都走了，只有关盼盼感念张愔的恩德，为他守节，移居到徐州城郊云龙山麓的燕子楼，仅有一位年迈的仆人相从。主仆二人在燕子楼中，过着几乎与世隔绝的生活。燕子楼地处徐州西郊，依山面水，风景绝佳，是张愔生前特地为关盼盼兴建的一处别墅，楼前有一湾清流，沿溪植满如烟的垂柳，雅致宜人。这是关盼盼和张愔一同议定的楼名。昔日关盼盼与张愔在燕子楼上看夕阳暮色，在溪畔柳堤上缓缓漫步；如今却是风光依旧，人事全非，关盼盼不再歌舞，也懒于梳洗理妆，度过了10年，关盼盼的这种忠于旧情、守节不移的精神，赢得了远近许多人的怜惜和赞叹。

如果没有白居易的诗，或许关盼盼就此了却此生。

元和十四年（819年），曾在张愔手下任职多年的司勋员外郎张仲素前往拜访白居易，并且带去了自己写的三首诗，诗中展示了关盼盼在燕子楼中凄清孤苦、相思无望、万念俱灰的心境，真切感人。而白居易也记起了当初那个唱《长恨歌》、跳《霓裳羽衣舞》的女子，也不由得怜惜这个苦命的人，就依着诗词的韵，和诗三首。

本来白居易只是单纯的联系，但是诗中有一句：“见说白杨堪作柱，争教红粉不成灰！”表达的意思是，张愔还有白杨作伴，而关盼盼却只能凄苦地等待。

而关盼盼知道这首诗以后，竟然误以为白居易暗示她没有以死殉情。她又羞愧又委屈，终日以泪洗面，在绝食10天后，终于香消玉殒。在临逝前，她遗诗一首：“自守空房敛恨眉，形同春后牡丹枝；舍人不会人深意，讶道泉台不相随！”诗中对白居易的怨意尽显。

关盼盼的死讯传到白居易耳中，他先是震惊，明白了关盼盼确实是一位痴情重义的贞烈女子；继而，他想到了关盼盼的死与自己写的诗有着直接的关系，心情由敬佩转成了深深的内疚。于是，他托多方相助，使关盼盼的遗体安葬到张愔的墓侧，算是他对关盼盼的一点补偿，也借以解脱一些自己的愧疚之情。

白居易66岁以后，隐居在洛阳香山。自知来日不多，让能歌善舞的侍姬樊素与小蛮离开自己，各奔前程，以免自己百年之后，两位妙龄佳人重演关盼盼的悲剧。后悔愧疚之意已经非常明显了。

燕子楼因为关盼盼的故事而成为徐州的胜迹，历代均加以修葺。楼上至今仍悬挂着关盼盼的画像，神情秀雅，容貌艳丽绝伦，过往的游客，不但仰慕其风貌，更为她的贞情而感叹。

燕子楼

宋朝苏轼曾夜登燕子楼，夜梦关盼盼，由情景曾词云：“天涯倦客，山中归路，望断故园心眼。燕子楼空，佳人何在？空锁楼中燕。古今如梦，何曾觉梦，但有旧欢新

怨，异时对南楼夜景，为余浩叹。”

四、蜀中才女薛洪度，浣花溪畔制彩笺

张大千《薛涛制笺图》

薛涛（约768—832年），字洪度，京兆长安（今陕西西安）人。唐代女诗人，成都乐妓。后人将薛涛与鱼玄机、李冶、刘采春并称唐代四大女诗人，与卓文君、花蕊夫人、黄娥并称蜀中四大才女，流传至今诗作有90余首，收于《锦江集》。

薛涛的父亲薛郧在京城长安当官，学识渊博，把这个唯一的女儿视为掌上明珠，从小就教她读书、写诗。

薛涛8岁那年，薛郧在庭院里的梧桐树下歇凉，他忽有所悟，吟诵道：“庭除一古桐，耸干入云中。”薛涛头都没抬，随口续上了父亲薛勋的诗：“枝迎南北鸟，叶送往来风。”那一年，薛涛不过八九岁。她天分很高，让父亲又喜又忧。

薛郧为人正直，敢于说话，结果得罪了当朝权贵而被贬谪到四川，一家人跋山涉水，从繁华的京城长安搬到了遥远的成都。没过几年，他又因为出使南诏沾染了瘴疠而命丧黄泉。那时薛涛年仅14岁。母女俩的生活立刻陷入困境，薛涛不得已，凭借“容姿既丽”和“通音律，善辩慧，工诗赋”，在16岁加入乐籍，成了一名营妓。

那时的官员们往往都是科举出身，文化素质不低，要让他们看得上眼，不仅需要美貌，更需要才艺、辞令和见识，而这正是薛涛的长项。身在娱乐场中，使得她与当时许多著名诗人都有来往，在这份名单中不乏像白居易、张籍、王建、刘禹锡、杜牧、张祜等诗坛领袖。薛涛作诗500多首，然而这些诗歌大多散失，流传至今仅存90余首，十分令人惋惜。

贞元元年（785年），中书令韦皋出任剑南西川节度使。在一次酒宴中，韦皋让薛涛即席赋诗，薛涛神态从容地拿过纸笔，提笔而就《谒巫山庙》，诗中写道：“朝朝夜夜阳台下，为雨为云楚国亡；惆怅庙前多少柳，春来空斗画眉长。”韦皋看罢，拍案叫绝。这首诗完全不像出自一个小女子之手。

一首诗就让薛涛声名鹊起，从此帅府中每有盛宴，薛涛成为侍宴的不二人选，很快成了韦皋身边的红人。

韦皋任节度使时，随着接触的增多，就让她参与一些案牍工作。这些事对于薛涛来说，不过是小菜一碟，她写起公文来不但富于文采，而且细致认真，很少出错。韦皋仍然感觉大材小用，有一天他突发奇想，要向朝廷打报告，拟奏请唐德宗授薛涛以秘书省校书郎官衔，为薛涛申请作“校书郎”(一说为武元衡所奏)。“校书郎”的主要工作是公文撰写和典校藏书，虽然官阶仅为从九品，但这项工作的门槛却很高，按规定，只有进士出身的人才有资格担当此职，大诗人白居易、王昌龄、李商隐、杜牧等都是从这个职位上做起的，历史上还从来没有哪一个女子担任过“校书郎”。虽因格于旧例，未能实现，但人们却称之为“女校书”。

薛涛红得发紫，不免有些恃宠而骄。前来四川的官员为了求见韦皋，多走薛涛的后门，纷纷给她送礼行贿，而薛涛“性亦狂逸”，你敢送我就敢收。不过她并不爱钱，收下之后一文不留，全部上交。虽然如此，她闹出的动静还是太大了，这让韦皋十分不满，一怒之下，下令将她发配松州（今四川松潘县），以示惩罚。

松州地处西南边陲，人烟稀少，兵荒马乱，走在如此荒凉的路上，薛涛内心非常恐惧。她用诗记录下自己的感受：“闻道边城苦，而今到始知。却将门下曲，唱与陇头儿。”她开始后悔自己的轻率与张扬，于是将那种感触诉诸笔端，写下了动人的《十离诗》。《十离诗》送到了韦皋手上，他的心一下子就软了，于是一纸命令，又将薛涛召回了成都。这次磨难，让薛涛看清了自己，归来不久，她就脱去了乐籍，成为自由身。自此，寓居于成都西郊浣花溪畔，院子里种满了枇杷花，那一年，她 20 岁。

明仇英绘《列女传图·薛涛戏笺》

元和四年（809 年）三月，当时

正如日中天的诗人元稹，以监察御史的身份，奉命出使地方。他久闻薛涛的芳名，所以到蜀地后，特地约她在梓州相见。与元稹一见面，她就被这位年仅 31 岁的年轻诗人俊朗的外貌和出色的才情所吸引。第二天，她满怀真情地写下了《池上双鸟》，完全一副柔情万种的小女子神态。两个人流连在锦江边上，相伴于蜀山青川。可惜当年七月，元稹就调离川地，任职洛阳。劳燕分飞，两情远隔，此时能够寄托她相思之情的，唯有一首首诗了。她喜欢写四言绝句，律诗也常常只写八句，因此经常嫌平时写诗的纸幅太大。于是她对当地造纸的工艺加以改造，将纸染成桃红色，裁成精巧窄笺，特别适合书写情书，人称薛涛笺。

可惜，才子多情也花心，但薛涛对元稹的思念还是刻骨铭心。她朝思暮想，满怀的幽怨与渴盼，汇聚成了流传千古的名诗《春望词》：

花开不同赏，花落不同悲。
欲问相思处，花开花落时。
揽草结同心，将以遗知音。
春愁正断绝，春鸟复哀吟。
风花日将老，佳期犹渺渺。
不结同心人，空结同心草。
那堪花满枝，翻作两相思。
玉箸垂朝镜，春风知不知。

然而，薛涛乐籍出身，相当于一个风尘女子，对元稹的仕途只有负作用，所以俩人注定不能走到一起。对于这些，薛涛也能想明白，并不后悔。只是，从此她脱下了极为喜爱的红裙，换上了一袭灰色的道袍。

人生垂暮，薛涛逐渐厌倦了世间的繁华与喧嚣。她离开了浣花溪，移居到碧鸡坊（今成都金丝街附近），筑起了一座吟诗楼，独自度过了最后的时光。大和六年（832 年）夏，薛涛安详地闭上了双眼。第二年，曾任宰相的段文昌为她亲手题写了墓志铭，墓碑上写着“西川女校书薛涛洪度之墓”。

薛涛的诗，有如世所传诵的《送友人》《题竹郎庙》《池上双鸟》等篇，以清词丽句见长，还有一些具有思想深度的关怀现实的作品。在封建时代的妇女，特别是像她这一类型的妇女中，是不可多得的。她曾到过接近吐蕃的松州，有《罚赴边有怀上韦令公》诗，其第一首说："闻说边城苦，而今到始知。却将门下曲，唱与陇头儿。"对防守边疆士兵的艰苦生活寄以深切同情。

五、覆船山上起义军，文佳女帝陈硕真

陈硕真（620—653 年），一作陈硕贞，唐代浙东农民起义军女首领。睦州雉山梓桐源田庄里（今浙江省杭州市淳安县梓桐镇）人。

陈硕真自幼父母双亡，和一个妹妹相依为命，后妹妹被乡邻收养。陈硕真到一乡宦人家帮工，这时才能吃上一顿饱饭。清溪县山高谷深，河道交错，物产十分丰富，正因如此，朝廷在此征收的赋税也很多，当地百姓负担十分沉重。

有一年，清溪发生了百年不遇的洪灾，朝廷不但不开仓赈粮，还照样征收各种赋税，导致民不聊生，卖儿鬻女，流离失所，饿殍载道。陈硕真看到乡亲们的苦难景象，想到自己也曾得到过乡亲们的帮助，于是不顾自己安危，偷偷打开东家的粮仓救济灾民，结果被东家发现，捆绑起来，打得遍体鳞伤、死去活来。众乡亲看在眼里，急在心里，当天夜晚，众多乡亲自发组织起来，冲入关押陈硕真的柴房，将其救出。为逃避官兵的搜捕，陈硕真逃入三县交界处的覆船山中。

覆船山也称铁围山，四周铁壁环绕，有天然十门。陈硕真在深山之中隐迹，装扮成一位道姑，疗养身体。

陈硕真雕像

陈硕真在养伤期间，觉得只有推翻朝廷，才能让大家过上好日子。陈硕真决定利用道教和当时正往南方渗透的摩尼教来发展信众，作为以后起义的力量。她先是散布一些消息，说自己在深山遇到了太上老君，并被收为弟子，创立火凤社，称自己是九天玄女下凡，号称赤天

圣母，掌握了六甲地区的帝王之术——奇门遁甲，并向大家展示她所学到的种种法术，乡民对陈硕真“升仙山受仙法”的说法深信不疑。过了一段时间，她又宣称，自己已经得到了太上老君的神谕，马上就要羽化登仙了。但这时，有人向官府告密说陈硕真成仙升天是假，图谋不轨是真。于是官府派人四出搜寻，将陈硕真抓了回来，并以妖言惑众图谋不轨之类的罪名将案件上报上司。幸好众多乡亲积极筹措资金，打通了关节，这才使得陈硕真无罪释放。经历这次风波后，陈硕真觉得官府已经注意到了自己的行为，若不尽快起义，恐怕以后就没有机会了。

陈硕真有一位亲戚叫章叔胤，他积极支持陈硕真的起义计划并做了大量的宣传组织工作。章叔胤对外宣传说，陈硕真已从天上返回青溪，她法力无边，变幻莫测，可以召神将役鬼吏。这说法一传十、十传百，愈传愈玄，方圆百里的百姓无不对陈硕真顶礼膜拜，陈硕真的每一句话都是神语仙音，足可令信徒赴汤蹈火而不辞。

眼看信徒发展的人数差不多了，永徽四年（653 年）十月初，陈硕真正式宣布起义，与官府进行对抗。她仿照唐朝官制建立了政权，任命章叔胤为仆射，总管各项事宜，而她自己则称为“文佳皇帝”。在中国历史上，参加农民起义的妇女不计其数，但做领袖的妇女却寥若晨星，而做领袖且又称皇帝的妇女，则只有陈硕真一人。

陈硕真发动起义后，得到当地人民的广泛拥护，青溪人童文宝首先率众响应，在很短的时间里，义军就发展到几千人。为壮大力量，陈硕真和章叔胤兵分两路，章叔胤领兵攻占桐庐，陈硕真自己率军 2000 人攻占睦州治所及於潜（今浙江昌化东南）。睦州各地的百姓群起响应，起义军很快发展到数万人。陈硕真能够以区区 2000 人马就攻陷睦州首府及所属诸县，顿时朝野震动，为了将义军剿灭，朝廷对起义地区实行封锁，严格控制人口流入义军，所有进入睦州地区的人员一律受到盘查，就连僧侣也不放过。

为了打开局面发展力量，陈硕真乘胜进攻安徽，攻打歙州（今安徽省歙县）。但由于歙州驻军防守严密、抵抗顽强，陈硕真手下虽有几万人，但大多是没有受过军事训练的普通百姓，又没有攻城器械，歙州久攻不下。不得已，陈硕真从歙州撤出，改变原来集中兵力进攻的方法，制定分路出击，采用运动战与袭击战结合的方针，打击敌人扩大势力范围。在此方针下，陈硕真命童文宝统兵4000人，掩袭婺州（今浙江省金华）。唐政府派扬州长史房仁裕发兵征讨。童文宝率兵进入婺州后，与官军遭遇，变掩袭成强攻。

这时，担任婺州刺史的是崔义玄，此人身经百战，颇有智谋。崔义玄在城中闻报警报，立即召集文官武将，准备发兵抵抗。官员们却慑于义军的声威，绝大多数人不愿前去，纷纷说："陈硕真有神灵护卫，敢与其兵对抗者，无不杀身灭门，还是回避为上。"这时，一个叫崔玄籍的司空参军却说："顺天心合民意的起兵，有时尚且不能成功，陈硕真不过是个有点法术的女人，一定坚持不了很久。"崔义玄闻听此言，大喜过望，立即命崔玄籍为先锋官，他自己统率大兵跟进。

陈硕真闻知童文宝在婺州受阻，带领主力来到婺州支援，参战的义军达数万人。义军虽然在人数上占优势，但起义才一个来月，战士未经训练，战斗力有限，过去能克州陷府，凭的是声威和拼劲，如今声威和拼劲虽在，但面对训练有素、指挥得当的官兵却有些力不从心。两军在婺州境内僵持，陈硕真为打破僵局，改变客地作战、敌情不熟等不利条件，不断派出间谍刺探敌情，有一次仅被唐兵擒住的间谍就达数十人。而崔义玄这边也没闲着，向各方召集救兵。

就在两军僵持之际，一天晚上，忽然有一颗陨星坠落在陈硕真的大营中。崔义玄立刻大造舆论，说这就是陈硕真的将星陨落，陈硕真必死无疑。崔义玄统率的军队顿时军心大振，而陈硕真一方的士气则大大低落。在下淮，两军展开大战。唐军以大盾牌保护刺史崔义玄，崔义玄说："刺史避箭，还有谁拼死作战！"命撤去盾牌。唐军士卒受到激励，奋勇争先，陈硕真军大败，被斩首数百人。唐军又鼓动陈军投降，追击进入睦州境内时，投降的人达到上万。

永徽四年（653年）十一月底，扬州长史房仁裕的援军到达婺州，与崔义玄前后夹击义军。战斗情况相当惨烈，参战的数万义军，最后除一万多被俘外，其余大部战死。"文佳皇帝"陈硕真及仆射章叔胤在战斗中被俘，最后英勇就义。崔义玄因功被唐政府任命为御史大夫。

陈硕真是中国史上女性自称皇帝的第一个人，她的举兵事件规模不算大，最后虽然被镇压了，但因她开天辟地般的女性称帝行为，现代史学家翦伯赞称她为"中国第一个女皇帝"。

第四章 文艺大家汇大唐

一、怆然涕下陈子昂，诗文革新扛旗人

陈子昂（661—702 年），字伯玉，梓州射洪（今四川射洪市）人。唐代诗人，自幼具有豪侠浪漫的性格，是唐代诗歌革新运动的扛旗人。他那首脍炙人口的“前不见古人，后不见来者；念天地之悠悠，独怆然而涕下”的《登幽州台歌》，由于有着深邃的内涵，铿锵的韵律，使人百读不厌。

陈子昂青少年时轻财好施，慷慨任侠，24 岁举进士，以上书论政得到女皇武则天重视，授麟台正字。后升右拾遗，直言敢谏，曾因“逆党”反对武则天而株连下狱。在 26 岁、36 岁时两次从军边塞，对边防颇有些远见。圣历元年（698 年）38 岁时，因父老解官回乡，不久父死。陈子昂居丧期间，权臣武三思指使射洪县令段简罗织罪名，加以迫害，冤死狱中。其存诗共 100 多首，其诗风骨峥嵘，寓意深远，苍劲有力。其中最有代表性的有组诗《感遇》38 首，《蓟丘览古》7 首和《登幽州台歌》《登泽州城北楼宴》等。

陈子昂与司马承祯、卢藏用、宋之问、王适、毕构、李白、孟浩然、王维、贺知章称为“仙宗十友”。在初唐到盛唐诗风发展转变的过程中，陈子昂起到了相当重要的作用，时人和后人都给了他很高的评价。

据说，陈子昂出身于富豪之家，慷慨任侠、机警过人，但在京城这陌生之地，一时还施展不开。开始，陈子昂也像其他人一样，把自己的得意之作不停地进献给文坛的名宿大佬。但总是石沉大海，没有回音，显然没有人愿意赏识他。为此，陈子昂常有英雄扼腕之叹。

一天，长安东市热闹的商业区里，来了一位外地人，手里拿着一把光亮照人、精美绝伦的胡琴，标价出售。卖主对每个讨价还价的人说的都是同一句话："一百万就是一百万，少一个子儿不卖。"100万，在当时可是一笔巨款啊！谁能够出这么大的价钱来买一把胡琴？这个消息几天便沸沸扬扬地传遍了长安城。好奇之心，人皆有之。每天从四面八方赶到东市来观看这把胡琴的人，络绎不绝。胡琴一时成了整个长安城各阶层人士关注的焦点。

陈子昂

善于思考的陈子昂决心借这把胡琴为自己引路，邀约了几个朋友一起来到东市。陈子昂拿起这把琴，上上下下打量一番，大声说："好琴，绝对是货真价实的好琴。"然后对卖主说："就依你这个价，这把琴我买了！"说得非常干脆。

围观者无不向陈子昂投以惊异、羡慕的目光，口中发出一片"啧啧"之声。同来的朋友对陈子昂说："你疯了不成。你也不想想这一百万是多少钱！花这么高昂的价格购买一把胡琴，值得吗？你要干什么呢？"

陈子昂对朋友说："我喜爱音乐，精通琴艺，买回去，当然用它来演奏。我还没见到过这么好的琴，既然是好琴，多花点钱，也是值得的呀。"

这时人群中有人高声说："买琴的这位先生，既然你有高超的演奏技艺，买的又是一把天下无双的好琴，何不当众演奏一曲，让我们一饱耳福呢？"

陈子昂笑笑说："当然可以。不过弹琴要有一定的气氛，要有条件，比如，要焚上一炷香，要有琴童侍立，这样弹起琴来才会富于情趣。随随便便地奏一曲，岂不辜负了这把价值连城的好琴吗？"说着，他用手指指向不远处那一片鳞次栉比的房屋说："那里是宣阳里，我就住在那里。你们有雅兴听琴的话，欢迎明天上午到寒舍去。我恭候各位的大驾光临，也期待着所有才高名重的朋友一起莅临指教。"

于是，这样一个精通琴艺、慷慨好客的人立即成了长安城中街头巷尾议论的话题。

第二天上午，宣阳里的陈子昂家中热闹异常，一二百个嘉宾把家里挤得满满的，不少人只得站在院子里。这些人中三教九流，各色人物都有，其中以文士居多。陈子昂兴奋得脸上焕发出光采，跑进跑出，指挥家人端茶递水，忙得不亦乐乎。

一个来客有些焦急了，对陈子昂说："我们慕名而来，是想听听先生演奏美妙琴声的。请快弹奏一曲吧！"

神采飞扬的陈子昂站在人群中间，大声说："感谢各位朋友的光临。"说着他抱拳向众人施礼致谢，继续说："我来自巴蜀之地，胸怀大志，腹有文才。我写的诗文，不敢说字字珠玑，但绝不是平庸之作。我曾把诗文投献给一些知名学者。然而，太遗憾了，他们却连看一看的时间都没有，这是因为他们还没来得及了解我。"陈子昂看到人们都在聚精会神地听着他的话，十分高兴，便伸手从书童手里接过琴，慷慨激昂地转了话题，"我会操琴演奏，而且技艺不凡，但我不想把时间耗费在弹琴上面，因为那是梨园弟子做的事。"话音未落，他便举起手中的琴，"嘭"的一声摔在地上，耗费百万的一把琴竟被他摔碎了。众宾客一时哗然，不知陈子昂的葫芦里到底装着什么药。

陈子昂以十分自信的口气说："我要做的事就是写文章。你们看，我已写好了上百篇文章，我还会继续写下去的。今天，我请诸位来，就是想请诸位帮我鉴定一下文章的质量。如果不好，我马上放把火把它们烧了；如果还有一点价值的话，就请诸位多美言几句吧。"

这时只见小书童捧出一卷卷誊抄工整的文章，陈子昂依次送给每位来宾一卷。客人们恍然大悟：陈子昂是在借此机会宣传自己的文才。人们透过陈子昂的非常之举，进而真正认识了他。就在一天之内，陈子昂的名声传遍了帝京长安。他从一个无名之辈，一跃成为大众宣扬的新闻人物。从此，陈子昂的身价倍增，大街小巷到处都可以听到有人吟诵陈子昂诗篇和朗读陈子昂文章之声。

唐代初期诗歌，沿袭六朝余习，风格绮靡纤弱，陈子昂挺身而出，力图扭转这种倾向。陈子昂的诗歌，以其进步、充实的思想内容，质朴、刚健的语言风格，对整个唐代诗歌产生了巨大影响。陈子昂的文才的确属于上乘，他的文章刚劲质朴，有西汉文学家司马相如、扬雄的风格；他写的诗歌格调清新、明朗刚劲，有汉末“三曹”和“七子”的风骨。

陈子昂在散文革新上也是有功绩的。他文集中虽然也还有一些骈文，但那些对策、奏疏，都用的是比较朴实畅达的古代散文，这在唐代，也是开风气之先。所以唐代古文家萧颖士、梁肃、韩愈都对他这方面的努力有较高的评价。

二、初唐四杰赋诗文，王杨卢骆当时体

初唐四杰是指中国唐代初年，文学家王勃、杨炯、卢照邻、骆宾王的合称，简称“王杨卢骆”。

四杰齐名，原并非指其诗文，而主要指骈文和赋而言。后遂主要用以评其诗。杜甫《戏为六绝句》有“王杨卢骆当时体”句，一般即认为指他们的诗歌而言；但也有认为指文，如清唐代宗廷辅《古今论诗绝句》谓“此首论四六”；或认为兼指诗文，如刘克庄《后村诗话·续集》论此首时，举赋、檄、诗等为例。

四杰的诗文虽未脱齐梁以来绮丽余习，但已初步扭转文学风气。王勃明确反对当时“上官体”，“思革其弊”，得到卢照邻等人的支持（杨炯《王勃集序》）。他们的诗歌扭转了唐朝以前萎靡浮华的宫廷诗歌风气，使诗歌题材从亭台楼阁、风花雪月的狭小领域扩展到江河山川、边塞江漠的辽阔空间，赋予诗以新的生命力。卢照邻、骆宾王的七言歌行趋向辞赋化，气势稍壮；王勃、杨炯的五言律绝开始规范化，音调铿锵。骈文也在词采赡富中寓有灵活生动之气。陆时雍《诗镜总论》说：“王勃高华，杨炯雄厚，照邻清藻，宾王坦易，子安其最杰乎？调入初唐，时带六朝锦色。”四杰正是初唐文坛上新旧过渡时期的杰出人物。

1. 王勃

王勃（约650—约676年），字子安，绛州龙门（今山西河津）人。唐代文学家，“初唐四杰”之一。

王勃出身于豪门望族，祖父王通是隋末大儒，号文中子；叔祖王绩是著名诗人；父亲王福畤历任太常博士、雍州司功等职。王绩的诗风直接影响了王勃的诗作。而王勃兄弟六人，都以诗文为人称道。王勃曾有过“海内存知己，天涯若比邻”的感叹。

王勃

王勃才华早露，未成年即被司刑太常伯刘祥道赞为神童，向朝廷表荐，对策高第，授朝散郎。《旧唐书》载："六岁解属文，构思无滞，词情英迈，与兄才藻相类，父友杜易简常称之曰：此王氏三株树也。"杨炯《王勃集序》上也说："九岁读颜氏汉书，撰指瑕十卷。十岁包综六经，成乎期月，悬然天得，自符音训。时师百年之学，旬日兼之，昔人千载之机，立谈可见。"麟德元年（664年），王勃上书右相刘祥道曰："所以慷慨于君侯者，有气存乎心耳。"刘祥道赞其为神童，向朝廷表荐，对策高第，授朝散郎。乾封元年（666年）为沛王李贤征为王府侍读，两年后，因戏为《檄英王鸡》文，被唐高宗怒逐出府，随即出游巴蜀。咸亨三年（672年），补虢州参军，因擅杀官奴当诛，遇赦除名。其父亦受累贬为交趾令。

上元二年（675年）或三年（676年），王勃南下探亲，渡海溺水惊悸而亡，时年27岁（一说26岁）。

王勃7岁时就能做文章，14岁时，就能即席赋诗。龙朔三年（663年）九月，他去探望父亲，路过洪州时，参加了都督阎公的滕王阁宴，即席写下了《滕王阁序》和《滕王阁》诗，文惊四望，堪称千古美谈。

滕王阁是滕王李元婴在洪州任都督时所建，故称为洪府滕王阁。因其雄峙在汉江边上，因而成为游览胜地。当时，现任洪州都督阎伯舆在阁内大宴宾客，邀请了许多知名人士出席。王勃路过此地，也应邀而来。他人小名气也不大，因而被安置在末座。阎伯舆早已命他的女婿孟学士作了一篇《滕王阁序》，打算在酒席宴前显露一手，夸耀于人，也让他这做岳父的脸上有光。

宴会开始后，众宾客觥筹交错，互为恭贺，好不热闹。正在酒意酣畅之时，阎伯舆站了起来，得意扬扬地对众宾客说："今日诸位在此阁上欢聚一堂，实是难得的盛会，不可无文章以记今日之盛。诸位都是当今名士，文采风流，尚望珠笔一挥，写赋为序，使高阁与妙文，同垂千古。”说完，就装模作样地遍请宾客做文。

宾客们早知其意，哪里肯写，不是谦称才疏学浅，不敢献丑，就是借口病体未愈。推来推去，最后轮到了王勃。王勃却不推辞，立即接过笔墨，站起身来，拱手说道：“不才探父路过洪州，有幸赴都督盛宴，不胜感激。都督盛情难却，不才斗胆试笔，尚望都督及诸位先生不吝赐教。”众宾客见这位三尺少年，一介书生意气毫不谦让，不由得大吃一惊。阎伯舆满心不快，却又不便当众发作，只得强作笑颜，拱手道：“愿闻佳作，愿闻佳作！”

只见王勃凝神肃立了一会儿，忽地卷起袖口，用力握起笔管，饱蘸墨汁，奋笔疾书起来。众人见此情景，无不议论纷纷，有人说王勃不知天高地厚，敢与公子比试文才；有人却说此少年风度翩翩，不可小视。阎伯舆听到这些议论，心中更是不快，便索性走出宴所，站在阁外，凭栏眺望江景，以此消遣心中的烦闷。他暗嘱部下将王勃写的句子随时抄来，报与他知。

顷刻之间，一个部下跑来报告《滕王阁序》的开头两句：“南昌故郡，洪都新府。”阎伯舆一听，只冷冷一笑道：“只不过老生常谈耳！”话音刚落，又有人来报：“星分翼轸，地接衡庐。襟三江而带五湖，控蛮荆而引瓯越……”阎伯舆沉吟不语，心想：这小子开头写洪州地势雄阔，地处要冲，倒也可以。接下来又有人报告：“落霞与孤鹜齐飞，秋水共长天一色。”都督听罢，不禁霍然而起，叹曰：“此真奇才，当垂不朽矣！”说罢，他又吟咏再三，然后意味深长地称赞道：“落霞、孤鹜写动态，秋水、长天写静景，动静结合，妙语天然。秋日佳景，跃然纸上，宛然在目。眼前有景道不得，却被他一语道出，真乃神来之笔！”旁边一位老秀才也接着说：“这两句是从庾信的《马射赋》中‘落花与芝盖齐飞，杨柳共春旗一色’化来的，却熔铸新意，点石成金，令人耳目一新，实属难得！”话音未了，部下已将完整的《滕王阁序》文从王勃手中拿了送来。都督看着这篇洋洋洒洒的序文，玩味再三，不住地赞叹：“妙！妙！妙！”

过了一会儿，随从又把王勃一气呵成的《滕王阁》诗送了过来。阎伯舆接过来一看，是一首七言古诗。

滕王高阁临江渚，佩玉鸣鸾罢歌舞。
画栋朝飞南浦云，朱帘暮卷西山雨。
闲云潭影日悠悠，物换星移几度秋。
阁中帝子今何在，槛外长江空自流。

阎伯舆一唱三叹地吟咏着这首诗，不由得抚掌赞叹说："此诗虽写滕王阁，却直抒好景不长、年华易逝之慨，蕴含诗人进取向上之情。诗意新、格调高、气象伟、铸词精、用字炼，真可谓吊古之杰作，为当今所不多见呀！"此时的阎都督早已沉醉在王勃的诗情画意之中，开始时的那股怨气，早已丢到爪哇国去了。

这时，王勃走到都督面前，施礼说道："不才献丑了，万望都督赐教！"

阎伯舆高兴地说："贤君下笔如有神，字字珠玑，句句精彩，真乃当世奇才呀！"

孟学士见王勃文思敏捷、才华横溢，也自愧不如，羞愧地离去了。

阎伯舆马上召宾客重新入座开宴。宾客们把王勃尊为上宾，纷纷举杯祝贺。阎都督更是对他倍加赞赏。宴会直延至深夜，极欢而罢。

从此，王勃和他的《滕王阁序》名震海内。只可惜王勃 26 岁时，渡海落水，惊悸而死。一代英才，英年早逝，不可不说是中国诗坛和文坛的一大损失。

王勃的文学主张崇尚实用。当时文坛盛行以上官仪为代表的诗风，"争构纤微，竞为雕刻"，"骨气都尽，刚健不闻"。王勃"思革其弊，用光志业"（杨炯《王勃集序》）。

他创作"壮而不虚，刚而能润，雕而不碎，按而弥坚"的诗文，对转变风气起了很大作用。王勃的诗今存 80 多首，赋和序、表、碑、颂等文，今存 90 多篇。

2. 杨炯

杨炯（650—693 年），字令明，弘农华阴（今属陕西）人。于显庆四年（659 年）举神童。上元三年（676 年）应制举及第。补校书郎，累迁詹事司直。武后垂拱元年（685 年）坐从祖弟杨神让参与徐敬业起兵，出为梓州司法参军。天授元年（690 年），任教于洛阳宫中习艺馆。如意元年（692 年）秋后迁盈川令，吏治以严酷著称，卒于官，世称杨盈川。

杨炯以边塞征战诗著名，所作如《从军行》《出塞》《战城南》《紫骝马》等，表现了为国立功的战斗精神，气势轩昂，风格豪放。其他唱和、纪游的诗篇则无甚特色，且未尽脱绮艳之风。另存赋、序、表、碑、铭、志、状等50篇。张说谓“杨盈川文思如悬河注水，酌之不竭，既优于卢，亦不减王”。《旧唐书》本传盛赞其《盂兰盆赋》“词甚雅丽”，《四库全书总目》则以为“炯之丽制，不止此篇”，并谓“其词章瑰丽，由于贯穿典籍，不止涉猎浮华”。所作《王勃集序》，对王勃改革当时淫靡文风的创作实践，评价很高，反映了“四杰”有意识地改革当时文风的要求。对海内所称“王、杨、卢、骆”，杨炯自谓“愧在卢前，耻居王后”，当时议者亦以为然。今存诗33首，五律居多。明胡应麟谓“盈川近体，虽神俊输王，而整肃浑雄。究其体裁，实为正始”（《诗薮·内编》卷四）。

杨炯

3. 卢照邻

卢照邻（约636—约696年），字升之，自号幽忧子。幽州范阳（治今河北涿县）人。年少时从曹宪、王义方受小学及经史，博学能文。唐高宗永徽五年（654年）为邓王（李元裕）府典签。极受邓王爱重，邓王曾对人说：“此吾之相如（司马相如）也。”唐高宗乾封三年（668年）初，出为益州新都（今四川成都附近）尉。秩满，漫游蜀中。离蜀后，寓居洛阳。曾被横祸下狱，为友人救护得免。后染风疾，居长安附近太白山，因服丹药中毒，手足残废。徙居阳翟具茨山下，买园数十亩，疏凿颍水，环绕住宅，预筑坟墓，偃卧其中。他“自以当唐高宗时尚吏，己独儒；武后尚法，己独黄老；后封嵩山，屡聘贤士，己已废。著《五悲文》以自明”（《新唐书》本传）。由于政治上的坎坷失意和长期病痛的折磨，终于自投颍水而死。卢照邻的生卒年，史无明载。武则天登封于嵩岳，卢照邻说到“后封嵩山”及其唐

卢照邻

高宗咸亨四年（673 年）所作《病梨树赋》序“余年垂强仕，则有幽忧之疾”推断其时已年近 40 岁，咸亨四年下距登封元年为 22 年，则其生年约在太宗贞观十年（636 年），去世时约 60 岁。

卢照邻工诗，尤其擅长七言歌行，对推动七古的发展有贡献。杨炯誉之为“人间才杰”（《已子安集序》）。代表作《长安古意》，诗笔纵横奔放，富丽而不浮艳，为初唐脍炙人口的名篇，但仍未摆脱六朝诗风影响。《旧唐书》本传及《朝野佥载》都说卢照邻有文集 20 卷。《崇文总目》等宋代书目均著录为 10 卷。今存其集有《卢升之集》和明张燮辑注的《幽忧子集》，均为 7 卷。《全唐诗》编录其诗 2 卷。徐明霞点校《卢照邻集》即据 7 卷本《幽忧子集》，并作《补遗》。傅璇琮著有《卢照邻杨炯简谱》。

4. 骆宾王

骆宾王（约 619—约 687 年）字观光，汉族，婺州义乌（今浙江义乌）人。唐初诗人，与王勃、杨炯、卢照邻合称“初唐四杰”；又与富嘉谟并称“富骆”。

骆宾王自幼聪慧，受过良好的教育。7 岁时就作了有名的《咏鹅》诗：“鹅、鹅、鹅，曲项向天歌。白毛浮绿水，红掌拨清波。”后来因父亲做了博昌县令，他便到那里求学。博昌古属齐地，因此他受齐、鲁学风影响颇深。

以骆宾王之才，博取个进士及第似乎应是没有问题的。但是，他却没有闯过这一关。后来好不容易在长安取得一官半职，过了几年颇为潇洒的生活。他在《畴昔篇》中对这几年的生活充满了温馨的回忆：“五霸争驰千里马，三条竞骛七香车。掩映飞轩乘落照，参差步障引朝霞。池中旧水如悬镜，屋里新妆不让花。”大概因为生活不甚检点吧，他被免了官。

后经人推荐，骆宾王到豫州做道王李元庆的幕僚。李元庆是高祖李渊诸子中较有作为的一个。他对骆宾王颇为器重。三年满了，按规定要考察工作成绩，以决定升降，道王采取新的做法，要他“自叙所能”，大概类似于今天作个自我鉴定。这在当时是破天荒的。古代考察官员的工作成绩，都是由上级单独进行的。唐太宗于贞观十三年（639年）曾提出让人自荐，以选择人才。魏征认为不可，因为会增长矜善伐能、浇薄竞争之风。此事便停止了。道王要下属“自叙所能”，和唐太宗让人自荐，性质虽然不同，精神却是相通的。应该说，这种突破传统的做法，是有利于士人发挥自己的能力，提高自己的地位的，是有利于增长士人的自觉意识和自主精神的。当然，也有其负面的作用，魏征所着眼的就是负面的作用。骆宾王受传统思想浸渐极深，对“自叙所能”抱着和魏征相似的看法；而他所处的位置却和魏征不同，魏征是和唐太宗讨论政策、措施，而他是被考察工作的对象。他贸然给道王上了《自叙状》，不是对自己的工作做个鉴定，而是大谈这种做法不对。

本来实事求是地评估一下自己的能力与业绩，让上级能够更全面地考察自己，是无可厚非的。骆宾王却一定要说这样做是让自己自卖自夸，玷污高节；而君本应有知臣之明，不须由臣自叙所能。这种做法，想来不会使道王高兴的。他在道王府又干了三年，以后便赋闲了。

垂拱年间，骆宾王任宣慰吐蕃使，辞行时，武后说：“久闻尔名，谓为古人，乃至朝邪！境外事不足行，宜留待制。”即下诏入阁供奉，一直做到正谏大夫，兼右控鹤内供奉。但他认为古无所谓控鹤之官，而授任者都是浮狭青年，上疏请罢，忤旨，左迁，后又出为刺史，复入弘文馆为学士，因武三思忌贤，再次出为刺史，所至孔化大行。他并不是阿谀之臣。

骆宾王

唐睿宗初，拜为太子右喻德，兼学文馆学士，累封至平原郡公。后来，骆宾王因事辞官隐居山野。

一段时间后，骆宾王再度求仕，经多番努力，重新入朝，当个职位极卑下的奉礼郎，后又兼东台详正学士。不知怎么搞的，不久他又蒙冤而罢去了详正学士的官职。这时，他决定从军了。他羡慕“剑匣胡霜影，弓开汉月轮。金刀动秋色，铁骑想风尘”（《咏怀古意上裴侍郎》）那样的军营生活，甚至幻想“勒功思比宪（窦宪），决策暗欺陈（陈平）”（同上），以为顷刻便能建功立业。

骆宾王带着激越的浪漫情调和急切的立功心理从军西域，开始时他还意气风发，吟诗“壮志凌苍兕，精诚贯长虹。君恩如可报，龙剑有雌雄”（《边庭落日》）。接着便由于他对边庭的艰苦生活缺乏充分的思想准备而沮丧起来，他对自己的决定也后悔了。“行叹戎麾远，坐怜衣带赊。交河浮绝塞，弱水浸流沙。旅思徒漂梗，归期未及瓜。宁知心断绝，夜夜泣胡笳。”（《晚度天山有怀京邑》）“有志惭雕朽，无庸（同用）类散樗。关山暂（急速）超忽，形影叹艰虞。结网空知羡，图荣岂自诬？”（《久戍边城有怀京邑》）

多年的军旅生活结束后，他得到的仅是武功县主簿的职务，相当失意。不久，吏部侍郎裴行俭出为洮州道左二军总管，裴行俭举荐骆宾王为军中书记。军中书记职务比县主簿高，这对骆宾王来说是晋升的好机会。但骆宾王为了奉养老母，以弥补多年奔走边关不能养亲的遗憾，推辞了。裴行俭也因情况变化没能成行。

骆宾王的母亲逝世之后，骆宾王似乎得到某种解脱，他不必再委曲求全了。在他当侍御史期间，多次上疏言事，得罪了武则天，结果是诬陷他任长安主簿时犯贪污罪而下狱，后遇赦免。

嗣圣元年（684 年），武则天废唐中宗自立，这年九月，徐敬业（即李敬业）在扬州起兵反对。骆宾王为徐府属，被任为艺文令，掌管文书机要。他代徐敬业起草的讨伐武则天的檄文，可以说如江河奔涌，大气磅礴。如果不是胸中积满了巨大的愤怒，文才再高，也形成不了这样的文字。据说，武则天读这篇檄文，开头只是嘻笑，至“一抔之土未干，六尺之孤何托”时，矍然问道：“是谁写的？”回答说是骆宾王，武则天说：“宰相安得失此人！”可见此文的力量震惊了武则天。文末两句：“试看今日之域中，竟是谁家之天下！”是千古振奋人心的雄文。

可是，这篇《代李敬业传檄天下文》（敬业本是徐姓，其祖徐世勣以功劳卓著赐姓李）恐怕是骆宾王文集中最后的辉煌了，也恐怕是徐敬业武装反抗事件中唯一的辉煌。这次武装反抗迅速失败，徐敬业被杀，骆宾王也不知所终，或谓客死南通，或谓终老义乌。

骆宾王和卢照邻都擅长七言歌行，“富有才情，兼深组织”，“得擅长什之誉”（胡震亨《唐音癸签》）。

他的长篇歌行《帝京篇》在当时就已被称为绝唱，《畴昔篇》《艳情代郭氏赠卢照邻》《代女道士王灵妃赠道士李荣》等也都具有时代意义，往往以嵚崎磊落的气息，驱使富艳瑰丽的词华，抒情叙事，间见杂出，形式非常灵活。这种诗体，从六朝小赋变化而来，它吸取了六朝乐府中辘轳辗转的结构形式以及正在发展中的今体诗的对仗和韵律，言辞整齐而流利，音节宛转而和谐，声情并茂，感染力强，易于上口成诵。明代何景明说初唐四子“音节往往可歌”（《明月篇序》），所指即此。在骆宾王稍后的刘希夷、张若虚以及盛唐的李颀、王维、高适，中唐的元稹、白居易，晚唐的郑谷、韦庄，及至清代吴伟业等人的长篇歌行，都是沿着这条线索发展下来的。

骆宾王的五律也有不少佳作。如《在狱咏蝉》，托物寄兴，感慨深微，是脍炙人口的名篇;《送郑少府入辽》抒写立功报国的乐观战斗精神，格高韵美，词华朗耀，除了全首平仄声调还不协调，律体形式尚未成熟而外，比起杨炯的《从军行》《紫骝马》并无逊色。绝句小诗,如《于易水送人》《在军登城楼》，寥寥 20 字中，壮志豪情，激荡着风云之气，颇能见出诗人的个性风格，在初唐绝句中也是不多见的。

综观骆宾王的一生，他的正义感与求仕心缠绕在一起，使得他一次又一次浮沉于宦海之中，“势牵于人，道穷乎我”，成为他自己的写照。

三、“诗佛”王维多才艺，“诗鬼”李贺长吉体

1. 王维

王维(701—761 年),字摩诘,号摩诘居士。祖籍太原祁县(今山西祁县),其父迁家蒲州（今山西永济），遂为蒲州人。唐朝诗人，有“诗佛”之称。他不但诗歌创作卓有成就，还善于绘画，精通音律，是中国文学史上一个多才多艺的诗人。

王维出身河东王氏，于开元十九年（731 年）状元及第。历官右拾遗、

王维

监察御史、河西节度使判官。唐玄宗天宝年间，王维拜吏部郎中、给事中。安禄山攻陷长安时，王维被迫受伪职。长安收复后，被责授太子中允。唐肃宗乾元年间任尚书右丞,故世称“王右丞”。

王维参禅悟理，学庄信道，精通诗、书、画、音乐等，以诗名盛于开元、天宝间。尤长五言,多咏山水田园，与孟浩然合称“王孟”,有“诗佛”之称。书画特臻其妙，后人推其为南宗山水画之祖。王维多才多艺，他把绘画的精髓带进诗歌的天地，以灵性的语言，生花的妙笔为我们描绘出一幅幅或浪漫、或空灵、或淡远的传神之作，在诗坛树起了一面不倒的旗帜。苏轼评价其:“味摩诘之诗，诗中有画；观摩诘之画，画中有诗。”存诗400余首，代表诗作有《相思》《山居秋暝》等。著作有《王右丞集》《画学秘诀》。

王维生当盛唐，这是他的幸运。他富于才华，21岁就顺利地考中了进士,解褐为太乐丞。可是就在这一年,因太乐署中伶人舞黄狮子事受到牵连，贬为济州司仓参军。这以后的数年间，他“穷边徇微禄”(《宿郑州》)，自济州到淇上做他的小官。从他这段时间的诗作中看不出他有什么政绩，相反，却能看出他已有了归隐的倾向。

据陈贻焮先生的考证，王维至迟于开元十七年（729年）回长安担任秘书省校书郎之职。但他对自己能回京师任职并不感到十分欢欣鼓舞。他回来后，急切做的一件事是到大荐福寺大德道光禅师座下学顿教。据《大荐福寺大德道光禅师塔铭》记载,道光禅师于开元二十七年（739年）涅槃，王维在其座下，“俯伏受教”达10年之久。这10年中，王维是身在朝堂而心存世外。

开元二十三年（735年），贤相张九龄推荐王维为右拾遗，为此，他写了《献始兴公》一诗，诗中赞张九龄的公心，愿意为他工作，而仍然表示自己有匹夫之节，以归山林为理想。但不久李林甫就凭着他的口蜜腹剑挑起皇室内部的纷争。乱中擅权，张九龄却被贬荆州。王维目睹了这一场邪恶压倒正义的宦海风波，十分后悔自己的“少年识事浅，强学干名利”（《赠从弟司库员外》），并激愤地表示：“明时久不达，弃置与君同。天命无怨色，人生有素风……微物纵可采，其谁为至公？余亦从此去，归耕为老农。”（《送綦毋校书弃官回江东》）官场的黑暗，迫使王维得认真考虑一下今后的进退出处了。他敬仰居陋巷而安贫乐道的颜回，也神往陶渊明的田园生活，他在《田园乐七首》之五中说：“一瓢颜回陋巷，五柳先生对门。”说得最多的还是陶渊明。《偶然作六首》之四中说：“陶潜任天真，其性颇耽酒……奋衣野田中，今日嗟无负。兀傲迷东西，蓑笠不能守。倾倒强行之，酣歌归五柳。生事不曾问，肯愧家中妇。”

王维一再赞扬陶渊明弃官归隐的高士品格，并表示愿与他结邻而居，但他最终既未归耕田园，也未深居陋巷。诗人们写诗，常有兴到之笔，其实是不会真的去做的。王维害怕贫穷。他从来就把做官看作是取得优裕生活的一种职业，他不想放弃这一职业，他决定走隐于朝堂之路。

在他看来愤世嫉俗如庄子这样的人，尚且不拒绝漆园吏这一小官，而能婆娑于数株树之间自得其乐，何况他毕竟生活在盛唐。尽管亲历宦海风波，目睹官场黑暗，但总没有像陶渊明那样对官场充满厌恶之情，不必要与官场彻底决裂。所以他选择了亦官亦隐的生活方式，在不废君臣大义的前提下去充分享受青山暮霭的隐逸之趣。

王维

亦官亦隐的生活方式在唐代是一种普遍的现象。早于王维的韦嗣立、宋之见就是这样。他们既在朝做官，又有自己的山庄别业。在朝是官，退朝后回到山庄便是隐士，自可享受山林之乐，写写隐逸诗篇，可以说这是唐代的一种风尚。宋之问有诗云：“圣朝容隐逸，时得咏

南熏。”(《题雷琴二首》之二)就是说的这种情况。鲁迅说过:“中国是隐士和官僚最接近的。那时很有被聘的希望，一被聘，即谓之征君;开当铺，卖糖葫芦是不会被征的。”(《帮忙文学与帮闲文学》)鲁迅说的实际上就是所谓的“终南捷径”。但隐士和官僚的接近还有另一层含义，即只有做了官僚，拿了俸禄，建造了山庄别业，才可能真正地逍遥当隐士，这就是常说的:“小隐隐林薮，大隐隐朝市。”

当然，同样是亦官亦隐，侧重面却各不相同。如韦嗣立，以做官为主，隐逸是官场生活的调剂和补充，因为他是热衷于做官的;而王维，从他写的大量山水田园诗来看，是以隐逸为主的，做官仅仅是为了取得隐逸生活的经济保障。所以在他的诗中很少有反映为政的篇章。

王维不仅是公认的诗佛，也是文人画的南山之宗(钱钟书称他为“盛唐画坛第一把交椅”)，并且精通音律，善书法，篆得一手好刻印，是少有的全才。深湛的艺术修养，对于自然的爱好和长期山林生活的经历，使他对自然美具有敏锐独特而细致入微的感受，因而他笔下的山水景物特别富有神韵，常常是略事渲染，便表现出深长悠远的意境，耐人玩味。他的取景状物，极有画意，色彩映衬鲜明而优美，写景动静结合，尤善于细致地表现自然界的光色和音响变化。

2. 李贺

李贺(约791—约817年)，字长吉，唐代河南福昌(今河南洛阳宜阳县)人，家居福昌昌谷，后世称李昌谷。唐代宗室，唐高祖李渊的叔父李亮(大郑王)后裔。中唐的浪漫主义诗人，“长吉体”诗歌开创者。有“诗鬼”之称，是与“诗圣”杜甫、“诗仙”李白、“诗佛”王维相齐名的唐代著名诗人，与李白、李商隐称为唐代三李。有《雁门太守行》《李凭箜篌引》等名篇。著有《昌谷集》。

李贺为唐宗室郑王李亮的后裔，但系远支，与皇族关系已很疏远。其父李晋肃官位很低，家境也不富裕。他“细瘦通眉，长指爪”，童年即能词章，15、16岁时，已以工乐府诗与先辈李益齐名。元和三、四年间，韩愈在洛阳，李贺往谒。据说，韩愈与皇甫湜曾一同回访，李贺写了有名的《高轩过》诗。李贺父名晋肃，“晋”与“进”同音，与李贺争名的人，就说他应避父讳不举进士，韩愈作《讳辩》鼓励李贺应试，无奈“阖扇未开逢猰犬，那知坚都相草草”，礼部官员昏庸草率，李贺虽应举赴京、却未能应试，遭谗落第。后来做了三年奉礼郎，旋即因病辞官，回归昌谷。后至潞州（今山西长治）依张彻一个时期。因仕途失意，李贺终生郁郁不得志，就把全部精力用在写诗上，诗歌创作充满了深沉的苦闷。他一生体弱多病，27 岁时便去世了。

李贺是中唐到晚唐诗风转变期的一个代表者，是继屈原、李白之后，中国文学史上又一位颇享盛誉的浪漫主义诗人。他所写的诗大多是慨叹生不逢时和内心苦闷，抒发对理想、抱负的追求；对当时藩镇割据、宦官专权和人民所受的残酷剥削都有所反映。留下了“黑云压城城欲摧”“雄鸡一声天下白”“天若有情天亦老”等千古佳句。

李贺的诗作想象极为丰富，经常应用神话传说来托古寓今，所以后人常称他为“鬼才”“诗鬼”，创作的诗文为“鬼仙之辞”，有“太白仙才，长吉鬼才”之说。

李贺因长期的抑郁感伤，焦思苦吟的生活方式，元和八年（813 年）因病辞去奉礼郎回昌谷，27 岁英年早逝。

李贺

李贺以他立意新奇、带有浓厚浪漫主义色彩的诗歌在我国古典诗坛上独树一帜，开拓了一个新的艺术境界。李贺是一位多才却很短命的诗人，他仅仅活了 27 岁，却为后世留下了 200 多首诗歌；其中不乏名作佳篇，后人因此称他为“诗鬼”。

由于李贺平时注意深入实际观察生活，认真积累素材，所以他的诗真实质朴，意象丰富，在绮丽的意境之中有很强的艺术感染力。其中有些诗，如《雁门太守行》《金铜仙人辞汉歌》至今为人们反复传诵；其中一些名句，更是脍炙人口的好诗，例如：“黑云压城城欲摧，甲光向日金鳞开。”“衰兰送客咸阳道，天若有情天亦老。”这些诗都是很值得一读的。

李贺虽然一生抑郁不得志，而且寿命不长，但他留下的瑰丽诗篇却为他在文学史上留下了一席之地，他才华横溢的诗篇将会永远被世人传诵。

四、浪漫“诗仙”李太白，现实“诗圣”杜子美

1. 李白

李白（701—762 年），字太白，号青莲居士。祖籍陇西成纪（今甘肃静宁西南），幼随父迁居绵州昌隆（今四川江油县）青莲乡。唐代大诗人,被后人称为“诗仙”。诗风雄奇豪放，富有浪漫主义精神，对后世影响很大。他善于从民歌、神话中吸取营养和素材，构成其特有的瑰丽绚烂的色彩，是屈原以来积极浪漫主义诗歌的新高峰。传世有《李太白集》。

李白

李白年少时，好任侠，且喜纵横。昌隆所在的绵州地区，自汉末以来，便是道教活跃的地方。因此，李白常去戴天山寻找道观的道士谈论道经。

据说后来，他与一位号为东岩子的隐者隐居于岷山，潜心学习，多年不进城市。

当时有名的纵横家赵蕤也是李白的好友，此人于开元四年（716 年）就著成了《长短经》十卷。那时的李白才 16 岁。赵蕤这部博考六经异同、分析天下形势、讲求兴亡治乱之道的著作引起了李白的极大兴趣。于是他以后一心要建功立业，喜谈王霸之道，也正是受到这部书的影响。

开元十三年（725 年），李白离开蜀国，“仗剑去国，辞亲远游”。他乘舟沿江出峡，渐行渐远，家乡的山峦逐渐隐没无法辨认了，只有从三峡流出来的水仍跟随着他，推送着他的行舟，把他送到一个陌生而又遥远的城

市中去。

李白到了江陵，他没有想到在江陵会有一次不平凡的会见，他居然见到了受三代皇帝崇敬的道士司马祯。

天台道士司马祯不仅学得一整套的道家法术，而且写得一手好篆，诗也飘逸如仙。唐玄宗对其非常尊敬，曾将他召至内殿，请教经法，还为他造了阳台观，并派胞妹玉真公主跟随其学道。

李白能见到这个备受恩宠的道士，心里自然十分开心，还送上了自己的诗文供其审阅。李白器宇轩昂，资质不凡，司马祯一见便已十分欣赏，等到看了他的诗文之后，更是惊叹不已，称赞其“有仙风道骨，可与神游八极之表”。因为他看到李白不仅仪表气度非凡，而且才情文章也超人一等，又不汲汲于当世的荣禄仕宦，这是他几十年来在朝野都没有见过的人才，所以他用道家最高的褒奖的话赞美他，说他有“仙根”，即有先天成仙的因素，与后来贺知章赞美他是“谪仙人”的意思差不多，都是把他看作非凡之人。这便是李白的风度和诗文的风格给予人的总的印象。

李白被司马祯如此高的评价之后欢欣鼓舞。他决心去追求“神游八极之表”这样一个永生的、不朽的世界。兴奋之余，他写成大赋《大鹏遇希有鸟赋》，以大鹏自喻，夸写大鹏的庞大迅猛。这是李白最早名扬天下的文章。

李白自江陵南下，途经岳阳，再向南去，便到了此行的目的地之一洞庭湖。可是正当泛舟洞庭时，发生了一件不幸的事情，李白自蜀同来的旅伴吴指南暴病身亡。李白悲痛万分，他伏在朋友的身边，号啕大哭，由于他哭得过于伤痛，路人听到了都为之伤心落泪。旅途中遇到这样的不幸，真是无可奈何，李白只好把吴指南暂时葬于洞庭湖边，自己继续东游，决定在东南之游结束后再来重新安葬朋友的尸骨。

李白来到庐山后，在此写下了脍炙人口的《望庐山瀑布》诗。此后，李白到了六代故都金陵。此地江山雄胜，虎踞龙盘，六朝宫阙历历在目。这既引起李白许多感慨，也引起了他对自己所处时代的自豪感。他认为昔日之都，已呈一片颓废之气，没有什么好观赏的了，根本不及当今皇帝垂拱而治、天下呈现出的一片太平景象。

金陵的霸气虽已消亡，但金陵的儿女们却饱含深情地接待李白。当李

白告别金陵时，金陵子弟殷勤相送，频频举杯劝饮，离别之情如东流的江水，流过了人们的心头，使人难以忘却。

李白告别金陵后，从江上乘船前往扬州。扬州是当时的一个国际大都市。李白从没有见过如此热闹的城市，与同游诸人盘桓了一些时日。到了盛夏，李白与一些年轻的朋友“系马垂杨下，衔杯大道边。天边看绿水，海上见青山”，好不自在。到了秋天，他在淮南病倒了。卧病他乡，思绪万千，既感叹自己建功立业的希望渺茫，又深深地思念家乡，唯一能给他一点安慰的，便是远方友人的书信。

李白在淮南病好之后，又到了姑苏。这里是当年吴王夫差与美女西施日夜酣歌醉舞的地方，李白怀古有感，写了一首咏史诗《乌栖曲》。这首诗后来得到了贺知章的赞赏，称其“可以泣鬼神矣”。由此可见，李白的乐府诗有时虽袭用旧题，却多别出新意。

李白自越西归，回到了荆门。

在荆门他一待就是三个月。虽然思乡心切，但事业没有一点成就，他自觉难于回转家园。最后，他决定再度云游。首先，他再次来到洞庭湖，把吴指南的尸骨移葬到江夏（今湖北武昌）。他在江夏结识了僧行融，又从他那里了解到孟浩然的为人，于是便去襄阳拜见孟浩然，由此写下了著名的五律诗《赠孟浩然》。

不久，李白来到安陆，在小寿山中的道观住了下来。然而，隐居于此并非长久之计，他仍想寻找机会，以求仕进。在隐居寿山时，李白以干谒游说的方式结交官吏，提高自己的声誉。

李白的文才得到了武后时宰相许圉师的赏识，便将其招为女婿。李白与夫人许氏在离许家较近的白兆山的桃花岩下过了一段幸福美满的婚姻生活。但是美好的夫妻生活并没有使李白外出漫游以图功业的心志有所减退。他以安州妻家为根据地，再次出游，并结识了一些官吏和贵公子，并于开元二十二年（734 年），谒见荆州长史兼襄州刺史韩朝宗。

封建时期的帝王常在冬天狩猎。唐玄宗即位后，已有过多次狩猎，每次都带外国使臣同去，耀武扬威，以此来震慑邻国。开元二十三年（735 年），唐玄宗又一次狩猎，正好李白也在西游，借此献上《大猎赋》，希望能博得唐玄宗的赏识和提拔。

他的《大猎赋》希图以“大道匡君，示物周博”，而“圣朝园池遐荒，殚穷六合”，幅员辽阔，境况与前代大不相同，夸耀本朝远胜汉朝，并在结尾处宣讲道教的玄理，以契合唐玄宗当时崇尚道教的心情。

李白此次西来的目的是献赋，另外，也趁此机会游览一下长安，领略这座“万国朝拜”的京都风光。他居住在终南山脚下，常登临终南山远眺。当他登上终南山的北峰时，眼前呈现出泱泱大国的风貌。他深感生在这样的国家是幸运的，因此颇有自豪之感。可一想到这发达的帝国内部已产生了腐朽的因素，他的情绪又受到打击。

李白自进长安后结识了卫尉张卿，并通过他向玉真公主献了诗，最后两句说“何时入少室，王母应相逢”，是祝她入道成仙。李白还在送张卿的诗中陈述了自己景况很苦，希望引荐，愿为朝廷效力。由此，他一步步地接近了统治者的上层。

李白这次在长安还结识了著名诗人贺知章，他早就拜读过贺老的诗，这次相遇，自然立刻上前拜见，并呈上袖中的诗本。贺知章颇为欣赏《蜀道难》和《乌栖曲》，兴奋地解下衣带上的金龟叫人出去换酒与李白共饮。李白瑰丽的诗歌和潇洒出尘的丰采令贺知章惊异万分，竟说：“你是不是太白金星下凡到了人间？”

一年眼看即逝，李白仍然作客长安，没有机会出仕，心情便有些沮丧。好友诚意相邀，希望他同去嵩山之阳的别业幽居，但李白无意前往。这次去长安，抱着建功立业的理想，却毫无着落，这使李白感到失望并有点愤懑。向王公大人门前干谒求告，也极不得意，只有发出“行路难，归去来”的感叹，便离开了长安。

天宝元年（742 年），由于玉真公主和贺知章的交口称赞，唐玄宗看了李白的诗赋之后，对其十分仰慕，便召其进宫。李白进宫朝见那天，唐玄宗降辇步迎，“以七宝床赐食于前，亲手调羹”。

唐玄宗问到一些当世事务，李白凭半生饱学及长期对社会的观察，胸有成竹，对答如流。唐玄宗大加赞赏，随即令李白供奉翰林，职务是草拟文告，陪侍皇帝左右。

唐玄宗每有宴飨或郊游，必命李白随从，利用他敏捷的诗才，赋诗纪实。虽非记功，也将其文字流传后世，以盛况向后人夸示。李白受到唐玄宗如

此的宠信，同僚们不无羡慕，但也有人因此心怀嫉恨。

天宝初年，每年冬天唐玄宗都会带着酋长、使臣去温家狩猎，李白自然侍从同去，当场写赋赞美唐玄宗的盛德，歌颂朝廷威力，深得唐玄宗赏识。此时，唐玄宗宠爱杨玉环，每与她在宫中玩乐时，唐玄宗都要李白写些行乐词，谱入新曲歌唱。李白怀着“长揖蒙垂国士恩，壮士剖心酬知己”的心情，竭尽才思来写这些诗。

在长安时，李白除了供奉翰林、陪侍君王之外，也经常在长安市井上行走。他发现国家在繁荣昌盛的景象中，正蕴藏着深重的危机。那便是最能够接近皇帝的是专横的宦官和骄纵的外戚。他们的所作所为给李白以强烈的压抑感。

与此同时，李白放浪形骸的行为又被翰林学士张珀所诽谤，两人之间产生了一些裂隙。宦官和外戚的受宠，使李白“大济苍生”的热情骤然凉了下来，自己虽在长安，但却没有施展自己管、晏之术的机会。

朝廷的腐败，同僚的诋毁，使李白万分感慨，他写了一首《翰林读书言怀呈集贤诸学士》，表示有意归隐。谁知就在此时，他被朝廷赐金放还，这似乎让李白感到非常意外。这次被赐金放还似乎是李白说了不合时宜的话。

天宝三年（744 年）的夏天，李白到了东都洛阳。在这里，他遇到正在蹭蹬不遇的杜甫。中国文学史上最伟大的两位诗人相遇了。此时的李白已名扬全国，而杜甫则风华正茂，却困守洛城。李白比杜甫年长 11 岁，但他并没有以自己的名声在杜甫面前居功自傲；而“性豪业嗜酒”“结交皆老苍”的杜甫，也没有在李白面前一味低头称颂。两人以平等的身份，建立了深厚的友谊。在洛阳时，他们约好下次在梁宋（今开封商丘一带）会面，共同访道求仙。

这年秋天，两人如约到了梁宋。两人在此抒怀遣兴，借古评今。他们还在这里遇到了诗人高适，而高适此时却还没有禄位。然而，三人各有大志，理想相同。三人畅游甚欢，评文论诗，纵谈天下大势，都为国家的隐患而担忧。此时的李、杜都值壮年，此次两人在创作上的切磋对他们今后产生了积极的影响。

这年的秋冬之际，李、杜又一次分手，各自寻找道教的师承去造真箓（道教的秘文）、授道箓去了。李白到齐州（今山东济南一带）紫极宫清道士高天师如贵授道箓，从此他算是正式履行道教仪式，成为道士。然后李白又赴德州安陵县，遇见这一带善写符箓的盖还，为他造了真箓。此次的求仙访道，李白得到了完满的结果。

天宝四年（745 年）秋天，李白与杜甫在东鲁第三次会见。短短一年多的时间，他们两次相约，三次见面，知交之情不断加深。他们曾经一起寻访隐士高人，也偕同去齐州拜访过当时驰名天下的文章家、书法家李邕。就在这年冬天，两人再次分手，李白准备重访江东。

李白离开东鲁之后，便从任城乘船，沿运河到了扬州。由于急着去会稽会见元丹丘,也就没有多滞留。到了会稽,李白首先去凭吊过世的贺知章。不久，孔巢文也到了会稽，于是李白和元丹丘、孔巢文畅游禹穴、兰亭等历史遗迹，泛舟静湖，往来剡溪等处，徜徉山水之中，即兴描写了这一带的秀丽景色。

在金陵,李白遇见了崔成甫。两人都是政治上的失意者,情怀更加相投。他们泛舟秦淮河，通宵达旦地唱歌，引得两岸游人不胜惊异，拍手为他们助兴。两人由于性格相投、遭遇相似，所以较之一般朋友更为默契，友谊更深厚，因而李白把崔成甫的诗系在衣服上，每当想念，便吟诵一番。

李白在吴越漫游了几年，漂泊不定。

到了幽燕之后，李白亲眼看到安禄山秣马厉兵，形势已很危急，自己却无能为力。在安史之乱前两三年,李白漫游于宣城、当涂、南陵、秋浦一带，仍然衣食依人，经常赋诗投赠地方官，以求帮助。

在此次漫游期间，李白因夫人许氏病亡，又娶宗氏。家庭多变，国家多事，李白一面求仙学道，一面企图为国建功，对于国家安危，仍很关切，虽在漫游，但已与过去有所不同。

天宝十四年（755 年），安史之乱爆发，李白便避居庐山。那时，他的胸中始终有着退隐与济世两种矛盾的思想。永王李璘恰在此时出师东巡，李白应邀入幕。

李白入幕后，力劝永王勤王灭贼，而对于政治上的无远见，他也作过自我批评和检讨。同在江南的萧颖士、孔巢文、刘晏也曾被永王所邀但却拒不参加，以此免祸，李白在这点上显然不及他们。永王不久即败北，李白也因此被系浔阳狱。这时崔涣宣慰江南，收罗人才。李白上诗求救，夫

人宗氏也为他啼泣求援。将吴兵3000人驻扎在浔阳的宋若思，把李白从牢狱中解救出来，并让他加入了幕府。因此李白成为宋若思的幕僚，为宋写过一些文表，并跟随他到了武昌。李白在宋若思幕下很受重用，并以宋若思的名义再次向朝廷推荐，希望再度能得到朝廷的任用。但不知什么原因，后来不但未见任用，反而被流放夜郎（今贵州桐梓），完全出乎意料。因为当时永王幕下的武将都得到了重用。事情之所以发生变故，可能与崔涣、张镐这批人的失势有关。

至德二年（757年）冬，李白由浔阳道前往流放之所——夜郎。因为此次所判的罪是长流，即将一去不返，而李白此时已近暮年，“夜郎万里道，西上令人老”，不由得更觉忧伤。

由于李白当时在海内素负盛名，此行沿路受到地方官员的宴请，大家都很尊重他，并没有把他看作一个被流放的罪人。

乾元二年（759年），李白行至巫山，朝廷因关中遭遇大旱，宣布大赦，规定死者从流，流以下完全赦免。这样，李白经过长期的辗转流离，终于获得了自由。他随即顺着长江疾驶而下，而那首著名的《朝发白帝城》最能反映他当时的心情。

到了江夏，由于老友良宰正在当地做太守，李白便逗留了一阵。乾元二年（759年），李白应友人之邀，再次与被谪贬的贾至泛舟赏月于洞庭之上，发思古之幽情，赋诗抒怀。不久，又回到宣城、金陵旧游之地。差不多有两年的时间，他往来于两地之间，仍然依人为生。上元二年（761年），已60岁出头的李白因病返回金陵。在金陵，他的生活相当窘迫，不得已只好投奔了在当涂做县令的族叔李阳冰。

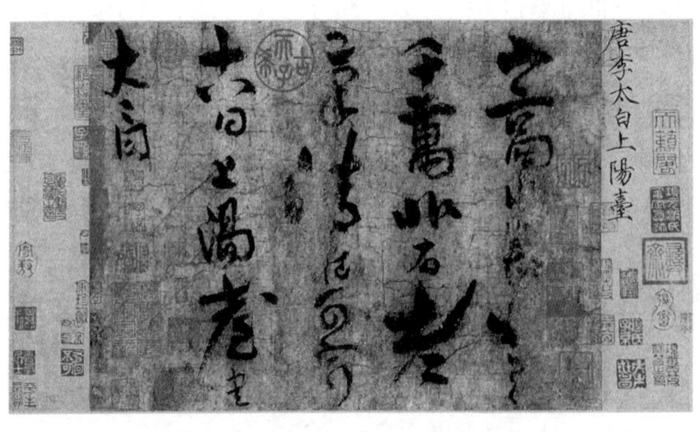

李白《上阳台帖》

宝应元年（762年），李白病重，在病榻上把手稿交给了李阳冰，赋《临终歌》而与世长辞，终年62岁。

李白的一生，如

天马行空，任气纵性。他驰骋着天真浪漫的幻想可以写出飘逸瑰丽的诗篇，却无法操作最讲实际、最用心术的政治。一个雄视千古飘逸狂放的诗坛巨人，是无法从事审时度势、察言观色、绵密深藏的政治活动的。但是，传统的教育却使士人们都觉得自己有从政的能力，都认为从政才是正果。悲剧就这样铸成了。然而，这又使诗人的诗篇蒙上一层悲怆之美。

李白的乐府、歌行及绝句成就为最高。其歌行，完全打破诗歌创作的一切固有格式，空无依傍，笔法多端，达到了任随性之而变幻莫测、摇曳多姿的神奇境界。李白的绝句自然明快，飘逸潇洒，能以简洁明快的语言表达出无尽的情思。在盛唐诗人中，王维、孟浩然长于五绝，王昌龄等七绝写得很好，兼长五绝与七绝而且同臻极境的，只有李白一人。

李白的诗雄奇飘逸，艺术成就极高。他讴歌祖国山河与美丽的自然风光，风格雄奇奔放，俊逸清新，富有浪漫主义精神，达到了内容与艺术的完美统一。他被贺知章称为“谪仙人”，其诗大多为描写山水和抒发内心的情感为主。李白的诗具有“笔落惊风雨，诗成泣鬼神”的艺术魅力，这也是他的诗歌中最鲜明的艺术特色。李白的诗富于自我表现的主观抒情色彩十分浓烈，感情的表达具有一种排山倒海、一泻千里的气势。他与杜甫并称为“大李杜”（李商隐与杜牧并称为“小李杜”）。

李白诗中常将想象、夸张、比喻、拟人等手法综合运用，从而造成神奇异彩、瑰丽动人的意境，这就是李白的浪漫主义诗作给人以豪迈奔放、飘逸若仙的原因所在。

李白的诗歌对后代产生了极为深远的影响。中唐的韩愈、孟郊、李贺，宋代的苏轼、陆游、辛弃疾，明清的高启、杨慎、龚自珍等著名诗人，都受到李白诗歌的巨大影响。

皮日休《李翰林》一诗称李白是“口吐天上文，迹作人间客”，可算是极妙极切的评价。

2. 杜甫

杜甫（712—770 年），字子美。自号少陵野老。原籍湖北襄阳，后徙河南巩县。唐代伟大的现实主义诗人，与李白合称“大李杜”。

杜甫在中国古典诗歌中的影响非常深远，甫创作了《登高》《春望》《北征》《三吏》《三别》等名作，被后人称为“诗圣”，他的诗被称为“诗史”。

后世称其杜拾遗、杜工部，也称他杜少陵、杜草堂。乾元二年（759年），杜甫弃官入川，虽然躲避了战乱，生活相对安定，但仍然心系苍生，胸怀国事。虽然杜甫是个现实主义诗人，但他也有狂放不羁的一面，从其名作《饮中八仙歌》不难看出杜甫的豪气干云。

杜甫的诗具有丰富的社会内容、强烈的时代色彩和鲜明的政治倾向，真实深刻地反映了安史之乱前后一个历史时代政治时事和广阔的社会生活画面，因而被称为一代“诗史”。杜甫的诗兼备众体，除五古、七古、五律、七律外，还写了不少排律、拗体，运用的艺术手法多种多样，是唐诗思想艺术的集大成者。杜甫继承了汉魏乐府“感于哀乐，缘事而发”的精神，摆脱乐府古题的束缚，创作了不少“即事名篇，无复依傍”的新题乐府，如著名的“三吏”“三别”等。死后受到樊晃、韩愈、元稹、白居易等人的大力揄扬。杜诗对元白的“新乐府运动”的文艺思想及李商隐的近体讽喻时事诗影响甚深。但杜诗受到广泛重视，是在宋以后。王禹偁、王安石、苏轼、黄庭坚、陆游等人对杜甫推崇备至，文天祥则更以杜诗为坚守民族气节的精神力量。杜诗的影响，从古到今，早已超出文艺的范围。

杜甫的思想核心是儒家的仁政思想，他有“致君尧舜上，再使风俗淳”的宏伟抱负。杜甫虽然在世时名声并不显赫，但后来声名远播，对中国文学和日本文学都产生了深远的影响。杜甫共有约1500首诗歌被保留了下来，大多集于《杜工部集》。

杜甫

杜甫出生于一个世代为官的官僚家族。先祖为晋代大将军杜预，也是著名的学问家。祖父杜审言为武则天朝的著名诗人，因此杜甫常自豪地说“诗是吾家事”。父亲杜闲历任兖州（今属山东）司马，奉天县（今陕西乾县）县令。富裕的家境为杜甫提供了良好的教育和优渥的成长环境。

在杜甫两岁多的时候，母亲就过世了。但是幼年的杜甫并不缺少母爱，忙着做官的父亲把他寄放在洛阳的姑母家，姑母待他胜过亲生。大约在杜甫3岁的时候，他和姑母的孩子同时染上了疫病，姑母尽量照料他，自己的儿子却丢了性命。长大后，杜甫与人谈起此事，常常泪流满面。

清代三十六诗仙图卷之杜甫

杜甫早慧，6岁时跟随父亲观看过公孙大娘的剑器舞，令他印象深刻。公孙大娘是当时著名的舞蹈家，书法家张旭看过她的演出后，草书大进，后世尊称为“草圣”，而杜甫最后也被人称为“诗圣”。

杜甫7岁就会写诗，他曾在诗中自述：“七龄思即壮，开口咏凤凰。”十四五岁的时候，他开始与文士及官员交往，出入翰墨场所，得到前辈褒扬。不过，那时的杜甫，可不只是一个会摇头晃脑背诗的“书呆子”。他自己在诗中说：“忆年十五心尚孩，健如黄犊走复来。庭前八月梨枣熟，一日上树能千回。”可见，那时的他是多么地顽皮好动！

20岁以后，杜甫过着漫游的生活，那是唐朝文人的风尚。他先是在南方吴越等地，后在山东、河南一带，结交名流，张扬声名。对自己的才能相当自信，自谓“饮酣视八极，俗物都茫茫”。此时，大唐社会欣欣向荣，年丰物足；年轻的杜甫雄心万丈，他登上泰山，写出了“会当凌绝顶，一览众山小”这样豪气万千的句子。

那时的杜甫，家底雄厚，虽然没做生意没做大官，但也不愁生计。他到了洛阳，在自家祖陵所在的首阳山下，建了一座庄园，一边读书一边与当地人士交往。

天宝三载（744年）四月，被唐玄宗赐金放还的李白经过洛阳，与杜甫相识。闻一多先生有一段非常诗意的论赞：“我们该发三通擂鼓，然后提起笔来蘸饱了金墨，大书而特书。因为我们四千年的历史里，除了孔子见老子（假如他们是见过面的），没有比这两人的会面，更重大、更神圣、更可纪念的。”

其实，“李杜”并称是杜甫身后很多年的事情。实际情况是，李白当时已是名满天下的大诗人，比杜甫大 11 岁；杜甫只是名不见经传的后生小子，对李白十分仰慕。他追随李白一起漫游，访道士，登慈恩寺塔（今西安大雁塔）。后来，高适也来了，三五友人一起，追鹰逐兔，纵酒高歌。“性豪业嗜酒，嫉恶怀刚肠……放荡齐赵间，裘马颇清狂。春歌丛台上，冬猎青丘旁。”从他晚年这些回忆的诗里看，这段时间他过得相当轻松自在，好像都是在打猎和唱歌中度过的。

富裕闲适的生活中，爱情也如期降临。29 岁时，杜甫娶了弘农县（今河南灵宝县）司农少卿杨怡 19 岁的女儿为妻。杨氏的名字我们不得而知，但他们夫妻非常恩爱。

在中国古代男权专制的时代，男子纳妾是十分普遍的事，但杜甫却能做到与杨氏一人厮守一生。

杜甫成婚之后没几年，他的父亲便过世了，经济来源一下子没了，生活日益穷苦。再后来，唐朝战乱，杜甫一家四处逃亡，贫穷、疾病、频繁的分别与担惊受怕成了这个家庭日常生活的主要内容。但再苦、再穷，杜甫都没有抛下过杨氏，杨氏也始终以娇弱的肩膀扛锄头种地、背行囊逃难，夫唱妇随。

杜甫没写过传唱千古的情诗，但在历代诗人中，作品里出现“妻”字频率最高的可能就是他。他为妻子所写的最著名和感人的诗歌当属《月夜》。756 年，杜甫在长安求官，将妻儿寄放在鄜州（今陕西富县）妻舅处。一天晚上，杜甫写下了《月夜》一诗，诗中后四句专门倾诉对妻子的思念之情：“香雾云鬟湿，清辉玉臂寒。何时倚虚幌，双照泪痕干？”当时的杜甫已经 44 岁了，成婚多年，诗句却如同新婚燕尔中的人写的。

乾元二年（759 年），关中大旱，饥荒蔓延，正在同谷（今甘肃成县）落脚的杜甫一家陷入从未有过的饥寒交迫状态。他写了悲伤的诗句，催人泪下：“岁拾橡栗随狙公，天寒日暮山谷里。”天寒地冻，为了妻儿，杜甫不得不拣拾橡树果子为食，或者去挖地里的野芋头。

还有一句，是杜甫晚年生活稍安定时所作：“老妻画纸为棋局，稚子敲针作钓钩”，字字都是平淡的幸福。

在“朱门酒肉臭，路有冻死骨”这样悲天悯人的诗句中，人们往往忽略了杜甫是个极风趣的人。

家境困顿后，杜甫感到世态炎凉。他在长安有时靠亲友接济，有时要去买政府的低价救济粮，有时还会采草药去市场上卖。他受尽了冷遇与白眼，生活渐渐露出了残酷的本来面目。有时他甚至不得不乞讨：“朝扣富儿门，暮随肥马尘。残杯与冷炙，到处潜悲辛。”

安史之乱后，杜甫带领家人逃难。他的坐骑被人抢走了，只能步行，不小心掉落到蒿草坑里。幸亏同行的表侄王砯走出去10余里后，发觉不对，转身相救。他把自己的坐骑让给杜甫，然后拿起大刀，护卫着杜甫脱离了险境。若干年后，杜甫在诗中回忆，如当初没有王砯舍命相救，他根本不可能活着逃出去。

经历过如此生死关头，杜甫好不容易才到成都，在友人的帮助下，于浣花溪畔修建茅屋居住。同时一无所有的他做了一件非常有趣的事——杜甫想在自己的茅屋边种植各种树木，又不想麻烦友人，就提笔给当地的那些官员、大户写诗，寻募花木。“奉乞桃栽一百根，春前为送浣花村。河阳县里虽无数，濯锦江边未满园。”——这首要桃树苗的诗，写给了一位叫萧实的县令；“华轩蔼蔼他年到，绵竹亭亭出县高。江上舍前无此物，幸分苍翠拂波涛。”——这首要竹子的诗，写给了绵竹县令韦续……明明是乞要树苗，却没有丝毫的低声下气，落落大方。

这段寓居浣花溪畔的时光，成为杜甫苦涩人生中的一抹阳光。他在《绝句三首》中幽默地写道：“设道春来好！狂风大放颠，吹花随水去，翻却钓鱼船。”且想象一下那个有趣的画面——春日里他泛舟湖上，羞涩的花朵在水中映出美丽的影子。老头本想坐在钓鱼船上晒晒太阳，吹吹小风，看看风景，优哉游哉等鱼儿上钩。不想一阵狂风突如其来，花也落了，船也翻了，狼狈的老头恼羞成怒，跳着脚地说：别以为春天来了什么都好，还有狂风这种东西“放颠”呢！

在他最后漂泊西南的11年间，他虽过着“生涯似众人”的生活，但却写了《茅屋为秋风所破歌》《闻官军收河南河北》《秋兴》《岁晏行》等1000多首诗。

唐代宗大历五年（770年），诗人病死在衡阳市湘江的一只小船中。

除诗歌外，杜甫在书法的创作观上也是非常成熟而有深度的。从记载

成都杜甫草堂

来看，他的书体以楷隶行草兼工，整体以意行之，赞赏古而雄壮，注意书写中的速度、节奏、笔势、墨法等内容，在唐代也是很有深度的书家了。同时，他对于唐代隶书家的赞扬、对于曹霸、张旭的评价都足以使他在书法史上留下声名，而他的“书贵瘦硬说”更是奠定了杜甫在书法理论史上的重要地位。

说到底，杜甫成长于开元盛世，盛唐对他来说，有着不可磨灭的记忆。只要拿他的诗和中晚唐的诗比较一下就会发现，杜诗在情调上、色彩上、信心和力量上仍然是一派盛唐气象。因此有学者说，杜甫是盛唐的最高峰，也是盛唐的谢幕。

五、香山居士白居易，雄直“诗豪”刘禹锡

1. 白居易

白居易（772—846 年），字乐天，号香山居士，又号醉吟先生。祖籍太原，到其曾祖父时迁居下邽，生于河南新郑。唐代伟大的现实主义诗人，唐代三大诗人之一。白居易与元稹共同倡导新乐府运动，世称“元白”，与刘禹锡并称“刘白”。白居易的诗歌题材广泛，形式多样，语言平易通俗，有“诗魔”和“诗王”之称。有《白氏长庆集》传世，代表诗作有《长恨歌》《卖炭翁》《琵琶行》等。

唐代宗大历七年（772 年）正月，白居易出生于河南新郑的一个“世敦儒业”的中小官僚家庭。白居易出生之后不久，家乡便发生了战争。藩镇李正己割据河南 10 余州，战火烧得民不聊生。白居易 2 岁时，任巩县令的祖父卒于长安，紧接着他的祖母又病故。白居易的父亲白季庚先由宋州司户参军授徐州彭城县县令（780 年），一年后因白季庚与徐州刺史李洧坚守徐州有功，升任徐州别驾，为躲避徐州战乱，他把家居送往宿州符离安居。白居易得以在宿州符离度过了童年时光。而白居易聪颖过人，读书

十分刻苦，读得口都生出了疮，手都磨出了茧，年纪轻轻的，头发全都白了。

元和元年（806 年），白居易罢校书郎。同年四月试才识兼茂明于体用科，及第，授盩厔县（今西安周至县）尉。元和二年（807 年），任进士考官、集贤校理，授翰林学士。元和三年（808 年）任左拾遗，迎取杨虞卿从妹为妻。元和五年（810 年）改任京兆府户部参军，元和六年（811 年）母亲陈氏去世，离职丁忧，归下邽。元和九年（814 年）回长安，授太子左赞善大夫。

任左拾遗时，白居易认为自己受到喜好文学的皇帝赏识提拔，故希望以尽言官之职责报答知遇之恩，因此频繁上书言事，并写大量的反映社会现实的诗歌，希望以此补察时政，乃至于当面指出皇帝的错误。白居易上书言事多获接纳，然而他言事的直接，曾令唐宪宗感到不快而向李绛抱怨："白居易小子，是朕拔擢致名位，而无礼于朕，朕实难奈。"李绛认为这是白居易的一片忠心，而劝谏唐宪宗广开言路。

元和十年（815 年），宰相武元衡遇刺身亡，白居易上表主张严缉凶手，被认为是越职言事。其后白居易又被诽谤：母亲看花而坠井去世，白居易却著有"赏花"及"新井"诗，有害名教。遂以此为理由贬为江州（今江西九江）司马。元和十三年（818 年），白居易的弟弟白行简至江州与白居易相聚。当白居易被任命为忠州刺史时，白行简也一同与兄长溯江而上。途中与元稹相遇于黄牛峡，三人相游之处被称为三游洞。在忠州任职的时间，白居易在忠州城东的山坡上种花，并命名此地为"东坡"。同年冬，被任命为忠州（今重庆市忠县）刺史，元和十四年（819 年）到任。元和十五年（820 年）夏，被召回长安，任尚书司门员外郎。

白居易

白居易的母亲虽因看花坠井去世，然而白居易早有许多咏花之作，而依宋代的记录，新井诗作于元和元年左右（新井诗今已失传），可见此事不能构成罪名。他被贬谪的主因，很可能与他写讽谕作品而

得罪当权者有关。贬谪江州是白居易一生的转折点：在此之前他以“兼济”为志，希望能做对国家人民有益的贡献；至此之后他的行事渐渐转向“独善其身”，虽仍有关怀人民的心，表现出的行动却已无过去的火花了。然而白居易在江州虽不得志，大体上仍能恬然自处，曾在庐山香炉峰北建草堂，并与当地的僧人交游。

同年冬，转任主客郎中、知制诰。长庆元年（821 年），加朝散大夫，始正式着五品绯色朝服（绯色即朱色，为五品以上官员所用的服色）。转上柱国，又转中书舍人。长庆二年（822 年），白居易上书论当时河北的军事，不被采用，于是请求到外地任职，七月被任命为杭州刺史，十月到任。任内有修筑西湖堤防、疏浚六井等政绩。长庆四年（824 年）五月，任太子左庶子分司东都，秋天至洛阳，在洛阳履道里购宅。宝历元年（825 年），被任命为苏州刺史，五月到任。宝历二年（826 年）因病去职，后与刘禹锡相伴游览于扬州、楚州一带。

在杭州刺史任内，见杭州有六口古井因年久失修，便主持疏浚六井，以解决杭州人饮水问题。又见西湖淤塞农田干旱，因此修堤蓄积湖水，以利灌溉，舒缓旱灾所造成的危害，并作《钱塘湖石记》，将治理湖水的政策、方式与注意事项，刻石置于湖边，供后人知晓，对后来杭州的治理湖水有很大的影响。离任前，白居易将一笔官俸留在州库之中作为基金，以供后来治理杭州的官员公务上的周转，事后再补回原数。当这笔基金一直运作到黄巢之乱时，当黄巢抵达杭州，文书多焚烧散失，这笔基金才不知去向。

西湖有白堤，两岸栽种有杨柳，后世误传这即是白居易所修筑的堤，而称之为白公堤。事实上这道“白堤”在白居易来杭州之前已存在，当时称为“白沙堤”，且见于白居易的诗作之中。

当白居易在杭州时，元稹亦从宰相转任浙东观察使，浙东、杭州相去并非太远，因而二人之间有许多往还的赠答诗篇。当白居易任满离开杭州时，元稹要求白居易交出全部的作品，编成《白氏长庆集》50 卷。

在苏州刺史任内，白居易为了便利苏州水陆交通，开凿了一条长七里西起虎丘东至阊门的山塘河，山塘河河北修建道路，叫“七里山塘”，简称“山塘街”。

白居易坐姿画像

太和元年（827年），白居易至长安任秘书监，配紫金鱼袋，换穿紫色朝服（三品以上官员所用的服色）。太和二年（828年），转任刑部侍郎，封晋阳县男。太和三年（829年）春，因病改授与太子宾客分司，回洛阳履道里。太和四年（830年）十二月，任河南尹。太和五年（831年）七月元稹去世。太和七年（833年），为元稹撰写墓志铭，元家给白居易润笔的六七十万钱，白居易将全数布施于洛阳香山寺。同年，因病免河南尹，再任太子宾客分司。太和九年（835年），被任命为同州刺史，辞不赴任，后改任命为太子少傅分司东都，封冯翊县侯，仍留在洛阳。开成四年（839年）十月得风疾。开成五年（840年），罢太子少傅，停俸。会昌二年（842年），以刑部尚书致仕，领取半俸。

晚年白居易的生活，大多是以“闲适”的生活反映自己“穷则独善其身”的人生哲学。而会昌四年（844年），73岁的白居易出钱开挖龙门一带阻碍舟行的石滩，事成后作诗《开龙门八节石滩诗二首并序》留念，诗中仍反映出他“达则兼济天下”的人生观。

晚年的白居易大多在洛阳的履道里第度过，与刘禹锡唱和，时常游历于龙门一带。作《池上篇》《醉吟先生传》自况。会昌五年（845年），白居易74岁，尚在履道里第举行“七老会”，与会者有胡杲、吉皎、郑据、刘真、卢贞、张浑与白居易；同年夏，以七老合僧如满、李元爽，画成“九老图”。白居易晚年笃信佛教，号香山居士，为僧如满之弟子。

唐武宗会昌六年（846年）八月十四日（9月8日），白居易去世于洛阳，享年75岁。赠尚书右仆射，谥号“文”，葬于洛阳香山。白居易去世后，唐宣宗李忱写诗悼念他说：

缀玉联珠六十年，谁教冥路作诗仙？
浮云不系名居易，造化无为字乐天。

童子解吟《长恨》曲，胡儿能唱《琵琶》篇。

文章已满行人耳，一度思卿一怆然。

白居易是中唐时期影响极大的大诗人，他的诗歌主张和诗歌创作，以其对通俗性、写实性的突出强调和全力表现，在中国诗史上占有重要的地位。在《与元九书》中，他明确说：“仆志在兼济，行在独善。奉而始终之则为道，言而发明之则为诗。谓之讽谕诗，兼济之志也；谓之闲适诗，独善之义也。”由此可以看出，在白居易自己所分的讽谕、闲适、感伤、杂律四类诗中，前二类体现着他“奉而始终之”的兼济、独善之道，所以最受重视。同时提出了自己的文学主张：“文章合为时而著，歌诗合为事而作。”而他的诗歌主张，也主要是就早期的讽谕诗的创作而发的。

他的这种诗歌理论对于促使诗人正视现实，关心民生疾苦，是有进步意义的。对大历（766—779年）以来逐渐偏重形式的诗风，亦有针砭作用。但过分强调诗歌创作服从于现实政治的需要，则势必束缚诗歌的艺术创造和风格的多样化。

2. 刘禹锡

刘禹锡（772—842年），字梦得，河南洛阳人。唐朝文学家、哲学家，有“诗豪”之称。刘禹锡贞元九年（793年），进士及第，初在淮南节度使杜佑幕府中任记室，为杜佑所器重，后从杜佑入朝，为监察御史。贞元末，与柳宗元、陈谏、韩晔等结交于王叔文，形成了一个以王叔文为首的政治集团。后历任朗州司马、连州刺史、夔州刺史、和州刺史、主客郎中、礼部郎中、苏州刺史等职。会昌时，加检校礼部尚书。卒年70岁，赠户部尚书。

刘禹锡是中唐时期杰出的诗人，他在我国文学史上有着重要的地位。早在当时的诗坛上，刘禹锡就颇有影响了。白居易十分推崇刘禹锡的诗作，他曾赞叹地写道：“彭城刘梦得，诗豪者也！”

给他冠以“诗豪”的称誉，刘禹锡是当之无愧的。他的豪情，反映在诗作中，正是他不屈不挠、敢于斗争的鲜明性格的写照。刘禹锡流传后世的诗有800多首，大部分是抒发对自己不幸遭遇的愤懑和痛苦，有些甚至直讽当朝权贵，表现了很高的反抗精神。

刘禹锡一生的仕途生活十分坎坷。唐顺宗李诵永贞元年（805年），他参加了王叔文集团的政治革新活动。由于守旧派的反对，革新失败，同年，他被贬为连州刺史，从此便开始了他那长期的贬谪生活。对于这种生活，他一直表现得比较乐观，他始终坚持自己的政治主张不变，对当朝权贵的斗争精神不变，写了不少诗作表现他那种坚持真理和刚强昂扬的节操。

例如有一次他路经扬州遇到白居易，在饮宴中，白居易在微醉中写了一首诗《醉赠刘二八使君》，对他长期遭贬表示了深切的同情。刘禹锡回赠挚友一首《酬乐天扬州初逢席上见赠》，其中有两句："巴山蜀水凄凉地，二十三年弃置身。"表现了他虽被弃置在巴山楚水的荒凉地方，但初衷不改，仍坚持自己的理想、情操的高尚人格。

当时身为御史中丞的裴度念及刘禹锡家中有八旬老母，不忍让刘禹锡到远离长安的播州，无异于致使母子诀别，于是他在皇帝面前求情说："这种处治和朝廷以孝治天下的精神是不相符的，请圣上考虑考虑，把他贬谪的地方往内地迁一下。"

皇帝说："像刘禹锡这样的人是不可赦免的。"裴度吓得不敢多说。不过后来皇帝怒容渐减，说："我还是不愿伤害刘禹锡的母亲的。"

刘禹锡被改贬到连州，后来又转徙到夔州、和州做刺史。

即使这样，保守派们也没有放过他，刘禹锡从此被诽谤、责骂，不久，他就被外遣到苏州、汝州、同州等地任刺史。后来又奉命到东都洛阳担任太子宾客，直至病逝也未能回到长安。

刘禹锡临终之前写了《子刘子自传》，表现他始终如一的倔强正直，这种精神老而弥坚，老

刘禹锡

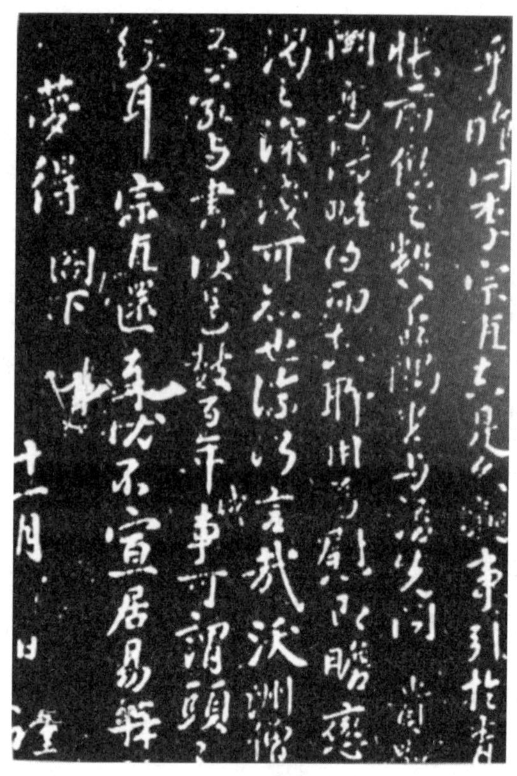
刘禹锡书法作品

而弥笃。他写道："叔文实工言治道，能以口辩移人。既得用，自春至秋，其所施为，人不以为当非。"这是他公开为王叔文申冤辩屈，同时也肯定了当年自己参加革新并没错，长期遭贬完全是受到不公平的处置。这种敢于肯定自己一生，是光明磊落的，实在是无人能及！他还在自传的铭文中悲叹："天与所长，不使施兮。人或加讪，心无疵兮。"其间怀才不遇的痛苦，受毁遭谗的愤懑，溢于言表。

刘禹锡是一位伟大的文学家，而这种伟大更出自他人格的伟大，堪称一代"诗豪"。

刘禹锡及其风格颇具独特性。他性格刚毅，饶有豪猛之气，在忧患相仍的谪居年月里，确实感到了沉重的心理苦闷，吟出了一曲曲孤臣的哀唱。但他始终不曾绝望，有着一个斗士的灵魂；写下《元和十年自朗州承召至京戏赠看花诸君子》《重游玄都观绝句》以及《百舌吟》《聚蚊谣》《飞鸢操》《华佗论》等诗文，屡屡讽刺、抨击政敌，由此导致一次次的政治压抑和打击，但这压抑打击却激起他更为强烈的愤懑和反抗，并从不同方面强化着他的诗人气质。

刘禹锡的诗，无论短章长篇，大都简洁明快，风情俊爽，有一种哲人的睿智和诗人的挚情渗透其中，极富艺术张力和雄直气势。

六、昌黎先生韩退之，河东文宗柳子厚

1. 韩愈

韩愈（768—824 年），字退之，自称"郡望昌黎"，世称"韩昌黎""昌

黎先生”。河南河阳（今河南省孟州市）人。唐代杰出的文学家、思想家、哲学家、政治家。

贞元八年（792 年），韩愈登进士第，两任节度推官，累官监察御史。后因论事而被贬阳山，历都官员外郎、史馆修撰、中书舍人等职。元和十二年（817 年），出任宰相裴度的行军司马，参与讨平“淮西之乱”。其后又因谏迎佛骨一事被贬至潮州。晚年官至吏部侍郎，人称“韩吏部”。长庆四年（824 年），韩愈病逝，追赠礼部尚书，谥号“文”，故称“韩文公”。元丰元年（1078 年），追封昌黎伯，并从祀孔庙。

韩愈是唐代古文运动的倡导者，被后人尊为“唐宋八大家”之首，与柳宗元并称“韩柳”，有“文章巨公”和“百代唐文宗”之名。后人将其与柳宗元、欧阳修和苏轼合称“千古文章四大家”。他提出的“文道合一”“气盛言宜”“务去陈言”“文从字顺”等散文的写作理论，对后人很有指导意义。著有《韩昌黎集》等。

作为“古文运动”的倡导者，韩愈始终站在文体革新的最前沿，他在学习古人的散文体格的基础上，强调语言的创新和风格的个性化，创作了不少在当时影响极大的散文，如《祭十二郎文》《送孟东野序》《师说》《原道》等，在实践上重新奠定了散体文在文学上的地位。

韩愈是一个个性张扬、自我表现欲极强的人。同时，在他的身上我们可以感受到强烈的积极维护封建专制和儒家“道统”的热情。韩愈提倡“古文运动”，其中心思想便是以“觝排异端，攘斥佛老”来重振“古道”“古理”的。

唐宪宗李纯原本也是一代开明务实的君主，可是到了晚年，却迷信起佛法来。朝中一帮阿谀逢迎的大臣不知道从哪里打探到，说凤翔的法门寺里有一座护国真身塔，塔里供奉着一颗舍利子，是佛祖释迦牟尼的一节指骨。宝塔每 30 年对外开放一次，让人们瞻仰礼拜。据说，叩拜佛骨，其诚心可以感动天地，能够求得风调雨顺、国泰民安。

唐宪宗笃信不疑，为给天下百姓祈福，也为了表明自己一心向佛，他特地选派了京城 30 个得道的高僧，隆重地把佛骨从法门寺迎到了长安。

佛骨一到长安，唐宪宗便沐浴更衣，恭恭敬敬地把佛骨请进佛堂。此后，他每日早起第一件事便是焚香跪拜，晚上休息前照例是在佛骨前打坐诵经。

韩愈

唐宪宗崇尚众生平等，他认为供奉佛骨不应该成为自己一个人的专利，一定要把到它送到寺里，让天下人瞻仰。朝中的一班王公大臣，眼见得皇帝这样虔诚，不由自主地陷入到对佛骨的顶礼膜拜中。官职高的人以能随皇帝自由出入寺门瞻仰佛骨为荣耀，官职低些的为了得到礼拜佛骨的机会而绞尽脑汁，有的人甚至不惜捐出自己的万贯家财。最苦的是那些没钱又没有门路的普通官员，可怜他们每日跪在庙门前，对着高高的宝塔叩头不止。

韩愈向来是不信佛的，更不要说要他主动去瞻仰佛骨了。韩愈认为治理国家要依据儒家的伦常教化，依靠人的内在道德修养和人格精神。他在《三器论》中曾这样写道："不务修其诚于内，而务其盛饰于外，匹夫之不可。"韩愈反复强调国家的兴盛要借助于社会中每一个人的自觉行为，要通过积极、健康的文学创作来引导社会风气的转变，来重振"古道"与"古理"。单纯信奉所谓的佛法是一种非常不明智的行为，它不仅束缚了人的精神，于事、于世无补还因大兴佛寺而劳民伤财，于社会发展也十分不利。他对唐宪宗如此铺张地迎接佛骨极为不满，于是就上了一道奏章，说迎佛骨有百害而无一益，劝谏唐宪宗不要再做这种迷信的事。韩愈在奏章中说，考察一下中国的历史，佛在古代根本就是没有，佛的传入是近代的事。佛学东渐后，历史上曾出现了多个笃信佛法的君主，但大凡信佛的君主也多是短命误国的君主，难道皇帝也想重蹈前朝的覆辙吗？

在当时对皇帝说这些话是大逆不道的，果然，唐宪宗看完奏章后，龙颜大怒，叫宰相裴度立刻处死韩愈。裴度忙问原因，唐宪宗说韩愈诽谤朝廷，无视大唐礼法，不杀韩愈不足以平民愤。

"不足以平民愤？不是吧，我看是不足以平君愤。"裴度微微一笑，接着说道："陛下，韩愈是一个忠臣，这点我们每个人都确信不疑。他说您信佛过了头，只是他言辞过激。但是，陛下，从这份看来过于偏激的奏章中，不正是可以感受到韩愈对皇上的一片忠心以及忧国忧民之情吗？这份热诚，是多么难得呀！”

唐宪宗仔细一想，气就慢慢平了，过了半晌，方才说：“其实，他无论怎样说我，我都不生气；可他竟然说信佛的王朝个个短命，这不是大逆不道吗？”

谁都看得出来，这是唐宪宗在给自己找台阶下。后来，唐宪宗虽然没有杀韩愈，还是把他贬谪到潮州当了刺史。

韩愈是古文运动的主要倡导者、实践者，是唐代后期儒学复兴运动的代表人物。

他有感于唐代士人一方面追逐于名利之途，另一方面热心于华词丽句的诗文，奋起而矫时风。这反映着唐代后期社会衰颓趋势对士人阶层所造成的严重刺激，反映着士人阶层主体精神和社会使命感的复现。但韩愈倡导的文化精神却如昙花一现，到了晚唐五代之时，士人阶层的进取精神又迅速萎缩下去，骈偶之文的复盛不过是这种精神萎缩在文学上的表现罢了。是宋代士人重新发现了韩愈，并且沿着韩愈开创的道路大大前进了。

他的古文运动到了欧、曾、王、苏等人手中才真正得以完成；他的儒学复兴运动，也只是在周、张、二程手中才真正获得成功。但是，韩愈毕竟为宋代士人树立了一面旗帜。作为先进思想资料的提供者，他对宋代士人的影响是不容置疑的。

2. 柳宗元

柳宗元（773—819 年），字子厚，汉族，河东（现山西运城永济一带）人。唐宋八大家之一，唐代文学家、哲学家、散文家和思想家。世称“柳河东”“河东先生”，因官终柳州刺史，又称“柳柳州”。柳宗元与韩愈并称为“韩柳”，与刘禹锡并称“刘柳”，与王维、孟浩然、韦应物并称“王孟韦柳”。

柳宗元出身河东（今山西省永济市）柳氏，其家族是门阀贵族。早在北朝时期，黄河以东地区的柳氏，就与薛氏、裴氏一起，并称“河东三著姓”。唐朝立国后，柳氏也被皇室所倚重。唐高宗李治一朝（649—

683 年），柳家光在尚书省（相当于国务院）同时做官的就达 20 多人，权倾一时。

但也就是在唐高宗时期，柳家开始走向衰败。当时，柳宗元的高伯祖（与柳宗元之高祖柳子夏为兄弟）柳奭是唐高宗的宰相，唐高宗第一任皇后王皇后是柳奭的外甥女。在后宫斗争中，王皇后败于武则天，柳宰相也受到牵连，先是被贬，后来被诛杀。武则天上台主政后，打击旧姓，柳氏从皇亲国戚被降为普通百姓，仅剩下良好的家风绵延不断。

贞元五年（789 年），柳宗元的父亲柳镇担任殿中侍御史，是个监察部门的小官员，因在审理案件时得罪了权倾一时的宰相窦参，被陷害而贬到夔州（今重庆市奉节县）。17 岁的柳宗元为父亲送行，走了近百里，依依不舍，而刚强的父亲只对儿子说了一句"吾目无涕"，便踏上了远去的道路。

贞元八年（792 年），陷害了柳镇的窦参获罪贬死，陆贽为相，气象更新，柳镇的冤案得以昭雪，柳宗元也在第二年中了进士。又过了 5 年，柳宗元考中博学宏词科，被正式任命为集贤殿书院正字进，这一年他才 26 岁。

贞元十九年（803 年），柳宗元刚满 31 岁，就被调任监察御史里行（相当于国家监察部高级官员助理），进入了朝廷的决策中心，好友刘禹锡等 3 人也同时被晋升。

这期间，柳宗元开始与王叔文结交。王叔文是越州山阴（今浙江省绍兴市）人，很有政治抱负。他棋艺精湛，因帮助太子在复杂的宫廷斗争里站稳脚跟而深受信任，经常在东宫陪当时还是太子的唐顺宗下棋。王叔文善于交际，到处为太子物色人才。柳宗元及其朋友们与王叔文政见相近，都成了他倚重的力量。

永贞元年（805 年），唐德宗驾崩，唐顺宗顺利登基，着手进行改革。柳宗元此年刚升任礼部员外郎（相当于文化部兼教育部高级官员），在王叔文的带领下，他们这批年轻官员迅速推行新政，惩办贪官酷吏，整顿财政，抑制藩镇，打击宦官，雷厉风行，据史书记载，这些新政让"百姓相聚欢呼大喜"。唐顺宗的年号是"永贞"，这场革新史称"永贞革新"。

然而，官场一旦腐朽，其衰亡就成为必然。大唐王朝已经无可挽回地走向没落，王叔文等人遇到的反弹力度便可想而知。受到打压的宦官、藩镇以及不满的朝臣，迅速集结成反对力量。太子李纯，逼迫唐顺宗禅让，自己即位，这就是历史上的唐宪宗。手中完全没有兵权的王叔文，面对这样的变局，也只能束手就擒。

唐宪宗刚一上台，就宣布把王叔文、柳宗元、刘禹锡等官员贬到地方去当司马。所谓的“司马”，是地方上编制之外不得参与处理政务的闲官，实际上相当于流放了。少年苦学的柳宗元，在意气风发的青年时期走进政治的最高核心，然而无情的政治，也在转瞬之间让他从巅峰跌落到谷底。

柳宗元被贬去的永州（今湖南省永州市），地处湘江上游，属于丘陵地带，在唐代是经济文化十分落后的地区。柳宗元到任后，没有住所，只能在永州城里龙兴寺的西厢房里安身。柳宗元在永州过得很孤独，很少与人往来。他希望能再回到长安，在永州待了5年以后，他就不断给京城的亲友旧交写信，盼望有人能对他施以援手，但人们都无能为力。在唐宪宗统治下，时势已经平稳下来。但柳宗元却在绝望中一待就是10年，根本看不到任何出路。

有个朋友听说柳宗元很痛苦，便远道前来探望，看见他并没有悲涕不止，以为传说不实。柳宗元对他说：“你知道吗？长歌之哀，过乎恸哭！我这已经没有眼泪的痛苦，要超过那悲涕不止一千倍啊。”

元和十年（815年），事情似乎有了一线转机。当时的宰相韦贯之很同情柳宗元等人的遭遇，便将柳宗元、刘禹锡等5人召回了长安。

接到消息后，柳宗元十分兴奋，一个月后就回到了京城。刘禹锡还在兴奋之中写了《戏赠看花诸君子》一诗，诗中对长安的新贵充满讥讽。不愿看到柳宗元、刘禹锡等人重归政坛的新贵们，抓住此诗大做文章，坚决反对他们返回朝廷。加之永贞那场政变的阴影，也没有在唐宪宗心里完全消退，反对意见立刻得到他的支持。柳宗元等人二月回到长安，三月十四日朝廷就宣布他们全部出任边远地方的刺史。柳宗元被任命为柳州（今广西柳州市）刺史，比永州还要远2000里。

在柳州，柳宗元尽自己的努力为政一方，取得了不小的政绩，深受当地百姓爱戴。但漂泊的愁苦，折磨着他病弱的身躯，内心的悲伤，一刻也没有缓解。

元和十四年（819 年），唐宪宗实行大赦，唐宪宗在裴度的说服下，敕召柳宗元回京。十一月初八，柳宗元在柳州因病去世，享年 47 岁。

痛苦对人的砥砺，是未曾经历苦难的人难以体会的。苏轼的弟弟苏辙曾经说："在我哥哥未贬黄州之前，我们的文章不相上下。但黄州之后，我却再也不能望到他的项背。"这种境遇同样发生在柳宗元身上。

早年在长安时，柳宗元就以文采名动一时。离开长安后，在长期几近绝望的贬谪生活里，他的文章日益褪去表面的浮华，追求文以明道，走向雄深雅健的深邃之境，其中《封建论》等理论长篇，《永州八记》等山水小品，以及《江雪》《捕蛇者说》等诗文，都成为后人学习的典范。这无疑是他思想日趋深沉、精神不断精进的结果。

在孤独的贬谪之地，柳宗元深刻地反思了自己大起大落的人生，认为早年仕途顺利，的确有些"年少好事，进而不能止"，加上"性又倨野"，无疑忤逆了权贵。但是，他却未因此变得圆滑起来。他到永州一年后，王叔文以"乱国"的罪名被赐死，舆论指责蜂拥而至。在此环境下，一般人即使不努力撇清自己与"罪人"的关系，也要保持沉默，但柳宗元在给友人的信中，还是如实地提到自己早年与王叔文的亲善，"交十年"。

政治上失意后，因为自己当初的锋芒与才华，柳宗元受尽倾轧与奚落，但他还是对那些在政治上庸碌无为、持明哲保身的态度的官员，给予了最大的抨击。他在一封写给岳父的信中明确提出：那种没棱角、唯唯诺诺、无所作为的老好人式的官吏，是政治的大害！

柳宗元去世后，他的灵柩终于返回了他日思夜想的长安。好友韩愈从遥远的袁州（今江西省宜春市）寄来了为他撰写的墓志铭，其中写道：如果柳宗元早年能像他后来当司马、刺史时那样老成一些，也许他就不会离开长安；贬斥以后，如果有人能拉他一把，也许他就不会沦落至此；然而，如果他不是那样绝望无助到极处，也许他的文章就不会像现在这样"必传于后"。

一个仕途显达的柳宗元，和一个官场失意、人生绝望却文章"传于后"的柳宗元，孰重孰轻呢？历史无法给出答案。

柳宗元的诗，共集中 140 余首，在大家辈出、百花争艳的唐代诗坛上，是存诗较少的一个，但却多有传世之作。他在自己独特的生活经历和思想感受的基础上，借鉴前人的艺术经验，发挥自己的创作才华，创造出一种独特的艺术风格，成为代表当时一个流派的杰出诗才。苏轼评价说："所贵乎枯淡者，谓其外枯而中膏，似淡而实美，渊明、子厚之流是也。"把柳宗元和陶渊明并列。现存柳宗元诗，绝大部分是贬官永州以后作品，题材广泛，体裁多样。他的叙事诗文笔质朴，描写生动，寓言诗形象鲜明，寓意深刻，抒情诗更善于用清新峻爽的文笔，委婉深曲地抒写自己的心情。不论何种体裁，都写得精工密致，韵味深长，在简淡的格调中表现极其沉厚的感情，呈现一种独特的面貌。因他是一位关心现实、同情人民的诗人，所以无论写什么题材，都能写出具有社会意义和艺术价值的诗篇。

柳宗元

宋人严羽说："唐人惟子厚深得骚学。"此论相当中肯。柳宗元的辞赋继承和发扬了屈原辞赋的传统。他的辞赋，不仅利用了传统的形式，而且继承了屈原的精神。这或者是因为两人虽隔千载，但无论是思想、遭遇，还是志向、品格，都有相通之处。《旧唐书》本传云柳宗元"既罹窜逐，涉履蛮瘴，崎岖湮厄。蕴骚人之郁悼，写情叙事，动必以文，为骚、文十数篇，览之者为之凄恻"。与屈原之作辞赋，何其相似。柳宗元的"九赋"和"十骚"，确为唐代赋体文学作品中的佳作，无论侧重于陈情，还是侧重于咏物，都感情真挚，内容充实。

柳宗元的散文，与韩愈齐名，韩愈、柳宗元二人与宋代的欧阳修、苏轼等并称为"唐宋八大家"，堪称我国历史上最杰出的散文家。唐中叶，柳宗元和韩愈在文坛上发起和领导了一场古文运动。他们提出了一系列思想理论和文学主张。在文章内容上，针对骈文不重内容、空洞无物的弊病，提出"文道合一""以文明道"。要求文章反映现实，"不平则鸣"，

富于革除时弊的批判精神。文章形式上，提出要革新文体，突破骈文束缚，句式长短不拘，并要求革新语言“务去陈言”“辞必己出”。此外，还指出先“立行”再“立言”。这是一种进步的文学主张。韩愈、柳宗元二人在创作实践中身体力行，创作了许多内容丰富、技巧纯熟、语言精练生动的优秀散文。韩愈、柳宗元的古文运动对后世产生了深远的影响。

在游记、寓言等方面，柳宗元同样为后世留下了优秀的作品。“永州八记”已成为我国古代山水游记名作。这些优美的山水游记，生动表达了人对自然美的感受，丰富了古典散文反映生活的新领域，从而确立了山水记作为独立的文学体裁在文学史上的地位。因其艺术上的成就，被人们千古传诵、推崇备至。除寓言诗外，柳宗元还写了不少寓言故事，《黔之驴》《永某氏之鼠》等，也已成古代寓言名篇。“黔驴技穷”，已成成语，几乎尽人皆知。有的寓言篇幅虽短，但也同他的山水记一样，被千古传诵。

柳宗元一生留诗文作品达600余篇，其文的成就大于诗。骈文有近百篇，散文论说性强，笔锋犀利，讽刺辛辣。游记写景状物，多所寄托，有《河东先生集》，代表作有《溪居》《江雪》《渔翁》等。

七、“欧体”始祖欧阳询，“五绝”书家虞世南

1. 欧阳询

欧阳询（557—641年），字信本，潭州临湘（今湖南长沙）人。

欧阳询一生历仕三朝（陈、隋、唐）。他相貌很丑，但读书极聪明，博通经史。他在隋时，官太常博士，唐高祖李渊未发达时与他友善，唐王朝建立时封为“给事中”，他与裴矩、陈叔达共撰《艺文类聚》100卷。太宗贞观初，历太子率更令，弘文馆学士，封渤海县男。

欧阳询《九成宫醴泉铭》

欧阳询的书法，初学王羲之，险劲过之。又广学南北朝碑刻、汉隶。人们多谓其出自《兴武忠王碑》。他善师法古人，融

会贯通，又能自出新意，终于形成了“结构险峻，笔法稳健，布白疏朗，庄重严谨”的欧体。唐张怀瓘《书断》评论他说:“真行之书,虽出于大令，亦别成一体，森森焉若武库矛戟，风神严于智永，润色寡于虞世南。”宋朱长文《续书断》云:“其正书，纤浓得中，刚劲不挠，有正人执法，面折庭诤之风；至其点画工妙，意态精密，无以尚也。”欧阳询作为一代大书法家，完成了由隶、楷杂糅走向较完整的楷体。能将碑刻的方严与简札的遒润融合起来，这种结合在南北朝时期还是“混合物”，到欧书中已是“化合物”（启功先生语）。这在书法发展史上做出了重大的贡献。

欧阳询的代表作有:《化度寺碑》《虞恭公碑》《皇甫诞碑》。

2. 虞世南

虞世南（558—638 年），字伯施，浙江余姚人。祖父虞检，是梁始兴王咨议，父虞荔，为陈太子中庶子，都有重名。虞世南幼年体质很弱，沉静寡欲，与其兄虞世基从著名学者顾野王为师，而他的文章学徐陵，为徐陵所重，由是名益著。初仕陈、隋，终入唐，唐太宗引为秦王府参军。贞观七年（633 年）授秘书监，封永兴县子，次年进封县公。所以后人尊称其为虞秘监或虞永兴。死后赠礼部尚书,谥曰文懿,唐太宗称之“当代名臣，人伦准的”，称其德行、忠直、博学、文词、书翰为五绝。可为确论。

他的书法，承智永禅师传授，勤于学习，相传常卧时在被中画腹习书。他的书迹温文尔雅，秀润端凝，尽得二王法度。代表作有《孔子庙堂碑》等。

虞世南《孔子庙堂碑》

八、博学多才褚遂良，八体皆备徐季海

1. 褚遂良

褚遂良（596—658 年），字登善，唐钱塘（今浙江杭州）人。褚氏先世在河南阳翟，晋室南迁时徙居江南，故又称河南阳翟人。唐太宗朝，历谏议大夫，兼知起居事、中书令等。贞观末，与长孙无忌同受唐太宗遗命辅政。唐高宗时封为河南县公，进郡公。世称“褚河南”。累迁吏部尚书，监修《国史》，尚书右仆射。因为反对武则天为后，被唐高宗贬为潭州都督，后又贬为爱州刺史。死后竟追夺官爵，子孙流放爱州，两个儿子在流放中被杀。

褚遂良博涉文史，尤工楷书，极受父友欧阳询的器重。其书法，初师虞世南，后学王羲之父子，楷书尤得劲媚之趣。相传虞世南死后唐太宗叹无人可与论书，魏征荐褚遂良曰：“遂良下笔遒劲，甚得逸少体。”唐太宗当时正大量收购王羲之墨迹，而莫能辨其真伪，褚遂良加以鉴定，持论精确，一无舛误。褚遂良与欧阳询、虞世南、薛稷并称为“初唐四大家”。

其书法风格特点是：结字上收下拓，宽舒端雅；行笔提按分明，刚健瘦硬。张怀《书断》列其行、隶（楷）书为妙品，曰：“少则服膺虞监，长则祖述右军，真书甚得其媚趣，若瑶台青瑑，映春林，美人婵娟，似不任乎绮罗，增华绰约，欧虞谢之。”明人王世贞跋其中年所书《孟法师碑》云：“褚公以贞观十六年书，时尚刻意信本，而微参以分隶法，最为端雅，饶有古意。”此碑有笔方劲古拙，稳健果断，其中偶见隶书笔意，但含而不露。《雁塔圣教序》则是他晚年之作，最能体现褚书风格面貌。其特点是清丽刚健，瘦劲婀娜，可谓：貌如罗倚婵娟，神态钢柯铁干，婉媚遒

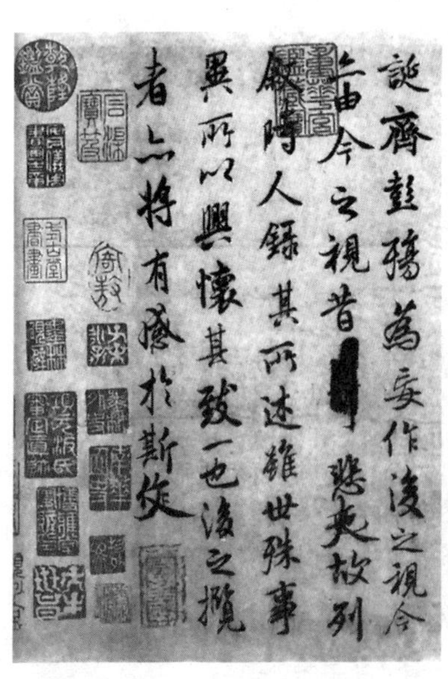

褚遂良摹《兰亭集序》（局部）

逸，波拂如游丝。米芾对唐朝人的评论是相当苛刻的，但他评褚书却说："如熟驭战马，举动从人，而别有一种骄色。"

褚遂良的书法对唐人影响非常大，这可以从唐人的墓志中发现。当时学习褚遂良笔法的比例相当大。

褚遂良传世楷书作品有《伊阙佛龛》《孟法师碑》《房玄龄碑》《雁塔圣教序》。传本墨迹《倪宽赞》《大字阴符经》是后人伪托，然颇得褚书笔法，可视为"伪好物"。《同州圣教序》是以《雁塔圣教序》为底本摹写成的（个别字少作修改），《隋清娱墓志》则是无端的伪造。

2. 徐浩

徐浩（703—783年），字季海，越州（今浙江绍兴）人。唐肃宗时授中书舍人，后进国子祭酒。曾任工部侍郎、吏部侍郎等职，封会稽郡公。人称"徐会稽"。

他的书法得父亲徐峤之传授，尤长于楷法。《新唐书》徐浩传云："尝书四十二幅屏，八体皆备，草隶尤工，世状其法曰'怒猊抉石，渴骥奔泉'云。"他的楷书结体方正宽博，用笔丰润、沉着，对宋苏轼的书法有较大影响。

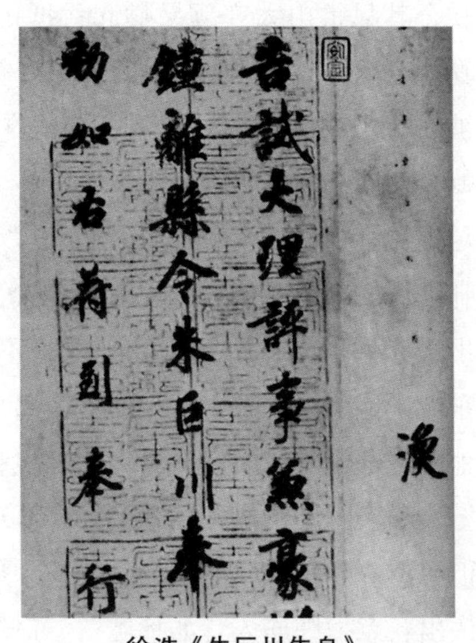

徐浩《朱巨川告身》

传世作品有《朱巨川告身》《大证禅师碑》《不空和尚碑》等。

九、雄秀独出颜真卿，开创"柳体"柳公权

1. 颜真卿

颜真卿（708—784年），字清臣，祖籍琅玡（今山东临沂）。为五世祖颜之推迁居京兆万年（今陕西西安），故称京兆万年人。

颜真卿出身士族，早年丧父。自幼勤奋好学，尤善书法。因家境贫寒，缺少纸墨，常用黄土在墙上练习写字，终于卓有成就。开元年间举进士，授殿中侍御史。他为人耿直刚烈，不畏强权，屡遭奸佞的排斥。曾做过平

颜真卿《颜氏告身帖》

原太守，故称“颜平原”。天宝十四年，安禄山叛变，他为了维护国家的统一，联合其兄常山太守颜杲卿起兵抵抗，得到周围 17 郡的积极响应，共推颜真卿为盟主，合兵 20 万，阻止安禄山进攻潼关。后其兄颜杲卿、侄季明被安禄山杀害，他写了下著名的《祭侄稿》，悲愤之情，溢于笔端。颜真卿入京后，官至吏部尚书，太子少师，封为鲁郡公，世称“颜鲁公”。

颜真卿是唐代中朝杰出的书法家。他的书法初学虞世南、褚遂良，后师张旭。书风雍容壮伟，气势磅礴。宋欧阳修《六一题跋》云：“斯人忠义出于天性，故其字画刚劲独立，不袭前迹，挺然奇伟，有似其为人。”苏东坡说他“雄秀独出，一变古法”，赞曰：“诗止于杜子美，书止于颜鲁公”，他的字开创盛唐时期的新风貌，世称“颜体”。

颜字浑厚饱满，遒劲端朴，体现了盛唐的时代精神，对后世影响极大。但有些人将颜字程序化，一味肥厚、板滞，对颜字是一种歪曲。“鲁公变法出新意，细筋入骨如秋鹰”，苏轼这句诗才是对颜书的真正理解。

颜真卿传世的楷书碑刻很多，代表作有《多宝塔碑》《八关斋会报德记》《东方朔画赞碑》《大唐中兴颂摩崖》《麻姑仙坛记》《颜勤礼碑》和《颜家庙碑》等。

颜真卿在中国书法史上的地位和其对后世的影响是不可低估的。

2. 柳公权

柳公权（778—865 年），字诚悬，京兆华原（今陕西耀州）人。他是唐晚期著名的书法家。

柳公权 12 岁能作词赋。唐宪宗元和初年举进士，秘书省校书郎。李听镇夏州，辟为掌书记。唐穆宗即位，仰慕他的书法，召见并拜为右拾遗，

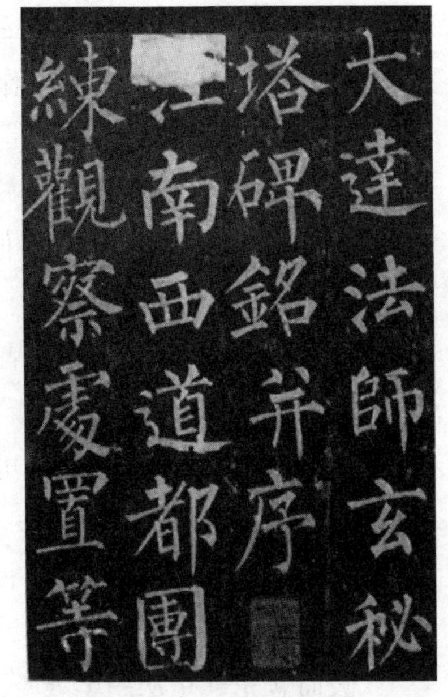

柳公权《玄秘塔碑》

充翰林侍书学士。柳公权为人忠直，刚正不阿。唐穆宗曾问他用笔的方法怎样才好，他回答说："用笔在心，心正则笔正。"此"笔谏"佳话为后人所传颂。柳公权历任唐穆宗、唐敬宗、唐文宗三朝侍书学士、谏议大夫、工部侍郎、太子宾客、至太子少师，世称"柳少师"。

柳公权学习书法，最初取法二王，后遍阅隋唐名家笔法，最得力于欧阳询、颜真卿，笔法挺拔，结体端庄，自成风格。尤其楷书，遒媚绝伦，极负盛名。当时大臣家庙碑迹，如果不出自他的手笔，人以子孙为不孝。历来有"颜筋柳骨"之称。宋朱长文《续书断》评柳书云："其法出于颜，而加以遒劲丰润，自名一家，而不及颜书之体局宽裕也。虽惊鸿避弋，饥鹰下鞲，不足以喻其鸷。"用生动的比喻来形容柳字的生动。明董其昌云："自学柳诚悬，方悟用笔古淡处。"后世有人学柳字，一味抛筋露骨，刻画雕琢，是不悟"古淡"二字。我们说楷书的笔法到柳公权可以说"至矣、备矣"，人手学柳要笔笔俱到，一段时间之后，应上溯隋、六朝至晋，不要为柳字点画精能所拘。

柳公权在书法界的作风非常突出，承前启后。他是继颜真卿以后，对我国书法艺术的发展做出重大贡献并有广泛影响的书法大家。他所创立的"柳体"独树一格，为世人喜爱，并产生深远影响。

柳公权传世作品有《金刚经刻石》《玄秘塔碑》《神策军碑》《西平王李晟碑》和《冯宿碑》等。

十、书论双绝孙过庭，字字飞动怀素僧

1. 孙过庭

孙过庭（646—691 年），唐代书家。字虔礼，唐代书法家，尤以正、行、草书擅长。唐张怀瓘《书断》称他："博雅有文章，草书宪章二王，工于用

笔，劲拔刚断。”唐《续书评》云：“过庭草书如悬崖绝壑，笔势劲健。”《宣和书谱》说他：“得名翰墨，间作草书，咄咄逼羲献，尤妙于用笔。”

孙过庭最为著名的作品，是被称为书论双绝的传世作品《书谱》。

《书谱》是孙过庭撰文并书写的一篇书法理论文章，也是历代传颂的书法名作精品。孙过庭提出了他著名的书法观：“古不乖时，今不同弊。”为书法美学理论奠定了基础。《书谱》在书法艺术上的成就也相当高。孙过庭的书法上追“二王”，融二者为一体并出之己意，笔笔规范，极具法度，有魏晋遗风。宋米芾评道：“凡唐草得二王法者，无出其右。”孙承泽也说：“唐初人无不摹右军，然皆有蹊径可寻。独孙虔礼之《书谱》，天真潇洒，掉臂独行，无意求合而无不宛如。此有唐第一妙腕。”

古人概括孙过庭所书的《书谱》特点说：“用笔破而愈完，纷而愈治，飘逸愈沉着，婀娜愈刚健。”

“破而愈完”是从用笔线条上说的，破即不完整，此指破笔。《书谱》墨迹中此类破笔俯拾即是。如“神、无、妙、希、庸”等字，或笔画中有破缺，或末笔出锋时有破缺，但若将这些笔画填补完整，字就变得甜熟、油滑且韵致全无。像这样乱头粗服、率意随心，颇能显示出孙过庭的大家风度。一般而言，书法中锋用笔圆润精巧，作品风格妍美流畅，这是王羲之草法的规范。而孙过庭此帖时用侧锋带过，加之行笔甚速，技巧纯熟，因此常出现“破笔”的情形。然而，在一行之中，甚至一字之中、一笔之中，倏忽又回复中锋。故从整幅墨迹看，仍是完整协调而富于变化。这正是孙过庭的继承与创新。陈振濂先生在《书法学概论》中指出：“以线条而言，孙过庭的最大的贡献在于他那义无反顾的破碎感和锋利感。”

“纷而愈治”这一句主要指行气章法。纵观墨迹，每一行的节奏韵律都不尽相同，看似无头无绪，特别是愈到后段，行笔愈加趋速，似不复计较行距是否匀称，然一行之中，数行之间，乃至整幅作品，无不脉络清晰而不混乱。《书谱》章法安排既非状如子式，也非反复推敲涂抹式。这个墨迹本肯定不是初稿，不知是孙过庭第几次抄正稿。因而写起来十分纯熟。但在书写时并不可能面面俱到，只是随手而书，逸笔草草，因此流露出质朴与自然的美，毫无雕琢痕迹。

在处理草书类同字上，孙过庭苦心经营，力图变化，以避重复雷同，如“也、之”等字即有十几种不同写法。“乖”字在草书中是极难处理的，但《书谱》中“乖”字结构看上去基本一致，其方圆、大小、粗细、长短皆根据具体环境进行恰如其分的变化，孙过庭自言“数画并施，其形各异，众点齐列，为体互乖”。

在章法处理上，孙过庭也表现出高超的技艺。字与字之间、行与行之间，错落有致，互为呼应。就其墨迹总体而言，前收后敛，前平正后险绝，前凝滞后跌宕。无论用笔、用墨、结构均有明显的区别，愈到后段愈奔放，侧锋枯笔明显增多，甚至出现了颤笔，结构上更为攲斜飞动，章法上更为错落跌宕，姿态横生，左右伸展，忽断忽连，有时东倒西歪，乍轻反重，方润即枯，但是感觉上一气呵成，真可谓“穷变态于毫端，合情调于纸上”，“违而不犯，和而不同”。

“飘逸愈沉着，婀娜愈刚健”两句是对孙过庭书法风采神韵的精妙总结。孙过庭用笔轻盈潇洒，秀美飘逸，但其点画并不轻浮，而是方硬坚劲。其捺脚大多内敛，显得沉着含蓄，但又时常破以圆势，刚中见柔，沉着中见飘逸。张怀瓘说孙过庭书“俊拔刚断”，吕总《续书评》谓孙过庭书“丹崖绝壑，笔势坚劲”，他只看到了孙书沉着与刚健的一面。

孙过庭用笔迅捷，痛快飞动，虽然龙飞凤舞，但笔致俱存，其草书即使用笔快捷处，仍然使转起落，应规入矩，毫不含糊；笔势往来，交代得清清楚楚，并无“未悟淹留，偏追劲疾”的毛病，反而于劲速之中表现出“超逸”之趣，实在是“心闲手敏”兼通“淹留”与“劲疾”之典范。

虞世南说运笔“太缓而无筋，太急而无骨”，而孙过庭实为快而有骨之妙手。此正所谓“飘逸愈沉着，婀娜愈刚健”。孙过庭善于从露锋中求飘逸，于藏锋中见沉着。孙过庭书写速度较快，因此，其点、横、竖、撇、

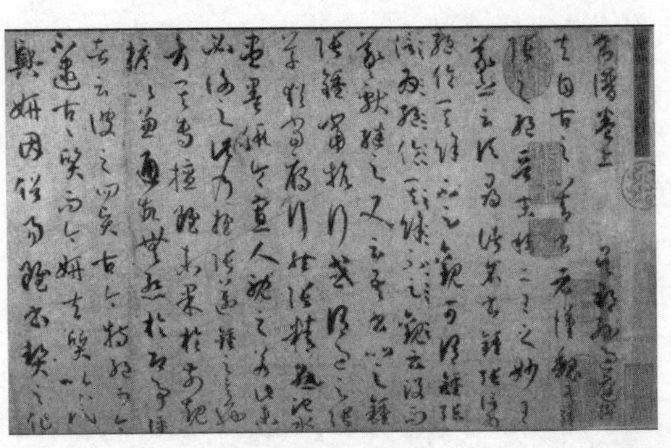

孙过庭《书谱》

捺等笔画的起笔多为露锋，不作藏锋重顿。过分露锋则轻佻乏力，过于藏锋则钝锥迟涩。“二王”书以藏为主,露为辅。而孙过庭一反“二王”之法，以露锋为主，藏锋为辅，同时又极力避免过分露锋，故作品能于飘逸中显出沉着。

孙过庭还善于从圆笔中见婀娜，方笔中求刚健。其草书中，笔法以圆笔为主，特别是转斩处，多用圆转法。《书谱》中许多钩均用圆转笔法，有的干脆省略，很少时方笔。这种以圆笔为主的写法使作品显得流畅飞动，婀娜多姿。当然,《书谱》中常间以方笔，使通篇作品浑厚端庄，刚健挺劲。

2. 怀素

怀素（725—785 年，一作 737—799 年），唐代书家，俗姓钱，字藏真，唐代零陵（今湖南省永州市）人。出身贫寒，幼而事佛；念佛之余，颇好笔墨。后来又游历中州，拜师各地，扩大了见识，书法大进，轰动京师。相传，他为练字种了 1 万多棵芭蕉，用蕉叶代纸，勤学精研；又用漆盘、漆板代纸，写至再三，盘板都穿，秃笔成冢。如此用功，终于以“狂草”出名。其“运笔迅速，如骤雨旋风，飞动圆转，随手万变，而法度具备”。前人评其狂草继承张旭又有新的发展，谓“以狂继颠”，并称“颠张醉素”，对后世影响很大。

他早年在零陵的 30 余年里，已经练就了一手好草书，并以书交友，结识了韦陟、卢象、李白、王邕、窦翼、张谓、戴叔伦等。颜真卿也对怀素做过许多指点。他对怀素草书成就的评价也比较客观。他称赞怀素作书“纵横不群，迅疾骇人”，其书法作品“复还旧观”，在“江岭之间，其名大著”。

怀素早年楷法钟繇，草法“二王”；中年以后，狂草法张旭，志在新奇无定则，时人谓之“狂僧”。又因嗜酒如命，醉酣挥洒持妙，时又谓之“醉僧”。

怀素创作草书有几个特点：

其一，以心作书。扬雄云：“书，心画也。”一般来说，书家作书，落笔之前要心中基本有数，然后大胆挥洒。故前贤有“意在笔先”或“意先笔后”之说。怀素下笔之先，当然也有意，但更主要的还是随心所欲。

有人写诗赞叹怀素说："粉笔长蠡数十间，兴来小豁胸襟气……忽然绝叫三五声，满壁纵横千万字。""心手相师势转奇，诡形怪状翻合宜，人人欲问此中妙，怀素自言初不知。""醉来信手两三行，醒后却书书不得。"这些礼赞诗句都说明，怀素以"心"作书，往往进入无意识状态，达到物我两忘的境地。怀素是否完全排斥"意"呢？回答是否定的。怀素下笔之先也有意。"兴来小豁胸襟气"的"小豁"，是指心里稍微敞亮，这就是"意"。所以，毫无"意"之作是不可能的。怀素《论书帖》所谓"颠形诡异，不知从何而来，常不自知耳"，皆指草书的艺术效果而言。书家挥笔之前要有"意"，但临场发挥更重要。临场发挥得好，所取得的艺术效果，确实"不知从何而来"，这并非故弄玄虚。非过来人，很难理解其中的奥秘。

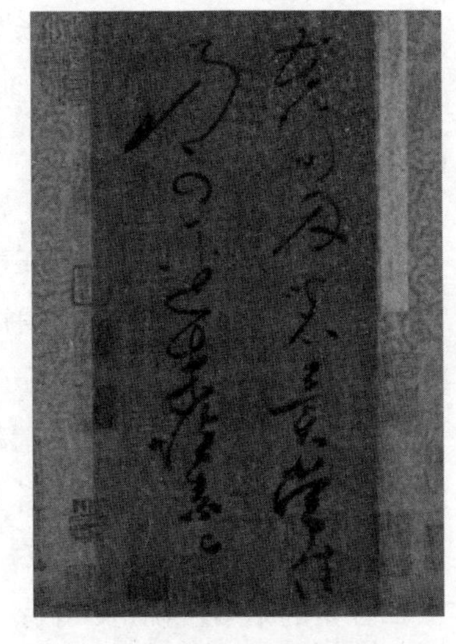
怀素《苦笋帖》

其二，神速骇人。草书文化本身的法则在"流而畅"，因此，挥洒草书，特别是狂草，要有一定的速度。不过，这种法则到了怀素手里，发展到"迅疾骇人"的程度。"吾师醉后倚绳床，须臾扫尽数千张。"（李白《草书歌行》）"兴来走笔如旋风，醉后耳热心更凶。"（苏涣《怀素上人草书歌》）这些诗句，都告诉我们，"迅疾骇人"，确实是怀素创作草书最为突出的特点。

其三，酒催灵感。前贤诗中多有提到他创作草书时的"兴"。他们扬说的"兴"，实际上就是我们今天所说的创作灵感。怀素的"兴"即创作灵感来源大致有两种情形，一是有感而发。怀素看到逸少的《阮步兵帖》，感到自己"何以到此"，而"甚发书兴"。二是"酒酣兴发"。"十杯五杯不解意，百杯以后始颠狂。一颠一狂多意气，大叫数声起攘臂。""醉来把笔猛如虎。"这种由酒酣所激起的创作激情，驱使他的狂劲一上来，纵笔挥洒，"须臾扫尽数千张"，"满座失声看不及"。这里说的"兴"和"多意气"，是很重要的。没有"兴"，不会产生创作冲动；"意气"不足，不能从事草书创作，特别是不能从事狂草挥洒。

怀素的草书得力于“二张”（张芝、张旭），尤得力于张旭。怀素的草书，豪放不羁。草书贵在无拘束，而怀素的草书，特别是狂草，是最不受拘束的。所谓“新书大字大如斗”“有时一字两字长丈二”“回环缭绕相钩连，千变万化在眼前”都是这种豪放不羁的特点的形象化抒写。

从整体上来说，怀素的狂草多连笔连字，突破了过去的章草和“二王”草书不相钩连的格局，使草书更加丰富多彩，变化多姿。他的狂草大小、长短以及布局对比鲜明，突破了以往整齐、均匀、呆板的格局，使草书更加错落有致，富有浪漫主义情趣。而且笔画瘦硬。书贵瘦硬方通神，这是中唐书法的风尚。许瑶说怀素狂草“古瘦漓骊半无墨”，正道出了怀素使笔用墨的特点。

怀素的草书可说是“字字飞动，宛若有神”。如诗所述：“掷华山巨石以为点，擎衡山阵云以为画”或“飞丝历乱如回风”“字成只畏盘龙去”这些对怀素草书由点画竖折到笔间游丝以及活蹦乱跳的草字形象比喻，恰好说明了他草书的特点。

十一、酒颠狂草张长史，翰墨豪杰杨少师

1. 张旭

张旭（约685—约759年），字伯高，生卒年不详，吴郡（今江苏苏州）人，官至金吾长史，世称“张长史”。他为人性格豪放，好饮酒，善写诗，与当时著名诗人李白、贺知章等相友善，人称“酒中八仙”。

张旭石刻像

张旭的书法，初学“二王”笔法，端正谨严，规矩至极。传世《郎官石柱记》可见其坚实的楷法基础。然而，最能代表其书法创造性成就的，则是他的狂草书。张旭善于观察生活，从生活中体悟艺术。他自己说他见公主、担夫争道而得其意，又观公孙氏舞剑器而得其神，自此书艺大进，时人称李白歌诗、裴旻剑舞、张旭草书为三绝。唐人好以书饰壁，相传张旭往

往大醉后呼叫狂走，然后挥笔写狂草，故人称“张颠”。韩愈《送高闲上人序》称：“旭善草书，不治他伎，喜怒窘穷，忧悲愉快，怨恨思慕，酣醉无聊，不平有动于心，必于草书焉发之。”这说明张旭的书法除了强调个性的发挥，也不忘从前人的传统中寻找出路，并将大自然中书法以外的现象融汇到书法之中去，这是一种前所未有的创造。

《古诗四帖》是张旭狂草的代表作，此帖写得纵横飞扬，精灵跳脱，疏狂的提、按、转、折使字形结体动荡，但通篇看去又十分平稳。从中可见作者信手倾泻出的无穷的情感和生命的律动。

2. 杨凝式

杨凝式（873—954 年），字景度，号虚白，华阴（今属陕西）人，历经梁、唐、晋、汉、周五朝，官至太子太保，世称“杨少师”。由于身处乱世，他就装疯卖傻，放浪形骸，以求自全，时人以“杨风子”呼之。

杨凝式的书法，从欧阳询、颜真卿入手，以狷狂的性情加以变化，破方为圆，削繁为简，笔力遒放，字势雄强，奇异洒脱，面目多变。相传他在洛阳的佛寺墙壁上挥笔书写，且吟且书，笔与神会。《宣和书谱》称：“凝式善作字，尤工颠草，笔迹独为雄强，与颜真卿行书不相上下，自是当时翰墨中豪杰。”

杨凝式留下的墨迹已不多，著名的是《韭花帖》。其用笔出于颜而秀于颜，写得超脱含蓄。黄庭坚有诗指出：“世人尽学兰亭面，欲换凡骨无金丹。谁知洛阳杨风子，下笔便到乌丝栏。”后人以为善评。杨凝式的行草书也奔放奇逸，《卢鸿草堂图跋》气势雄浑，极似颜真卿《祭侄稿》；狂草《神仙起居法帖》纵横恣肆，《海岳书评》说其“如横风斜雨，落纸云烟，淋漓快目”。杨凝式的书法在书道衰微的五代，可谓中流砥柱。

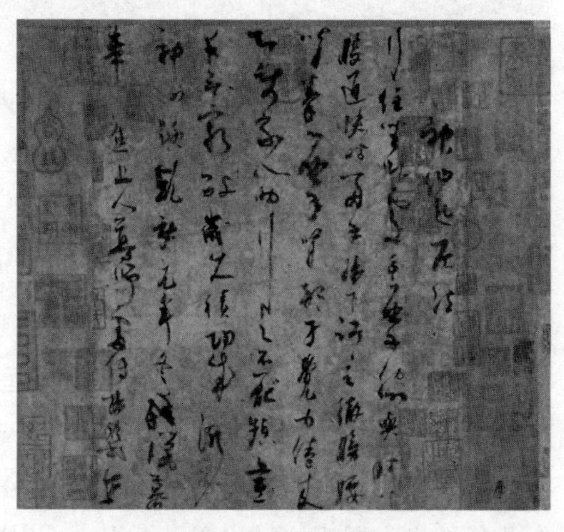

杨凝式《神仙起居法帖》

十二、变古象今阎立本，疏体“画圣”吴道子

1. 阎立本

阎立本（？—673年），雍州万年（今陕西西安）人。父阎毗、兄阎立德俱擅工艺、建筑和绘画，驰名隋、唐间。阎立本继承学家；显庆中任将作大臣；兄殁，代工部尚书；后任右相，改中书令。工书法，擅画人物、车马、台阁，取法张僧繇、郑法士，而能变古象今，笔力圆劲雄浑；尤精肖像，善于刻画性格。画太宗像及《秦府十八学士》《凌烟阁功臣二十四人图》等，为当时称誉。所作有《步辇图》，描绘唐太宗接见吐蕃赞普松赞干布派来迎接文成公主的使臣禄东赞的情景，反映了汉藏两族友好亲密的关系，是一幅具有重要意义的历史画，今存有宋代摹本。此外，存世作品有《历代帝王图》（今藏美国波士顿艺术博物馆）等。

阎立本代表作《步辇图》

2. 吴道子

吴道子（约680—759年），阳翟（今河南禹州）人。少孤。相传曾学书于张旭、贺知章，未成，乃改习绘画。曾在韦嗣立处当小吏，做过兖州瑕丘（今山东滋阳）县尉。漫游洛阳时，唐玄宗闻其名，任以内博士，改名道玄，在宫廷作画。擅画佛道人物，远师南潮梁张僧繇，近学张孝师，笔迹磊落，势状雄峻，生动而有立体感。曾在长安、洛阳寺观作佛道宗教壁画300余间，情状各不相同；落笔或自臂起或从足先，都能不失尺度；写佛像圆光、屋宇柱梁或弯弓挺刃，不用圆规矩尺，一笔挥就。他用状如

兰叶或状如蕙菜条的笔法来表现衣褶，有飘举之势，人称吴带当风，用焦墨勾线，略加淡彩设色，又称吴装；笔迹洗练劲爽，《历代名画记》评其“笔才一二，象已应焉”。后人把他和张僧繇并称疏体，以区别于东晋顾恺之、南朝宋陆探微劲紧连绵的密体，对其后的宗教人物画和雕塑，都有很大影响。也画山水，曾写蜀中景色。苏轼评他：自三代历汉，至唐而备矣……画至吴道子，古今之变，天下之能事毕矣。存世《送子天王图》，是宋人学吴道子风格的作品；并有不少线描石刻，大都是迭经翻摹之本或托名伪作。

吴道子《八十七神仙卷》(局部)

第五章 科技明星著名篇

一、名医之祖誉“药王”，人类至宝《千金方》

孙思邈（541—682 年），唐朝京兆华原（现陕西耀州）人，是著名的医师与道士。他是中国乃至世界史上著名的医学家和药物学家，被誉为“药王”，许多华人奉之为“医神”。

孙思邈自幼聪颖好学，自谓“幼遭风冷，屡造医门，汤药之资，罄尽家产”。及长，通老、庄及百家之说，兼好佛典。年 18 岁立志究医，“颇觉有悟，是以亲邻中外有疾厄者，多所济益”。北周大成元年（579 年），以王室多故，乃隐居太白山（在今陕西郿县）学道，炼气、养形，究养生长寿之术。及周静帝即位，杨坚辅政时，征为国子博士，称疾不就。隋大业（605—618 年）中，游蜀中峨眉。隋亡，隐于终南山，与高僧道宣相友善。唐太宗李世民即位，召至京师，以其“有道”，授予爵位，固辞不受，再入峨眉炼“太一神精丹”。显庆三年（658 年），唐高宗又征召至京，居于鄱阳公主废府。翌年，唐高宗召见，拜谏议大夫，仍固辞不受。咸亨四年(673 年)，唐高宗患疾，令其随御。上元元年（674 年），辞疾还山，唐高宗赐良马，假鄱阳公主邑司以属之。永淳元年卒，遗令薄葬，不藏明器，祭去牲牢。宋徽宗崇宁二年（1103 年）追封为妙应真人。

孙思邈 7 岁时读书，就能“日诵千言”。每天能背诵上千字的文章，到了 20 岁，就能侃侃而谈老子、庄子的学说，并对佛家的经典著作十分精通，被人称为“圣童”。但他认为走仕途，做高官太过世故，不能随意，就多次辞谢了朝廷的封赐。隋文帝让他做国子博士，他也称病不做。唐太宗即位后，召他入京，见到他50多岁的人竟能容貌气色、身形步态皆如同少年一般，十分感叹，便道："所以说，有道之人真是值得人尊敬呀！像羡门、广成子这样的神仙人物原来世上竟是有的，怎么会是虚言呢？"皇帝还想授予他爵位，但仍是被孙思邈拒绝了。唐高宗继位后，又邀他做谏议大夫，也未被允。孙思邈归隐的时候，唐高宗又赐他良驹，还有已故的鄱阳公主的宅邸居住，就连当时的名士宋令文、孟诜、卢照邻等文学大家都十分尊敬他，以待师长的礼数来侍奉他。

一次，卢照邻问了老师一个问题："名医能治愈疑难的疾病，是什么原因呢？"孙思邈的回答十分精彩，也足见其医学上的造诣颇深。他答道："对天道变化了如指掌的人，必然可以参政于人事；对人体疾病了解透彻的人也必须根源于天道变化的规律。天候有四季，有五行，相互更替，犹似轮转。那么又是如何运转呢？天道之气和顺而为雨；愤怒起来便化为风；凝结而成霜雾；张扬发散就是彩虹。这是天道规律，人也相对应于四肢五脏，昼行夜寝，呼吸精气，吐故纳新。人身之气流注周身而成营气、卫气；彰显于志则显现于气色精神；发于外则为音声，这就是人身的自然规律。阴阳之道，天人相应，人身的阴阳与自然界并没什么差别。人身的阴阳失去常度时，人体气血上冲则发热；气血不通则生寒；气血蓄结生成瘤及赘物；气血下陷成痈疽；气血狂越奔腾就是气喘乏力；气血枯竭就会精神衰竭。各种征候都显现在外，气血的变化也表现在形貌上，天地不也是如此吗？"

孙思邈还对良医的诊病方法做了总结："胆欲大而心欲小，智欲圆而行欲方。""胆大"是要有如赳赳武夫般自信而有气质；"心小"是要如同在薄冰上行走，在峭壁边落足一样时时小心谨慎；"智圆"是指遇事圆活机变，不得拘泥，须有制敌机先的能力；"行方"是指不贪名、不夺利，心中自有坦荡天地。这就是孙思邈对于良医的要求。其实，何止于医者，仅从为人的角度上来讲，恐怕要做一个有气

《千金要方》书影

度、有担当的人，也不悖此道吧！？

孙思邈是古今医德医术堪称一流的名家，尤其对医德的强调，为后世的习医、业医者传为佳话。他的名著《千金方》中，也把“大医精诚”的医德规范放在了极其重要的位置上来专门立题，重点讨论。而他本人，也是以德养性、以德养身、德艺双馨的代表人物之一，成为历代医家和百姓尊崇备至的伟大人物。

孙思邈对古典医学有深刻的研究，对民间验方十分重视，一生致力于医学临床研究，对内、外、妇、儿、五官、针灸各科都很精通，有 24 项成果开创了中国医药学史上的先河，特别是论述医德思想、倡导妇科、儿科、针灸穴位等都是前人未有。其医学巨著《千金方》是中国历史上第一部临床医学百科全书，被国外学者推崇为“人类之至宝”。

二、一行测量子午线，体系完善《大衍历》

子午线即地球的经度线，子午线长度是地理学、测地学和天文学上一项重要的基本数据，测量子午线长度可以确知地球的大小。中国唐代天文学家僧一行在世界上最早发起和组织了测量子午线长度的活动，国外实测子午线长度，是 814 年阿拉伯天文学家进行的，比我国晚了 90 年。

僧一行（683—727 年），本名张遂，魏州昌乐（今河南南乐）人，对天文历法的造诣很深。他因不愿与武则天的侄子武三思交往，逃到河南嵩山的嵩阳寺做了和尚，取名一行。

唐玄宗即位后，请一行进京主持修订新历法。为此，一行在当时著名的机械师梁令瓒的帮助下重造了已失的黄道游仪和水运浑天仪。这两种仪器虽是分别脱颖于唐初天文学家李淳风所作的浑仪和东汉张衡所作的水运浑天仪，但又有所创新和发展。他们在水运浑天仪上安上自动报时器：“立二木人于地平之上，前置鼓以候辰刻，每一刻自然击鼓，每辰则自然撞钟”，这实际上已是世界上最早的机械钟。在漏壶的制作方面，梁令瓒、一行等使各部件“各施轮轴，钩键交错，关锁相持”，这种平行联动装置，实际上也是最早的擒纵器。

此后，分别在开元十三年（725 年）、十四年（726 年），一行派人到北起铁勒（今苏联贝加尔湖附近），南起林邑（今越南中部）的 13 个地点，测量北极出地高度（即地理纬度），冬、夏至和春、秋分日影长度，以及冬、夏至昼夜漏刻长度，为编造新历提供必要的数据。

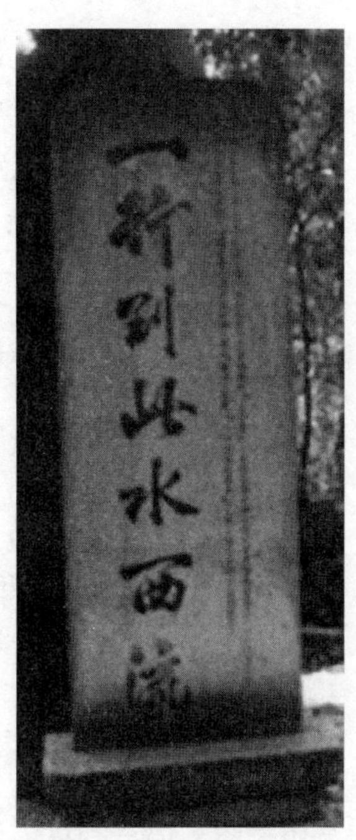

一行碑

这次测量活动，以太史监南宫说等人在河南滑县、浚仪（今开封）、扶沟和上蔡四处的测量最为重要。这四个地点的地理经度比较接近，大致是在同一经度上。南宫说等人除了测出四处的北极高度和日影长度外，还测出了这四个地点之间的距离。一行从南宫说等人的测量数据中，计算出南北两地相差 351 里 80 步（唐朝尺度，合现代长度 129.22 公里），北极高度相差一度，这个数据就是地球子午线一度的长。同现代测量子午线一度的长 111.2 公里相比，虽有一定误差，但它毕竟是世界上第一次实测子午线，其意义自然不可低估。这一实测工作的意义还在于，它以实测结果再次推翻了《周髀算经》“王畿千里影差一寸”的说法，从而完全否定了盖天说的理论，进一步确立浑天说的稳固地位。不仅如此，一行在天文实测中还发现了恒星的位置与汉代相比较已有一定变化，这比 1718 年英国天文学家哈雷发现恒星自行也早了近千年。

经过几年的准备，一行从开元十三年（725 年）着手编修新历，至开元十五年（727 年）完成草稿，同年一行去世。遗著经张说、陈玄景等人整理编定，共 52 卷。其中包括：专题探讨、评说古今历法优劣的《历议》10 卷；研究前代各家历法的论集《古今历书》24 卷；翻译、研究印度历法的《天竺九执历》1 卷；新历法本身的各种数值表《立成法》12 卷；推算古今若干年代日月五星位置的长编《长历》3 卷；以及新历法本身《开元大衍历经》1 卷。这些论著构成了一个内容丰富多彩、结构严谨完善的体系，为我国历法史上的一个创举。

一行的《太衍历》比过去有许多创新，有中国古代对太阳视运动迟疾总体规律的第一次正确描述。他确立的五星近日点黄经进动的新概念与他给出的进动值也是中国古代对五星运动认识的一大进步。一行的“五星交

象历”，比起张子信、刘焯的“人气加减”法，也具有更清楚的天文含义和更成熟的计算方法。

《大衍历》还第一次以表格形式给出了24节气的食差值，首创了九服食差的近似计算法，还首次提出九服晷漏的近似计算法。一行确立的不等间距的二次内插公式，也比刘焯发明的等间距二次内插法更具优越性，这也证明一行具有很高的数学造诣。

三、藏族“医圣”著药典，不读《四部》不为医

《四部医典》，又名《医方四续》，藏名简称《据悉》（rGyud-bzhi）。藏族医家宇妥·元丹贡布编撰。

宇妥·元丹贡布，唐开元十七年（藏历土蛇年，729年）生于拉萨西郊堆龙、吉纳附近，卒于唐大中七年（藏历水鸡年，853年）。曾祖父、祖父均为御医，在家庭的熏陶下矢志从医，医学造诣日深，成为吐蕃王朝的首席侍医。他曾到过山西五台山和藏南、日喀则、康定等地，随名医学习，也曾在今印度、尼泊尔、巴基斯坦等地行医，既积有丰富的临床经验，又收集许多民间医药知识。宇妥·元丹贡布以早期吐蕃医学为基础，广泛吸收内地及各方医学，历经20多年，撰成藏医经典著作《四部医典》。它的问世，标志着藏医药理论体系的形成。鉴于宇妥·元丹贡布对藏医学的杰出贡献，被藏族人民尊称为“医圣”“药王”。

《四部医典》分4部，凡156章，收方443首，载药1002种。第1部《总则本集》（藏名《扎据》），为医学总论；第2部《论述本集》（藏名《协据》），

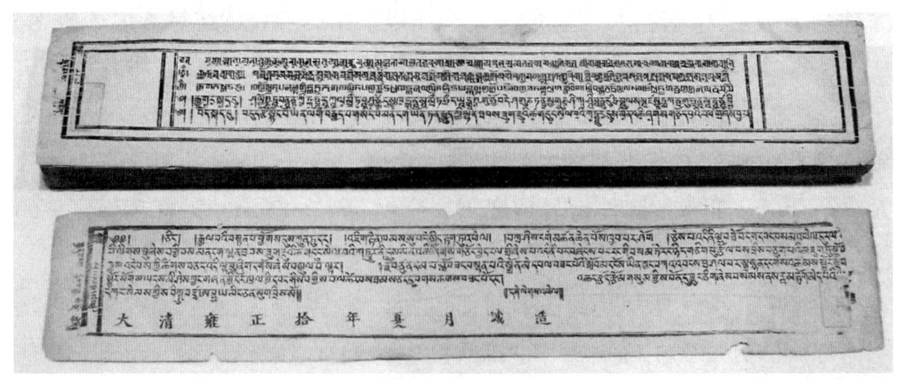

《四部医典》书影

记述人体解剖、生理、病因、病机、治则、药物、器械；第3部《秘诀本集》（藏名《门阿据》），详述临床各科疾病的症状、诊断、治疗；第4部《后续本集》（藏名《其玛据》），论述脉诊、尿诊、药物理论、外治法等。《四部医典》的编撰体例，以药王及其5个化身相互问答形式，采用七言或九言的诗歌体，系统论述医药知识。对于各种疾病的阐述，采用医学理论与临床经验相结合，每种疾病都分述病因、分类、症状、治疗，清晰明了，便于理解。

《四部医典》不仅对古代藏医学进行较全面的总结，反映藏医特色和藏族医药学经验，而且吸收和借鉴汉族医学、印度医学、大食医学的医学理论和医疗经验，有所创新。《四部医典》成书以来，作为最重要的藏医学经典著作，始终指导着藏族医生的临床实践，成为学习藏医的必读医籍，“不读《四部医典》，不可为人医”，可见其书之重要。鉴别、真伪鉴定及学习药物知识等，都具有重要意义。该书问世后，沿用300余年，唐太医署将其作为医学校教材。

此书在宋以后亡佚。后世发现该书的早期版本主要是日本仁和寺藏本的残卷和清光绪二十五年（1899年）从敦煌石窟出土的卷子本残卷，后者现分别藏于大英博物馆和法国国家图书馆。当代尚志钧有《唐·新修本草》的辑佚本。

四、大唐玄奘西域行，古代印度旅行记

《大唐西域记》简称《西域记》，是由唐代著名高僧唐玄奘口述，门人辩机奉唐太宗之敕令编集而成。玄奘（602—664年），汉传佛教史上最伟大的译经师之一，中国佛教法相唯识宗创始人。俗姓陈，名祎，出生于洛阳偃师市，出家后遍访佛教名师。唐太宗贞观三年（629年），玄奘从京都长安出发，历经艰难抵达天竺。游学于天竺各地，贞观十九年（645年）回到长安，在大慈恩寺等寺院进行研究和翻译佛经直到圆寂。《大唐西域记》成书于唐贞观二十年（646年），为玄奘游历印度、西域旅途19年间之游历见闻录。

《大唐西域记》共12卷，记述128个国家和地区的都城、疆域、地理、历史、语言、文化、生产、生活、物产、风俗、宗教信仰。此外，还记述了其他10余个国家的情况。本书是继晋代法显之后又一取经游记巨著。

玄奘负笈图

书中不仅生动描述了阿富汗巴米扬大佛、印度雁塔传说、那烂陀学府以及诸如佛祖成道、佛陀涅槃等无数佛陀圣迹，还有很多佛教传说故事。先后被译为英、法、德、日等国文字广为传播，是研究中外文化交流、佛教历史及交通史、民族史的珍贵资料。

《大唐西域记》实际是一部玄奘西行的实录。在西行求法的征程中，玄奘经历了数年时光，所到国家上百，山河城关成千上万，观礼佛寺宝塔成千上万，亲历事故和接触的人物不计其数。《大唐西域记》里连同他每走一地所处方位、距离多少里、国体民情、风俗习惯、气候物产、文化历史都写得清清楚楚，就连哪个寺院所奉某乘某宗，僧众多少，是何人讲什么经，多少卷等，都写得十分详尽，准确无误。这些记载又被后来的历史文献和文物考古所佐证。依据玄奘所撰《大唐西域记》记载提供的线索，对著名的印度那烂陀寺、圣地王舍城、鹿野苑古刹等遗址进行考古发掘，出土了大量的文物古迹，成为考古史上一大奇迹。这些都充分证明，玄奘当年在险恶艰难的求法途中，将所经历的大量信息和各类资料准确无误地记录在案。

《大唐西域记》对印度历史的影响相当重要，因为印度民族虽然创造了相当重要的古代文化，但从来不注重记录历史，玄奘的记载对研究印度历史是不可多得的宝藏。印度历史学家阿里教授说："如果没有法显、玄奘和马欢的著作，重建印度历史是完全不可能的。"印度目前的国徽狮头柱和国旗上的法轮图案，都是来源于鹿野苑的考古发掘。而包括鹿野苑、那烂陀寺、菩提伽耶阿育王大塔、桑奇大塔等几乎所有印度著名佛教遗址的现代发掘，都是英国考古学家亚历山大 · 卡宁厄姆等人自 19 世纪始，依照玄奘的描述找到的。特别要提到的是，玄奘还在书中描述了在 2001 年被阿富汗塔利班政府所毁的巴米扬大佛。印度古代统一印度的唯一一位印度人，今天所见历史书里印度引以为傲的阿育王的事迹，也基本上是来源于玄奘的记载。

五、玄宗御撰《唐六典》，现存最早行政法

《唐六典》，唐代官修政书，记载唐前期的职官建置及职掌。开元十年（722年）唐玄宗李隆基召起居舍人陆坚修《六典》，并亲自制定理、教、礼、政、刑、事六条为编写纲目，由丽正书院（后更名集贤院）总其事。在中书令张说、萧嵩、张九龄等人的先后主持下，徐坚、韦述、刘郑兰、卢善经等10余人参与修撰。于开元二十六年（738年）撰成并注释后，于次年由宰相李林甫奏呈皇帝。所以，书题为唐玄宗御撰，李林甫奉敕注。

全书共30卷，近30万字。《唐六典》始撰时，准备仿照周礼六官安排体例，但实际上是以唐代诸司及各级官佐为纲目。首卷为三师、三公、尚书都省；以下依次分卷叙述吏、户、礼、兵、刑、工六部；然后叙门下、中书、秘书、殿中、内侍五省，以及御史台、九寺、五监、十二卫和东宫官属；末卷为地方职官，分叙三府、都督、都护、州县等行政组织。

《唐六典》的正文记叙唐朝中央、地方各级官府的组织规模、官员编制（定员与品级）及其职权范围。约占全书三分之一的注文，或记职官沿革，或作细则说明，或附录有关诏敕文书。正文所叙诸官司的职掌，多直接取自当时颁行的令、式，均属第一手资料。注文所叙职官的沿革，多取自先代典籍。由于这些令式和典籍至今多有亡佚，所以《唐六典》具有较高的文献价值，一向为学者所重视。《通典》《旧唐书》《新唐书》的作者都采用了《唐六典》的材料，其职官部分基本上是依据《唐六典》撰成的。

《唐六典》最早的刻本是北宋元丰三年（1080年）本，已佚。今存最古刊本为南宋绍兴四年（1134年）温州刊刻残本，仅

《唐六典》书影

存卷一至卷三第一页，卷三、卷七至卷十五、卷二十八至卷三十，共计15卷（内有缺页），分藏于北京图书馆、南京博物院、北京大学图书馆，现有中华书局影印本。明代有正德十年（1515年）和嘉靖二十三年（1544年）两种刻本。清代有嘉庆五年（1800年）扫叶山房本和光绪二十一年（1895年）广雅书局本。《唐六典》在国外流传甚早，约在9世纪末成书的《日本见在书目》,即著录有《唐六典》一书。日本现存古刻本有享保九年（1724年）近卫家熙刻本和天保七年（1836年）官刻本,以近卫本较好。1973年，日本广池学园事业部影印《大唐六典》，系以近卫本为底本，吸收了玉井是博《南宋本大唐六典校勘记》的校勘成果，成为日刊《唐六典》的最佳版本。

六、唐代三彩釉陶器，陶瓷工艺里程碑

唐三彩，中国古代陶瓷烧制工艺的珍品，全名唐代三彩釉陶器，是盛行于唐代的一种低温釉陶器。釉彩有黄、绿、白、褐、蓝、黑等色彩，而以黄、绿、白三色为主，所以人们习惯称之为“唐三彩”。因唐三彩最早、最多出土于洛阳，亦有“洛阳唐三彩”之称。

三彩马

唐代贞观之治以后，国力强盛、百业俱兴，同时也导致了一些高官生活的腐化，于是厚葬之风日盛。唐三彩当时也是作为一种冥器，曾经被列入官府的明文规定，一品、二品、三品、四品，就是说可以允许他随葬多少件，但是实际上作为这些达官显贵们，并不满足于明文的规定，反而他们往往比官府规定要增加很多的倍数，去做这种厚葬。官风如此，民风当然也如此，于是从上到下就形成了这么一种厚葬之风，这也就是唐三彩当时能够迅速在中原地区发展和兴起的主要原因之一。

唐三彩在唐代陶瓷史上是一个划时代的里程碑，因为在唐以前，只有单色釉，最多就是两色釉的并用，在我国的汉代，已经有了两色，即黄色

和绿色两种釉彩在同一器物上的使用。到了唐代以后，这种多彩的釉色在陶瓷器物上同时得到了运用。从陶瓷史上有人考证，这和唐代当时的审美观点起了很大的变化有关。在唐以前人们崇尚的是素色主义，到唐代以后，它包容了各种文化，包括许多外来文化，这个时候从绘画、陶瓷、金银器的制作，形成了一个灿烂文化的特点。

史籍中关于唐三彩的记载甚少，所以被人们遗忘了1000多年。1928年，陇海铁路修筑到洛阳邙山时毁坏了一批唐代墓葬，发现了为数众多的唐三彩随葬品。常见的出土唐三彩陶器有三彩马、骆驼、仕女、乐伎俑、枕头等。尤其是三彩骆驼，背载丝绸或驮着乐队，仰首嘶鸣，那赤髯碧眼的骆俑，身穿窄袖衫，头戴翻檐帽，再现了中亚胡人的生活形象，使人联想起当年骆驼行走于“丝绸之路”上的景象。

出土的大量唐三彩，古董商们将其运至北京，引起了著名学者王国维、罗振玉等的高度重视和赞赏。之后，洛阳地区不断有唐三彩出土，数量之多、质量之美，令人惊叹。出土地区主要集中在洛阳市北的邙山，市南的关林、龙门和市西的谷水一带，其中洛阳市内出土唐三彩的地点就多达20处以上，所出三彩数量至少500件之多。洛阳出土的唐三彩系本地烧造，一则因为洛阳市北的邙山就有生产唐三彩的原料——白色高岭土，二则因为距离洛阳不远的巩义市大、小黄冶村发现了烧制唐三彩器的窑址，经1976年以来进行的多次调查和考古发掘，发现了丰富的窑具、模具和三彩器等，充分证明了唐代陶器烧造技术方面的先导地位。

唐三彩的生产已有1300多年的历史。它吸取了中国国画、雕塑等工艺美术的特点。唐三彩制作工艺复杂，以经过精细加工的高岭土作为坯体，用含铜、铁、钴、锰、金等矿物作为釉料的着色剂，并在釉中加入适量的炼铅熔渣和铅灰作为助剂。先将素坯入窑焙烧，陶坯烧成后，再上釉彩，再次入

三彩胡人牵骆驼俑（现藏故宫博物院）

窑烧至800℃左右而成。由于铅釉的流动性强，在烧制的过程中釉面向四周扩散流淌，各色釉互相浸润交融，形成自然而又斑驳绚丽的色彩，是一种具有中国独特风格的传统工艺品。

唐三彩在中国文化中占有重要的历史地位，在中国的陶瓷史上留下了浓墨重彩的一笔。唐三彩诞生于唐代是有其文化渊源的。首先，成熟的陶瓷技术是唐三彩诞生的物质基础；其次，唐代盛极一时的厚葬之风是促成其诞生的直接导向；最后，唐代各个领域的历史文化是孕育其最好的艺术养料。唐三彩的诞生也是三彩釉装饰工艺的诞生，是釉彩装饰和胎体装饰结合的过程。辉煌璀璨的唐三彩，其绚丽斑斓的艺术效果在雕塑精美、造型生动的俑上得到了完美的发挥和淋漓尽致的展现。